这个清朝太有意思了

张晓珉
—著—

第三卷 顺 治

台海出版社

序　言　“知名度最低”的皇帝

清朝十二个皇帝中，哪个皇帝的“知名度”最高？

这个问题，真不好回答。

清朝十二帝中，雄才伟略的努尔哈赤，壮志未酬的皇太极，“千古一帝”康熙，“出演连续剧”最多的雍正，“到处留情”的乾隆，他们都是“知名度”颇高的皇帝，都能来争夺这个“荣誉”。

此外，鸦片战争的主角道光，一生悲剧的咸丰，自己出书的末代皇帝溥仪，他们的“知名度”也颇高，完全有资格成为种子选手，来争夺这个“荣誉”。

那么，清朝“知名度最高”的皇帝，不好选；反之，清朝“知名度最低”的皇帝，是哪一个呢？

这个问题，就很好回答了。

顺治，本书的主人公爱新觉罗·福临，就是清朝知名度最低的皇帝，没有之一。

要知道，清朝十二个皇帝中，顺治是“存在感”最低的皇帝。他既没有干出什么诛杀奸臣的事情（如嘉庆杀和珅，同治杀安德海），也没有干出什么像样的政绩（如光绪变法）。顺治一生唯一拿得出手的事情，竟然是他与董鄂妃的爱情，以及他出家的故事。

更神奇的是，顺治明明身处逐鹿中原、天下分裂的乱世，在这个“建功立业、统一天下”的时代里，他不想干出一番大事、在历史上留下自己的名字，都难。结果，在这个时代里，顺治就像消失了一样，他几乎没有留下一点痕迹。

在当时的历史中，顺治的故事远不如自己的臣子多尔衮、吴三桂等人。他的知名度，甚至还不如那三个南明的皇帝……

这样的结果，真是让人唏嘘不已。

其实，从登基称帝的那一刻起，顺治就是一个“没有存在感”的皇帝。要知道，若不是多尔衮和豪格的鹬蚌相争，他这个“渔翁”不会得利，也根本不会坐上这把龙椅。在统一天下的过程中，顺治也是一个“局外人”，他几乎没过出一分力，就在臣子的帮助下和对手的“帮助”下，稀里糊涂地“躺赢”了。

那么，在中国的历史中，这位大清王朝的第三任“老板”、少年天子顺治，他到底是一个什么样的人呢？他这一生中，就真的一件拿得出手的事情，都没有吗？他又是怎么“躺赢”、统一的这个天下呢？

跟他同一时期的人，孝庄、多尔衮、阿济格、济尔哈朗、多铎、豪格、董鄂妃、汤若望、崇祯、李自成、张献忠、朱由崧、朱聿键、朱由榔、吴三桂、陈圆圆、史可法、马士英、阮大铖、黄得功、高杰、刘良佐、刘泽清、左良玉、郑成功、施琅、李定国、孙可望等人，又有什么样的故事呢？这些人在历史中，又有哪些人文轶事呢？

现在，开始讲述这些人的故事，开启这个顺治王朝之旅。

目录

第一章　新大汗出炉记

突然病逝

1643年9月21日，一代天骄爱新觉罗·皇太极突然驾崩，享年五十一岁。

皇太极死后，大家都很悲痛。当然，除了悲痛，更多的则是愤怒。

因为，皇太极死时，竟然跟他老爹一样，也没有颁布遗诏安排下一任的大汗。这种局面，让群臣情何以堪！

一个公司要是没有继承人，都得面临注销或纷争，何况这还是一个国家，那还不得天下大乱。但是，在没有遗嘱的情况下，怎么选择下一任董事长呢……唉，啥也别说了，再“民主选举”一次吧。

好在，皇太极在位期间，清朝已经开始接受汉人的文化了。在这次“民主选举”过程中，满洲人可以参考汉人的继承制度，选出下一任大汗。

那么，汉人是什么样的继承制度呢？

汉人的继承人制度，就是那个著名的“有嫡立嫡，无嫡立长，兄终弟及”的办法。就是说，如果皇帝有嫡子，即皇后的孩子，就立嫡子；皇帝没有嫡子，就立最年长的孩子。皇帝没有孩子，就让弟弟继承皇位。

可见，在这个制度下，多尔衮是没有资格当皇帝的。

皇太极有儿子，所以“有嫡立嫡，无嫡立长”，这是基本原则，绝对不动摇。在这种背景下，多尔衮是无法“兄终弟及”的。

那么，在“有嫡立嫡，无嫡立长”原则下，皇太极的哪个儿子又能继承汗位呢？

《清太宗实录》记载，皇太极一共有十一个儿子，除夭折了三个孩子（皇二子、皇三子和皇八子夭折）外，有八个孩子长大成人。这八个孩子的名字、年龄，如下：

皇长子豪格，废妃乌拉那拉氏所生，三十五岁。

皇四子叶布舒，庶妃颜扎氏所生，十六岁。

皇五子硕塞，侧妃叶赫那拉氏所生，十六岁。

皇六子高塞，庶妃纳喇氏所生，六岁。

皇七子常舒，庶妃伊尔根觉罗氏所生，六岁。

皇九子福临，永福宫博尔济吉特氏庄妃所生，五岁。

皇十子韬塞，庶妃克伊克勒氏所生，四岁。

皇十一子博穆博果尔，懿靖大贵妃博尔济吉特氏·娜木钟所生，两岁。

从上面我们能够看出来，如果身份决定继承的话。最有身份的人是大贵妃博尔济吉特氏的皇十一子博穆博果尔，其次是庄妃所生的福临，然后是那几个侧妃、庶妃生的孩子。最没有身份的是皇长子豪格，因为他的母亲被废了，他毫无身份。

反过来，从年龄上看，则正好相反。最有希望继承皇位的是最年长的豪格，福临排倒数第三，最有身份的博穆博果尔则位列末尾。

因此，这么一看的话，就能看出一件有意思的事情了。

不管怎么排，福临都位列中间，他根本就没有机会当皇帝。然而，就是这个前后不搭的人，竟然登基称帝了。

对于这个结果，我只能说这里面的猫腻太多了。难怪后人会揣测，福临的母后可能干了一些不能说的事情，才让多尔衮选她的儿子当皇帝。

这些推测，看来真不是空穴来风。

当然，满洲人不是汉人，不会遵循汉人之道。在他们眼中，这种“有嫡立嫡，无嫡立长，兄终弟及”的继承制度，无非就是一个参考罢了。下一任大汗，还得用满洲人的规矩来。

满洲人什么规矩？就是“八和硕贝勒会议”制度。

虽然在皇太极大杀四方、大权独揽下，“八和硕贝勒会议”制度已经名存实亡，但还没有彻底死透。在没有遗嘱的情况下，满洲人可以按照这个制度选出下一任的大汗。

当时，除了皇太极外，有七位位高权重的大臣维持着这个“八和硕贝勒会议”制度。按照满洲祖制，下一任大汗可以从他们七人之中选出来。

这七人分别是礼亲王代善、郑亲王济尔哈朗、睿亲王多尔衮、肃亲王豪格、英郡王阿济格、豫郡王多铎和颖郡王阿达礼。

在这些人中，豪格是皇太极的长子，理应继承皇位，他成了一个皇位的候选人。同时，阿济格、多尔衮、多铎三兄弟达成了联盟，推举多尔衮登基称帝。因此，多尔衮也成了一个皇位的竞争者。

至此，下一任的大汗人选，就清晰明朗了。

在大家眼中，论血统，则是皇子当选，把这票投给了年长的豪格；论选举，则是战功显赫的多尔衮称雄。

除了这两人外，再也没有第三人。当然，这里所谓的没有第三人，只是觉得这两人赢面比较大，其他人机会比较小罢了。

然而，只要有机会，没有也可以变成有，有也可以变成没有。最终，就是这第三人的突然降临，让豪格和多尔衮全部落选。

皇位争夺战

在这场大汗的争夺战中，豪格与多尔衮谁更有机会胜出呢？

先说年龄，身为一个国家的君主，必须要年轻有为、充满干劲。毕竟，选一个老者上位，暮气沉沉，就差办一次葬礼了。

在这个方面，豪格的优势非常大，他年仅三十五岁，正值壮年。在人格魅力方面，豪格也非常不错，史称其“容貌不凡，有弓马才”“英俊，多智略”，是一个合格的继承人。

当然，对比豪格，多尔衮也毫不逊色，甚至有过之而无不及。

虽然多尔衮是豪格的叔叔，但他比豪格还要小三岁。此时的他，刚刚三十二岁，更加年轻有为、充满干劲。

在人格魅力上，多尔衮也毫不逊色。他的人格魅力甚至打动了对清朝没有一点好感的朝鲜国王，朝鲜国王就曾大加赞赏多尔衮，称他“温文有礼，冷静老练”，不愧为睿亲王。

可见，在年龄和人格魅力方面，双方不分伯仲、难分胜负。多尔衮即使胜出，也没有赢多少，最多是赢了“一寸之地”。

再说战功。

豪格战功显赫，他参加了三次讨伐蒙古部落的战役和一次征服朝鲜的战役。特别是在讨伐林丹汗的战役中，豪格大获全胜，不仅捕获了林丹汗的遗孀，还得到了传国玉玺。然而，豪格的战功虽大，他却只能独自伤悲。

因为，虽然豪格打了很多仗，他却没有一次独自带兵的机会。他不是给父亲皇太极打下手，就是给叔叔多尔衮打下手。特别是给多尔衮打下手期间，豪格非常不服，因为所有的战功都要算在主帅头上。他不管干什么，都是给多尔衮做嫁衣。

比如说，在讨伐林丹汗的战役中，明明是豪格缴获的传国玉玺（额哲母子先把玉玺给了豪格，豪格再转给了多尔衮），功劳却算在了多尔衮头上。这样的结果，你让豪格怎么服气呢？他也只能怨恨多尔衮了。

虽然豪格在战争中与多尔衮同甘苦、共生死，但他们却没有建立深厚的友谊，双方都看对方不顺眼。

在争夺皇位前，双方一直合作出兵，他们就是一根绳子上的蚂蚱，一损俱损，一荣俱荣。豪格所有的功劳，都有多尔衮一半，反之亦然。因此，在战功方面，双方只能再打一个平手。

年龄方面，双方不分伯仲；战功方面，双方又平分秋色。看来，只能比他们的实力了。

虽然皇太极没有遵循父皇的遗愿，把两黄旗交给多尔衮三兄弟，但对于这三兄弟，皇太极还是给予了照顾。他死前，多尔衮和阿济格共同管理正白旗，多铎则统率镶白旗。多尔衮等于掌管着两白旗的兵力，实力不容小觑。

对比多尔衮，豪格的实力就比较弱了，他只有正蓝旗一旗之力，且将士们并不百分之百地效忠他。

可见，实力对比的话，多尔衮占尽优势。然而，豪格却有援军，这让多尔衮投鼠忌器、顾虑重重，不敢轻易对豪格下手。

豪格的援军，就是两黄旗的将士。

原来，两黄旗将士们有自己的苦衷，他们必须把皇太极的儿子扶上皇位，才能保住自己的利益。

因为，身为嫡系部队，两黄旗将士们清楚地知道，在皇帝身边干活，钱多事少待遇高！不用去打硬仗、去打狠仗，战利品却能得到最好的。

若多尔衮上位，这一切就都会改变。多尔衮当上皇帝后，他一定会按照当年皇太极的要求，把两白旗跟两黄旗调换。到了那个时候，这些嫡系的两黄旗将士，就会成为没娘的孩子了。

两黄旗将士们知道这种“由嫡系变杂牌”的苦！因为，他们当年就是杂牌部队（根据努尔哈赤的遗嘱，两黄旗归多尔衮三兄弟），皇太极登基后，在强行互换旗帜下（两白旗换两黄旗），他们才成为嫡系部队。因此，若多尔衮登基，再来一次两白旗与两黄旗调换，两黄旗将士只能被打回原形，重新变成杂牌部队。

在这种背景下，两黄旗将士们决定誓死阻止多尔衮登基，把皇太极的儿子推上宝座。于是，两黄旗的将士们自发地来到豪格身边，拥护他登基称帝。就这样，豪格得到了两黄旗的拥护，成了“三旗之主”。

当然，豪格根本不知道，他的这个“三旗之主”可是有很大水分的。因为，两黄旗将士的目的是让皇太极的儿子登基称帝，而豪格只是皇太极众多的儿子之一。

最后，正是因为这一点，让豪格功亏一篑、与皇位失之交臂。

但在真正竞选前，却没有人发现这个漏洞。大家只是看见了豪格拥有三旗兵力，远远胜过多尔衮的两旗兵力，他给自己加分不少。

至此，在实力方面，豪格完胜多尔衮，但他的隐患也不少。毕竟，正蓝旗将士跟他离心离德，两黄旗将士也两面三刀，他们远远不如对多尔衮誓死效忠的两白旗将士。所以，一旦开战，胜负难料，鹿死谁手，真不知晓。

就这样，对比了双方年龄、战绩和实力后，我们发现，这两人半斤八两、旗鼓相当，谁也没有绝对的实力让对方臣服，最终登基称帝。

那么，在这种不分伯仲的情况下，如何选择下一任大汗呢？

看来，只能取决于第三方的意见了。

在选择皇位的过程中，抛开这四位已经表态的大臣，剩下的三位执政大臣的意见，就非常重要了。

这三人的意见

在“八和硕贝勒会议”制度下，除了表明态度的多尔衮三兄弟和参加竞选的豪格外，还剩下礼亲王代善、郑亲王济尔哈朗和颖郡王阿达礼。这三个人的态度至关重要，将决定大汗的归属。

那么，这三个人是什么态度呢？

先说颖郡王阿达礼的态度。

爱新觉罗・阿达礼，礼亲王代善之孙，萨哈廉的长子。萨哈廉深得皇太极的心意，被皇太极视为知己，称“为此一人，实获朕心”。当然，萨哈廉确实有成为皇太极亲信的资本。

努尔哈赤病逝后，是他劝自己的父亲代善放弃皇位，拥立皇太极即位的。讨伐明朝时，在众人皆反对的情况下，又是萨哈廉力排众议，坚定拥护皇太子从蒙古孤

军深入攻打大明王朝的。后来，皇太极建国称帝时，又是萨哈廉带头上奏劝进，并对父亲做了很多的工作，最终让代善改变传统，对这个弟弟俯首称臣。

经过这些事情，皇太极非常喜欢萨哈廉，把他作为自己最亲信的大臣。然而，天妒英才，萨哈廉年纪轻轻地就英年早逝，死时年仅三十三岁。

《清太宗实录》记载，萨哈廉死后，皇太极悲痛欲绝，他下令辍朝三日，为他举行了一场极其隆重的葬礼。随后，追封萨哈廉为和硕颖亲王，世袭罔替。

萨哈廉死后，其长子阿达礼继承了他的爵位，也接替了他的职务。然而，对于这个阿达礼，皇太极却不喜欢他，总找碴痛骂他。

其实，也不怪皇太极找他碴，因为这个阿达礼确实有一堆毛病，让皇太极对其痛恨不已。

阿达礼的为人远远不如其父，他就是一个被惯坏的孩子，随心所欲，纨绔无比。

崇德六年（1641 年），敏惠恭和元妃（海兰珠）病逝，国家进入了国丧期。满洲有一个习俗，国丧期间，为表示哀悼，不得剃发。

当然，这毕竟是一个不成文的习俗，并没有明文规定，国家法典《大清会典》也没有规定必须这样干。只要皇帝不深究，大家也可以不遵守，该理发理发，该剃头剃头。

在这种背景下，阿达礼就没有遵守规矩，他在国丧期内剃了头。

当然，阿达礼剃头一事，还在皇帝的容忍范围内。皇太极不能容忍的是——他除了剃头外，还天天饮酒作乐，夜夜笙歌不断，最终，忍无可忍的皇太极痛骂了阿达礼一顿，命他闭门反省。

说实话，也就是阿达礼命好。他若生活在乾隆年间，肯定死定了，家里人也得跟着遭殃。

乾隆皇帝最爱的孝贤皇后病逝后，在他面前没有“哀悼之情”的官员都会被认为是对皇后的“大不敬”，依律当斩；任何敢在国丧期间剃头的人，也全部按律当斩！

当时，江南河道总督周学健因为在国丧期间剃头，惹恼了皇帝，被斩首示众。湖广总督塞楞额，也因为国丧期间剃头，被乾隆皇帝下令自裁。另外，湖南巡抚、湖北巡抚，也因为擅自剃头，被革职查办。

谁能想到，堂堂的大清王朝一品大员，竟然因为几根头发，就掉了脑袋。

可见，这么一对比的话，皇太极还算是一个“仁君”，阿达礼真是命好。

言归正传，除了不尊重国家礼仪、纨绔成性外，阿达礼还无端抢夺别人钱财，多次行不法之事。若不是皇太极的袒护，他早就进监狱了。

可见，为了让阿达礼改邪归正，皇太极没少操心，也没少痛骂他。当然，皇太极骂他，只是恨铁不成钢罢了。他希望阿达礼努力一些，变得跟他父亲一样了不起。

然而，皇太极根本不知道，他这样教育阿达礼的结果，是把他培养成了一只白眼狼。

皇太极前脚驾崩，阿达礼后脚就明确表态，要拥立多尔衮当皇帝。

不管在任何场合、不管对象是谁，也不管谁来劝自己（万一多尔衮落选呢，得给自己留一条后路），阿达礼都不改初衷，他就是要拥护多尔衮登基称帝。

得知阿达礼加盟后，多尔衮大喜过望。虽然阿达礼没有兵权（正红旗归代善，镶红旗归岳托的儿子罗科铎管理），但他有投票权。

得到阿达礼这一票后，多尔衮等于得到了七分之四的票数。而且，阿达礼的加盟，等于是瓦解了两红旗的势力，对他有百利而无一害。

在多尔衮眼中，一旦被迫与豪格开战，两红旗的兵力将至关重要，甚至将决定着战争的走势。因此，多尔衮必须要拉拢两红旗，才能百战不殆。

现在好了，阿达礼的加盟，不仅从内部瓦解了两红旗，他也能帮助自己拉拢镶红旗的首领罗科铎，让他加盟，增加自己的实力。

毕竟，多尔衮太清楚罗科铎的心理了。父亲岳托尸骨未寒，母亲郁郁而终，罗科铎不可能没有想法。而帮他替父亲沉冤昭雪、洗刷冤案的人，只能是多尔衮了。

因为，豪格不可能管这件事情。他一旦为岳托翻案，就等于证明自己是无辜杀妻，豪格是打死也不会去干的。

就这样，得到了阿达礼后，多尔衮如虎添翼。然而，他依旧没有占尽优势，只能跟豪格继续打一个平手。

因为，济尔哈朗跟他敌对，他不打算拥立多尔衮当皇帝。

再说郑亲王济尔哈朗的态度。

爱新觉罗·济尔哈朗——和硕庄亲王舒尔哈齐的第六子，阿敏的弟弟，皇太极的表弟，努尔哈赤的侄子。

济尔哈朗年纪轻轻就战功显赫，为后金的一员猛将。努尔哈赤死前，他被封为“四小贝勒”之一，足见其能力和水平。

济尔哈朗长大后，编入镶蓝旗，随哥哥阿敏南征北战、建功立业。阿敏被软禁至死后，济尔哈朗彻底慌了，惶惶不可终日，不知道是否要步哥哥的后尘。

好在，皇太极虽然杀了阿敏，却没有为难济尔哈朗，还任命他为一旗之主，管理镶蓝旗。

皇太极这么做，不过是一种“羁縻之术”罢了。毕竟，莽古尔泰死后，他也没有为难德格类，也册封他为一旗之主。不过，对比“不明事理”的德格类，济尔哈朗要比他聪明得多。

自从当上旗主后，济尔哈朗发誓要百分之百效忠皇太极，誓死不动摇。见济尔哈朗如此效忠自己，皇太极就没有难为他，反而对其加官晋爵。而加官晋爵后，济尔哈朗更加效忠皇太极。

在他眼中，皇太极就是自己的“再生父母”，没有皇太极，就没有自己的一切。因此，知恩图报的济尔哈朗就决定了——将来谁当皇帝都行，但有一个前提，必须是皇太极的子嗣。只有这样，他才能告慰皇太极的在天之灵。

在这种思想下，虽然济尔哈朗没有表态，一直处于中立。但多尔衮也明白，你保持中立，就是不同意我登基。不同意我登基，就是我的敌人。因此，他一直防着济尔哈朗，对他非常顾忌。

反之，豪格看见济尔哈朗不同意立多尔衮当皇帝，他就自信地认为济尔哈朗是自己人。他甚至把济尔哈朗的票和他的军队算在自己头上，认为自己将统率四旗兵力（正蓝旗、正黄旗、镶黄旗、镶蓝旗），成为“四旗之主”。

至此，阿达礼加盟了多尔衮阵容，济尔哈朗理论上“投奔”了皇子豪格，双方皆增加了一个筹码，结果再次平分秋色，谁也弄不死谁。

在这种背景下，礼亲王代善的态度至关重要，将决定战局。

那么，礼亲王代善是什么态度呢？

开始谈判

代善的态度很简单——跟我无关，谁当都行！

代善有这种想法，无可厚非。毕竟他已经老了，六旬的他早已没有了称霸天下的野心，他就想安安静静地过日子。

看看代善的处境吧，他被皇太极折腾得不轻，早就俯首称臣、再无野心。自己的家人，也死的死，老的老，小的小，不成样子。

代善的第二代子嗣中，岳托战死沙场，萨哈廉英年早逝，硕托跟自己断绝了关系（因为后母问题），满达海（代善七子）虽然很有本事（他是清初理政的三王之一），但他年龄还小（二十一岁），需要继续历练，才能成为大器。

第二代不行，第三代更不堪入目。

第三代能成事的，就是阿达礼和罗洛浑这俩小子了。但是，这两个小子涉世太浅，天天只会张牙舞爪，根本不懂得政治斗争的险恶。早晚有一天，他们在劫难逃，轻则被取消旗主之位，重则……

以上，就是代善的处境。

在这种背景下，代善没有野心，也没有精力为下一代打拼了。他只剩下一个想法——谁当这个大汗都行，只要天下太平。

是的，只要天下太平。

但问题是，树欲静而风不止，代善想独善其身，其他人不干。何况，代善一直保持中立，多尔衮和豪格无法分出胜负，这怎么行呢？

最终，大家商议后决定——在皇太极死后的第五天，大家聚在一起开会，商讨下一任大汗的人选，并选出下一任大汗。

至此，1643 年 9 月 26 日，即崇德八年八月十四日（中秋节前一天）这一天，就成为选举下一任大汗的日子。这一天，也成为大清历史上最重要的一天。

为了在大选中获胜，选举的前一天晚上，大家皆行动了起来。该预防的预防，该效忠的效忠，该拉票的拉票，一片“人头攒动，奔走相告”的场面！

首先行动的，是两黄旗将士。

当时，为了防患于未然，两黄旗将士以“安全”为由，一口气调动了三个牛录的精锐部队，保护皇城，断绝了皇宫与外界的所有联系。

可见，两黄旗的意思很明确，他们打算逼宫了，一旦多尔衮登上皇位，他们就打算发动兵变，跟多尔衮来一个鱼死网破。

布置好皇城的守备后，两黄旗主要将士在索尼、鳌拜、图赖、图尔格、拜音图、何洛会、谭泰、冷僧机这八个大佬的带领下，全都来到豪格的府邸，要拥立豪格登基称帝。

为了表明自己的决心，八个首领歃血为盟，对天发誓，誓死效忠豪格，必须让他当皇帝。随后，拜别了豪格，这八个人马不停蹄地来到济尔哈朗的府邸，想劝他拥立豪格当皇帝。

可见，两黄旗将士的眼线还是很多的。虽然济尔哈朗没有在任何时候表过态，但两黄旗将士还是知道他的心思。因此，他们玩命地游说济尔哈朗，希望他同意此事。

这时就能看出济尔哈朗的心眼了。

济尔哈朗是这样回答的：

“拥立肃亲王当皇帝，老夫绝对同意。但是，这件事情还得争取睿亲王的同意。这样吧，你们去一趟多尔衮的府邸，他要是同意了，老夫也同意。毕竟，豪格也是皇帝的子嗣，我肯定支持皇帝的儿子登基，大家放心吧。”

多尔衮要是同意的话，还用开选举会吗？您这么说，不是废话吗？还有，您的

最后一句话，到底是重复，还是另有意思呢？

就这样，两黄旗将士们碰了一个软钉子，只能灰溜溜地走了。

豪格这边，在忙碌着；多尔衮那边，也是热闹无比。

9 月 25 日深夜，两白旗将士们在多铎、阿济格的带领下，来到多尔衮的府邸。随同他们前来的，还有几个两红旗的将领、一个两蓝旗的将领和几个两黄旗的将领（由此可见，豪格是多么不得民心）。

大家来到后，一字排开，对着多尔衮行君臣之礼。大家一边叩首，一边齐声高呼："明日选举，有进无退，我等誓死效忠您，把您推上皇帝的宝座。"

说完后，跟豪格的两黄旗将士们一样，这些人也歃血为盟，对天发誓。随后，喝完结义酒，他们把酒碗一摔，就大大咧咧地回家了。

据说，众人走后，多尔衮在收拾屋子时，还接待了一个女子，并跟她完成了一个秘密交易。当然，这里为什么用"据说"二字，后面再议。

于是，在这一片表面觥筹交错、主宾尽欢，实则暗流涌动、剑拔弩张的局面下，大家皆迎来了黎明，迎来了这改变历史的一天。

成王败寇，就此一战。

9 月 26 日早晨，大家陆陆续续地来到皇宫，聚集在崇政殿的东厢房内，在这里举行会议，共举下一任大汗。

为什么不在崇政殿的正殿举行呢？因为那里停着皇太极还未下葬的棺椁，大家不敢在那里举行，以免惊动了皇太极的亡灵。毕竟，这个会议火药味十足，万一让先帝看见了不该看见的事情，还不把他气得活过来。

《清世祖实录》记载，这次会议中，七个议政大臣鱼贯而入，多尔衮是最后一个进入会场的。

进入期间，多尔衮看见了负责守卫的索尼，就小声地问道："索章京呀，你们昨天开会的结果，咋样呀？准备推荐谁当大汗呀？是不是那个人呀？"

《清史稿·索尼传》记载，对于这个问题，索尼是这样回答的："先帝有皇子在，必立其一，他非所知也。"

一听这话，多尔衮的眉头微微一颤，随后高兴地走了。

多尔衮为什么高兴呢？因为索尼明显话里有话。前天晚上，他还在豪格的府邸喝酒盟誓，让豪格登基呢。结果过了一个晚上，就改说"立皇子"了，这明显给自己留后路了。

看来，济尔哈朗的那番"话里有话"的言辞，索尼是完全听进去了，也听明白了。

就这样，伴随着多尔衮的进场，全部人员各就各位，大家可以畅所欲言，选出下一任大汗。

殊不知，第一个畅所欲言的人，不是议政大臣，而是索尼。

原来，会议刚刚开始，两黄旗将士们就在索尼和鳌拜的带领下，拿着刀冲了进来。大家大喊道："必须立皇子登基。"看这个人数和架势，要是不同意他们的要求，他们就要血溅金銮殿了。

然而，两黄旗的这种示威运动，却没有起到任何的效果。

原因很简单，能来崇政殿开会的人，哪个不是刀口舔血、战功显赫的主。这种阵势见得多了，还会怕你？

于是，在多尔衮一句"这里是什么地方，你们有资格说话吗？还不快滚！"之后，索尼等人灰溜溜地撤退了。

当然，他们虽然灰溜溜地走了，但索尼等人已经表明了态度。一旦达不到他们的要求，他们还是会卷土重来的。到那个时候，就真的"未可知"了。

小花絮结束后，双方落座，正式开会。

成王败寇

在这次会议中，大家公推代善主持会议。代善也不推辞，直接坐在了主位上。大家挨个落座，坐在了两侧。

落座后，年轻气盛的多铎首先发言："我建议，我哥多尔衮战功显赫、年轻有为，就应该立我哥为皇帝！"

一听这话，众人皆沉默不语。多尔衮也是沉吟不语，一言不发。

一看大家都不说话、特别是多尔衮不说话，多铎急了，他对多尔衮大怒道："你若不愿意当皇帝，那就立我，我的名字在太祖的遗诏里！"

多铎这么说，到底是激将法，还是浑水摸鱼，不得而知。唯一知道的是，弟弟说完后，多尔衮开始反驳了。

多尔衮对多铎道："你的名字，确实在太祖的遗诏里。但是，遗诏里的名字又不止你一个，豪格侄儿的名字也在里面。"

多尔衮的这番话，回答得非常巧妙，他在不动声色之间，就灭掉了弟弟。同时，他还灭掉了豪格。

因为，他们的名字都在太祖的遗诏里，如果反对多铎登基，就是不承认这个遗诏，也不承认豪格是皇位的继承人。

对于哥哥这种含沙射影的回答，多铎明显没有听出来，他只是继续阐述自己的

想法："既然你不想当，我也不能当，那谁当大汗？这样吧，按照长幼顺序，大哥代善最年长，让他当皇帝。"

一听这话，代善马上摇头，别别别，我就是一个主持人，我当什么皇帝呀？

代善巧妙地回答道："我老了，怎么可能担此重任？若睿亲王即位，当为国家之福。若他没有兴趣，我们可以立皇子。"

就这样，在代善的乾坤大挪移下，这个皮球又回到了多尔衮手里。而且，他也没有明说立豪格，因此就没有得罪多尔衮。

如此回答，堪称一只老狐狸。

然而，大家都是千年修行，谁也别玩谁。见代善回答得如此含糊不清，多尔衮使出了撒手锏，他直截了当地问道："大哥认为，该立哪个皇子为帝？"

完了，被将军了。

想了半天后，代善一咬牙、一跺脚，大声道："虎口，帝之长子，当承大统！我个人建议，立长子豪格登基称帝！"

代善表态后，一旁的济尔哈朗马上起身，附和代善的意见，立皇长子豪格登基。

至此，现在的票数是三比四，虽然豪格仅占据了三票，但胜利的天平开始向他倾斜了。毕竟，投他两票的人，都是德高望重、手握重兵的权臣，绝非只要参与权的小臣。

然而，虽然占据优势，但还没有尘埃落定。就在这个时候，豪格却干了一件蠢事，直接一着不慎、满盘皆输。

原来，听完代善和济尔哈朗的意见后，豪格站起身来，对众人道："（我）福少德薄，不堪承任。"说完，不顾其他人反对，头也不回地走了。

没错，他就这么头也不回地走了。

部分史学家们认为，豪格之所以离席，是因为他太自信了，以为皇位已经到手。毕竟，在豪格的思维里，代善和济尔哈朗都"同意"自己了，那么拥有两黄旗、两红旗和两蓝旗的他将完虐只有两白旗的多尔衮。这个皇位，已经舍我其谁了。

于是，在这种背景下，豪格就想谦虚一把，跟他的父亲一样，等待着大家来"劝进"。

昔日，父皇登基时，不就是这么干的吗？因此，以史为鉴，我也要这么干。毕竟，做人还是得低调，还是得谦虚。

然而，要知道，他老爹当年之所以这么干，除了谦虚外，还因为他众望所归。除了他以外，没有第二人。可现在呢？大局未定，代善只是建议，济尔哈朗只是附和，多尔衮等人还未表态。在这种局势未明的情况下，豪格竟然自信地离席了，真不知道他是怎么想的。

结果，后面发生的故事，完全超出了豪格的预料。

豪格本来自信地认为，自己出门后，代善和济尔哈朗会追出来，拥立他登基称帝。结果，没有一个人追出来，也没有一个人搭理他……得此结果，豪格欲哭无泪。

在这种情况下，豪格也不能觍着大脸回去。

该！不明事理，弄巧成拙。豪格这样的结果，完全是咎由自取，怨不得别人。

老实说，这种以退为进的把戏，在历史上上演了无数次。但是，在这种势均力敌的情况下，豪格却上演这样的把戏，也只能证明自己是一个智障者了。

至此，马上就要胜利的豪格，就因为自己的头脑发热，以这种搞笑的方式被踢出局了。

伴随着豪格的离席，代善无奈地叹了一口气，济尔哈朗也收回了誓言，大家继续沉默不语，不知道该怎么办。

好在，就在这个关键时刻，还是有明白人的。

这个明白人，竟然还是那个索尼。

看见豪格站在门外后，索尼立刻就急了，他赶紧叫上鳌拜，率领两黄旗将士再次冲上大殿。

众人在大殿上拔出宝剑，大声道："我们吃先帝的，用先帝的，先帝对我们的养育之恩与天同大。今天不立先帝的儿子当皇帝，我们宁愿集体自杀，去追随先帝！"

集体自杀，不过是一种变相的威胁罢了。索尼这么说，不过是想告诉多尔衮一个事实——我们连死都不怕，还能怕什么？怎么都是死，不如来一个鱼死网破，大家都甭过了。今天，若不立皇太极的儿子登基，我们就血溅崇政殿，一起去找先帝！

见此情景，议政大臣们都害怕了。

代善站起身来，大声道："我虽是皇帝的大哥，但年老体衰，已很久不参与朝政了。立议之事，事关重大，我怎么能管呢？我老了，该休息了。这样吧，你们继续商量。商量好了，告诉我就行了。"

说完后，代善离开了会场，避祸去了。

阿达礼以"照顾爷爷"为由，也离开了会场，避祸去了。

阿济格以"我也要去照顾代善"为由，也离开了会场。当然，他是调兵遣将去了。

豪格、代善、阿达礼、阿济格离开后，这个会场只剩下多铎、多尔衮和济尔哈

朗了。多铎之所以不走，是因为要保护哥哥多尔衮。他怕打起来，多尔衮势单力薄，会吃亏。他要留在这里，保护哥哥，保护多尔衮安全离开此地。

反之，老谋深算的济尔哈朗不走，是要观望到最后。而且，他还有一个合理建议希望说给多尔衮听，让其采纳。

就这样，在这一片喊打喊杀声中，济尔哈朗发言了，他提出了一个改变大清历史的建议。

济尔哈朗的建议是——两黄旗的目的是立皇子登基，但先帝的儿子，又何止豪格一个。不如立其他皇子登基，以承大统。

就这样，在济尔哈朗的建议和两黄旗将士的玩命下，多尔衮要被迫做出决定了。

在这个改变历史的时刻，多尔衮想了一会儿，回答道：

“你说的话很对。既然豪格不愿意登基，我们就立先帝的第三个儿子吧。只不过，皇子年幼，你我分别掌管八旗兵力，一人一半，共同辅佐君主。等他长大后，再来归政。”

至此，在多尔衮的妥协中，爱新觉罗·福临就这样成了胜利者，成为大清王朝新一任的皇帝。

这里有一个问题，史料明确记载多尔衮要立的皇帝是皇太极的第三子。可咱们都知道，福临是皇太极的第九子。

那么，到底是一个什么原因，让多尔衮选择了福临呢？这里面，有没有什么猫腻呢？

第二章　新皇登基

幕后真相

对于这个问题，正史给出了一个简单粗暴的理由——多尔衮记错了，他以为皇三子就是福临。

而野史有两种说法。

第一种说法，当面问答，看谁适合当储君。

部分野史记载，多尔衮妥协后，他召集了皇太极的所有儿子当面询问问题，看谁回答得好，就立谁当皇帝。

结果，在询问期间，其他皇子的回答都“不甚满意”，唯独福临的回答很有见地。

就这样，多尔衮决定拥立福临为帝。

第二种说法，顺治登基，是孝庄和多尔衮秘密商议后的结果。

一些史料记载，选举会议的前一个晚上，庄妃偷偷见了多尔衮，双方进行了一次密谈，最后达成协议，拥立福临登基。

这种说法，流传甚广。

然而，这个大家皆认可的说法，很可能不是事实。

首先，当时的后宫格局决定了，他们见面不容易。

去过沈阳故宫的人都知道，沈阳故宫的格局基本上毫无规划可言。当时是进来一个妃子，修一个寝宫，再进来一个妃子，再修一个寝宫。

皇太极津津乐道的“崇德五宫”，其实就是一个巨型的四合院。中间一个大屋，旁边四个小屋子，大家都住在一起。

北京故宫基本都是独门独院、各成单元，妃嫔一关门，鬼知道她们在里面干什么事情。反之，沈阳故宫这种开放式的四合院格局，让妃嫔们毫无秘密可言。

在这种房屋格局下，多尔衮怎么可能去见庄妃？他就是会飞，也不可能躲过那么多的眼线。

其次，咱们都知道，负责皇宫守卫的部队是两黄旗。两黄旗一直与两白旗不和，他们也绝不同意让多尔衮登基称帝。在这种情况下，多尔衮平常入宫都非常费劲，他又怎么去见庄妃呢？

何况，现在是先帝驾崩的敏感时期。多尔衮又是如何躲过两黄旗将士的严密守卫，偷偷进入后宫的呢？

多尔衮不能去后宫找庄妃，反之，庄妃也不能出宫去找他。

两黄旗的守卫如此严密，多尔衮进不来，庄妃又如何出得去呢？要知道，后宫女子无故出宫，可是大忌。昔日，多尔衮的母亲偷偷出宫，就被人告发，差点被整死。有这么一个前车之鉴，庄妃就不怕引祸上身吗？

阿巴亥时期的后金汗宫，其守备水平远不如现在的崇德五宫严密，且现在还是一个高度的敏感期。在这种背景下，你说庄妃能够出宫，估计连她自已都不信。

当然，如果您不同意我的说法，非要拿“他们可以让苏麻喇姑出马，去当中间联系人”的说法来反驳我，我也没辙。

如今，这个是否见过面的事情，只能成为一个千古之谜。等待着更多史料的出炉，才能得到答案。

其实，多尔衮之所以选择福临，原因很简单。因为皇后还在，后宫第一主人博尔济吉特·哲哲还在。这个皇后虽然不当“大姐”很多年，但她毕竟还是“大姐”！大姐还在，谁敢造次，反了你！

就这样，为了保护家族利益，“大姐”哲哲是绝对不允许他人沾染皇位的。除了她们家族的子嗣外，她是不会同意其他人坐上那张龙椅的。

这才是历史的真相，也是福临之所以能够坐上皇位的唯一原因。当豪格、多尔衮退出选举后，皇后的家人福临登基称帝，就成为一件板上钉钉的事情了，也不用再选择了。

就这样，1643 年 9 月 26 日，即崇德八年八月十四日，在经历了选举后，福临这个当时默默无名的皇子，就这样成了大清王朝掌门人。

伴随着这个幼主登基，一个新的时代，就此开启。

登基大典

美国有一个非常著名的理论，叫作“斗鸡博弈论”。

这个理论的内容是：战斗中，如果自己后退，对方前进，对方就获得了胜利；如果对方也后退，双方则打成平手；如果自己前进，对方后退，自己胜利；如果两人都前进，那就只能鱼死网破，两败俱伤。

多尔衮当时的处境，就非常符合这个“斗鸡博弈论”。

想象一下吧，如果多尔衮不选择妥协，还坚持“前进”的话，那么八旗势必分裂，两黄旗与两白旗只能兵戎相见，大清王朝将迎来一场旷日持久的“大战”。

即使多尔衮侥幸获胜，八旗也将彻底分裂，大清将再无进击中原之力，只能偏安一隅、苟且偷生。

“顾全大局”也好，“忍辱负重”也罢，多尔衮只能选择妥协，只能放弃自己的帝王之梦，以维护八旗的团结和稳定。同样，豪格也只能放弃自己的梦想，跟多尔衮干一样的事情。

至此，在多尔衮和豪格的妥协下，大清王朝避免了有史以来最严重的一次内讧，可以继续贯彻“讨伐中原、灭掉明朝、取而代之”的方针。当然，这样的结果，对国家有利，却无法让豪格和多尔衮释怀。

豪格的郁闷是——自己明明是王位的继承者，却因为多尔衮的横加拦阻，把事情搅黄了。从此以后，自己不仅无法登基称帝，还要跪拜一个年仅六岁的弟弟。这样的结果，让豪格如何甘心，又如何释怀？

《清世祖实录》记载，竞选皇位失败后，豪格非常郁闷，成天酗酒，还诅咒多尔衮，称他“非有福人，乃有疾人也，其寿几何而能终其事乎”。而且，他还不止一次当着旁人的面，放出狠话：“难道我不能扭断那个家伙的脖子吗？”其不忿心态，可见一斑。

结果是，豪格的这些话，成了其“破坏满洲内部和平”的话，他也为此付出了惨痛的代价。同时，豪格的这些话，竟然真的成了恶毒的咒语，把多尔衮活活咒死了（后面再说）。

豪格不痛快，多尔衮也是痛苦无比。

多尔衮的痛苦是——昔日，自己就是皇位的继承人，结果皇太极不仅抢走了他

的皇位，还害死了他的母亲。如今，皇太极死后，论战功、论威望、论能力，自己都是这个皇位的唯一人选，结果皇太极的儿子又来跟自己竞争，抢走了属于自己的宝座。多尔衮内心的痛苦，可想而知。

总之一句话，机关算尽，却为他人做了嫁衣。不管是豪格，还是多尔衮，都是这场战争的失败者。

唯一的区别是，豪格全军覆没，多尔衮还得到了一个辅政王的头衔，不至于惨败而归。而正是这个头衔，让多尔衮反败为胜，最终得到了想要的一切。

当然，多尔衮这些“忍辱负重”的故事，都是未来的事情，未来再说，还是说现在。

十二天后，崇德八年（1643 年）八月二十六日，大清王朝举行了新皇的加冕礼。在众人的簇拥下，年仅六岁的皇太极第九子福临继承大统，以“治国顺利、实现华夏一统”的含义，改年号“顺治”，以次年为“顺治元年”。

一个永载史册的年号，从此出现在这片大地上，并留下了不朽的印记。

由于新皇年幼，国家大权只能旁落，由镶蓝旗旗主、郑亲王济尔哈朗和正白旗旗主、睿亲王多尔衮共同辅政，待新君年长之后，再“当即归政”。

在群臣的三跪九叩下，顺治登基称帝，迎来了自己的时代。

这次登基大典上发生了很多事情，但以下两件事情最为著名。

第一件事情，帝王的尊严。

《清稗类钞》记载，顺治皇帝即位期间，发生了这么一幕：

是日天寒，出宫时，侍臣进貂裘，却而弗御。

将升辇，乳媪欲同坐，上曰：“此非汝所宜乘。”弗许，及升辇，由东掖门出，诸王贝勒文武百官均跪迎。

上御殿，顾谓侍臣曰：“诸伯叔兄朝贺，宜答礼乎？宜坐受乎？”侍臣答曰：“不宜答礼。”遂坐而受之。

郑亲王济尔哈朗、睿亲王多尔衮率内外诸王贝勒贝子公文武大臣，行三跪九叩首礼，颁大赦恩诏，诸王贝勒复叩首。时喀尔喀使者来朝，随班祝贺，拜跪失仪，即宣问礼臣，答以远方使者未娴礼节，乃悦。

礼毕，上起立，因让礼亲王先行，始升辇入宫，顾谓侍臣曰：“适所进裘，若黄里，朕自衣之。以红里，故不服耳。”

这段话的意思是说：

顺治登基那天，天气非常冷，侍卫送来一件貂裘，让小皇帝穿着上朝。结果，顺治宁愿冻得流鼻涕，也绝不穿。他就这样单薄地坐上皇帝专用的车上朝了。

因为顺治还小，乳母怕他出危险，就打算跟他一起坐车，抱着他去上朝。结果，顺治不留情面地道："皇帝的专用御车，是你能坐的吗？"于是，顺治自己一个人坐着车上朝了。

顺治来到大殿坐好后，问左右大臣道："待会儿，诸位叔叔来朝贺时，朕该怎么回礼呢？可以坐着回礼吗？"大臣回复道："您可以坐着回礼。"于是，顺治就心安理得地坐在龙椅上，接受诸位叔叔的朝拜。

朝拜期间，济尔哈朗、多尔衮等人的礼数非常到位，顺治很高兴。一个蒙古使者不懂规矩，礼节没到位，顺治竟然怒了，若不是群臣求情，就治对方罪了。

登基仪式结束后，顺治坐上自己的专用御车满意地回宫。回宫期间，他对左右侍臣道："知道朕为什么不穿貂裘吗？不是朕不怕冷。是因为这件貂裘是红色的，朕现在是皇帝，必须穿黄色的衣服，所以不穿。"

以上，就是顺治登基时的小花絮。

可见，这个故事告诉我们一个道理——顺治皇帝虽然还小，但他绝不是一个善茬。这是一个非常重视自己尊严、极其好面子的主。小小年纪，就懂得维护自己的权力，其长大后的秉性，由此可见。

未来，为什么多尔衮死后，顺治对其那么愤怒，不顾其功劳，愣是将其贬为庶民、轰出宗庙，甚至挫骨扬灰？其原因，就在于此。

因为，多尔衮不给顺治面子，他抢占了皇帝的权力。顺治对他痛恨不已，只能痛下杀手。

第二件事情，多尔衮的谶语。

《世祖章皇帝实录》记载，在登基大典上，诸位大臣、皇亲国戚、汉人包衣、外藩使者接连盟誓，表达自己效忠顺治的决心。在这些誓词中，多尔衮的誓词虽然简短，但堪称神奇无比。

因为，他的誓词是这样写的：

> 兹惟皇上幼冲，众议以济尔哈朗、多尔衮辅政。我等如不秉公辅理，妄自尊大，漠视兄弟，不从众议，每事行私，以恩仇为轻重，天地谴之，令短折而死。

妄自尊大……不从众议……则天地谴之，令短折而死……

有的时候，历史就是这样的荒诞不经。七年后，三十九岁的多尔衮英年早逝，也许就是因为这个盟誓，死在了这个"短折而死"的誓词中。

这是天意，还是人为，我不知道，我唯一知道的是，多尔衮确实干了很多背信

弃义的事情，彻底违背了他说过的誓言，只能自作自受。

多尔衮的报复

崇德八年（1643 年）八月二十六日，年仅六岁的爱新觉罗·福临登基称帝，改元“顺治”。

由于新皇年幼，皇权不可避免地旁落，国家暂时由济尔哈朗和多尔衮共同辅政。

那么，作为这个王朝的哼哈二将，济尔哈朗和多尔衮是打算和谐共事、紧密合作，一起造福国家呢，还是来一个鱼死网破，其中一人悲惨下台，另一个人大权独揽呢？

很显然，他们选择了后者。

崇德八年（1643 年）九月十一日，皇太极刚刚去世一个月，多尔衮就迫不及待地下手了。他以皇帝的命令颁布了一道诏书，命另一位辅政王济尔哈朗率军出征，继续讨伐明朝。

理论上，多尔衮的这次军事行动完全正确。清朝打赢松锦大战后，不能止步不前，他们要继续扩大战果，讨伐明朝。

为了这个目的，多尔衮要攻陷明朝的中后所、中前所、前屯卫三城，以切断宁远与山海关之间的联系，从而把这个军事要地孤立起来，为未来攻陷它做准备。

鉴于此，对于这次行动，济尔哈朗想都没想就同意了，率领阿济格、孔有德等人出兵。

济尔哈朗与明军展开了一场血战，打得吴三桂苦不堪言。

最终，吴三桂为了保存实力，只能率军撤出了前屯卫、中前所、中后所等地，把这些战略要地拱手相让。

夺取了这些重要的城池后，济尔哈朗可以骄傲地回营了，并用这些战功作为资本，继续巩固自己辅政王的位置。

等济尔哈朗回家后，他却傻眼了。

对外，他赢得了一场胜利；对内，他却输掉了一切。

原来，短短数月，朝廷已经发生了翻天覆地的变化。如今，自己虽然还是国家的最高统治者之一，但那个人已经更上一层楼，成为这个国家的“代理皇帝”了。

支走济尔哈朗后，多尔衮立刻再次以皇帝的名义颁布圣旨，让自己升级，晋封为摄政王。

辅政者，辅助皇帝管理国家者；摄政者，代替君主处理国家者（《汉书》云：摄政者，代行天子之政也）。

从此以后，济尔哈朗明显矮了一头，他只能听从多尔衮发号施令，看着他成为这个国家的“一号首脑”。

这样的结果，让济尔哈朗情何以堪？而且，济尔哈朗就是想反击，也毫无办法了。因为此时此刻，多尔衮已经把朝廷重组，完成了大权独揽的事实。

原来，多尔衮晋封自己为摄政王后，继续颁布圣旨，下令所有的亲王、贝勒、贝子们“悉罢部务”，不许再管理朝廷事务。朝廷所有的事务由各部尚书负责，各部尚书对摄政王负责。多尔衮夺取了所有的权力，成了国家的最高掌门人。

济尔哈朗还能干什么呢？他只能认命。

于是，济尔哈朗召集大家开会，宣布了一个重要的决定——从今以后，一切的国家事务都要让多尔衮先看，他看完了，我再看。当然，我看不看，也无所谓了。

这个人，彻底认输了。

后来，在小人拜音图的举报下，济尔哈朗对自己的罪名供认不讳，他乖乖交出了权力，下台回家了。从此以后，他选择了跟代善学习，天天闭门思过，学习各种明哲保身之道。当然，济尔哈朗学习的结果，也非常好，“得以善终”。

在一番战斗后，多尔衮干掉了济尔哈朗，成了国家唯一的王。

当然，为了巩固自己的地位，多尔衮是不会就此停步的，他下一步，就是打击宿敌豪格以及不服自己的两黄旗将领。

这些人的噩梦，就此开始。

为了分化、瓦解两黄旗的势力，多尔衮瞄上了两黄旗的那些将领，他打算收拾曾经歃血为盟、一起效忠豪格的那八个大佬。

那八个大佬，就是索尼、鳌拜、图赖、图尔格、拜音图、何洛会、谭泰、冷僧机。

多尔衮选择了威逼利诱和软硬兼施的手段，愿意归顺的，给糖果；不愿意归顺的，大棒伺候。拜音图和何洛会不想挨打，他们很快背叛了誓言，投奔多尔衮。

这两个小人投奔后，立刻给多尔衮呈献了一份大礼。

拜音图向朝廷举报，说济尔哈朗对多尔衮颇有微词，打算谋反。何洛会向朝廷举报，图赖和图尔格不服摄政王，他们对多尔衮也颇有微词，且打算“谋反”。

得此“重要情报”，多尔衮立刻抓捕了相关犯罪嫌疑犯，准备对他们严惩不贷。

在一番审判后，济尔哈朗对自己的“罪行”供认不讳，伏法认诛。多尔衮念其对国家有功，对其网开一面，只罚了五千两银子了事。当然，从此以后，济尔哈朗不用来上班了，下台回家。

对比济尔哈朗，图赖和图尔格就明显“不聪明”了。在审判期间，他们对自己的“罪行”绝不承认，还据理力争，要求朝廷严惩拜音图和何洛会这两个小人，还自己一个公道。当然，他们的这种抗议，又有什么用呢？

最终，多尔衮下令，剥夺了他们所有的权力，将他们关入监狱。后来，在众人的求情和国家的需要下（入关后，国家需要骁勇善战的将领），多尔衮才释放了他们，命他们“戴罪立功”，偿还自己的“罪孽”。

收服了两个、解决了两个后，多尔衮再接再厉，准备收拾剩下的四个将领。结果，多尔衮还没有动手，谭泰和冷僧机就主动归顺了自己。

就这样，昔日的八个大佬，只剩下索尼和鳌拜了。

虽然论能力、论威望，索尼和鳌拜要比那几个人厉害得多，但他们势单力薄，已经无法威胁多尔衮了，多尔衮也不打算收拾这哥俩了。

多尔衮之所以不收拾他们俩，原因很简单，天下未平，他还需要鳌拜这个猛将去打天下。索尼的威望太大，多尔衮投鼠忌器，不敢轻易动他。

当然，等平定了天下，多尔衮就开始收拾他们了。在那个斗争的时代里，索尼和鳌拜被整得很惨，都差点被整死。好在多尔衮英年早逝，他们才重见天日，被委以重任。此后，他们不仅成了顺治最信任的大臣，还成了康熙皇帝的辅政大臣。

收拾完了两黄旗大佬后，多尔衮一举击溃了自己的敌对势力。当然，为了大权独揽，这还远远不够。多尔衮还得消灭那个人才行。

那个人，就是多尔衮的死对头——豪格。

大清顺治元年（1644年）四月一日，多尔衮正式发难，他收下了何洛会举报（诬告）的奏章，痛骂豪格大放厥词，说自己的坏话，破坏内部团结。

对于这个罪行，豪格毫不反驳，全部承认，他还当众坦言道：“对，我就是咒你短命了，还想掐死你！今日，事已至此，要杀要剐，随便。”

一听这话，多尔衮彻底怒了，他痛骂豪格目无尊长，说自己虽然比豪格小，但也是豪格的叔叔，豪格想造反不成？最终，多尔衮对众大臣道：“你们说，应该怎么惩罚豪格？”

代善站了出来，大声道：“该杀！”济尔哈朗也依附道：“该杀！”其他大臣也纷纷表态：“该杀！”

一看众人都要杀自己，豪格大义凛然道：“既然你们都让我死，我就成全你们。”说完，豪格抽出腰间宝剑要自刎。

这个时候，小皇帝顺治冲了进来，他当众大喊道：“若杀我大哥，你们就当皇帝好了。这个皇帝，朕不干了！”随后，顺治开始大哭大闹，不让大家处罚豪格。

朝鲜史料记载，为了救哥哥，小皇帝使出了浑身解数，天天“啼泣不食”，就差去上吊了。

皇帝如此，多尔衮能怎么办呢？他只能撤兵。当然，死罪可免，活罪难逃。

多尔衮以“悖论”的罪名，把豪格的几个部下杀死了，还剥夺了豪格七个牛录，罚银五千两，并把他贬为庶人。随后，多尔衮为了收揽民心，他开启了“打一棍子、给一个枣”的模式，他虚伪地对外宣传，念豪格有功，虽然他“罪恶多端数不胜数”，但还是把他轻判了，“姑且不再追究，遂释之”。

要知道，多尔衮之所以对豪格轻判，除了收买人心外，还有一个重要原因在里面。

这个原因就是——多尔衮正忙着倾尽全力出兵，发动一次与明朝最大规模的战争。在这个节骨眼上，多尔衮只能轻判豪格，以收买人心，维护内部团结。

就这样，豪格官复原职。在进击中原的过程中，他付出了全部的力量。

打压了济尔哈朗、收拾了两黄旗八大大佬、干掉了豪格后，多尔衮终于大权独揽，再也没有人敢忤逆他，也没有人敢反对他了。

身为一个雄才伟略的人，多尔衮也是有梦想的，他继承了哥哥的遗愿，准备讨伐明朝、问鼎中原。

明朝与清朝的战争，再次爆发。

让多尔衮始料未及的是，在大清王朝忙着内部重组时，大明王朝也没有闲着，他们也在忙碌不已。只不过，大明王朝不是在忙着内部重组，而是在忙着被改朝换代！

这些故事，还得从头说起。

继续马踏中原

1644 年，一个永载史册的年份。这一年中，形势变化之快，中原动乱之大，足以迷失多尔衮的双眼。他只能凭借自己的直觉，做出最合理的选择，带领这个帝国走向最终的胜利。

《明清史料》记载，这一年的正月，多尔衮就敏感地意识到，西北的农民军已经成了气候，他们再也不是流寇，而是一个国家了。于是，多尔衮摄政后，他派遣使者出使大顺国，送去了一封寻求合作的信，他希望双方合作，同心协力，一起讨伐明朝。

大清国皇帝致书于西据明地之诸帅：朕与公等山河远隔，但闻战胜攻取之名，

不能悉知称号，故书中不及，幸毋以此而介意也。兹者致书，欲与诸公协谋同力并取中原。倘混一区宇，富贵共之矣，不知尊意如何耳。惟望速驰书使，倾怀以告，是诚至愿也。

——《清帝致西据明地诸帅书稿》

可惜的是，由于多尔衮根本不了解农民军，他甚至不知道农民军的首领是谁。这些信没有送到李自成的手中。

当然，即使李自成看见了这封信，也不会回应大清。因为，李自成兵强马壮，他不需要跟这些“夷人”合作，也能夺取天下。

最终，这封寻求合作的信石沉大海，合作的事情就此不了了之。

对于联系农民军失败的事情，多尔衮并不在意。毕竟，他还有很多事情要干，这些事情更加“重要”。

这些事情就是，收拾济尔哈朗、收编八大臣、弄死豪格，等等。

就在多尔衮收拾豪格期间，李自成已经率军出发，一步一步逼近北京城了。对于这些事情，多尔衮根本不知道。然而，多尔衮不知道这些事情，那个人却对这些事情清楚无比。

那个人，就是大清王朝的头号功臣——范文程。

《明清史料》记载，顺治元年（1644 年）四月初四，正在盖县（今盖州市）温泉疗养的大学生范文程得知李自成已经率军出发开始讨伐明朝后（李自成发布了昭告天下的檄文），立刻提前结束了休假，风尘仆仆地赶回盛京，面见多尔衮。

落座后，范文程阐述了自己的看法，建议多尔衮立刻出兵讨伐中原，夺取天下。

范文程告诉多尔衮，现在已经到了一个关键时刻，成就大业，就此一举！若耽误此良机，后悔莫及。

范文程清楚地知道，大清的敌人到底是谁，要跟谁来夺取天下。

李自成刚刚出兵讨伐明朝时，范文程就提出大清虽然跟大明争夺天下，但现在形势已经变了，大清未来的主要敌人将是农民军，而不是腐败的大明王朝。大清要改变作战方针，开始针对农民军。

在多尔衮出兵时，范文程建议，要改变过去烧杀抢掠、无恶不作的战术，要变成一支秋毫无犯、严明纪律的仁义之师。只有这样，才能收服大明王朝官民的心，成为他们新的主人。

为了让多尔衮听从自己的建议，范文程还一再告诫道：“自古以来，没有嗜杀能够夺取天下的。我们可以在东北称王称霸，但若想统治整个中华大地，就必须安抚百姓才行。一味地喊打喊杀，只会让中原百姓痛恨我们，最终揭竿而起。”

其实，对于范文程这套理论，很多女真将领是不同意的，甚至是不屑一顾的。毕竟，在他们眼中，马上可以打天下，这就行啦。至于下马治天下的事情……等打下了天下后，再说！

听完范文程的这番言论后，多尔衮下令开会商讨此事。结果，几乎所有的大臣都选择了“再议”。在他们眼中，范文程的这番话，只是他自己的想象罢了，他们甚至都没有听懂范文程说的话。

当时，大家商量的结果是——派探子去中原打探消息，等得到确切消息后，再行动不迟。

在这个历史的拐角处，雄才伟略的多尔衮做出了自己最正确的选择。史料记载，对于范文程的建议，多尔衮在一番思考后，就留下了三个字“深纳之”。他不仅听进去了，还完全照办了。

对于这段历史，明清史学家孟森给出了一个高度的评价。他认为，范文程的这个建言，“于清之开国，关系甚巨”。而多尔衮“明达足以听纳正论”的结果，则是让大清能够入主中原的重要原因之一。

《李朝实录》记载，确定出兵后，多尔衮下达了强行征兵令。他下令，“数日之内，急聚兵马而行”，国中“男丁七十以下、十岁以上，全部从军”。毕竟，这是一场“成败之判，在此一举”的战役，多尔衮要倾尽全力，一战定乾坤。

在数天的调兵遣将后，顺治元年（1644 年）四月九日，多尔衮自封为大将军，率领所有的女真勇士浩浩荡荡地走出沈阳城，开始进击中原。

此次出征，大清帝国上到亲王、郡王，下到统领、护军，一共出动了一百八十五员猛将，可谓精锐尽出。多尔衮征调全国之兵，率领大清满八旗、蒙八旗、汉八旗共计十四万大军，倾国而来。

您没有看错，我也没有写错。

大清王朝的倾国之兵，真的只有区区十四万兵马（史称“合十四万骑”）。正是这十四万大军，击败了数倍于己的大顺军，也灭亡了号称有“百万之众”的南明王朝。

第三章 明朝最后的故事

闹心的新年

崇祯十七年（1644 年）的新年，这是崇祯度过的最后一个新年，也是他度过的最阴暗、最死气沉沉的一个新年。

在这一年的大年三十，强颜欢笑中，崇祯在后宫陪着妻妾儿女们吃年夜饭、放鞭炮、一起守岁，他暂时忘记了所有的烦恼。然而，等太阳重新升起时，崇祯就意识到了，这绝不是一个能让他痛痛快快度过的新年。

因为，这个新年发生了太多太多离奇的事，堪称“亡国之兆”。

根据制度，大年初一这一天，群臣要一起进宫朝贺，给皇帝拜年。这个早朝，也是一年朝会中最有意义的一次早朝。结果，这个具有重要意义的朝会，却因为宫中的报时系统出了故障，给搞砸了。

当时，上朝的钟声晚了一个小时，皇帝只能在朝堂上傻傻地等待众人。

目睹了群臣集体迟到后，崇祯彻底怒了。他不认为是京城的报时系统出了问题，而是认为群臣越来越散漫、越来越不负责任，这才导致了集体迟到。于是，皇帝下令取消了朝贺，愤怒地回到后宫。

崇祯皇帝如此草率地取消朝贺，让群臣惊恐不已。毕竟，这是新年的第一次朝会。怎么能无缘无故地取消呢？这是不祥之兆啊。

但这种不祥之兆，才刚刚开始。

在毫无征兆的情况下，大年初一这一天，京城突然刮起了沙尘暴。狂风肆虐，整日不歇，大风扬起的阴霾遮天蔽日，犹如夜晚一般。“震屋扬沙，咫尺不见”，能见度极低，对面的人都看不见了。要想出门，只能点着烛火外出。

面对此景，崇祯皇帝的心凉到了骨头里。他算了一卦，借以安慰自己。但算了一卦后，崇祯更闹心了。

原来，这个卦辞是这么写的，“风从乾起，主暴兵至。城破，臣民无福……”

崇祯不甘心，他又算了一卦，结果……更闹心了。

根据《明季北略·卷二十》记载，卦辞是这么写的——“星入月中，国破君亡”。

国破……君亡……试问这天下，还有比这更闹心的事情吗？

看来，这个新年，崇祯是别想过踏实了。

崇祯这边，悲痛无比；他的那些敌人们，却高兴无比。

明朝的外部，女真人锣鼓喧天，愉快地过年；明朝的内部，农民起义军攻城略地，玩得不亦乐乎。

当时，两大巨寇之一的张献忠，正率大军从广西北上，他一举击溃了对朝廷忠心耿耿的著名女将军秦良玉，正式接管了四川，建立了大西政权。

另一个巨寇李自成，也在西安忙得热火朝天，就在北京刮风霾的大年初一，李自成在西安接受了文武百官的朝贺。他正式宣布，建立一个自己的王朝，国号“大顺”，改元为“永昌元年”。

至此，李自成正式登基称帝，他成为一个九五之尊的皇帝。成为皇帝后，李自成下一步行动，就是要推翻大明王朝，统一天下。

李自成是这么说的，他也会这么做。

正月初八，年还没有过完，李自成就迫不及待地率军出征了。他兵分两路，直扑明朝的京城，准备改朝换代。

该来的，终于来了……

得知李自成大军压境后，明朝君臣惊恐不已。他们清楚地知道，李自成倾尽全力，率领号称百万之众的兵马来袭，这就是要决一死战，这就是要改朝换代。恐怕这个灭顶之灾，他们是在所难免了。

正月十一日，崇祯下令开会，商量退敌之策。

在这次会议中，崇祯哭着对大家道：“朕非亡国之君，事事皆亡国之象。祖宗栉风沐雨得来的天下，一朝丧失，有什么面目见列祖列宗于地下！朕要御驾亲征，与

贼决一死战！就是战死沙场，也能死得其所！”

群臣见皇帝如此悲壮，还听见了皇帝说的“亡国”二字，全都惊恐不已。群臣赶紧劝慰皇帝，表示愿意率军出征，去抵御贼兵。

这些大臣的表现很好，但这里的问题是，率军出征，就必须得有军饷。一提到军饷，群臣就面面相觑，都没有招了。

因为，国库已经没有钱了，大量的军饷从何而来呢？

商量了半天，群臣无计可施，大家只能希望皇帝动用内帑，以解这个燃眉之急。

所谓的“内帑”，指的是皇帝的私财、私产，就是国家给皇帝发的工资，也可以理解为皇帝的私人小金库。

要知道，虽然皇帝握有四海，整个天下都是他的，但天下的钱，却不属于他。历朝历代，皇帝的钱都和国家的钱分开，国家收缴赋税后，再给皇帝“开工资”。因此，皇帝也是给国家打工的，只是工资排行第一罢了。

国家的收入进入国库后，由户部管理。皇帝的收入，则进入内府（清朝叫内务府），由内府官员负责，即皇帝的大管家负责。

咱们都知道，皇帝花钱，肯定大手大脚、铺张浪费。因此，这点“固定工资”根本不够，所以，为了自己美好的生活，皇帝会从别的方面下手去捞钱，维持自己高品质的生活。

皇帝的捞钱途径，主要有三个。

第一，全国各地都有皇帝的庄园，这些庄园每年生产的东西（如无公害的牛羊鸡鸭、瓜果蔬菜），就成了皇帝的财产，也成了他主要的收入来源（省吃俭用，卖了就能赚一笔）。

第二，皇帝会动用特权垄断一个行业，为自己赚钱。比如说，万历皇帝垄断矿业，为自己赚钱。而清朝内务府垄断人参、貂皮的经营权，把这些行业变成自家的“输血管”。

第三，皇帝会用经商、放贷的形式，让钱生钱。史料记载，铺张浪费的乾隆为了得到更多的钱，就让内务府的官员去南方贩卖各种皮质大衣。结果可想而知，南方热得要死，谁买那个玩意，最终皇帝血本无归、欲哭无泪。后来，和珅经营内务府后，内务府才扭亏为盈，成了挣钱的单位。

综上所述，皇帝有自己的小金库，且不对外公布。因此，在群臣的眼中，崇祯皇帝应该很有钱，每天快快乐乐吃吃喝喝聊聊天。大家希望他花点钱，解了这个燃眉之急。反正，他有钱。

那么，崇祯皇帝到底有多少钱呢？

史料记载，皇帝是这么回答的。

面对群臣的要求，崇祯含着眼泪道：“今日内帑，难以告先生。”意思是说，我的小金库的情况，实在没法对先生们说啊。

为什么没法说？因为皇帝的小金库也没钱了，崇祯已经变成一个穷光蛋了。

如今，很多人都指责崇祯皇帝，说他爱惜自己小金库里的钱，比江山社稷还重要。因为，《明季北略》记载，李自成进入北京城后，发现了崇祯的小金库。“旧有镇库金，积年不用者，三千七百万锭，锭皆五百两”，这个皇帝有的是钱。

李自成撤离北京时，将这些银子全部打包，运回了陕北老家，富甲天下。

李自成死后，这些钱不知所踪，成了一个千古之谜。如今，这些宝藏为盗墓、探险类书籍提供了无穷无尽的素材。

对于这些钱财，《甲申核真略》的作者杨士聪就感慨道：“呜呼！三千七百万！捐其奇零，即可代二年加派。乃今日考成，明日搜掠，使海内骚然，而扃钥如故，策安在也……吁，其亦可悲也矣！”

在杨士聪的眼中，他不明白皇帝为什么存这么多钱，只要从这些钱中拿一个零头，就足以安抚老百姓，不让他们跟着李自成造反了。可崇祯却不这么干，国家灭亡了，又能怪谁呢？

因为杨士聪是那段历史的见证人（崇祯四年进士），他又当过翰林院检讨（从七品），知道国家很多的内幕，所以在他的“确认”下，皇帝拥有三千七百万小金库的故事，就成了真正的“历史”。

就这样，杨士聪撰写的史料，成为崇祯“铁公鸡”的证据。人们痛骂他是一个爱钱如命的昏君，江山社稷面临崩溃，却还吝惜身外之物，死守那些钱财，活该亡国。

其实，这个史料就是一个谣言，所谓的“三千七百万锭，锭皆五百两”，就是一个胡说八道的想象罢了。

现在，开始澄清这段历史。

第一，根据《明季北略》记载，皇帝的小金库内有白银三千七百万锭，每锭五百两，这就是一百八十五亿两白银了。要知道，明朝哪有那么多白银，这不是胡说八道吗？

于是，有人怀疑，五百两是笔误，应该是五十两。可是，这么计算，也有十八亿两白银。明朝哪有那么多白银？

如今，经济史学家已经算出来，明朝末年的国家白银总量，为七亿到八亿之间。一个国家只有七亿多白银，皇帝的小金库怎么可能有一百八十五亿或十八亿白银？

可见，崇祯小金库的金银数量根本不对。

第二，即使有这么多银子，李自成也运不走。

古代的运输极其落后，“每一驼两锭”，就是每匹牲畜只能驮两锭银子。这么一算的话，三千七百万锭银子，就需要一千八百五十万匹牲畜，才能运走。

要知道，当时全国的所有运输牲畜，加起来不会超过两百万匹。李自成怎么可能有这么多牲畜，来运输这么多钱。就算有这么多的钱，他也运不走。

第三，李自成进城的表现决定了崇祯确实没钱。

李自成进入北京后，发动了“比饷运动”，玩命地搜刮官脂官膏、到处要钱。为此，李自成不惜动用酷刑，逼迫官员交钱。

当时，如果崇祯有这么多钱的话，李自成早就发了，他犯不着把京城闹得鸡飞狗跳，到处去搜刮钱财了。

综上所述，所谓“三千七百万锭，锭皆五百两”的小金库之说，就是一个谣言罢了，皇帝的内帑早就没钱了。

最终，因为没钱，出征一事不了了之，皇帝只能另想办法退敌。

那么，崇祯会想到什么办法呢？

无奈的崇祯

崇祯想到的另外一个对策就是迁都，把首都迁到南京去，当一个偏安南方的君主。

为了把首都迁到南京，崇祯秘密召见了詹事府的官员李明睿。

按理来说，李明睿只是一个管理太子事务的小官，人微言轻，根本不值得皇帝召见。然而，因为他一直主张“南迁图存”，是一个坚定不移的南迁派。因此皇帝召见他，跟他商量南迁之事。

《流寇志》记载，这次谈话谈了很长时间，详谈了南迁的具体路线、沿途护卫、饷银等诸多事情。一直谈到天黑后，李明睿才出宫。

出宫时，皇帝还一再告诫他：“朕一直有南迁的想法，可是没有人赞同，所以一直拖到今天。爱卿的想法跟朕完全一致，你就去办理此事吧。但要记住，此事事关重大，千万不要泄密。若走漏了消息，朕定不会轻饶你。”

看来，经过这么多年的“洗礼”，崇祯已经被群臣折腾得没脾气了，他再也不想跟大臣开战了。

话虽如此，但为了摸一下大臣的底，在崇祯皇帝的授意下，李明睿还是上疏建议要把首都迁到南京去，以看一下群臣的反应。

结果，群臣的反应，皆在崇祯预料之内。他们的脸上就是三个字——不同意。

群臣之所以不同意，原因很简单。明朝南迁，就是等于放弃大明王朝半壁江山。皇帝就算不是一个亡国之君，也是一个昏君。他们怎么能够侍奉这么一位君主呢？

何况，抛下首都北京，就等于把祖先的十二座陵墓丢给李自成了。这个责任极其重大，群臣可不敢担这个“抛弃江山社稷，置祖先陵寝于不顾”的罪名。

当然，群臣之所以反对南迁，除了这些冠冕堂皇的话外，还有三个阴险的原因在里面。

第一，放不下手中的财产。

大臣之所以反对南迁，是因为他们的家产、田产都在京城。他们能带走金银财宝，却无法带走不动产，这会让他们损失惨重。因此，他们不愿意南迁。

第二，群臣已经准备投降李自成了。

夫妻本是同林鸟，大难临头各自飞。夫妻尚且如此，何况是只有利益关系的君臣。当时，一些臣子看见明朝大势已去，就准备投降李自成，朝拜新君。

皇帝最信任的大太监曹化淳、兵部尚书张缙彦等人拟了一份“投降公约”，朝中很多官员都看过这份公约，也都写下一个“知”字，唯独皇帝“不知”。

第三，群臣为了推卸责任，怕皇帝秋后算账。

群臣之所以推卸责任，原因很简单。毕竟，他们侍奉的这个皇帝，可是一个爱推卸责任、卸磨杀驴、不敢担当的主。

当时，就是否南迁的问题，群臣展开了激烈讨论。一些大臣不同意南迁，也有大臣同意南迁。

同意南迁的大臣阐述道：“迁都之事，历史上又不是没有出现过，这也是拯救危局的一种手段。比如说，安史之乱时，唐玄宗西迁，才让唐朝恢复了元气。靖康之耻后，宋室南迁，才有了南宋百年的辉煌。所以说，南迁跟亡国，不是一回事，大明王朝只有南迁，才会有中兴的希望。”

反对南迁的大臣反驳道：“皇帝这个时候无计可施了，才会想到迁都这个办法。一旦危机过去了，皇帝琢磨过来了，就会以放弃国土的罪名杀了我们。到那个时候，我们怎么办呢？”

同意南迁的大臣急眼道：“都什么时候了，还想这些承担责任的事情，这是一个大臣所为吗？”

反对南迁的大臣冷笑道：“好呀，你肯担这个责任，就去附和皇帝的言辞、同意南迁吧。将来皇帝秋后算账时，你被问斩了，别怪我今日没有提醒。”

对此，同意南迁的大臣无话可说了。最终，他们要么沉默不语，要么就倒戈相

向，也反对南迁了。

为了反对南迁，官员们的言辞极其激烈，誓死不让崇祯南迁。

在这些大臣中，有一个叫光时亨的，甚至说出了“不杀李明睿，不足以安民心”的话。

最终，崇祯被这些大臣搞得焦头烂额，再也不敢提南迁一事了。

在群臣的逼迫下，崇祯甚至立下了一个军令状——“国君死社稷，然也。朕下定决心，与国家共存亡！”

就这样，皇帝不逃跑了，他打算“以死殉国”。他变成了一只鸭子，被群臣赶上架了。

其实，崇祯完全是不情不愿的。当时，他虽然口口声声称“夫国君死社稷，乃古今之正”，但他在天津准备了两百艘海船，早就准备好南下跑路了。

此外，为了表明态度，虽然皇帝口头上表扬了光时亨，说他是一个“为国为民”的大臣，堪称国家的“栋梁之材”。但在背地里，皇帝恨死了光时亨，恨不得杀了他，以泄心中之恨。

有一次，皇帝喝醉了酒，对左右说道：“光时亨，他就是一个该死的大臣，只是朕宅心仁厚，才饶了他一命！”

这里说一个小花絮，说一下这个光时亨的结局。

李自成攻陷北京后，光时亨二话不说，第一时间投降了李自成，成了新朝的臣子。

就这样，崇祯只能留下来迎接自杀的结局。

就在此时，李自成已经对山西发动了全面进攻，山西的守将根本抵挡不住他的进攻。用不了多久，李自成就将席卷整个三晋之地，把山西正式过户。

山西失陷了……北京，还会远吗？

大明王朝最后的岁月，终于降临。

搞笑的代朕出征

在崇祯眼中，既然南迁不行，只能回归正朔，派兵讨伐敌军，以保护自己的江山社稷。但是，问题又回到了原点——没有钱，怎么讨伐敌军？

最终，实在没办法的崇祯，只能用损招来解决这个问题了。

这个损招就是——逼捐。

为了得到军饷，崇祯下令，强迫外戚、官员“捐金助饷”。按照官员的身份和等级，明码标价，不给不行。

崇祯第一个找到的官员，就是他的老丈人嘉定伯周奎，崇祯希望他捐银十万两，带个头，起一个表率。结果，周奎以“老臣家贫，哪有那么多钱”为由，只认捐一万两。皇帝认为一万两太少，命他捐两万两。周奎不干，就捐一万两。

为了捐钱问题，这对翁婿闹得很僵。周皇后只能从中周旋，偷偷送给父亲五千两银子，让他捐了，以解燃眉之急。结果，爱财如命的周奎只捐了三千两银子，自己私扣了两千两。不管皇帝如何催捐，周奎都一毛不拔，打死也不捐了。

周奎誓死不捐，其他官员的表现也跟他差不多。

当时，为了躲避捐钱，京城的官员们纷纷哭穷、装穷。有人在院门上贴上“此房出售”的告示，以告诉皇帝，自己实在没有钱了，若再逼迫捐款，就无家可归了。有的官员则把珍宝、古玩送到市场出售，以“补贴军饷”。更有甚者，一些官员开始卖字为生，以表示自己捐款的“决心”。

其实，官员的表现，还算是好的了。

奉命捐钱的人，不只是官员，还有那些位高权重的太监。结果，太监们全是铁公鸡，一毛不拔。把他们逼急了，他们就到处散播不利信息，闹得天下大乱。

最终，崇祯费了半天劲儿，也就逼官员捐了二十多万两银子。对于军饷而言，这点银子杯水车薪、无济于事。

那么，这些官员真的没钱吗?

别的官员不知道，但这个周奎富可敌国，家里很有钱。史料记载，大顺军进入北京后，李自成下令抄官员的家，以弥补军饷。结果，从周奎家抄出的现银（其实是周奎主动捐的），就有五十三万两之多，其他的金银财宝，更是不计其数。

周奎留着这么多钱，到底干什么用?

皮之不存，毛将焉附……他“花”了这么多的钱，足以保他一世平安。不管是大顺王朝，还是大清王朝，看在钱的分上，都没有特别难为周奎，让他花钱买平安了。

言归正传，不管怎样，经过这么一番折腾后，崇祯总算是筹到钱了。下一步，就该选将出征了。

崇祯十七年（1644 年）正月初十，朝廷收到了李自成的讨伐檄文。面对李自成“嗟尔明朝，气数已尽”的嚣张词语，崇祯下令开会，商讨对策。

在会议中，崇祯当着众大臣的面，再次哭诉道：“朕并非亡国之君，可国家一直呈现亡国之象，祖宗几百年的江山一旦失去，九泉之下我有什么面目去见列祖列宗。既然没有人愿意率军出征，那朕就御驾亲征，与李自成决一死战！即使战死沙场，朕也在所不惜，只是……朕死不瞑目啊。”

说到这里，崇祯皇帝痛哭了起来，他一边哭，一边责问在场的大臣："众位大臣，难道没有一个人愿意为朕分忧吗？"

看见皇帝如此难受，内阁首辅，也就是国家二号首脑的陈演知道躲不过去了，他站出来表示道："臣愿意代陛下出征。"

崇祯看了他一眼，摆手道："你是南方人，不行。"

听完这句话以后，陈演都蒙了，心想道："这是什么理由啊，南方人怎么就不能带兵出征了？袁崇焕是南方人，杨嗣昌是南方人，卢象升是南方人，洪承畴也是南方人。这些南方人都能带兵打仗，怎么今天南方人就不能出兵打仗了？"

摸不清皇帝的心思，陈演只能沉默无语。这时，又有几位内阁大臣站了出来，表示愿意代帝出征。结果，皇帝都以他们是南方人为由，拒绝了。

当众人不知所措时，山西人李建泰站了出来，表示愿意领兵出征。

看见李建泰后，崇祯皇帝高兴地道："朕同意你带兵出征。出征时，朕将亲自为你推车，在郊外设宴为你送行。"

这是一个什么情况？

从内阁首辅到国家大臣，好几个人提出要替皇帝出征，为什么皇帝都不同意，只同意李建泰去呢？要知道，李建泰是进士出身，就是一个手无缚鸡之力的文人。他担任过的官职，也不过是国子监祭酒罢了，跟打仗没有任何关系，为什么要让他率军出征呢？

关于这个原因，有两种解释。

第一种解释，就是崇祯的解释，"南方人不行"。他害怕南方人带兵出征后，直接逃回南方老家，弃自己于不顾。所以，他要派一个与自己共存亡的北方人出征，才能放心。

第二种解释，李建泰是带钱出征的。因为他是山西富翁，非常有钱。李建泰表示，愿意用自己的家产充军，供万人部队几个月的军饷。

北方人，用得踏实；还自愿掏腰包，深得朕心。鉴于这两点，皇帝就同意让李建泰代为出征了。

半个月后，即崇祯十七年（1644 年）正月二十六，崇祯皇帝为李建泰举行了隆重的遣将礼。他当场书写"代朕亲征"四个大字，送给李建泰。同时，赐给李建泰代表皇帝出征的龙节和代表可独断专行的尚方宝剑。

在正阳门前（也就是现在北京前门前），崇祯皇帝亲自设宴，为李建泰践行。在酒宴上，崇祯皇帝连敬李建泰三杯酒，预祝李建泰击破敌军凯旋。

宴毕，在一片欢快的古乐声中，李建泰披红簪花，骑着一匹大马，手拿尚方宝剑，威风凛凛地出征了。

城楼上，皇帝目送李建泰的队伍，直到出征的队伍消失在地平线，崇祯才起驾回宫。

对于李建泰这次出征的礼仪，明朝可谓史无前例的隆重。然而，李建泰本是一个庸才，让他去力挽狂澜，不过就是痴人说梦罢了。

在一番虚张声势后，李建泰刚刚出了京城，他的军队就哗变了。到涿州时，士兵都跑光了，他成了一个光杆司令。

在这种背景下，李建泰怎么可能敢跟李自成决战呢？后来，当听说自己的老家山西曲沃县失陷后，李建泰立刻泄了气，再也不想进军了。

原来，李建泰是山西曲沃县的首富，他自愿代皇帝出征，表面上是为皇帝分忧解难，实际上是想率军出征去保护他家的不动产（他家是当地大地主，有千顷良田，光是收租的家丁就有千余人）。结果，得知家乡已经被农民军攻破，家里的钱财都被抢得一干二净后，李建泰彻底泄气了，再也不想跟李自成交战了。

就这样，李建泰一直待在真定县（今河北正定县）徘徊不前，观望形势的发展。后来，李自成攻打真定时，他就弃城而走，逃到了保定。不久，李自成率军攻打保定，李建泰也不逃了，出城投降了。

至此，这个被崇祯寄予厚望的大将，彻底辜负了崇祯，成了一个叛国投敌的贰臣。

不知崇祯知道这个结果，做何感想。

李建泰投降后，他的故事还没有结束。清军入关后，这位刚刚投降不久的将军又创造了一个纪录——立即投降了清军。

不知李自成知道这个结果，做何感想。

李建泰再次投降后，他的故事仍没有结束！没过多久，因为被官场排挤，他下台了，成了一个平头老百姓。

下台回家后，李建泰很愤怒，就想报复清朝。

顺治六年（1649 年），原大顺将领姜瓖在大同起兵造反，要“反清复明”。李建泰脑袋一热，就跟着一起起义。结果，姜瓖身首异处，李建泰被俘，随后被杀。

《明季北略》记载，李建泰被俘前，准备自杀殉国。他对自己的五十个小妾道：“我今日必死，谁愿意跟着我一起去死？”结果，无一人响应，小妾们只是掩面而笑道：“你早就该死了，问我们干什么？”

至此，这个背叛了三朝的小人，终于得到了应有的结果。

最后，说一个小花絮，作为李建泰故事的补充，并影射一下大明王朝最后的结局。

崇祯皇帝对李建泰寄予了厚望，关注着他的一举一动。当真定县被攻破，宫中

传来了李建泰为国捐躯的消息后，崇祯召见兵部尚书，问他真定县的军情。

崇祯问道："真定县失陷，李建泰遇害了，你可知道？"

兵部尚书回答："并不知晓。"

崇祯大怒道："朕在深宫，都知道此事，你怎么不知道？"

兵部尚书回答："臣没有接到军报，不知此事。"

崇祯大怒道："真定县已经失陷，怎么可能给你发军报。你应该派人去侦察一下……你为什么不派人去侦察一下？"

兵部尚书回答道："派人去侦察，得支付费用。兵部现在没有钱，所以没有派人去侦察。"

一听这话，崇祯彻底无语了，只能愤怒地回宫。

居然没钱派兵侦察敌情，这个国家的未来可想而知。

互相扯皮，无济于事

崇祯十七年（1644 年）二月二十七日，在李自成的攻击下，山西省省会太原和山西北部军事重镇大同接连失陷，三晋之地从此成了李自成的不动产。为了应对这种严峻的局面，崇祯下令再次开会，商讨对策。

在这场会议中，李明睿旧案重提，再次提出了南迁方案。结果，群臣还是一致反对，这让皇帝倍感压力。

最终，左都御史李邦华站了出来，提出了一个折中的方案。

李邦华建议，让太子去南方，"监抚南京"。让太子在南京坐镇，建立一个临时政府，以应不测。

对于这个建议，崇祯表示同意。但群臣的表现，要么是反对，要么是沉默不语。毕竟，大家也是有苦衷的。面对迁都、太子建立临时政府这种大事，群臣不敢轻易同意。他们害怕皇帝秋后算账，未来拿他们当替罪羊。

还是那句话，"一个根本不敢担当责任的皇帝，就不可能指望他手下有勇于担当责任的大臣"。就这样，这个让太子监国的事情讨论了半天，也没有结果，只能不了了之。

宝贵的时间，就这么被耽误了。等到崇祯十七年（1644 年）三月初三，皇帝被迫下令开会，再次商量此事。

原来，探马来报，李自成已经攻陷了山西代州西面的军事重镇宁武关，开始进击紫禁城。

在这种情况下，崇祯皇帝再也坐不住了，他下令开会。

会议期间，几个忠心耿耿的大臣再次提出了南迁或把太子送到南京监国。结果，又是那个光时亨的一番话，把这两件事情都给搅黄了。

对于南迁，光时亨道："皇上唯有坚持效死，勿去之义"。在崇祯眼中，这是一句可恶至极的话。大臣不表示殉国，却逼着皇帝去死，这是一个什么道理？

对于太子监国之事，光时亨道："诸位大臣护送太子去南京，想干什么？难道想效仿唐肃宗灵武之事吗？"他的这句话，把群臣说得无词了。

所谓唐肃宗灵武之事，指的是昔日安史之乱时，唐玄宗准备逃亡成都，太子李亨却没有跟他去，他率军到了灵武（今宁夏回族自治区银川市），在那里自立为王，登基称帝，即唐肃宗。随后，李亨尊唐玄宗为太上皇，逼迫他老爹退休。

光时亨引用这个典故，就是在指责主张送太子南下的大臣们图谋不轨，要拥立太子登基、逼迫崇祯下台。

要知道，这个罪名太厉害了，不管是什么样的大臣都无法担此重罪。就这样，主张送太子南下的大臣都不敢出声了。

至此，在光时亨的搅和下，南迁之事无疾而终；送太子南下的事情，也不了了之。

见光时亨强烈反对南迁，还拿那么大的罪名吓唬人，崇祯愤怒无比，质问光时亨道："既然如此，爱卿可有退敌良策？我们如何守卫皇城，如何击退敌军？"

对于这个问题，光时亨毫无办法，他只能低下头，沉默不语。

看见光时亨沉默不语了，皇帝愤怒不已。他站起身来，拂袖而去，气得回后宫了。临走时，崇祯留下那句千古名言——"朕非亡国之君，诸臣尽亡国之臣尔。"

我，不是一个亡国的君主；而你们，都是让这个国家灭亡的臣子。

这句话，真不知道，到底是对，还是错……

就这样，伴随着皇帝的离开，南迁和送太子去南京的事情，不了了之。宝贵的时间，再次被耽误了。

同年三月，见李自成大军离京城越来越近，崇祯惊恐不已。他颁布了一道圣旨，准备调遣驻扎在宁远的吴三桂进京勤王，命他率领关宁铁骑来保护北京城。

可想而知，此命令一出，大臣们皆反对不已。

因为，大家清楚地知道，一旦调关宁铁骑入京，就意味着要放弃宁远一带的土地。这个弃地的罪名，他们是无论如何也担待不起的。

在这种思想下，大臣们都反对崇祯的命令。内阁首辅陈演更是以"一寸山河一寸金"的理由，强烈拒绝，跟皇帝彻底对着干。

当然，他们所谓对着干，无非就是让皇帝自己独断专行，亲自下达调吴三桂入

关的圣旨，好推卸责任罢了。

在这种背景下，崇祯该怎么说服众大臣呢？他如何调吴三桂进军勤王呢？

自从颁布了让吴三桂进军勤王的命令后，崇祯皇帝就没有一刻消停过，无数大臣“上门打架”，反对他的这个命令。

当然，崇祯之所以不得消停，完全是他咎由自取。

因为，崇祯想让群臣背这口“调吴三桂进京”的锅，让他们发布这道命令。反之，群臣害怕皇帝事后后悔，治他们一个弃地之罪，因此大家绝不同意。他们要皇帝亲自颁布圣旨，自己去背这口黑锅。

就这样，君臣整整博弈了数天，也没有商量出一个结果。

当然，之所以不调吴三桂进京，除了群臣反对外，还有一个更加重要的原因——国家没钱，雇不起吴三桂的关宁铁骑。

崇祯召见了在京城当人质的吴三桂父亲吴襄，征询“弃地守关”的方案。

对于这个方案，吴襄反对道：“祖宗之地，尺寸不可弃。”

崇祯知道他害怕承担弃地的责任，就解释道：“此乃国家大计，非卿父子之弃地也。”随后，崇祯关心吴三桂军队的战斗力问题，他问吴襄道：“贼军人多势众，你儿子能平定敌军吗？”

吴襄胸有成竹地道：“臣揣测敌军占领陕西、山西后，就心满意足了，未必敢来攻打京城。若他们敢来，就是主动送死。我儿子必将生擒之，献给陛下。”

崇祯担忧道：“爱卿的话，太轻松了，逆闯李自成已有百万之众，哪有那么容易对付？”

吴襄分析道：“贼号称有百万之众，实际上不过数万人，且都是一群乌合之众，一战可破。若以臣子之兵当之，直成擒耳。”

崇祯问道：“你们父子有多少兵马？”

吴襄叩首谢罪道：“臣罪该万死，私自组建部队，兵册上有八万余人，但实际上只有三万余人。”

崇祯没工夫治他冒领军饷之罪，问道：“这三万人，骁勇善战乎？”

吴襄回答道：“三万大军并不都是作战部队，臣麾下能征善战的士兵，仅三千人而已。”

崇祯大惊道：“区区三千战士，如何抵御闯贼百万大军？”

吴襄解释道：“此三千人非普通士兵，他们都是臣的儿子、臣的兄弟。自臣受皇恩以来，得到的所有赏赐，都给了他们。臣自己每天吃粗茶淡饭，这三千人每天都吃美酒肥羊。臣自己穿粗布破棉，这三千人却穿绫罗绸缎。因此，他们都能誓死效忠微臣，个个都能以一当十、以一当百、以一当千。”

听完吴老头的大话后，崇祯动心了，他真的以为吴家子弟是能让明朝起死回生的大英雄。于是，崇祯询问调这支部队入关需要多少粮饷。

结果，不问不知道，一问吓一跳。

因为，吴襄就回答了两个字：百万。

崇祯大惊道：“卿不过才三万大军，何需百万粮饷？”

吴襄解释道：“百万粮饷，还是少说了。这些士兵在关外，皆有数百亩良田。若调他们入关，这些庄田的损失怎么算？还有，国家已经欠了他们十四个月的粮饷，这些要如何补偿？调遣这些士兵入关，他们就要举家来迁，一共要迁徙六十万百姓（其实只有十来万人）。这六十万家属如何安置？又得需要多少钱？因此，臣说百万饷银，还是往少了说。”

吴襄算完这笔账后，崇祯无话可说，他竟然同意了这个价码。然而，崇祯就是同意，他也没钱“付账”呀。

因为，国库空空如也，只有七万两，搜刮一切金银财宝，也就“勉强二三十万尔”，皇帝根本付不起这个出场费。

就这样，因为实在给不起百万两的雇佣费，调吴三桂入京的事情，只能暂时搁浅了。

最终，等崇祯决定“付账”时，也没有机会了……

文臣人人可杀

在崇祯与群臣互相扯皮中，李自成可没有闲着，他一路攻无不克战无不胜，兵锋直指京城。

崇祯十七年（1644 年）三月，李自成的部队开始围攻宣化，逼近京城。

古代的宣化，就是今天的张家口。此地是北京的西北重镇，距离北京只有三百多里。可见，局势恶化到了何种地步。

面对这种危局，崇祯皇帝才如梦方醒，他再也不顾及自己颜面了。崇祯颁布圣旨，让吴三桂进京勤王。

颁布圣旨后，大臣们却拒不执行，他们说什么也不让吴三桂入京。

后来，内阁首辅陈演逼迫蓟辽总督和辽东巡抚都同意了此事（签字画押），认为背黑锅的人已经够多了，这才下达了让“吴三桂从宁远撤兵、进京勤王”的圣旨。

在这危难之际，君臣竟然还玩这种把戏，也活该明朝会亡国。

从崇祯皇帝决定调吴三桂入京，到军臣博弈后颁布圣旨，整整耽误了数天的时间。事实证明，大明王朝已经没有这数天的时间了。

就在崇祯君臣互相算计的数天时间里，李自成的军队已经突破了明朝的防线，进入京畿一带。当吴三桂接到圣旨出发时，李自成已经完成了对北京的合围，准备攻打京城了。

崇祯十七年（1644 年）三月十六日，当吴三桂带领他的关宁铁骑慢慢悠悠地到达山海关时，李自成的部队来到了京城，准备改朝换代。

为了安抚民心，崇祯召见官员，商谈国事，给人一种天下太平的假象。然而，在这个会议上，群臣惊讶地发现，皇帝失去了往常那副庄重严峻的样子，已经不知所措了。

当时，皇帝根本没有心思与群臣商量国事。他一会儿左顾右盼，一会儿无缘无故地傻笑，一会儿又频频喝茶，安抚紧张的心情。后来，一个太监送来一份密件，崇祯看完后，脸色大变，当即丢下群臣，独自跑入后宫。

那封密信上到底写了啥，史无记载，不得而知。但据说，那份密信上写了四个惊天动地的字——昌平失守。

去过北京的人都知道，昌平距离紫禁城，到底有多近……坐汽车，也就一个多小时……

根据《二素纪事》记载，当天夜里，崇祯皇帝彻夜未眠，并陷入了疯癫状态。他一边绕着宫殿狂奔，一边捶胸顿足、悲痛欲绝道："内外诸臣误朕，误朕！"

此情此景，让人觉得他真是既可怜，又可恨……

第二天，即三月十七日，李自成兵临城下，准备攻城。

当天，崇祯皇帝照例上了早朝，商量对策。结果，在这个会议中，诸大臣只会相对而泣，毫无办法。他们唯一的办法，竟然还是窝里斗，清除异己！

原来，当时有一些大臣认为国家到了这种地步，是因为"奸臣误国"。他们建议严惩这十六年来误国、误君的大臣，以儆效尤，并昭告天下，"使天下晓知祸乱来由"。

对于这种大臣，真是无语。大敌当前，不去思考退敌良策，反而继续窝里斗，互相推卸责任……

群臣窝里斗时，崇祯就坐在那里，一句话不说，任由大家"畅所欲言"。据说，当时他用墨汁在桌上写了十二个字。写完后，崇祯立刻把这十二个字擦掉了。但旁边眼尖的太监记住了其中的六个字，记录下了皇帝当时的心情。

这六个字就是——文臣人人可杀。

可见，此时此刻，崇祯对于这些大臣已经厌恶、失望到了极点。他恨不得将这些大臣杀得干干净净，以泄心头之恨。

可惜的是，崇祯皇帝忘了一件事情。这些该杀的大臣，都是他一手提拔的，是他自己重用了这么一帮人，又能怪得了谁呢？

在一片哭喊声中，君臣毫无办法。他们除了派兵驻守城池、防守京城，准备做困兽斗外，就再无办法了。

其实，若崇祯君臣同仇敌忾，完全可以杀退李自成。毕竟，李自成非常心虚，他不认为自己能够攻陷这座雄伟的北京城。

李自成在攻打山西代州武宁关时，遭到了代州守将周遇吉的顽强抵抗。李自成损失了上万兵马，战死了四员骁勇善战的将领，自己还被打瞎了一只眼睛，才攻陷这座雄关。

武宁关失守后，周遇吉战死沙场，全家都自杀殉国，其手下也誓死不降，全都奋战至死。这些事情，让李自成十分震惊。他万万没有想到，大明王朝到了这种地步，竟然还有如此忠心耿耿、视死如归的将士。

在李自成的眼中，攻陷宁武关，只是进军京城的第一步而已，前面还有无数的险关、要寨等待着他。大同、宣化、蓟州，这些都是坚不可摧的城池，特别是京城北面的居庸关，号称“天下第一雄关”，其艰险程度，可想而知。鉴于此，李自成打算撤兵，他准备返回陕西，去当一个土皇帝。

然而，正当李自成准备撤兵时，他却收到了镇守大同和镇守宣化的明军的投降信。李自成大喜过望，马上继续进军，

随后，李自成又收到了蓟州守军和居庸关守军的投降信。就这样，李自成如入无人之境，不费一兵一卒，就顺利地开到了北京城。

据说，到达北京城后，李自成感慨万千地说了一句话：“若明朝再有一个周遇吉，我就到不了这里了。”

是的，你真该庆幸，明朝只有一个周遇吉。

到达北京城后，看见那巍峨耸立的城墙，李自成产生了敬畏之心，他不认为自己能爬上去。于是，李自成派了一个降将入京，准备和崇祯皇帝谈判。

当时，李自成给的退兵条件是，朝廷发给他一百万两银子作为犒赏，并把西北地区划分给他，让他在那里立国称王，不奉召，不朝见，不执行君臣之礼。

李自成承诺，如果朝廷同意了他的请求，他就罢兵休战，可以替朝廷平息内乱（消灭张献忠），还可以派兵镇守辽东，帮助明朝一起对付女真人。

俗话说，天无二日，国无二主，李自成这个条件，就是要跟崇祯皇帝平起平坐，平分天下。

那么，极其好面子的崇祯，会接受这个和谈条件吗？不接受这个条件的崇祯，

又将何去何从呢？

对于这个屈辱的合约，崇祯没有表态，转身问诸大臣：“此议如何？今事已急，可一言决之。”意思是说，这个方案怎么样？目前情况紧急，你们给一句话，是同意？还是不同意？

可想而知，对于这种背黑锅的事情，大臣焉能表态。不管崇祯皇帝怎么问，他们都一言不发，始终沉默不语。

见大臣们不说话，崇祯只好让使者出城，去回复李自成：“朕计定，后有旨。”意思是说，让朕考虑一下，然后再回复。

使者走后，崇祯下令开会，再一次向大臣们询问意见。结果，大臣们还是一言不发，始终沉默不语。

最终，崇祯气得把龙椅推倒了，愤怒地离开大殿，回后宫去了。就这样，崇祯失去了最后一次救命的机会，只能迎来自己的最终结局。

见群臣不肯给自己背黑锅同意议和，崇祯只能继续抵抗，与京城共存亡了。回后宫后，崇祯颁布了一道诏书：“朕将亲自率领士兵上战场，国家的大事由太子管理。就这样吧！”随后，崇祯召见了自己的妹夫，驸马督尉巩永固，让他率领私人部队送太子南行。

接到这个命令后，巩永固哭着回复道：“我朝有规定，不许私自豢养士兵，我哪里有士兵啊？就算有，也冲不出去啊。”

这里解释一下，跟其他大臣不同，巩永固绝不是贪生怕死之徒。他这么说，也不是在避死求生、推卸责任。

京城陷落后，巩永固放火烧死了自己的两个女儿，随后自刎殉国。他用自己的死，表明了誓死效忠明朝的决心。

听完巩永固的话后，崇祯沉默无语，也无计可施。最终，崇祯只能叫来亲信太监王承恩，让他召集内宫人员一起开赴战场，与江山社稷共存亡。

就这样，崇祯打算做最后一搏……当然，其结果，也不过是螳臂当车、不自量力罢了。

最后的岁月

崇祯十七年（1644 年）三月十七日，见崇祯皇帝不答应和谈条件，李自成只能下令攻城。

一时间，李自成大军猛攻北京城，与明军展开了殊死战斗。

一番战斗后，崇祯最信任的大太监曹化淳畏敌怯战，打开彰义门（今天的北京广安门），投降了李自成。就这样，李自成的大军顺利地进入了北京城的外城，开始攻打北京的内城。

这里解释一下，明朝的京城一共由三道城墙保护，即护卫紫禁城的皇城，护卫北京城的内城，和内城南面修了一半，没有继续修理的外城。

外城和内城的规模，就是今天的北京二环。嘉靖年间，为了抵御蒙古人，皇帝下令再修筑一道外城，这就是南面的外城。结果，城墙修了一半，就因为没有经费而停工了，因此北京城的外墙仅有一半。

当时，李自成大军从广安门入京，他们只是攻陷了北京城的外城，还需要继续攻陷内城和皇城，才能杀到崇祯面前。

当然，不用敌军杀到眼前，崇祯也清楚地知道自己应该干什么了。

三月十八日，在敌人的炮火中度过了一个不眠之夜后，崇祯召开了最后一次朝会。在会议上，崇祯沮丧地告示众人："不如大家一起在奉先殿完事（自杀）。"

奉先殿，是供奉列祖列宗牌位的地方，在列祖列宗的面前自杀，虽然愧对祖先，但也可以挽回一些尊严。然而，在群臣的沉默中，崇祯打消了这个念头，他还是打算避死求生的。

当天，崇祯颁布了自己的最后一道"罪己诏"。他承认了自己治理国家失败，并宣布停征一切不合理的饷银，如辽饷、剿饷、练饷等。

同时，崇祯还大赦天下，宣布赦免除李自成以外的所有人，并鼓励大家杀了李自成，得到朝廷丰厚的赏赐（官民有擒之者封世侯）。可惜的是，这种毫无用处的词语，除了能心理安慰一下外，就再无用处了。

崇祯十七年（1644 年）三月十八日，李自成率军猛攻北京的内城，宣武门、正阳门、朝阳门的守军不战而溃，全都举旗投降。当天晚上，李自成的大军顺利进入北京内城，开始攻打皇城，攻打这座雄伟无比的紫禁城。

至此，留给崇祯的时间，已经开始了倒计时。

在这个最后的关头，崇祯还是想搏一把的。他既不想自杀殉国，也不想投降敌军，而是想冲出京城，逃到南方。

当时，崇祯皇帝带领一群太监冲出紫禁城，先后冲到了齐化门和安定门，看看是否有突围的机会。见毫无突围的可能，崇祯只能沮丧地返回紫禁城。

大势去矣，去矣……看来，该交代后事了。

崇祯回到后宫后，把所有妻妾子女召集了过来，大家一起开怀畅饮，共进了这最后的晚餐。

在这最后的晚餐中，崇祯看着那三个尚未长大的儿子，泪如雨下，不能自抑。

他亲手为这三个儿子穿上破旧的衣服，对他们道：

“今日，你们还是皇子；明日，你们就是平民百姓了。天亮之后，你们要忘记自己的身份，在乱世之中要隐姓埋名、不露行踪。见到老者，要叫‘爷爷’；见到年轻人，要叫‘伯叔’。其他如文人、军人、官人等，皆有各自的称谓，要小心谨慎地加以区别，不可胡叫。万一活了下来，要为父母报仇，不要忘记了朕今天的告诫。”

崇祯父子的这幅场景，有史学家赋诗一首，以纪念这种离别之苦——影匿名埋气莫高，今从霄汉坠蓬蒿，缠绵衣带心同系，珍重蒙尘一布袍。

这种场面，真是让人唏嘘不已。

崇祯说这番话时，在场者“泪如雨下”。说完，崇祯派人把三位皇子送出宫，送到了他们外祖父的府邸，让住在城外的成国公朱纯臣照顾他们，带他们去逃难。

同时，崇祯还颁布了最后一道圣旨，让文武百官去太子行在（即朱纯臣的府邸）集合，听朱纯臣指挥，等于是临终托孤了。可惜的是，大臣们已经跑光了，已经没有人再去执行这道圣旨了。

送走了三个皇子后，崇祯痛饮一杯酒，对剩下的妻儿道：“事已至此，可以去矣。”你们，都可以去死了……

崇祯首先对着周皇后道：“大事去矣，尔为天下母，宜砒！”

崇祯的原配夫人周皇后，此人出自名门，是一位端庄稳重的美貌女子，史书上称，看见她的人都会“瞑眩不自持”，说明她是一个非常漂亮的女子。

周皇后为崇祯生了三个儿子，夫妻感情非常好。

除了跟皇帝恩爱无边外，周皇后也堪称一代贤后。她辅佐崇祯期间，从来没有干涉过朝政，也没有为娘家人谋取过私利，还为崇祯提过很多合理的建议。

比如说，在国家危难之际，周皇后就委婉地告诉皇帝，我们在南京还有一个家，找个时间去看看？这就是给皇帝一个台阶，鼓励他迁都南京。当然，对于这个建议，皇帝根本不听，反而把周皇后臭骂一顿，让她不许再干涉朝政，把她吓得不敢再说话了。

言归正传，听完皇帝让自己去死的话后，周皇后平静地接受了自己的命运。她对崇祯哭道：“我嫁给你十八年，无怨无悔。若你听我一句劝，也不会今日与社稷共存亡。死就死吧。我也了无遗憾了。”

知子莫若父，知夫莫若妻……然也。

说完这段话，周皇后平静地走回了自己的寝宫坤宁宫，在那里用三尺白绫悬梁自尽。

逼死老婆后，崇祯又开始逼迫自己的妃嫔，让她们自尽殉国。听从命令的，都自尽而死；不肯殉国的嫔妃，也被崇祯手起刀落，送到了那个世界。

一时间，后宫血流遍地，成了人间炼狱。

逼死妻妾后，崇祯又开始逼迫自己的两个女儿。他见昭仁公主、长平公主不肯自尽，就哭着对她们道："谁让你们不幸生在帝王家。"随后，手起刀落，向自己的女儿们砍去。

昭仁公主当即被砍死，长平公主用手臂挡剑，被砍掉了一只手臂，疼得昏死了过去。

崇祯见两个女儿倒在了血泊中、妻妾都挂在了房梁上，就心满意足地离开了。他带着自己的亲信太监王承恩，去往那个最终之地。

崇祯的归宿待会儿再说，先说这位长平公主。

李自成进入京城后，发现长平公主尚有气息，就派人医治她。医治了五天后，长平公主死里逃生，活了过来，李自成把她安置在周奎府邸。

清军入主中原后，长平公主向顺治提出要求出家为尼。结果，顺治不同意，还下令让她与崇祯选定的驸马周显完婚，以维护自己"善待前朝"的形象。结果，结婚后第二年，因思念父母过重，长平公主郁郁而终，死时年仅十八岁。

如今，拜一些影视作品所赐，很多人认为长平公主是一个武功超强的人，她不仅号称"独臂神尼"，还收了一个叫韦小宝的人当徒弟。

其实，小说是小说，历史是历史，不能混为一谈，历史上的长平公主根本不会武功，而且英年早逝。

书归正传，安排好了后事，送走了所有该送走的人后，崇祯来到自己的最终之地。他带着王承恩来到了紫禁城后边的煤山，也就是今天的景山，在这里度过最后的时光。

景山，是古代北京城的最高点，看着这满城烟火，崇祯百感交集、泪如雨下。

十七年前，他入主皇城，是何等的少年得志、意气风发。他在位十七年，励精图治，勤政节俭，自信要让大明中兴。结果，在各种天灾、人祸下，大明王朝不但没有迎来中兴，反而在他手中亡国……试问这种结果，让他情何以堪？

十九日凌晨，崇祯来到景山上的寿皇亭，他咬破手指，在自己的衣衫上留下了最后的遗诏：

朕自登极十七载，三邀天罪，致虏陷地三次，逆贼直逼京师。诸臣误朕也，朕无颜见先皇于地下，将发覆面，任贼分裂朕尸。可将文官尽行杀死，勿坏陵寝，勿伤我百姓一人。

这是一个有尊严的君主，留下的最后遗言。

这也是一个推卸责任的君主，留下的最后感叹。

写完后，崇祯在王承恩的陪伴下，走向了那棵歪脖子树，迎来了自己最后的结局。

一切，终于结束了……

崇祯十七年三月十九日，即1644年4月25日，崇祯以身殉国，吊死在煤山歪脖树上，享年三十三岁。

伴随着他的自尽，大明王朝这个存在了二百七十六年的国家，就此成为历史，成为一段让人无限唏嘘感叹的回忆。

让我们翻开下一页，迎接一个全新的时代。

这个新时代的主人公，就是大顺国的开国皇帝——李自成。

第四章 大顺帝国

胜利的李自成

崇祯自缢殉国后，没过多久，李自成就率领“百万大军”雄赳赳、气昂昂地进入北京城。他以一个胜利者的身份，成了这个皇宫新的主人。

李自成进入北京时，是非常得意忘形的，甚至是忘乎所以的。当时，他从承天门（今天安门）进入紫禁城，看见承天门的匾额后，为了显示自己高超的箭术，李自成突发奇想，对左右道：“我若能成为天下之主，一统江山，则一箭便会射中‘天’字的中心。”

说完，在众人的喝彩中，李自成弯弓搭箭，向牌匾射去。结果，这一箭竟然射歪了，只射在了“天”字下面，根本没有射中“天”字。

见此情景，众人皆尴尬无比。好在李自成的宰相牛金星反应快，他对李自成祝贺道：“大王这一箭，箭术真是精湛。箭射天字下，正为得天下之兆啊！”

一听这话，李自成哈哈大笑，众人也赞叹不已，这才化解了这个尴尬的局面。

在正史（比如《明史·李自成传》）中，并没有记录“李自成箭射承天门”的故事，这可能就是一个野史传说，但通过这件事情，我们也能看出李自成的性格——得志便猖狂，这根本就是一个“中山狼”呀。

这种“中山狼”的下场，也可想而知。

李自成进入皇宫后，第一时间来到崇祯的后宫。看见这遍地公主、嫔妃的尸体后，李自成大发感慨道：“皇上太忍（残忍）。”

在确定里面没有崇祯的尸体后，李自成下令重金悬赏这位皇帝。毕竟，在他的眼中，崇祯一日不死，他就寝食难安，无法闭眼。

两天后，即三月二十一日，众人终于发现了崇祯皇帝的尸体，李自成等人心中的那块大石头，这才安心落地。

据说，在看见崇祯的尸体后，李自成只是随口说了一句“我来与汝共享江山，汝何必自寻短见”的话，就返回后宫享受荣华富贵去了。

李自成用了两具最便宜的柳木棺材（仅值二十串铜钱），把崇祯和王承恩的尸体塞了进去，随后下令把棺材抬到东华门阴凉处，让他们自生自灭。

因为李自成不重视这两个人的遗体，所以棺材里没有任何值钱的陪葬品。崇祯君臣的尸骨上甚至没有像样的遮盖物，这两个人都是枕在土块上，身上盖着草苇。

同日，自杀的周皇后的尸体也被送到了这里，放置在了崇祯皇帝的旁边。因为是从后宫出来的，周皇后的“待遇”还不错，她枕一玉枕，尸下垫着棉褥，身上盖一棉被。

负责看守崇祯尸体的大顺士兵看不下去，偷偷把周皇后尸体上的棉被拿了下来，盖在崇祯皇帝身上，这才给了这位皇帝一个尊严。

三月二十三日，李自成这才想起要给崇祯皇帝举行葬礼。于是，他随便找了两个市井上卖丧殓之物的小贩，让他们给崇祯置办一身出殡衣物。

由于是市井小贩，哪里懂宫里的规矩，他们就随便给崇祯夫妻穿戴衣物。若不是一个忠心耿耿的太监在一旁指导，他们连“凤不裹头，龙不裹脚”的规矩都不懂，就让崇祯夫妻不合礼仪地下葬了。

崇祯夫妇穿好衣服后，就在东华门外停灵。当时，来祭拜先帝者，只有兵部主事刘养贞一人。其他的明朝大臣，皆不敢来祭拜。因为他们害怕得罪李自成，耽误了自己在新朝的官运。

又过了一天，即三月二十四日，李自成突然听见东华门外哭声一片，忙问左右什么情况。左右回禀道，乃京城百姓自发地聚集起来，在祭拜崇祯皇帝。

见此情景，李自成就顺从了民意。他下令，允许大家祭拜崇祯皇帝，并用帝王之礼葬之。有了李自成的“圣旨”，明朝的礼部官员才敢给崇祯办丧礼。

只不过，来祭拜崇祯的官员寥寥可数。即使来了，也不敢上前祭拜，只是远远瞻仰一会儿，就匆匆地回府了。毕竟，在他们的眼中，万一因为祭拜崇祯而上了李自成的黑名单，就得不偿失了。为了自己的荣华富贵，也只能这样行事了。

若崇祯在天有灵，看见这群大臣如此行事，不知会做何感想。

崇祯十七年（1644 年）四月初三，在停灵了数天后，崇祯终于准备下葬了。当时，因为大顺政权的极度不重视，崇祯皇帝的葬礼堪称极其节俭，甚至到了令人无语的地步。

李自成没有给崇祯准备专门的陵墓，他把崇祯安置在田贵妃的墓地，让这个帝王“寄人篱下”。

此外，李自成就给了一点葬礼钱，这些钱连重挖田贵妃坟墓的工钱都不够，更别说让这位皇帝入土为安了。后来，当地的十几名思念旧主的乡绅看不下去，大家一起凑钱，这才凑齐了安葬费，重挖了田贵妃墓，让崇祯皇帝入土为安。

在安葬期间，众人看崇祯皇帝的棺材过于简陋，就自作主张，把田贵妃的外棺拿了出来，套在了崇祯皇帝的薄棺外，总算给这位皇帝凑齐了一套棺椁。

如今，很多资料都记载，李自成看见了崇祯的尸体后，对其非常重视，他亲自举行了一场葬礼，并用帝王之礼安葬了这位皇帝。对于这些记载，我可以明确地告诉您，李自成根本不重视崇祯，他只是将这位皇帝草草安葬了事。

其实，李自成这么做，是完全错误的，也是极度不明智的。要知道，崇祯虽然亡国了，但他毕竟是皇帝，还有很多明朝遗民向着他。如此对待这位皇帝，岂不是伤了他们的心，这就等于是不得民心了。

后来，多尔衮的做法，就比李自成明智得多。他亲自祭拜崇祯，且哭得哇哇的。虽然他的这种表现挺虚伪的，但不管怎样，多尔衮此举，确实得到了不少民心。

从多尔衮的行为，也能看出李自成的为人处世原则。这个人，就是一只山鸡，毫无见识，即使飞上了枝头，也不可能变成凤凰。

大顺王朝的“罪名”

李自成入主紫禁城后，下令追捕崇祯的三个儿子。很快，这三个皇子就落网了。

前面讲过，崇祯临死前，把三个皇子送出了皇宫，让他们去外公朱纯臣府邸。结果，兵荒马乱之际，皇子们走丢了（也有资料显示，侍卫们贪生怕死，把他们抛弃了）。

因为不认识路，三个皇子不知道如何去朱纯臣府邸，他们只能穿着破烂的衣裳在大街上流浪，等同于乞丐了（还有一种说法，三个皇子来到了外公的府邸，但朱

纯臣贪生怕死，不敢收留这三个外孙，把他们拒之门外，让他们自生自灭）。然而，你见过这种长得白白胖胖、养尊处优的乞丐吗？没过多久，三个皇子就被大顺士兵认了出来，缉捕归案。

李自成很是高兴，他下令把三个皇子押解上殿，要亲自审问。

审讯期间，因为自己无子（李自成绝后），李自成对他们产生了怜爱之心，就安抚他们道："不用害怕，你们如今就是我的儿子，不失富贵。"说完，李自成下令派专人伺候他们，还给他们换上了新的衣服。

三个皇子在与李自成的对话中，一口一个"贼"。对此，李自成没有怪罪，还是对他们以礼相待。

李自成问皇长子朱慈烺："你知道父亲的事情吗？"

朱慈烺回答道："知道，父皇已崩于宁寿宫。"

看着这个还被蒙在鼓里的朱慈烺，李自成叹了一口气，问道："尔父为甚失天下？"

朱慈烺回答道："因为父皇被奸臣所误！"

李自成道："看来，你也明白这个道理。"

朱慈烺继续道："满朝文武都是无情无义之人。如今，你成了新的皇帝，用不了多久，他们就会向你靠拢，来谋求官职了。"

听完朱慈烺的话后，李自成选择了沉默不语，但他微微点了点头，表示了对这句话的肯定。

是的，这满朝文武之中，确实没有一个好东西……

在李自成眼中，明朝官员全是贪污腐败之辈，他们是明朝亡国的罪魁祸首。

北京城流传着一句"半数军饷不出京"的话，意思是说，发给各地的军饷，离开京城前，就被各级官员克扣了一半。

当时明朝的官场几乎到了无官不贪的境界，各种贪污现象数不胜数。

《明史列传》中的一句话，道出了明朝官场的实情："何处非用钱之地？何官非爱钱之人？"这句话的潜台词就是——若不要钱，当官干甚！

明朝的官场，就是这样腐败。而李自成们之所以起义，也是被这个官场所赐。

另外，在李自成眼中，明朝官员毫无骨气，都是一群卖主求荣的人。

当时，有一个叫魏藻德的官员，是崇祯十三年（1640年）的状元，因为"擅长辞令，有辩才"，且总能猜透崇祯的心思，因此被崇祯委以重任，成了内阁首辅。

当上首辅后，这个人毫无治国之术，只会贪污受贿。对于崇祯的问题，魏藻德也不出一策，能拖就拖，能躲就躲。

崇祯末年，面对步步进逼的李自成，崇祯急得团团转，他把魏藻德叫来，问其有何对策。结果，魏藻德选择了沉默不语。不管崇祯怎么问，他都不说一字。看着如此消极怠工的首辅，崇祯气得把龙椅踢翻，让他滚蛋。

明朝灭亡后，魏藻德一直上蹿下跳，结交大顺军各级将领，希望他们替自己美言几句，让自己重新入相。

虽然魏藻德玩命地巴结李自成，但事与愿违。毕竟李自成最痛恨的，就是他这种不干正事、尸位素餐的大混混。于是，李自成把他关起来，准备严惩不贷。

被关起来后，为了引起新朝的注意，魏藻德竟然扒着门缝求饶道："新朝如欲用我为官，就把我放出来吧，别把我关在这里。"

听见魏藻德的求饶声后，刘宗敏（一说是李自成）很有兴趣，就把他弄了出来，问道："先生乃前朝首辅，理应殉国，追随崇祯而去，你怎么不去死呀？"

对于这个问题，魏藻德无耻地回答道："我正准备效力新朝廷，哪敢去死？"

一听这话，刘宗敏大骂道："你也配给新朝效劳？在我眼里，你除了贪污腐败、无恶不作外，就一无是处了。就你这种人，也配在新朝当官。"

魏藻德乞求道："大人有所不知，我饱读诗书，才高八斗，学富五车，可以为新朝出谋划策，尽微薄之力。你们一定会欣赏我这一身不世出的才能。"

刘宗敏道："好，那我问你，你给我解释一下，你既然如此有本事，还官居首辅，何以乱国如此？"

结果，魏藻德是这样回答的："我本书生，不谙政事，先帝无道，遂至于此。"

刘宗敏听完这番话后，当时就怒了，二话不说，亲自抽了魏藻德十几个耳光，抽得他嘴角流血、眼冒金星，方才停止。

抽完后，刘宗敏破口大骂道："天下人都知道，你是皇帝钦点的状元，为官仅仅三年，就升为首辅，可谓仕途一路飙升。得此结果，崇祯何处对不起你？你竟然诬骂他为无道昏君！"

痛骂了魏藻德一番后，刘宗敏意犹未尽，下令继续殴打他。

魏藻德玩命求饶，最终对刘宗敏道："我有一女，愿献给将军为妾，换自己一命。"

俗话说，虎毒不食子，但魏藻德为了救自己，却把亲闺女扔进火坑里。这样的人，也算是可以了。

在李自成的眼中，像魏藻德这样的败类，不是一个、两个，而是一群。每每看到这些丑陋的嘴脸，李自成都厌恶不已。

李自成本来就厌恶明朝官员，再加上明朝太子无奈的感叹，李自成就更加厌恨这些官员了。他准备对这些官员严刑拷打，让他们付出血的代价，方才罢休。

这个血的代价，就是发动比饷运动，即让这些官员们放血出钱，以偿还自己的

罪孽。

当然，李自成之所以让明朝官员放血出钱，除了要泄愤外，最主要的原因，还是他没有钱了。李自成需要这些贪官污吏的钱来供养自己的部队，并成为这个新王朝开业运营的资本。

李自成夺取天下期间，不是天天嚷嚷“吃他娘，穿他娘，开了大门迎闯王，闯王来时不纳粮”吗？他发誓要消灭人世间的所有不平等，建立一个均田免赋的世界，成为一个永载史册的明君。

李自成这个均田免赋的口号，确实收到了奇效，这也成了他得到民心的一个重要资本。然而，等夺取天下后，李自成就发现，这个口号太草率了，根本不能兑现。

毕竟，不收赋税，国家就没有钱财；没有钱财，国家就无法运营，只能破产。因此，入住了北京后，李自成就第一时间食言了。他下令，只免征三年赋税，三年后，该怎么收，还怎么收。

然而，这没有赋税的三年，李自成将怎么度过呢？

就这样，为了解决这个难题，李自成只能拿明朝腐败的官员下手，搜刮他们的钱财，渡过这个难关。

在李自成的命令下，一场大规模的比饷运动，即追比饷银运动，就此拉开了序幕。而这个运动，最终把这个王朝推到了万劫不复的深渊里。

比饷运动

崇祯十七年（1644年）三月二十日，新朝宰相牛金星突然颁布一道文告：“明朝旧官全体集合，明日朝见新君。朝见后，不愿效力者，听之。不去朝见者，以违抗圣旨罪，斩！”

看完这个文告后，明朝旧官集体哗然，大家只能去朝见这个新君。

第二天，李自成坐在金銮殿上，接受这些旧臣的朝拜。一旁的宰相牛金星手持花名册，一一点名，确认是否都到了。

因为明朝的旧官太多了（至少八百余人），点到一半时，李自成受不了了，回后宫了。过了一会儿，大将刘宗敏也受不了了，也逃跑了。只剩下牛金星继续执行任务，挨个点名。

牛金星点完名，确定没有一个漏网后，大手一挥，朝廷上出现无数武士，两人押解一人，直接把这些明朝旧官押走了。

大殿之上，哀号一片，某些胆小的官员甚至吓得晕死了过去。

虽然明朝官员自认为必死无疑，但没过多久，他们就惊讶地发现，大顺政权不打算要他们的命，只打算要他们的钱。只要他们能够交钱，就能花钱赎罪。

只不过，这个赎罪钱有点多。

《甲申纪事》记载，让这些官员换上监狱号服、押解到各个军营后，牛金星发布了李自成的谕令，以“输饷”或“助饷”为名，让这些官员们交钱。

交钱的数目明码标价，中堂（内阁官员）交银子十万两；部院中堂、锦衣卫官员根据官职大小，交银子三万到五万两；科道、吏部官员根据官职大小，交银子三到五万两；翰林根据资历，交银子一到三万两；小官也不能幸免，要“各以千计”地交钱。最惨的是功勋和外戚之家了，他们“无定数，人财两尽而后矣”。当然，也不用同情这些人，他们免费地享用了老朱家的“免费午餐”，当然要全部吐出来。

在李自成的圣旨下，一场大规模的追比饷银运动就此拉开大幕。在这个运动中，明朝旧官虽然苦不堪言，但也无处申冤。毕竟，这是官方承认的抢劫运动，你到哪里去说理，只能乖乖认命。

对于那些不认命、就是不给钱的明朝官员，大顺政权要怎么办呢？

好办，就一个字，打。打到给钱为止！

痛快献银者，立刻放人；藏银不献者，大刑伺候。就这么简单。

为了让官员们乖乖给钱，大顺政权赶造了“数十副木皆生棱，且用铁钉相连，以吏人无不骨碎立死”的刑具，逼迫官员给钱。

一时间，在大顺政权严刑追比，用炮烙、脑箍、夹棍诸具下，大明官员血肉飞溅，那些交不出钱的官员全都受到了严刑拷打。

在这些被追缴的大明官员中，最倒霉的那个官员，竟然是那个老熟人——魏藻德。

因为是内阁首辅，魏藻德要交十万两银子赎罪。这个人虽然贪污腐败，但他也实在交不出这么多钱。当时，魏藻德散尽家财，才交了万两银子。

看见堂堂一个首辅，只肯拿出万两银子，刘宗敏大怒，对其严刑拷打，让他乖乖给钱。魏藻德被“伺候”了整整六天，最后被刑具夹破脑袋，脑浆迸裂而死。

据说，临死前，魏藻德对探视的亲人大呼道：“今求死不得。”

求死不得，生不如死，此等结果，为这种小人的最终下场，不足为惜，也不值得同情。只是可怜了他的儿子，只能跟他一样，继续求死不得。

原来，比饷有规定，父债子偿。老子死了，儿子继续上，直到交够银子为止。

刘宗敏把魏藻德的儿子抓了起来，对其严刑拷打，要求其给钱。小魏无钱可给，只能跪地哀号道：“家里实在是没有钱了，你们就是打死我也没用。如果家父还活着，还可以向门生故旧去借，如今家父已死，人脉尽断，我去哪里找银子来？”

听完小魏的话后，刘宗敏一想，是这么一个道理。于是，他咔嚓一下，就让这个没用的小魏脑袋搬家了。随后，刘宗敏抄了魏藻德的家，让他的家族消失殆尽了。

当时，像魏藻德这样被酷刑虐待的官员，不是一个两个，而是所有。几乎所有的明朝旧吏，都遭到了这种严刑拷打。

在北京城内，“人人皆得用刑，处处皆可施刑”，到处都是恐怖的哀号之声。这种声音出自监狱、军营、各级官员的府邸，甚至是马路边（有夹于路次者）。最后，连一般的小富小贵之家，也传来了这种声音。

虽然李自成三令五申，除了明朝旧官外，不得逼迫其他人助饷，更不许“淫掠民间”。然而，当抢劫变成了一种习惯，当创收变得如此轻松时，放弃这种来钱的方式，才会让人痛苦无比、失去快感。

就这样，已经疯狂的大顺士兵彻底忘记了李自成的圣旨，他们开始横扫整个京城。所有的富豪之家无一幸免，都被他们打劫了。在打劫钱财的同时，这些大顺士兵也升级了，他们不仅劫财，还劫色。

《明季北略》记载，大顺官兵以比饷的名义，到处劫财劫色。仅安福胡同一处，“一夜妇女死者三百七十余人，降官妻妾俱不能免，悉怨悔”。

在这场已经完全变了味的比饷运动中，京城内人心惶惶，大顺政权民心尽失，江山社稷岌岌可危。

说实话，看见这么一个天下大乱的局面后，李自成也不是无动于衷的，他也想终止比饷运动。只不过，他根本终止不了。

两个致命的后果

李自成劝慰士兵们不要再干了，结果，士兵们怼了他一句话，就让他无言以对了——“皇帝让汝做去，金银财宝，亦不与我耶？”

这句话，确实怼得可以。

后来，李自成亲自找来刘宗敏等人，劝他们不要再到处抢劫了，并语重心长地道：“你们为何不帮助孤王当一个好皇帝？”

刘宗敏顶了一句，道：“皇帝之权归你，拷掠之威归我，无烦言也！”

听完这句话后，李自成是什么反应，史无记载，不得而知。但所有的史学家都认为，他应该是无言以对。

李自成根本不知道，自己登基称帝后，已经跟手下这帮兄弟完全不同了。如今的他，已经变成了这些人的主子，而他竟然还存在“你好、我好、大家好”的兄弟情谊，真不知道他是怎么想的。

昔日，刘邦登基称帝后，二话不说，立刻让叔孙通教手下那帮兄弟们君臣礼仪，让他们知道何为君、何为臣。现在回想起来，刘邦此举，真是英明无比。

当然，李自成之所以不怪罪刘宗敏，除了不想伤害兄弟情义外，更主要的一个原因是刘宗敏太能干了，他超额地完成了李自成规定的任务，让他欣喜不已，就没有借口治刘宗敏的罪了。

从三月二十七日至四月初七，短短十天的时间内，刘宗敏一共拷问了八百个明朝官吏，一共搜刮了七千万两银子。

七千万两银子什么概念？崇祯用了十年时间，一直在民间加饷摊派，也不过搜刮了两千万两银子，结果导致民心尽失，最终亡国。而李自成仅仅用了十天的时间，就搜刮了三倍以上的银子，这样的结果，让他如何不欣喜若狂？

当然，这七千万两银子绝非全部出自明朝官员，北京城的每一个富庶之家，也都搜刮了自己所有的财力。

得到了这七千万两银子后，李自成都快乐翻了。他也不会为了这些钱，跟兄弟们翻脸。

然而，李自成根本不知道，他收的这些钱会带来两个严重的后果。

第一个后果是，在搜刮期间，大顺军完全变样了，他们不再是人民的军队，变成人民的仇敌了。

《明史纪事本末》记载，李自成入京时，三令五申“兵入城，伤一人者斩”，把大顺军打造成一支人民拥护的部队。

当时，李自成手下的士兵深受百姓爱戴，史称“威令甚严，商贾仍令开市毋闭，军士杀掠者，立斩。最轻亦断手，斫足，劓鼻，截耳。城上兵亦不许私下，人情稍安”。

然而，等李自成发动了比饷运动后，大顺军的性质就变了。为了夺取钱财，他们变成一支烧杀抢掠、无恶不作的禽兽部队。

其实，虽然大顺军变成了一支无法无天的部队，但只要刘宗敏等人坚决执行军纪，严加管束，还是能够让大顺军回归正轨的。

然而，刘宗敏却有一个极其荒唐的理论，他认为“但畏兵变，不畏民变”。老百姓造反没事，用兵镇压即可。士兵造反了，就没辙了。因此，不能为了几个钱，去得罪士兵，让他们造反。

最终，就是在刘宗敏这套神奇的理论下，大顺军变成了“人民之敌”，京城“怨声载道、怨气结聚”，百姓们再也不服从大顺政权管理。大家准备“望风倒戈”，都在给自己留后路。

此外，因为无休止地抢劫，大顺军变成一支毫无斗志、贪生怕死的军队。“贼兵搜刮，腰缠多者千余金，最少三四百两。人人有富足还乡之心，无勇往赴战之气”。这样的部队，又怎么可能打胜仗呢？

就这样，因为腐败和奢靡，大顺政权最终失去了民心，得到了应有的下场。

《南明史》作者顾城就认为李自成之所以失败，是因为玩命地打击官吏集团，导致他们与外族联手，一起剿灭大顺王朝。

顾城的观点，如下：

许多人轻信了封建史籍对大顺军的污蔑之词，断言李自成进京后领导集团腐化变质，丧失民心，终归失败。这种观点完全不符合事实。

且不说不少亲历甲申燕京之变的人士记载大顺军在京期间纪律严明；就以时间而言，三月十九日大顺军进京，四月初十日左右得到吴三桂率部叛变回军攻占山海关，十三日晨李自成、刘宗敏亲率大军离京平叛，其间最大时限为二十三天。

中国历史上许多王朝肇建伊始欣欣向荣，若干年之后壮志消磨，出现文恬武嬉的局面；却没有听说过在二十天左右就腐化得丧失战斗力的。再说，大顺军失败撤离北京后，清军入京立即将北京中、东、西三城居民全部逐出，下令剃头，总不会更得民心吧，为什么没有失败呢？

可见，大顺政权之所以站不住脚，不是因为领导层变质，失去贫苦群众的支持；恰恰相反，由于它尚未完成质变，继续执行打击官绅地主的政策，引起缙绅们的强烈不满，因而不可能稳定自己的统治区，把汉族各阶层人士结成抗清的一致势力。

军事上部署的失误又导致满洲贵族得以勾结汉族官绅，构成对大顺军压倒的优势。说李自成等大顺军领导人因骄致败，是指他们目光短浅，骄傲轻敌；而决不能解释为他们骄奢淫逸。

明清之际，中国向何处去？是历史上的一个重大问题，正确地总结这段历史，才能汲取经验教训，有效地利用我国丰富的社会、政治、军事遗产。

通过这番话，顾城教授告诉我们一个道理——大顺政权之所以无法在北京立足，不是因为内部腐败，而是因为无休止地打击官僚阶级，导致官僚阶级造反。加上军事部署的严重失误，让汉人官绅和满洲贵族联合在了一起，最终颠覆了自己的江山。

第五章　中国最著名的汉奸

吴家的那些事

吴三桂，字长伯，又名长白、月先、月所、硕甫、雄爽、延陵等，是锦州总兵吴襄之子、祖大寿之外甥。

吴三桂出生于万历四十年（1612 年），他比袁崇焕小三十岁，比崇祯皇帝小三岁，比李自成小六岁，跟多尔衮同岁。

虽然吴三桂是明朝辽东人，但他的祖籍却在江南高邮（今江苏高邮市），若按祖籍算，他应该是一个江南人。

《清史稿·吴三桂传》记载，明万历四十年（1612 年），吴三桂出生在辽东中后所城中一个低级官员的家中。其父是明朝低级武官吴襄（史料考证，吴襄当时官职是千总），其母至今没有考证出来，其继母祖氏是东北豪族祖大寿的妹妹。

有些史料记载，吴三桂是兄弟四人，即吴三凤、吴三桂、吴三柜和吴三辅。但也有资料显示，吴三桂是兄弟三人，没有吴三柜。除了王永章《甲申日记》记载吴三桂有两个妹妹外，其他文献都没有记载吴三桂有姐妹。因此，他的兄弟姐妹问题，还需要继续考证。

不管史料如何记载，有一点都是一样的，在兄弟姐妹中，吴三桂排行老二。

《清史稿·吴三桂传》记载，吴家的祖籍在徽州（今安徽徽州），后迁居到了江苏高邮。在他出生后，其祖父率众迁徙到辽东，最终在中后所安居。

那么，这里有一个问题，为什么吴三桂的祖先要离开富饶的江南水乡，一再北迁，最后迁到杳无人烟、经济匮乏的关外呢？

通过史料我们知道，自明一朝，开赴辽东的有四种人。

第一种人，是去应戍的士兵和官吏。他们奉命去镇守辽东，不去不行。

第二种人，是犯了重罪的人犯。他们去辽东充军或者服苦役。

第三种人，是生活所迫，为谋生计，闯关东的穷人。孔有德、耿忠明、尚可喜的家族，就是这种人。

第四种人，是来此地经商的商人。毕竟，辽东与女真和蒙古接壤，是做生意的好地方，为了挣钱，很多商人都慕名而来，特别是徽商群体。

综上所述，鉴于吴家特殊的驯马本领和来路不明的大笔财富，史学家们都相信，吴家是徽商，他们不远千里来到辽东，就是来这里做马匹生意的。在做生意期间，吴家在辽东落地生根，变成这里人了。

然而，对于这样一个众人皆知的事情，吴家却选择了沉默不语。不管是当时、还是后世的文献里，对于祖先的事情，包括职业和社会地位等，别人怎么问，吴家都从来不说。

原因很简单——当时的社会风气瞧不起商人。

要知道，古代的商人地位特别低。韩非子在《五蠹》中，就这样说道，工商之民为“五蠹”之一，就是社会的蛀虫，败坏社会风气，应该就地消灭。

明、清时期商人的等级，也高不到哪去。当时，即使商人家财万贯，也不能坐轿、不能骑马，必须明白自己的身份。

鉴于此，很多商人有了钱后，都会选择入仕这条路，以改变自己的身份。这种事情在清朝比比皆是，如曾麟书（曾国藩父亲）、胡雪岩等人，都是这条路上的典型代表。

就这样，吴家生意越做越大，钱财也越来越多，他们终于积累了入仕的钱财。在吴三桂十岁时，他的父亲终于考取了功名，成为一名武举人。

在明朝制度中，虽然武举人不如正统科举出品的文举人，但也是官员，吴襄可以入朝为官了。

亲戚关系

吴襄步入仕途后，凭借自己善于钻营的本性，开始结交权贵，攀龙附凤。

当时，吴襄在李成梁手下当差，负责采购马匹。因为慧眼识马，还特别会省钱，吴襄受到了李成梁的器重，成了他的亲信，被封为千总，大小是一个官员了。

李成梁病逝后，辽东大乱，为了对付努尔哈赤，明朝出动了四十七万大军，分兵四路，对后金发动了著名的萨尔浒之战。

这场战斗竟然成了后金王基开、帝业定的一战，明军三路败亡，一路溃败，基本上全军覆没。

在这场战斗中，吴襄随军出征，他没有战死沙场，而是成功逃了回来。在逃跑期间，吴襄见战场上的马匹无人管理，就收罗了三百多匹名贵宝马，把它们送回明营。

因为此举，吴襄得到了朝廷的褒奖，被晋升为副将，加官晋爵。

为了能够一步登天，吴襄使用了那个屡试不爽的办法——联姻。吴襄联姻的对象，就是辽西的巨富之家祖大寿的妹妹。

祖大寿，字复宇，明末清初辽东宁远（今辽宁兴城）人。

从明朝永乐年间起，祖家就奉命镇守辽东，号称辽左世勋宿将之家。这个家族基本与大明王朝相伴左右，与世代镇守云南的沐家有一拼。

祖家满门皆官，除了祖大寿外，祖大寿的弟弟祖大乐、祖大成、祖大弼，子侄祖泽远、祖泽沛、祖泽盛、祖泽法、祖泽润等，官职上至总兵，中至副将、参将，下到游记、千夫，形成了一个巨大的关系网。

因为这个巨大的关系网，让祖家在辽东形成了一股足以让朝廷投鼠忌器的势力。

当时，不管是朝中大臣，还是皇帝本人，都不敢轻易触动祖家的势力，唯恐动了他们其中一人，激起大乱，逼迫他们犯上作乱，将辽西土地拱手让给清朝。在这种背景下，即使祖家人犯了大错，皇帝也只能采取容忍态度，睁一只眼，闭一只眼。

现在明白为什么北京保卫战期间，祖大寿不听号令，独自逃跑，却什么事情都没有；大凌河一战，祖大寿明明投降清朝，却毫发无损了吧？因为，朝廷根本就不敢动他。

鉴于祖家如此根深蒂固的势力，吴家跟其联姻，拜了这个码头。

吴襄迎娶了祖大寿的妹妹为妻，为吴三桂找了一个后妈。

这里多说一句，有的史料记载，吴襄娶了祖大寿的妹妹，后来，祖大寿还迎娶了吴襄的妹妹。

通过这种联姻关系，祖家与吴家成了一根绳子上的蚂蚱，一损俱损，一荣俱荣，一起大规模购买土地、垄断经济，成了独霸辽西的超级望族。

吴家和祖家的财富，累积到了什么程度呢？

《吴三桂大传》记载，吴三桂曾经自豪地告诉过其他人，自己家里有“十处庄田”，有“百余丁”。学者推算，吴三桂所谓的“十处庄田”，至少有耕田千亩以上！

辽东不比内地，若内地有千亩耕田，不必大吃一惊，但辽东一带，自山海关至宁远，山木荫翳，少见耕地。在这种背景下，吴三桂家拥有千亩耕田，就是辽东一个名副其实的超级地主了！

对比吴家，本身就实力雄厚的祖家就更不用说了。

《沈馆录》记载，清顺治元年（1644 年），在入关期间，朝鲜国王的世子和范文程路过祖大寿、祖大乐兄弟的府邸，他们好奇地走了进去，好好地参观了一番。

结果，这二人看傻了，因为这里“其结构宏杰，甲于城中，重门复室，金碧炫耀，甃砖石砌，雕刻奇形，文垣粉墙，穷极华丽，而大寿之家则尤为侈奢”。

看完了这两处豪宅后，朝鲜世子大发感慨道：“我国则虽至尊之居，不能如是其华者。”

一个朝鲜的天潢贵胄，竟然会羡慕中国一个偏安一隅的军官。从这里也能看出来，祖大寿府邸的富丽堂皇程度。

综上所述，吴家和祖家联姻后，结合成为一个独霸辽西的超级贵族。

就这样，在这个显赫的家庭中，吴三桂长大成人，开始继承父业，步入官场，创造属于自己的历史。

天生将才

《滇事总录》记载，吴襄知道朝廷重文轻武，武将永远矮人一头，所以他不希望儿子承袭父业，希望他弃武从文。然而，对于父亲的请求，吴三桂毫不犹豫地拒绝了。

吴三桂告诉父亲，男儿应当“奋志云霄”，为什么要学那些“懦夫之口”的东西呢？自己一定要当一个武将，保家卫国、报效朝廷，且必有“出头之日”。

见吴三桂态度如此坚决，吴襄就不再说什么了，他花费重金聘请名师，好好地教育吴三桂，希望他能够出人头地。

事实证明，像吴三桂这种人，他身上有五大优点，让他很容易成功。

第一个优点，武艺超群。

《庭闻录》记载，吴三桂天生“聪明超群”，再加上“鸡鸣即兴，夜分乃寝，终日无惰容”的严格训练，成了一个武艺超群的人。

吴三桂精通骑射，百步穿杨，不在话下。十八般武器样样精通，吴三桂最喜欢使用一把大刀。如今，在昆明博物馆内保留着一柄大砍刀，据说就是吴三桂昔日征战沙场的遗物。

在吴三桂十六七岁的时候，他参加了科举考试，顺利通过，成了一名武举人，从此开启了官场之路。

当然，在当时的明朝，武艺超群者比比皆是，吴三桂放在这些人当中，就不是特别出名了。然而，吴三桂却拥有别人没有的优点，这给他增分不少。

第二个优点，外貌英俊。

几乎所有的史料都记载吴三桂是一个超级大帅哥，他拥有现在帅哥的一切要素。大耳垂，高鼻梁，英俊潇洒，玉树临风，身材魁梧，臂力过人。

在史书的描写中，“壮貌奇伟”“尊严若神”“躯干伟硕”“美丰姿”等词语，在吴三桂的传记中频繁出现、比比皆是。吴三桂为此还非常自豪，常常“颇以风流自赏”。

虽然外貌并不是成功的决定因素，但不可否认的是，外貌却是成功的一个有利因素。

第三个优点，拥有一颗帝王之心。

吴三桂一直坚持读史书，不断从古人那里吸取智慧，并建立自己的目标。当他读到《汉纪》时，被汉光武帝的志向深深吸引，随即发出“我亦遂此愿，足矣”的感慨，从此以刘秀的梦想为目标。

第四个优点，善于结交权贵，朝中有人好做官。

善于钻营的吴氏集团深知朝中有人好做官、大树底下好乘凉的道理，他们花费重金，结交了一个朝廷大员，为自己铺路。

这位大员就是崇祯的亲信，监军太监——高起潜。

高起潜是崇祯最宠信的太监之一，崇祯授予了他很大的权力，让他成了一名监军。

何为监军？就是皇帝派遣到战区视察、监督作战情况的官员，他们是皇帝的亲信，拥有弹劾、指挥将领的权力。这些监军除了不能先斩后奏外，拥有一切权力，俨然就是将领们的顶头上司。

在明朝，对于这些行使天子权力的监军，民间还有一个好听的称呼，称他们为“天使”。别看名字好听，其实他们就是一群杀人不眨眼的恶魔。为了升官发财，一有功劳，他们就大包大揽；一旦失利，就把罪过全部推到将帅头上。

此外，要是武将不听从监军的调遣，伤了他们的面子，他们就会让对方付出血的代价，方才罢休。他们会散播谣言、肆意诬告将领，状告他们谋反。

这绝不是危言耸听，还记得卢象升吗？他就被高起潜陷害得不轻，百口莫辩、无力反击，只能以死明志，以报国恩。

除了陷害过卢象升外，明朝的一代名将洪承畴，也被高起潜害得不轻。

洪承祖经略辽东时，曾经斩杀了一个虚冒钱粮的千总，以振军纪。结果，由于这个千总是高起潜的“私人”，洪承畴算是捅了马蜂窝了，他一直被高起潜陷害，什么事情也办不了。

当时，洪承畴要提拔将领，高起潜从中作梗，导致任命书一直下不来。朝廷发给洪承畴的粮饷，高起潜也从中作祟，能拖就拖，能不给就不给。洪承畴的那些亲信们，也被高起潜挨个弹劾，纷纷被罢官免职。后来，洪承畴送去了一份丰厚的礼物当作赔罪，高起潜才就此收手，放了洪承畴一马。

一个位高权重的封疆大吏，竟然会被一个阉人治得服服帖帖的，这不是小说，而是当时明朝官场的现状。当然，出现这种情况，这个国家的未来，也可想而知了。

虽然正统的士大夫痛恨这些太监，也不会与他们为伍，但吴三桂家族却知道这些太监的能力，心甘情愿地与他们结成同盟，一起发财。这就是所谓的物以类聚，人以群分。

吴氏集团与高起潜第一次见面，应该是在平定登州叛乱时。孔有德、耿忠明在山东叛乱，朝廷派之前战败被留任的原任总兵吴襄出马，戴罪立功。当时，吴襄的监军，就是高起潜，他是吴襄的顶头上司。

在一番觥筹交错和一系列暗箱操作下，吴襄和高起潜结为了兄弟，吴三桂成为高起潜的义子，替他传宗接代。

拜了高起潜后，在这个义父的帮助下，吴三桂官运亨通，平步青云。短短六年，就连升数职，在他二十七岁那年，就已经是宁远团练总兵了。

这个升级速度代表着什么？要知道，明朝规定，一个将领在建功立业后，先升级为游击，游击升参将，参将升副将，副将升到总兵。然而，吴三桂啥功劳也没有，就轻松地成了一个总兵，足以让其他人对他侧目不止。

当时，吴三桂的好友姜新就大为感慨，写了一首醋溜溜的诗词——仁兄廿七登坛，儒门出将，父子元戎，讵谓奇遘哉！

第五个优点，战场救父，孝感动天。

吴襄在一次外出侦察时，被敌军包围，眼看就要身首异处。因为敌众我寡，所以祖大寿选择了见死不救，任由这个亲家为国捐躯。

看见舅舅见死不救，吴三桂急了，他打开城门，率领二十名家丁冲出去救父亲，上演了一场以弱胜强的大戏。

此战中，吴三桂左右厮杀，杀敌无数，在付出鼻子中了一刀的代价后，他把父亲从百万敌军中救了出来，成就了一段千古美谈。

吴三桂干了这么一件“孤军救父、孝闻九边”的事情后，一举进入了皇帝的眼帘，被委以重任，成为帝国一颗冉冉升起的新星。

这里解释一个问题，关于这个故事出现的时间。

《庭闻录》《滇事总录》《吴逆取亡录》《平吴录》《吴三桂纪略》以及近代出版的各种书籍，都记载了这个“孝闻九边”的故事，但各种书籍记录的时间相差甚远。

归纳起来，这个故事出现在四个时间段。

第一个时间段，发生在天启七年（1627 年），袁崇焕与皇太极爆发的锦州之战中。

第二个时间段，发生在崇祯二年（1630 年），北京保卫战之中。

第三个时间段，发生在崇祯六年（1633 年），皇太极第二次讨伐中原的入口之战期间。

第四个时间段，发生在决定明清命运的松锦大战期间。

在这四个时间段中，笔者认为“孝闻九边”的故事发生在崇祯六年（1633 年），即皇太极第二次讨伐中原的入口之战期间。

这个理由，有两个。

第一，入口之战期间，明朝派遣吴襄、祖大寿等人去支援，并委任高起潜为监军，一起抵御清军。只有在这次军事行动中，这些主要人物全部出现，才能构成这个故事。

要知道，监军高起潜在锦州之战、北京保卫战、松锦大战中没有身影，既然他没有参加那些战役，又何来当众表扬之说（救回吴襄后，高起潜当众表扬吴三桂，称其为“真我儿也”）呢？

第二，入口之战结束后，吴襄给朝廷上的请功奏本中，也印证了这个故事。

战争结束后，按照惯例，吴襄给朝廷上奏本，请求功劳。在这个奏本中，他称自己“每负重伤”，以博取朝廷同情，他还特别强调“臣子吴三桂世受国恩，亦必杀贼仰报万一”，玩命地给吴三桂邀功。

可见，若吴三桂没有建立一个奇功，吴襄敢这样明目张胆地给他邀功请赏吗？

综上所述，吴三桂“孝闻九边”的故事，就发生在崇祯六年（1633 年），即皇太极第二次讨伐中原的入口之战期间，这也是目前最权威的一种说明。

后来，因为义父的帮助，吴三桂没有走过弯路，一直官运亨通、步步高升。要知道，在那个与清朝对抗的时代，无数的将领都因为战败被撤职，甚至被砍头，唯独吴三桂啥事情也没有。

就这样，凭借上述的五个优点，吴三桂终于出人头地了。吴三桂位极人臣后，所有人都想来结交这个前途不可限量的人。

当时，上至皇亲国戚，下至一般将领，都希望与他结盟。

辽东巡抚方一藻找到了吴三桂，让他变成了自己的亲信。蓟辽总督洪承畴也找到了吴三桂，让他拜其门下。

第六章 中国最著名的汉奸的夫人

陈圆圆的前世今生

在明亡清兴的历史中，有一个女人始终占据着最中心的舞台，成为大家最瞩目的明星。令人可笑的是，这个女人不是战场上的勇士（比如秦良玉），不是清宫戏中的后宫小主，也不是皇帝身边母仪天下的皇后，更不是怀抱皇帝、饕餮天下的皇太后，她只是一个普普通通的歌妓罢了。

然而，历史就是这样的荒诞不经，谁也没有想到，这一介女流的能量会如此巨大。因为她，中国历史被彻底改写。

这个女人，就是那场大戏“恸哭六军俱缟素，冲冠一怒为红颜”的女主角——陈圆圆。

现在，开始讲述这个女人的一生。

陈圆圆，名沅，又名元。字畹芳，又字圆圆。为了表示尊重，古人把姓氏和字连在一起称呼，所以就称她为陈圆圆了，结果到了现代，很多人不知道她本名叫陈沅。

陈圆圆是明末清初江苏武进（今常州）人，居苏州桃花坞，隶籍梨园，为吴中名优、“秦淮八艳”之一。

《天香阁随笔》记载，陈圆圆出生在一个有一定资产的家庭之中，父亲叫陈泰然（待考），他是一个生意人（也说是一个挑水工），靠卖一些小物品为生，俗称卖货郎。

因为这个行业要走街串巷贩卖物品，因此为了招揽生意，陈泰然要手摇铃鼓，边卖边唱。久而久之，陈父就养成了喜欢音乐、好歌曲的嗜好。

喜欢音乐无可厚非，但玩物丧志就不好了。陈父挣钱不多，却喜欢招歌手回家唱歌。他一次招纳十余人，“日夜讴歌不辍”，花钱无数。

万贯家财，也架不住陈父这么败，久而久之，陈家就破产了。穷困中，陈父郁郁而终，陈家就此家道中落。

陈父死后，其母只能出外打工，当了一个佣工。陈圆圆还有一个弟弟，史称“甚憨”。在这种背景下，陈母实在养不起陈圆圆，只能把她交给了姑母（也称姨母）。

《滇故琐录》等史料记载，姑母姓邢，陈圆圆就改姓邢，后回归族谱，改姓陈。当然，也有史料记载，陈圆圆本姓邢，姑母姓陈，她进入姑母家后，就随姑母姓，改姓陈。

由于史料混乱，陈圆圆到底姓什么，已经是一个历史之谜了。还需要更多的史料出炉，才能证明。

当然，不管陈圆圆姓什么，有一点毋庸置疑，姑母家也不富裕，也是一个贫穷之家。为了养家糊口，姑母只能把陈圆圆卖给了戏班，让她成了一个歌妓。

姑母的这种行为，无可厚非。毕竟，在那个卖身葬父的时代，与其大家一起饿死，不如独自出门去给别人当学徒，学一些手艺养活自己。

至此，豆蔻年华的陈圆圆只能走出家门，进入戏班。

进入戏园后，陈圆圆立刻展示了自己无可匹敌的天赋。她本来就“貌美如花”，又受父亲“好歌”的影响，很快就得到了著名艺人刘香的赏识。在老师的帮助下，她进入了苏州玉峰班，学习歌舞表演。

在古代，各地的戏班实际上就是妓院的送货部门。他们培养艺人送到妓院，让她们在那里表演，得到客人的打赏，替自己挣钱。

这里有一点需要说明，在古代，妓（也称歌伎）卖唱不卖身，娼（也称娼妓）卖身不卖唱，她们是有本质区别的。

进入戏班后，陈圆圆如鱼得水，没过多久，就名噪一时，成了一个独当一面的歌伎。

陈圆圆每次登场，都“花明雪艳，独出冠时，观者魂断”。人们形容陈圆圆，“声甲天下之声，色甲天下之色”，她成了当地豪强、公子哥们争相追求的对象。

这里解释一下，虽然在历史文献中，陈圆圆号称“色甲天下之色”，但真实的她，其实并不漂亮。

清代学者柴萼在《梵天庐从录》中写道，他有幸见到画家吴镜画的《圆圆像》，见过这位传说美女的写实照。

柴萼称，画中的陈圆圆“鬓挽倭坠，长袖轻裙，颧甚高，上唇左有一黑子，鼻梁中陷”。就是说，陈圆圆颧骨很高，上嘴唇左边有一颗黑痣，鼻梁塌陷，她的面容很一般。

很显然，如果这幅画属实，不管怎么看，陈圆圆都不是一个标准的美女。即使在清朝，陈圆圆也不是大众眼中的美女。

那么，既然在历史中，陈圆圆长相一般，她又为何给大众留下一个“国色天香”的印象呢?

其实，陈圆圆之所以变成大家心中的女神，不是靠着貌，而是靠的才。

陈圆圆的那位渣男友冒襄（后面再说），他在抛弃陈圆圆、迎娶了同为“秦淮八艳”之一的董小宛后，仍然对陈圆圆念念不忘。为此，冒襄书写了一篇《影梅庵忆语》，以表达自己的心情。

在这篇文章中，冒襄是这样评价陈圆圆的——“是日演弋阳腔《红梅》，以燕俗之剧，咿呀啁折之调乃出自陈姬身口，如云出岫，如玉在盘，令人欲仙欲死。”

通过这段文字，我们就能知道了，冒襄之所以垂涎陈圆圆，不是因为她的美貌，而是因为她精湛的歌声和舞姿。

无独有偶，清初很多学者都迷恋陈圆圆的歌声和舞姿，并把他们的崇拜之情书写了下来。

号称明末清初词坛第一人的陈维崧，他在自己的《妇人集》中，就这样赞美陈圆圆道——“如皋冒先生尝言，妇人以姿致为主，色次之。碌碌双鬟，难其选也。蕙心纨质，澹秀天然，生平所见，则独有圆圆耳。”

就是说，陈维崧赞同冒襄的说法，认为陈圆圆虽然姿色一般，但其“蕙心纨质，澹秀天然”的气质却天下无双。

清代学者邹枢在《十美词纪》里，也赞同他们的说法，大肆宣传陈圆圆的歌舞演技，而不描写她的相貌——“体态倾靡，说白便巧，曲尽萧寺当年情绪。常在予家演剧，留连不去。”

人生大劫

《香艳丛书》等史料记载，大概在崇祯十四年（1641 年），陈圆圆遇到了明代晚

期江南四大才子之一——冒襄。

明代晚期，江南的诗词界出现了四大才子，号称复社四公子。这四人分别是侯方域、方以智、陈定生和冒襄。

在这四人中，论创作，冒襄比不过侯方域（后者著有《桃花扇》）；论学术，冒襄比不过方以智；论骨气，冒襄比不过陈定生。但是，论风流倜傥、到处留情，冒襄说自己是第二，就没有人敢说是第一了。

《香艳丛书》记载，崇祯十四年（1641 年）春，冒襄赴广东办事，路过陈圆圆的故乡，拜访了一下这位传说中的美女。结果，双方一见如故，私订了终身。冒襄当即许诺，等办完事后，就正式向陈圆圆提亲，陈圆圆也表示要以身相许。

后来，冒襄办完了事情，就把陈圆圆忘得一干二净。他跟江南名妓、同为秦淮八艳之一的董小宛爱得水深火热，还把她纳为了自己的小妾。

大约在崇祯十五年（1642 年）时，有一个叫金若甫的富豪以"三百金赎之"，把陈圆圆纳为小妾，领回了金府。

陈圆圆进入金家后，金若甫的原配夫人不容，天天欺负她。金若甫对此毫无办法，只能任由陈圆圆忍受这种不公平的待遇。

最终，金若甫的父亲看陈圆圆可怜，就劝儿子休了她、放她自由。金父告诉儿子："此贵人，纵之去，不责赎金。"这是一个大富大贵的人，你放了她吧。未来她若飞黄腾达了，你那点赎金就当投资了。

在父亲的劝说下，金若甫同意了，他休书一封，把陈圆圆轰出了金家，给了她一些钱财，让她自生自灭去了。

出了金家后，陈圆圆无处可去，只能重拾老本行，重返妓院卖唱为生。

进京"献礼"

崇祯十五年（1642 年），陈圆圆又经历了一场大劫，她被皇亲国戚掠夺入京，成了进献给皇帝的一个礼品。

这个掠夺陈圆圆的皇亲国戚，就是皇帝最宠爱的田贵妃的老爹、国丈——田弘遇。

田弘遇，名畹，字弘遇。他祖籍山西，籍贯江苏。田弘遇曾是扬州的一个千总小官，娶了扬州悍妇吴氏为妻，成了一个倒插门女婿。

在南方成家后，田弘遇就在南方落地生根了，久而久之，就称自己是广陵人。有一年，朝廷来南方选秀女，田弘遇的女儿奉旨入宫，结果被崇祯看中，成了皇帝的女人。

田弘遇的女儿，就是崇祯的宠妃——田贵妃。

由于史料混乱不堪，田贵妃到底是田弘遇的亲生女儿，还是他收的养女（让养女去冒名顶替，解救亲生闺女，是当时的普遍现象），已经无法考证。但有一点可以确定，田弘遇的夫人是一个著名的歌伎，她对田贵妃的成长起到了决定作用。

在明朝，扬州是一个一线城市，也是最繁华的糜烂城市。正所谓“烟花三月下扬州”是也。当时，扬州以培养歌伎名扬天下。培养的歌伎都是才貌双全，不仅有倾国倾城的容貌，还有学富五车的才华，足以让任何男子神魂颠倒。

田母，就是在这种环境下长大的歌伎，她也把自己的本事全部传给了女儿。

田贵妃长大成人后，被当地官府看中，成了一名秀女，被送入皇宫。进宫后，田贵妃凭借自己的容貌和才华，成功俘虏了皇帝的心，成了他的妃嫔。

田贵妃才华了得，诗词歌赋，无所不通；琴笛歌舞，更是闻名天下。当时，崇祯就称她的笛声有“裂石穿云”之效，可绕梁三日，震骇人心，让人陶醉不已。

吹奏了得，田贵妃的歌舞更是高超无比，史称她的舞技不输给汉朝的赵飞燕，让皇帝看得如痴如醉，无法自拔。

当然，深得皇帝的宠爱，自然成了后宫的公敌。周皇后对田贵妃恨得咬牙切齿，但却因没有田贵妃的才华，只能无计可施。后来，为了收拾田贵妃，周皇后使出了下三烂的招数，以田贵妃的出身说事了。

有一次，听完田贵妃的高超琴艺后，周皇后不怀好意道：“妹妹的琴声，真是高超无比，臣妾自愧不如。只不过，臣妾自幼学习诗书，平常也只会一些蚕桑纺织之术。不知妹妹的这些手艺是何人教的？又是在哪儿学的？”

一听这话，多疑的崇祯立刻问田贵妃，害怕她是一个身份卑微的歌伎。

对于这个问题，田贵妃如实汇报，说她出生在书香门第之家，这些技艺都是母亲传授的，只是为了打发时间，学习了一些皮毛罢了。

崇祯不信，招田贵妃的母亲进宫，让她们一起表演，以解心中之惑。结果，田贵妃的母亲本就是一个高超的技人，母女合奏，深得君心，崇祯这才释然。

从此以后，崇祯更加宠爱田贵妃，还频繁地招田母入宫，让她们一起表演。见此情景，周皇后气得咬牙切齿，也只能接受这一招不慎、满盘皆输的结局。

就这样，在母女的帮助下，田弘遇成了最受崇祯宠爱的外戚。仗着皇帝的宠爱，田弘遇“窃弄威权”，嚣张跋扈，不可一世。

当时，田弘遇到处树敌，闹得京城人心惶惶，大家都恨透了他，只是仗着他的身份，敢怒不敢言罢了。

得知父亲的所作所为后，田贵妃是一个深明大义的女子，她多次劝慰父亲，甚至不惜以死相逼，田弘遇这才稍微收敛一些。然而，没过多久，他就作恶依旧。

在田弘遇这种人眼中，只要自己的闺女不倒，自己就可以荣华富贵至死。因此，他犯不着收敛自己嚣张的气焰。然而，等田贵妃病倒后，田弘遇彻底慌了。

崇祯十五年（1642 年），田贵妃染上了重病，卧床不起，即将油尽灯枯。虽然在生病期间，皇帝还是宠爱着她，但大家都明白，只要田贵妃一死，田家就树倒猢狲散，大势已去。

在这种情况下，田弘遇惶惶不可终日。为了找到一个女儿的替代品，田弘遇不顾自己六旬的身体，率领一支千人部队南下，到处搜刮能够找到的美女。田弘遇准备把她们献给皇帝，让她们接替田贵妃的位置，以维护自己的势力。

田弘遇不惜让"东南骚动"，也要完成自己的目的。最终，他搜刮了美女"数百余人"，用"百余艘船"把她们浩浩荡荡地送到了京城。

在这种大搜捕的背景下，才貌双全的陈圆圆是不可能躲过这一劫的。据说，田弘遇花了两千黄金，才买下了她，并把她顺利地送到京城。陈圆圆刚到京城，田贵妃就香消玉殒了。

哭完女儿后，田弘遇就把陈圆圆献给了崇祯，准备让她接替女儿的位置。结果，对于这个女人，崇祯皇帝看也不看，就把她轰走了。

陈圆圆被轰出皇宫，只能在田府暂时居住，等待下一个买主上门。

关于陈圆圆进宫的问题，这里解释一下。

《吴逆始末记》等书明确记载，把陈圆圆掠入皇宫的人，不是田弘遇，而是周皇后的父亲——周奎。

原来，见崇祯的后宫"田妃擅宠，两宫不协"，周皇后的父亲嘉定伯周奎非常着急，他就以回家祭祖的名义下江南，到处搜刮美女，"将求色艺兼绝之女，由母后进之，以纾宵旰忧，且分西宫之宠"。周奎打算找一个帮手入宫，去帮助皇后，一起抗衡田贵妃。

周奎下江南后，把陈圆圆掠到京城，进献给了皇帝。

我个人认为，把陈圆圆掠到京城的外戚，应该是田家，而不是周家。

这个原因，有两个。

第一，崇祯十五年（1642 年），田贵妃病危，田家的地位岌岌可危。在这种情况下，田家比周家更需要找一个才貌双全的女子，继续维护自己的地位。因此，干这种事情的人，应该是田弘遇无疑。

第二，在与田贵妃的对抗中，周皇后虽然处于下风，但并没有失宠。在这种背景下，周皇后不需要去找一个女人来对抗田贵妃。毕竟，周皇后找一个强敌入宫，不怕行武则天之事，让自己后悔莫及吗？

昔日，为了与萧淑妃争宠，王皇后把武则天从感业寺内放了出来，让她跟自己一起对付萧淑妃。结果，萧淑妃是被干掉了，王皇后自己也被干掉了，被武则天做成了人彘。

为了不重蹈覆辙，周皇后不得不防。因此，我个人认为，把陈圆圆掠到京城的外戚，应该是田家人无疑。只不过后人以讹传讹，把这件事情算在了周家的头上。

当然，不管是田家的主意，还是周家的主意，陈圆圆进入皇宫后，结果都是一样的。

这个结果就是——崇祯皇帝为国事所困，也因为悲伤过度，根本不想亲近女色。他没有看陈圆圆一眼，就把她轰出了皇宫。

郎才女貌，天生一对

眼看陈圆圆这件“商品”就要滞销了，田弘遇很是着急。他准备寻找一个新的靠山，把陈圆圆许配给他，让这个男人保护自己的下半生。

对于陈圆圆这种才貌双全的女子，寻找一个官位显赫的富二代，不是问题。但要选择一个有权有势、能保护田家的富二代，就有问题了。

最终，在一番海选后，田弘遇相中了吴三桂。

田弘遇之所以在万人之中选择吴三桂，有两个原因。

第一，吴三桂是年轻一代将领当中，最受皇帝宠幸的官员，他是一颗冉冉升起的新星，前途不可限量。跟他攀上关系，只赚不赔。

第二，吴三桂奉命镇守辽东，手握重兵。在这个兵荒马乱的时代，也只有这样的男人，才能保护田家上下。

在一番邀请下，田弘遇把吴三桂请到府邸，让陈圆圆献舞，陪吴三桂喝酒。

关于吴三桂与陈圆圆见面的故事，历史上有三个版本，现在一一说明。

第一个版本，就是田弘遇做局，吴三桂与陈圆圆一见钟情。

第二个版本，说吴三桂一直是陈圆圆的粉丝，他去为陈圆圆捧过场子。在田家偶遇陈圆圆后，吴三桂就表达了爱慕之心，把陈圆圆娶走了。

第三个版本，说陈圆圆本是祖大寿的爱妾，吴三桂战场救父、孝闻九边后，祖大寿对其道：“壮哉，甥也，以美姬陈沅（陈圆圆）赠之。未己，陈沅随襄入京城。”

在这三个版本当中，我个人认为，第一个版本正确。后两个，只是八卦传说罢了。

原因很简单，没有任何资料显示吴三桂去过江南，捧过陈圆圆的场子。也没有

任何资料显示陈圆圆来过京城。他们根本就没有见过面，吴三桂焉能是陈圆圆的粉丝？

至于那个陈圆圆是祖大寿爱妾的故事，还是忘了吧。

陈圆圆出生在天启二年（1622 年），吴三桂比她大十岁。也有资料显示，陈圆圆出生在崇祯四年（1631 年），吴三桂比她大了近二十岁。

要知道，吴三桂战场救父时，还是一个小将，也就二十出头，甚至可能都不到二十岁。因此，这么一算的话，一个二十左右的青年，是无论如何也不会喜欢一个尚未到十岁的小女孩的，除非这个青年有病！所以说，陈圆圆是祖大寿送给吴三桂的礼物，就是一个无稽之谈。

综上所述，我个人认为，吴三桂跟陈圆圆见面的故事，应该就是第一个版本，即在田府一见钟情。

那么，这里有一个问题，吴三桂是什么时候见到陈圆圆的呢？

吴三桂与陈圆圆见面的时间，发生在崇祯十五年（1642 年），即皇太极第五次讨伐明朝期间。

当时，皇太极命多罗饶余贝勒阿巴泰率领十万大军入关，在关内到处抢夺。为了对抗清军，崇祯调各路大军入京勤王。在这种背景下，吴三桂就率领关宁铁骑入关了。

在这场长达六个多月的战斗中，虽然吴三桂奋勇对抗清军，也取得了一些成绩，但在多数明军畏敌怯战、不思进取的大环境下，吴三桂始终是一支孤掌难鸣的孤军，他只能眼睁睁地看着清军高兴地走了。

虽然吴三桂没有击退清军，但因为他优异的战绩，他得到了崇祯的褒奖。战斗结束后，崇祯命吴三桂进入京城，他要亲自对其晋爵。

就这样，吴三桂率军进入了京城，他见到了要誓死效忠的皇帝，也见到了要誓死保护的女人。

崇祯十五年（1642 年）五月，在武英殿接受了皇帝的赏赐后，吴三桂应邀来到田弘遇的府邸。

《甲申朝事小纪》记载，吴三桂见到陈圆圆后，对其一见钟情，随即“赍千金往聘”。

虽然吴三桂迎娶了陈圆圆，却没有第一时间把她迎娶回府，也没有把她带回辽东，而是把她搁在了田府，后来把她接到了在京居住的父亲的府邸。陈圆圆和吴三桂分居两地。

由于史料没有记载他们分居的原因，对于这件事情，史学家们只能猜测了。最终，在数个解释中，大家一致认为，有一个解释最靠谱。

这个解释就是——吴三桂惧内，他害怕自己的原配夫人欺负陈圆圆，所以不敢把陈圆圆带回家，只能暂时天各一方。

吴三桂的原配夫人姓张，名字不祥，史书称其为张氏。张氏在历史上留下的资料极少，其出生和家境一直无从查考，仅有《庭闻录》记录了寥寥数笔。

张氏是关东人，就是辽东本地人，家境不是大富大贵之家，可能出自一个小农之家。因为，张氏常感叹："昔作嫁衣裳，吾母尝吝一红裘，今若此，岂非命耶！"

就是说，张氏常感叹道："当年我出嫁时，家里非常贫穷，都舍不得给我一件红衣裳。"可见，其家境不怎么样。当然，也有史学家说，张氏之所以这么说，可能是他们家族有节省的美德，故意不让她穿金戴银、腐败奢靡。

张氏的家境到底是一个什么情况，不得而知。但有一点可以肯定，吴三桂非常怕这个老婆，他非常惧内。

吴三桂在云南时，有一天跟他的部下崔之瑛聊天，聊着聊着，就聊起了家事。崔之瑛惧内，每每聊到家事，都痛苦不已，甚至哽咽哭泣。

崔之瑛哭时，吴三桂也发出了同病相怜的感叹，只能宽慰他，并连声叹息。由此可见，他也是一个惧内的人。

因为惧内，吴三桂不敢随便往家里带女人，也不敢把陈圆圆带回家。因为是一家之主，张氏一直留在吴三桂府邸，陪他在辽东生活。

李自成占据北京后，囚禁了吴三桂在北京的家人，因为吴三桂背叛了自己，李自成将他的家人全部处死了。张氏因为一直陪伴在吴三桂左右，不在北京，躲过了这一劫。

吴三桂虽然妻妾成群，有陈圆圆这样的大美女，还有"八面观音""四面观音"这样的美姬，但她们都没有为吴三桂生出一儿半女。只有这个张氏，给吴三桂生下了儿子吴应熊。

因为给吴三桂生下了唯一的子嗣，张氏就成为吴家的英雄，所以吴三桂不忍休妻，他也没有理由休妻。

就这样，因为惧内，吴三桂无法把陈圆圆带回家，他们只能暂时分别。吴三桂回到了辽东，陈圆圆留在了北京，他们天各一方，只能互相思念。

《圆圆曲》中，就用了这么一段话来形容陈圆圆的相思之苦。

夺归永巷闭良家，教就新声倾坐客。坐客飞觞红日暮，一曲哀弦向谁诉？
白皙通侯最少年，拣取花枝屡回顾。早携娇鸟出樊笼，待得银河几时渡？

啊，长得英俊潇洒、玉树临风，为大明王朝建立无数功业的吴三桂呀，你可知

道，我住在这里，就像是一只被囚禁的小鸟，何时才能飞出这个牢笼呀？我们这对天各一方的牛郎织女，何时才能永远在一起呢？

诗词悲凉、凄惨，虽然是出自第三人之口，但完美地反映出当时陈圆圆的心情。然而，陈圆圆根本不会想到，她下次与吴三桂的见面，会成为一场人生浩劫。

时也，命也，运也，非吾之所能也。

第七章 改变天下的人

大明王朝最后的哨兵

迎娶了陈圆圆后，吴三桂没有享受太长的婚姻生活，就被迫重新出征了。吴三桂率军开赴辽东，继续去抵御清军。

在当时的大明王朝，吴三桂已经是最后的希望。即使这个人曾经是一个临阵脱逃的人，大明王朝也没有第二个选择了。

吴三桂临阵脱逃说的是松锦之战时，他私自逃跑、丢弃主帅。

前面讲过，松锦之战时，吴三桂不听指挥，独自逃跑，导致明朝“大兵尽丧，总督文武官俱陷”，他是明军失败的罪魁祸首之一。

然而，即使害得明朝“九塞之精锐，中国之粮刍，尽付一掷”，朝廷还是选择了原谅吴三桂。苦难的崇祯大笔一挥，对吴三桂轻判了。

崇祯之所以轻判吴三桂，有两个原因。

第一，在苦难的崇祯眼中，他已经失去太多太多的将领，无法再失去吴三桂了。尤其是吴三桂这种“年方勇壮，冠诸军”的杰出将领，他就是国家未来的希望。因此，朝廷无论如何，也不能再失去这个“北门锁钥”了。

第二，祖大寿投降后，明朝在辽东的统治锐减，他们已经失去了半壁江山。在

这种背景下，朝廷不敢继续处罚吴三桂，害怕吴家铤而走险，把另外半壁江山也送给清军。

鉴于这两点，崇祯最终选择了法外开恩，他没有严惩吴三桂，只是给了他一个携秩的处罚。

何为携秩？就是降级使用，戴罪立功后，再官复原职。吴三桂被降了几级，史料混乱，不得而知，有的史料说是降了两级，有的史料说是降了三级。

其实，吴三桂到底被降了几级，根本无须讨论。因为，仅仅过了三个月，从他以“辽东团练总兵吴三桂密奏”的文件上看，他已经官复原职，朝廷已经不再惩罚他了。

就这样，同样都是逃跑，大同总兵王朴被斩杀示众，以儆效尤；辽东团练总兵吴三桂却啥事没有，还继续高官得坐、骏马得骑。不得不说，这是崇祯无奈的选择。

当然，在朝廷眼中，吴三桂死罪可免，但活罪难逃。朝廷颁布一道圣旨，以吴襄“劳苦功高，需进京好好调养”为由，把吴三桂的家属接到了京城。实际上，朝廷就是把吴襄扣为人质了。崇祯要让吴三桂投鼠忌器，好好给朝廷卖命，不能起任何的叛逃之心。

其实，朝廷的这种做法，虽然不人道，但也并不是没有道理。毕竟种种迹象表明，吴三桂一直与清朝暧昧不清。对于他的这种态度，朝廷不得不防。

为了兵不血刃地夺取宁远城，皇太极一直在劝吴三桂投降，希望他“弃明投清”，并许诺一旦投降，可“分茅裂土”。为了成功说服吴三桂，皇太极还命祖大寿等人挨个出马，去做吴三桂的思想工作。

对于这些亲朋好友的劝说，吴三桂的态度一直是模棱两可。他既不是同意，也不是不同意，就这样继续暧昧下去。

对于吴三桂的这种行为，我们要理解才是。毕竟，在他的眼中，大明王朝已经是一艘即将沉没的战舰了，他不想为其殉葬。同样，清朝那些“相仁兄之面，不过拜将，犹恐难免国法；相仁兄之背，必定封王”的话，也句句说到了吴三桂的心坎上。

是呀，对于吴三桂而言，他到死也不过就是明朝一个将领，且还不能天下太平。因为，天下一旦太平，就他做的那些事情，肯定被崇祯秋后算账。反之，若投降了清朝，就能正式封王了，自己也能成为清朝建国的第一功臣。

就这样，在清朝裂土和封王的诱惑下，吴三桂彻底动摇了。此时此刻的他，不敢说会投降清军，但也绝不会百分之百效忠明朝了。

按照明朝人臣无境外之交的原则，吴三桂是无论如何也不能跟清朝联系的，他也决不能与敌国互通书信。结果，吴三桂不仅与清朝通信了，他还不把清朝的回复上报给朝廷。

吴三桂这种通书诏、不上报的情况，把朝廷吓得不行，朝廷甚至出现了“吴三桂已经投降了清朝”的流言蜚语，若不是吴襄坚定地宣称“三桂忠孝，必不至此”，崇祯就会派特使去辽东彻查此事了。

后来，在双方这种互相猜疑却被迫在一起的心理下，吴三桂与明朝达成了一个共识——吴三桂“誓死”效忠明朝，绝不背叛。但相应地，明朝不派人节制吴三桂，默认他的一切行为，任由他成为一个不受国家控制的藩王。

就这样，秉持着善持两端的外交政策，吴三桂成功地斡旋于明朝与清朝之间，他一方面接受明朝的赏赐，另一方面也不拒绝清朝的礼物，小日子过得还不错。然而，等皇太极病逝、顺治登基、多尔衮摄政后，吴三桂的这种小日子就算到头了。

前面讲过，多尔衮摄政后，他一改对吴三桂的招降政策，决定对其兵戎相见，逼迫他投降。多尔衮拜济尔哈朗为将，出兵讨伐吴三桂，兵锋直指他镇守的关外三城。

《清实录》记载，虽然在这场战争中，吴三桂顽强抵抗，多次打退清军的进攻，但无奈清军兵多将广，吴三桂最终还是惨败而归。他损失了数万兵马，以及可以使用数年的军需物资，可谓输了一个干净彻底。

损兵折将，这些固然让吴三桂痛苦，但更痛苦的是，失去了关外三城后，宁远城变成了一个名副其实的孤城，完全被敌人包围了。在这种情况下，宁远城内人心惶惶，不断有百姓逃跑和将士叛逃。

崇祯十六年（1643 年）十二月，宁远守备孙友白率领部队冲出宁远城，投降了清军。

投降清军后，孙友白得到了丰厚的赏赐，还被委任成招降大使。孙友白天天来到宁远城下，对城内的居民阐述自己的“经历”，希望大家都学习自己，一起叛国投敌。

在孙友白的言传身教下，本来就人心惶惶的宁远城，更加动乱不堪。吴三桂甚是痛苦，却又无计可施。

看看吴三桂的处境吧，他简直就是当年袁崇焕的翻版，固守孤城，无兵可用，无险可守。只不过袁崇焕拥有一颗不管任何情况都绝不动摇的心，而吴三桂的心，明显不是这个样子。

部分史料记载，在这种背景下，吴三桂曾偷偷给清朝写信，希望投降清军。但是，他却没有寄出去，而是把书信烧毁了。

之所以不投降，不是吴三桂的意志多么坚定，也不是他有多么崇高的气节，而

是吴三桂怕死，也害怕家人跟着遭殃。毕竟，明朝法律明确规定，“守土者擅弃封疆，律无赦”。他是不敢擅自弃宁远城而逃的。

就这样，不能逃跑，也不能投降，吴三桂只能孤独地镇守宁远城，他无可奈何，也无计可施；他期待奇迹，却又不知道奇迹何时降临，更不知道奇迹是什么东西……

最终，在忐忑不安的心情下，吴三桂迎来了新的一年，那是让他永远无法忘记的一年。

吴三桂的选择

前面讲过，因为优柔寡断的性格和死要面子活受罪的个性，崇祯一直错失良机，他也一直没有调吴三桂进京来勤王。崇祯十七年（1644年）三月初，当农民军逼近京城后，崇祯终于坐不住了。

三月六日，崇祯下令让吴三桂放弃宁远、入京勤王，封他为平西伯，命他“星夜驰赴山海，率兵入关”。

由于史料匮乏，吴三桂收到这份命令后，到底是一种什么样的心情，不得而知。在我的眼中，他应该是既兴奋，又沮丧；既激动无比，又悲伤不止。

毕竟，吴三桂一直等待撤离宁远的命令，他早就想离开这个苦寒之地了。同时，以三十三岁的盛年之身，就能获得其他人奋斗一生都无法得到的伯爵身份，这让吴三桂欣喜不已。然而，朝廷封他平西伯的意思，再明确不过了，就是让他去打农民军，让他去死。

对于朝廷的这个任命，吴三桂痛苦无比。毕竟，吴三桂清楚地知道，用自己十数万军队，去攻打百万之众的农民军，无疑就是以卵击石，主动找死。这样的结果，只能让他徒自伤悲、痛苦不已。

最终，对于这个任命，吴三桂采用了一种消极的办事方法，他能拖一拖，就拖一拖；能不去，就不去。

为了拖延时间，吴三桂把当地的五十万居民打成了一个大礼包，率领他们进入关内。

整整五十万民众随军逃难，一路之上妇幼老弱啼哭不断，拥塞于道，每天行军不过五十里。当然，对于为何要携带这些百姓，吴三桂也给了一个合情合理的借口——这些都是大明王朝的子民，臣不忍弃他们而去，只能携带他们进入关内。

其实，吴三桂的这个说辞，完全是拖延时间的借口罢了。要知道，如果他学习当年的袁崇焕，他完全可以留下步兵保护百姓，自己亲率骑兵日夜兼程入关，去救皇帝。

宁远距离山海关不过两百里，若吴三桂全力前进，他完全可以日行一百余里，两天之内就能赶到山海关。然而，他却没有这么做，吴三桂是三月六日从宁远出发的，结果十六日他才到山海关。这么短的路，他愣是走了十天！

用了整整十天时间，晃晃悠悠到达山海关后，吴三桂还是没有继续前进的意思。他上奏朝廷，以需要安置百姓为由，恳请“安歇家口五日”，又耽误了五天时间。

对于吴三桂这种行为，崇祯虽然恨得咬牙切齿，但又有什么办法呢？毕竟，吴三桂已经动身了，这在崇祯眼中已经算是最好的结果了。

要知道，崇祯此次下达的勤王旨意，除了调遣吴三桂外，还命令平贼将军左良玉、山东总兵刘泽清、河南总兵许定国，以及黄得功、刘良佐等人一起来勤王。若他们都能率军来京城，一起抵御李自成，明朝到底能不能灭亡，就真的“未可知也”了。

然而，对于皇帝的急诏，刘泽清故意从马上摔了下来，以受伤为由，借故不奉召。而左良玉、黄得功和许定国等人的态度更绝，他们对于崇祯的圣旨不理不睬，就当没有收到这封求救信。

国家安危之际，得此大臣，崇祯当时的心情就可想而知了，也难怪他会发出“大臣皆可杀”的感叹。对比这些武将，吴三桂还算是一个忠孝之士了。

在吴三桂的消极怠工下，时间就这样一天一天地耗下去了。当时间耗完后，不管是他，还是崇祯，都得到了真正的解脱。

崇祯十七年（1644 年）三月十九日，就在吴三桂“安抚百姓”期间，李自成攻陷了北京城，崇祯以身殉国，明朝亡国。

伴随着明朝这家公司的破产，吴三桂终于解除了合同，恢复了自由之身。然而，虽然自由了，但吴三桂一点也不高兴。因为，他失去了饭碗，不知道该何去何从。

对于他而言，所谓的进京勤王已经毫无意义了，他只能掉转马头，率军返回山海关。“屯兵不进，未有所决”，他什么都不干，就安心等待买主上门，准备再次上岗。

吴三桂清楚地知道，像他这样资本雄厚、位高权重的将领，是不可能失业的。毕竟，他麾下拥有四万大军，其中三千人是精锐的关宁铁骑，他还镇守战略要地山海关，这些都是他的本钱，是他再次成功的重要资本。

就这样，即使明朝灭亡了，吴三桂也毫不担心，他就安心地待在山海关，不采

取任何行动，等待时机，准备重新上班。

很快，吴三桂就收到了一份“面试通知（劝降信）”。

这个决定录取吴三桂的“公司”，就是李自成的大顺政权。

攻陷北京城后，李自成虽然干了很多蠢事，但有一件事情，他自始至终都清楚无比。那就是——必须正确看待吴三桂，以及他在山海关的那些雄兵。

李自成知道，吴三桂的归属问题，对大顺政权至关重要。吴三桂麾下的那些精兵猛将，是农民军的一个大敌；吴三桂镇守的山海关，那是明朝首都的前线屏障；反之，山海关也是攻打北京的前线阵地。

在这种背景下，吴三桂进，可以威胁北京城；吴三桂守，可以凭借山海关自保；吴三桂退，他可以联系清军，打开……李自成根本不敢往下去想。

在这种背景下，吴三桂成了李自成的心腹大患。他为此寝食难安，必须除之而后快。

《平吴录》记载，为了除掉这个心腹之患，李自成召开会议，询问大臣解决之策。

在这个会议中，丞相牛金星、军师宋献策进言道：“如今天下大势，陕西、山西、河南、湖北等地，皆在掌握之中。长江以南，也可传檄而定。唯独这个山海关的吴三桂，是我军的一个心腹大患，必须解决，否则我军衽席不安。”

如何解决这个问题呢？军士们提供了两个方案。

第一，用武力消灭吴三桂，彻底解决这个心腹大患。

第二，和平招抚吴三桂，用高官厚禄劝其归顺，解决这个心腹大患。

这两个解决方案，前者费钱、费事、费人，还得流血；后者费钱，却不费事，不费人，而且还有很高的成功率。

毕竟，大顺取代大明后，已经证明了其正统的地位，如今人心所向。吴三桂镇守山海关，不过是一支孤军罢了，若想生存，他只有投降一途。此外，军士们认为招降吴三桂，还是很有把握的。因为，吴三桂的家眷就在京城，他们是成功招降吴三桂的本钱。

就这样，在一番讨论后，大顺君臣达成了共识，准备招降吴三桂。于是，李自成厚待了吴三桂的父亲吴襄，命他写了一份劝降信，劝吴三桂投降。

《明季北略》等文献记载，吴襄写的这封劝降信非常长，但其中有一句话，写得非常好，堪称一语中的——“天命难回，吾君已矣，尔父须臾。呜呼！识时事者可以知变计矣。”

识时事者，可以知变计矣……没错，识时务者，才是真正的俊杰。

得到这封劝降信后，李自成派降将唐通出马，带领四万银两前往山海关，用来招降吴三桂。

看见父亲的信和这些钱后，吴三桂将做何选择呢？他又是如何从大顺的降将，变成清军的降将的呢？

投降大顺

自从大明王朝灭亡后，摆在吴三桂面前的就剩下四条路了。第一，自立为王；第二，投降南明；第三，投降大顺；第四，投降大清。

那么，吴三桂将如何选择呢？

第一条不能选择的，就是自立为王。

诚然，吴三桂很有实力，他手下有数万弟兄，还有明朝最精锐的关宁铁骑。但吴三桂清楚地知道，就这几个人、几条枪，还想在乱世中自立为王，这不是扯吗？清醒一下，别痴人说梦了。

自立为王，不能选；投奔南明，更不可取。

虽然在吴三桂眼中，若像其他明朝将领一样，国家灭亡后，投奔南方建立的南明政权，也不失为一条良策，但这里的问题是，吴三桂就是想去，他也去不了呀。

毕竟，李自成已经占领了黄河地区，吴三桂若想去南方，他将如何突破这片敌占区呢？何况，自己的部下都是辽东人，他们肯背井离乡、抛却故土跟随吴三桂去南方吗？恐怕，若吴三桂真打算南下，他都走不出辽东，部队就得哗变，自己就成一个光杆司令了。

自立为王不能选，投奔南明不可取，摆在吴三桂面前的只剩下两条路了。

是投降李自成建立的大顺政权呢，还是投降多尔衮摄政的大清王朝呢？

这个问题，确实需要好好地思考一番。

最终，在思考了数天后，吴三桂做出了自己的选择——投降大顺政权。

之所以这样决定，原因有二。

第一个原因，血缘。

吴三桂之所以选择大顺政权，是因为跟多数人一样，他不愿意投奔一个蛮夷政权。毕竟，李自成建立的，好歹是汉人的王朝，投奔了女真，就成为蛮夷的子民了。

第二个原因，现实。

吴三桂清楚地知道，他一直与大清王朝交战，他所有的功绩都是用大清王朝将士的血积累的。按照他父亲所说“吾与北兵结仇深，势难归北”，他是无论如何也

想不到自己能与大清将士一起把酒言欢。毕竟，他们之前的仇恨太深了，绝不能够轻易化解。

综上所述，吴三桂选择了弃清亲顺，他准备归顺李自成。何况，在他的眼中，李自成对自己还不错呢。自己什么功劳都没有，李自成就对自己加官晋爵（尔来不失封侯之位），还送给自己四万银两。这么好的主子，哪里去找？

吴三桂终于下定决心，他给父亲回信，决定投降大顺政权。

“知已归降，欲保家口，只得降顺，达变通劝，方是丈夫”“国破君亡，儿自当以死报，今吾父谆谆告诫以孝子督责，儿又不得不面遵严命”……

就这样，在这番假模假样的说辞下，吴三桂给自己投降找到了一个合理的借口，他“托于父命”，就此投降了大顺政权。

郭沫若先生说吴三桂是一个“标准的机会主义者”，真可谓看透了这个人。

当然，吴三桂虽然同意了归顺，但他还是有很多顾忌的。毕竟，他不知道自己的三军将士是什么意思呀！万一这些将士还忠于明朝，岂不是弄巧成拙？

于是，吴三桂布了一个局，打算试探一下部下的思想。

《流寇志》记载，为了试探部下，吴三桂下令开会，他对部下们大喊道：“都城失守，先帝宾天，三桂受国厚恩，宜以死报国。然非籍将士力不能以破敌，今将若之何？”

听完吴三桂的话后，诸将皆沉默不语。吴三桂大声询问了三次，诸将也无人作声，不知该如何回答。

见部将无人表态，吴三桂叹了一口气，大声喊道：“闯王势大，唐通、姜瓖皆降，我孤军不能自立。今闯王使至，其斩之乎，抑迎之乎？”

一听这话，众人更不知道该如何回答了。大帅这么说，到底是什么意思？是让我们跟李自成为敌呢，还是欢迎他的使者呢？

就这样，在丈二和尚摸不着头脑的情况下，众人只能齐声回答了那句基本上没有责任的话——“今日死生，惟将军命！”

是呀，我们的生死，就全听您这个顶头上司的了。毕竟，在大家眼中，拿不定主意，就去找领导。虽然领导也未必英明神武，但他却能背了这口黑锅。

就这样，得到了满意的答案后，吴三桂下令接受李自成的犒赏，正式投降大顺王朝。他把山海关的守备工作交给了大顺使者唐通，就高高兴兴地出门了。

恸哭六军俱缟素

投降了大顺政权后，吴三桂率领部队开赴京城，准备谒见李自成，去跪拜这位新君。行军途中，为了表示自己的决心，吴三桂还到处张贴告示，告诉沿途的百姓——“本镇率所部朝见新主，所过秋毫无犯，尔民不必惊恐”，等等。

就这样，兴高采烈的吴三桂一路奔北京而来。然而，顺治元年（1644 年）三月二十七日，吴三桂抵达永平（今河北卢龙县）西沙河驿站时，一个惊天动地的消息改变了他的想法，最终让他背顺归清。

根据《庭闻录》《小腆纪年附考》等史料记载，吴三桂在西沙河驿站休息时，遇到了从北京逃离出来的亲信。这些亲信告诉了他三件惊天动地的事情。

第一，李自成发动了一场比饷运动。如今，吴家在京城的家被李自成抄了，吴襄也被李自成抓了。

第二，吴襄被抓后，在狱中天天被拷打，即使交了五千两银子赎罪，也无济于事。如今，老爷子快被打死了。

第三，爱妾陈圆圆被农民军掳走了，已经成为别人的妻子了。

这里解释一下，掳走陈圆圆的人，到底是李自成，还是李自成手下的大将刘宗敏，由于史料矛盾，很难定论。有些史料说“三桂侦知，陈沅为刘宗敏所得”；也有史料说“李自成抄吴襄家，得陈沅，悦之，欲立为妃”。

当然，不管是谁掳走了陈圆圆，结果都是一样的，这些人彻底惹怒了吴三桂，迫使他做出了一个改变历史的决定。

听完亲信汇报的三件事情，特别是第三件事情后，吴三桂勃然大怒，他对天大吼道：“大丈夫不能保一女子，何面见人耶？”说完，吴三桂下令全军停止前进，掉转马头，返回山海关，他彻底与大顺王朝决裂了。

其实，所谓的“冲冠一怒为红颜”，完全是后人杜撰的结果，根本不是当时的历史事实。

熟读史书的人知道，记录吴三桂那些糗事的书，比如《庭闻录》《小腆纪年附考》等书，都出自清朝中期或晚期。当时，吴三桂已经三次背叛君主，成为一个遗臭万年的人了。因此，为了丑化吴三桂，这些书加入了很多不符合历史的情节，把吴三桂塑造成一个只爱美女、不爱江山的小人。

翻看更早的历史，我们就能发现一个完全不同的历史。

清朝康熙十年（1670 年）出版了一本书，叫作《明季北略》。此书问世时，吴三桂尚未谋反，因此，这本书记录的内容，很可能才是真正的历史。

自成入京，刘宗敏系吴襄，索沅，不得，拷掠酷甚。三桂闻之，益募兵七千。三月二十七日，将自成守边兵二万尽行砍杀，止余三十二人，贼将负重伤逃归，三桂遂居山海关。

——《明季北略》

这段文字明确告诉了我们，李自成进入北京后，刘宗敏虽然垂涎陈圆圆的美色，但他没有得逞。那么，既然刘宗敏没有得逞，陈圆圆也没有失节，何来吴三桂“冲冠一怒为红颜”之说呢？

因此，当时的真实情况是，吴三桂得知父亲被抓，还被“拷掠酷甚”后，这才愤怒地造反，与大顺王朝彻底决裂。

其实，当李自成、刘宗敏等人骚扰陈圆圆那一刻起，吴三桂就必须造反了。即使留下一个“冲冠一怒为红颜”的说法，他也必须要干了。

因为，我从来不认为，吴三桂“为了女人而造反”的事情，是一件需要被千夫指、万夫骂的事情。

若我们是吴三桂，在那样的处境，也一定会造反无疑。

看看吴三桂当时的处境吧，家被抄了，父亲被抓了，自己的女人被抢走了。大丈夫无法保护自己的妻儿老小，这已经是最大的耻辱了。难道说，还要让吴三桂对抄了自己家的人俯首称臣、对抢了自己女人的人心悦诚服，把抄家、抢老婆的事情忘得一干二净，这才是正常的吗？

大顺政权抄了吴三桂的家、抢了吴三桂的女人，就等于是在逼迫吴三桂造反了。这种情况下，假设吴三桂不造反，才是一件稀奇古怪的事情。

当然，即使吴三桂不造反，在李自成那个比饷运动下，其他人也会去造大顺政权的反。这是历史的必然，也是大顺政权自作自受的结果。

促使吴三桂降而复叛大顺政权的原因有很多，也非常复杂。但有一点是毋庸置疑的——这个政权严重地侵害了吴三桂这些人的利益，所以他们不得不反。

伴随着吴三桂的造反，历史随后进入了一个新的时代。

冲冠一怒为红颜

得知父亲被抓、还被严刑拷打后，吴三桂清楚地知道了，李自成建立的这个政权，根本无法保护他的财产，若继续前进，去北京，无疑是自投罗网、束手就擒。

到了那个时候，就只能跟父亲一个遭遇了。

于是，为了保住自己的权力和地位，盛怒的吴三桂下令，全军掉转马头，返回山海关，他要与这个大顺王朝彻底决裂。

顺治元年（1644 年）四月四日，吴三桂不请自来，突然率领大军猛攻山海关。山海关的守军唐通根本没有料到吴三桂会叛变，会从背后给他一刀，只能仓促应战。

一番厮杀后，唐通大败而逃，仅率八骑逃回北京城，其麾下数千人马全军覆没。

重新夺回了山海关，吴三桂立刻干了下列事情，准备一不做、二不休，与大顺王朝彻底决裂。

第一件事情，蛊惑军心，让大家跟自己一同造反。

吴三桂深知，自己已经投降了大顺政权，如今再反叛，必须给大家一个说法。若什么说法都没有，军心必将动摇，届时就不好收拾了。

为了让大家跟自己一起造反，吴三桂又开了一个会。在这个会议中，他撕心裂肺地告诉大家，崇祯皇帝是多么多么好，李自成是多么多么坏。如今，自己一时冲动，竟然投奔了这个乱臣贼子，真是愧对先帝，已经无颜活在世间了。

《国榷·卷一百一》记载，吴三桂说到最伤心时，他大喊道："我不忠不孝，尚何颜面立于天地间！"随后，他拔出腰中宝刀，就要自刎。

看见将军要自杀，大家都吓得不轻。诸将第一时间冲了上去，他们全力阻止吴三桂自杀，并表明了自己的决心——"将军何至此？吾辈当死战！"

很好，要的就是你们这种态度。要不然的话，这个戏就没法继续演了。

其实，吴三桂不用演这场戏，诸将也会跟他一起造反。毕竟，他们的利益跟吴家的利益捆绑在了一起，一损俱损、一荣俱荣，吴家倒下了，这些人也就什么都没有了。因此，为了保护自己的利益，他们也会自动上吴三桂的战车，跟他一起死战到底。

得到了想要的结果后，吴三桂下令把李自成的使者押上来，他要对他们严惩不贷，以表明自己的决心。

李自成派来的这两个使者，一个叫李甲，官巡抚；一个叫陈乙，官兵备道。他们传递了李自成的圣旨后，就一直待在吴营，尚未离开。由于吴三桂封锁了消息，这二人直到现在也不知道吴三桂已经降而复叛了。

《平吴录》记载，这俩人来到后，根本不知道发生了什么事。看见这对憨儿后，吴三桂指着自己全副武装的士兵，饶有兴致地问道："我兵何如？"

这二人回答道："真天兵也。"

吴三桂继续调侃道："可杀李贼否？"

一听这话，这二人完全吓傻了，他们这才知道吴三桂已经造反了。

看见这二人完全傻掉了，吴三桂下令道："立斩李甲，割下首级祭旗。割掉陈乙的耳朵，放他回京，让他给李贼传话：'令李贼送头来！'"

诸将依令而行，就把这二人押走了。周围的军士看见吴三桂的这种行为后，都被他的勇气和魄力征服了，大家一致赞叹："吾帅忠孝人也！"

吴三桂忠孝吗？你们认为这样，就这样吧……

至此，完全忽悠了士兵，让他们跟自己造反后，吴三桂下一件事情，就是给父亲写一封信，正式跟父亲决裂。

第二件事情，书写绝父信。

《明季北略》记载，在这封书信中，吴三桂痛骂父亲"素负忠义"，在国家危难之际，应该"奋椎一击，誓不俱生；刎颈阙下，以殉国难"，这才是一个忠臣所为。届时，儿子就可以"素缟号恸，仗甲复仇"。即使不幸"以死继之"，也能得到一个"忠孝媲美"的千古美名。然而，如今父亲选择了"隐忍偷生，甘心非义"，活得还不如一个"巾帼女子"，就不要怪儿子不客气了。

儿子怎么不客气呢？

父既不能为忠臣，儿亦安能为孝子乎？儿与父诀，请自今日。父不早图，贼虽置父鼎俎之旁以诱三桂不顾也。

吴三桂的这封绝父信，写得堪称大义灭亲，让读者激动不已。然而，若吴三桂在投降大顺前写这封信，还能理直气壮地称自己为正人君子。如今，他已经跟父亲同流合污了，皆不如"巾帼女子"，还痛骂父亲什么呢？真是五十步笑百步，天下乌鸦一般黑。

此外，在这封书信中，也能看出吴三桂的险恶用心。吴三桂只字不提自己投降反贼的事情，他只是痛骂父亲叛国投敌，把全部责任都推到了父亲身上，让他背了这口黑锅。其心灵之丑陋、做法之卑劣，由此可见一斑。

如今一些史学家说，吴三桂写这封书信有变相保护自己父亲的意思。他是在学习当年的刘邦，他期待李自成学习那西楚霸王，放了他一家老小。

对于这个结论，我不敢认同。

毕竟，李自成不是那个"生当作人杰，死亦为鬼雄"的项羽，他就是一个地地道道的农民起义领袖。这样的一个人，怎么可能与项羽看齐。

同时，在痛骂父亲时，吴三桂也含沙射影地痛骂李自成等人，这就等于激怒了他们，让他们痛下杀手去杀害父亲了（事实证明，李自成就是这样做的），这根本就不是在保护父亲，而是把父亲往火坑里推。

吴三桂与父亲决裂后，等于是与大顺王朝彻底决裂了。在这种情况下，吴三桂可以毫无顾忌地阐述自己的思想，跟李自成正式宣战。

他的这个思想，就是发布讨伐檄文。

第三件事情，发布讨伐檄文。

斩杀了李自成的使者、与父诀别后，为了彻底堵住自己的后路，让士兵们跟自己一起造反，吴三桂发布了讨伐檄文，阐述了自己“匡扶明室、讨伐逆贼”的思想，与大顺王朝正式宣战。

钦差镇守辽东等处地方总兵官平西伯吴示：为复大仇，歼大寇，以奠神京，以安黎庶事。切痛先皇被弑，亘古奇殃；剧寇披昌，往代未有，凡属臣僚士庶，能不碎首殒心！

今义兵不日来京，尔绅衿百姓，须各穿缟素，协力会剿，所过地方，俱接应粮草，务期罄捣巢穴，纤介无遗。庶使克复神京，奠安宗社，乾坤再整，日月重光。特示。

——《明季北略·卷二十》

吴三桂的这篇檄文，写得悲壮慷慨、气冲霄汉。这种“试看今日之域中，还是朱家之正统”的思想，更是震撼明朝遗老遗少的心灵，让他们激动不已。很难想象，这种檄文竟然是出自一个“反贼”之手。

吴三桂的这篇讨伐檄文一经问世，立刻收到了奇效，史称“城内士民酌酒相贺”。

明朝的遗老遗少们全部行动了起来，他们挥毫泼墨，“近京一路尽传”，把这篇讨伐檄文传到了各个城市，并贴在了大街小巷的每一个角落。他们要让天下人都知道吴三桂对明朝的“忠心”，对其歌功颂德，称赞不断。

大家有钱出钱、有力出力，号称聚集了“精兵百万”，他们要“缟素复仇”，准备与吴三桂联手，一起“勤王救国，拥立太子登基，恢复旧都”。

在这种全民沸腾的背景下，李自成统治的京城，自然也无法幸免。《甲申核真略》等史料记载，吴三桂的榜文张贴到了京城后，京城一时人皆秘制素帧，人人都向往明朝王者回归。

对于这种情况，尽失民心的大顺政权毫无办法，除了下令关闭城门、捉拿贴榜文的人外，他们一点办法也没有。

通过上面三件事情，吴三桂彻底占据了道德的制高点，他可以名正言顺地出兵去讨伐逆贼李自成、重新建立大明王朝了。

然而，光有理是行不通的，要想“说服”对方，还得比谁的拳头硬。

在这个方面，吴三桂就毫无办法了。毕竟，吴三桂手下兵少将寡，根本无法对抗大顺王朝。按照李自成的话说，自己拥有精锐之师三十万，吴三桂仅仅三千人，百人打一人，焉能战败？

对于这个“拳头”问题，吴三桂感到了空前绝望。他毫无办法，只能召集众将开会，商讨对策。

最终，大家一致认为，敌众我寡，一旦开战，就是以卵击石，必败无疑。因此，现在唯一的可行之计，就是向死敌清朝借兵，让他们帮助自己。

对于这个建议，吴三桂虽然不情愿，但也只能同意。于是，他派遣使者来到盛京，递交了那封著名的投降信。

这封书信的全文，如下：

三桂初蒙我先帝拔擢，以蚊负之身荷辽东总兵重任。王之威望，素所深慕，但春秋之义，交不越境，是以未敢通名，人臣之谊，谅王亦知之。

今我国以宁远右偏孤立之故，令三桂弃宁远而镇山海，思欲坚守东陲而巩固京师也。不意流寇逆天犯阙，以彼狗偷乌合之众，何能成事！但京城人心不固，奸党开门纳款，先帝不幸，九庙灰烬。今贼首僭称尊号，掳掠妇女财帛，罪恶已极，诚赤眉、绿林、黄巢、禄山之流，天人共愤，众志已离，其败可立而待也。我国积德累仁，讴思未泯，各省宗室，如晋文公、汉光武之中兴者，容或有之；远近已起义兵，羽檄交驰，山左江北，密如星布。

三桂受国厚恩，悯斯民之罹难，拒守边门，欲兴师问罪，以慰人心。奈京东地小，兵力未集，特泣血求助，我国与北朝通好二百余年，今无故而遭国难，北朝应恻然念之，而乱臣贼子亦非北朝所宜容也。夫锄暴剪恶，大顺也；拯顺扶颠，大义也；出民水火，大仁也；兴灭继绝，大名也；取威定霸，大功也。况流寇所聚金帛子女，不可胜数，义兵一至，皆为王有，此又大利也。

王以盖世英雄，值此摧枯拉朽之会，诚难再得之时也。乞念亡国孤臣忠义之言，速选精兵，直入中协、西协，三桂自率所部，合兵以抵都门，灭流寇于宫廷，示大义于中国，则我朝之报北朝者，岂惟财帛？将裂地以酬，不敢食言。本宜上疏于北朝皇帝，但未悉北朝之礼，不敢轻渎圣聪，乞王转奏。

——《清世祖实录·卷四》

如今，很多书籍都记载，吴三桂送给多尔衮的这封信，就是自己的投降信。然而，若细细看这封信件，就会发现，这并非一份投降信，只是一封求救信、借兵信。写这封信时，吴三桂也没有打算投降清朝。

下面四点，足以证明。

第一，写信的名义。

吴三桂在这封信中，处处以“亡国孤臣”自居。他恳请清朝出兵，帮助他报君父之仇，让明朝中兴。吴三桂这么说，就是表明他这个孤臣无意降清，也不可能会降清。

第二，双方的称谓。

在这封信中，吴三桂称清朝为“北朝”，以“我朝”“中国”对应。这就表明吴三桂坚定不移的观点，明朝虽然亡国了，吴三桂也是明朝的人，仍隶属明朝，与清朝无关，他也不可能跳槽成为清朝的人。

第三，清军的进军路线。

需要清朝的兵马，却又怕他们问鼎天下，所以吴三桂给清军规定了进军路线。吴三桂希望清军两路进军，一路从“中协”，即喜峰口、龙井口等处入关；一路从“西协”，即墙子岭、密云等处入关。

吴三桂清楚地知道，清军多次沿这两条道路入关，可谓轻车熟路。然而，这两条道路补给困难，清军就是再能折腾，也只能撤回东北。所以，他建议清军从这两条路线进军，去从侧翼攻打李自成，而自己绝对不会打开“东协”，即清军正面的山海关。他唯恐引狼入室，后患无穷。

吴三桂此举已经证明，他一直在防范着清军，因此何来投降之说。如果他真的投降清军，直接打开“东协”就好了，何必舍近求远，让清军绕道呢？

第四，酬劳问题。

在这封信中，吴三桂郑重承诺，若帮助自己中兴明朝，“我朝”将报答清兵“兴亡继绝”的扶助之功。届时，不光给金银财宝，还将“裂地以酬”。

可见，吴三桂如果投降的话，他就是清朝的下属了。一个下属，还敢以明朝孤臣自居，跟清朝谈生意吗？

通览全信，我们可以得出这么一个结论。此时此刻，吴三桂根本没有投降清朝，也没有任何要投降清朝的蛛丝马迹。

那么，收到吴三桂这封借兵信后，多尔衮将做何选择呢？他又是如何一局定乾坤，率领大清铁骑入关的呢？

第八章　山海关之战

吴三桂的第二次选择

看见吴三桂的借兵信后，多尔衮彻底蒙了。直到这个时候，多尔衮才知道“明朝已经亡国，崇祯已经上吊，大顺已经改朝换代”的消息。

现在很多书籍都记录了这么一个观点，即“四月初，大清传来了明朝已经覆灭、大顺攻破北京的消息。得知此事后，在范文程的建议下，多尔衮决定趁大顺立足未稳之际，迅速出兵，与大顺争夺天下……”

其实，这个说法是错误的，不是历史事实。

真正的历史是，直到看见了吴三桂的求救信，大清才知道了现状，并第一时间制定了新的作战方法。

这个说法，原因有二。

第一，范文程的谏言信，没有说明朝已经亡国。

四月初四，范文程忽悠多尔衮出兵时，他虽然说了“明朝不是我朝的对手，未来将与流寇角逐”的话，但他并没有说明朝已经亡国了，他也根本不知道崇祯已经上吊自尽了。

《清世祖实录》明确记载，当时，范文程给多尔衮的建议是赶紧出兵，与大顺争夺天下。进入明朝境内后，要改变以往打砸抢烧的做法，安抚百姓，收揽民心。这样，就能给明朝皇帝足够的压力，逼迫崇祯与大清“言归于好”，签署和平条约，乖乖交保护费。

我国虽与明争天下，实与流寇角也。为今日计，我当任贤以抚众，使近悦远来，蠢兹流孽，亦将进而臣属于我，彼明之君，知我规模非复往昔，言归于好，亦未可知。

这段文字已经充分证明了范文程根本不知道明朝发生的事情，在他打算与明朝“和好”时，崇祯已经去世半个多月了（三月十九日自尽）。

可见，关内发生的事情，清朝毫不知情，他们根本不知道外面的世界已经变天了。

第二，出征的祭文内容，对关内的事情一无所知。

《清世祖实录》记载，顺治元年（1644 年）四月初七，多尔衮开始率军出征。出征前，根据惯例，一定要去太庙祭祖，向祖先朗诵祭文，阐述这次出兵的目的，求祖先庇护凯旋。

在祭文中，多尔衮明确告诉祖先，此次出兵，是因为得到确切消息，吴三桂已经放弃了宁远等地，清军要去接收这些地方。

若清朝知道了明朝已经亡国、大顺已经建立的消息，一定会把这些内容写上去，以告知列祖列宗，让他们也都知情。然而，多尔衮却没有这么写。这也充分说明，他并不知道关内发生的事情，否则绝不会对祖先隐瞒此事。

综上所述，清朝此次出兵，根本不是与大顺争夺天下，他们只是想去接管吴三桂不要的城池，再顺便入侵一次中原，仅此而已。结果，看见吴三桂的信件后，多尔衮才惊讶地发现，世界如此精彩，原来已经错过这么多场大戏了。

那么，收到这封信后，多尔衮将做何选择呢？

实事求是地说，多尔衮当时的心情，就跟打了五味瓶一样，酸甜苦辣咸，什么味道都有，他根本不知道该如何选择。

首先，多尔衮深知，吴三桂是自己的死对头。就在不久前，他们还兵戎相见，打得死去活来。如今，这么一个死敌，怎么可能会投降呢？按照吴三桂自己的话说，“与清朝结仇已深，难于反颜”，他已经不可能与清军和平共处了，怎么可能还来寻求合作呢？因此，多尔衮有理由坚信，这是吴三桂设的一个圈套，他设计相诱，把清军引到山海关，一举而歼之。

其次，多尔衮去过北京城，见过那里坚不可摧的城墙、英勇奋战的大明士兵，

他甚至认为北京就是一座不破之城。然而，这么一座坚不可摧的城池，却被李自成一举破之。可见这个人得多么厉害呀，他肯定是大清的一个劲敌。

最终，因为要考虑的事情太多，多尔衮无法抉择。他只能采取最保守的办法，按兵不动、以静制动，先查明这些消息的真实性后，再做抉择。

多尔衮对于吴三桂的求救信，暂时不予答复。

多尔衮扣押了吴三桂的一个信使，当作人质，命自己的部下随吴三桂的信使回吴营，证明了这些消息准确无误后，再做决定。

对于李自成，多尔衮采取了“不与之为敌，静观其变”的态度。

多尔衮告诉众人：“大家都见过明朝坚固无比的城池，我们三次围困它，都无法攻破。可是，李自成只攻打了一次，就把这个城池攻破了。可见，他绝对是一个智勇过人的人，他的志气也肯定不小。若他率领精锐之师北上，窥视辽东，我们该怎么办呢？为今之计，要派兵镇守重要城池，以静制动，观察其动向。”因此，多尔衮下令全军进入防御状态，防范李自成进攻辽东。

吾尝三围彼，都不能遽克，自成一举破之，其智勇必有大过人者。今统大众亲至，志不在小，得毋乘战胜精甲，有窥辽之意乎？不如分兵固守，以觇动静。

——《明季北略·卷二十》

大清来袭

得知多尔衮采取了佛系避世的态度后，范文程立刻来找他，不遗余力地说服多尔衮，让他继续出兵。

范文程告诉多尔衮：

自“闯寇”猖狂，中原涂炭，近旦倾覆京师，戕厥君后，此必讨之“贼”也。虽拥众百万，横行无惮，其败道有三：逼殒其主，天怒矣；刑辱缙绅、拷掠财货，士忿矣；掠民资、淫人妇、火人庐舍，民恨矣。备此三败，行之以骄，可一战破也。我国家上下同心，兵甲选练，诚声罪以临之，恤其士夫，拯厥黎庶，兵以义动，何功不成！

总之一句话，甭怕他们。李自成的部队就是一个纸老虎，一战可破，揍他就行了。

除了给多尔衮信心外，范文程也不忘自己的初衷，他要求多尔衮约束部下，打造一支仁义之师，以仁德得天下。

“战必胜，攻必取，贼不如我；顺民心，招百姓，我不如贼。为今之计，必任贤抚民，远过流寇，则近者悦而远者来，即流寇亦入而为臣矣……”

范文程送给多尔衮十二个字，作为入主中原的总方针——吏来归，复其位；民来归，复其业。

事实证明，正是这十二个字，让大清夺取了这个天下。

当然，范文程再能忽悠，也只能给多尔衮心灵鸡汤，他无法帮助多尔衮对付农民军，也不知道怎么对付农民军。对于这个问题，还得请专业人士、武将代表洪承畴出马。

洪承畴告诉多尔衮等人：

今得京城，财足志骄，已无固志，一旦闻我军至，必焚其宫殿府库，遁而西行。贼之骡马不下三十余万，昼夜兼程，可二三百里，及我兵抵京，贼已远去，财物悉空，逆恶不得除，士卒无所获，亦大可惜也。今宜计道里，限时日，辎重在后，精兵在前，出其不意，从蓟州、密云近京处，疾行而前。贼走则即行追剿，倘仍坐据京城以拒我，则伐之更易。如此，庶逆贼扑灭……

——《清世祖实录·卷四》

洪承畴的这番话，一共阐述了三个观点。

第一，农民军不可怕，根本不足为惧。

洪承畴告诉众人，别看贼“今得京城”，但他们“财足志骄，已无固志”，一旦听到我军到来，必定会仓皇而逃，“遁而西行”，还会烧掉京城的宫殿、府库。因此，对于这种部队，不用惧怕，揍他们就行。

第二，要打农民军，必须赶紧打。打晚了，就什么都没了。

洪承畴告诉众人，李自成有三十余万骡马，“昼夜兼程，可二三百里”，若我们去晚了，他就拿着财宝逃跑了，我们将一无所获。因此，要赶紧打他们，否则“士卒无所获，亦大可惜也”。

第三，收拾农民军，有的是办法。

洪承畴告诉众人，自己拥有多年对付农民军的经验，收拾他们，易如反掌。如今，我们要“辎重在后，精兵在前，出其不意”，在蓟州、密云两地截杀农民军，一战可破。敌军逃跑后，我们要继续追剿，斩草除根。若敌军“坐据京城以拒我”，那就更简单了，就变成瓮中捉鳖，敌军等死就行了。毕竟，农民军不得民心，已经

天怒人怨了，消灭他们，就两个字，容易。

就这样，在洪承畴的侃侃而谈下，他为清朝谱写了一首战胜农民军、进入北京城的宏伟乐章。而事实证明，洪承畴的这些战术完全正确。他对李自成的预测，特别是“今得京城，财足志骄，已无固志，一旦闻我军至，必焚其宫殿府库，遁而西行”的话，更是看透了李自成，把这个人看到了骨头里。

这个人，不愧为李自成的老对手；这个人，真是看透了农民军；这个人，也无愧为大清王朝最合格的“导游”。

听完范文程和洪承畴的谏言后，满洲将领们如醍醐灌顶，大家再也不惧怕李自成，准备跟他决一死战。而多尔衮更是明白了使命，他准备不忘初衷，挥师南下，跟李自成决一死战，争取天下。

确定了目标后，多尔衮立刻下达了四道命令。

第一道命令，全军南下，直奔山海关。

多尔衮下令，全军不要理会吴三桂的谏言，什么从中协、西协入关，都见鬼去吧。我就是要走最近的路线，从东协入关！

一时间，八旗大军调转马头，直奔山海关而来。要知道，多尔衮此时此刻的这个决定，堪称英明无比。若大清按照吴三桂的建议，肯定赶不上一片石之战。届时，历史会如何继续演义，就真的不可预知了。

第二道命令，派人取炮，调往前线。

最初，清朝出兵的目标是占领没有人镇守的宁远等城池，并窥视一下山海关。然而，现在局势已经变了，计划跟不上变化，多尔衮打算浑水摸鱼，攻陷山海关。

为了这个目的，多尔衮派人前往锦州，调遣红衣大炮前往山海关。他做了两手准备，即使吴三桂不投降，他也要强攻山海关，把这座雄关强行过户。

第三道命令，全军急行，用最快的速度前进。

多尔衮下令，全体部队急行军，用最快的速度赶到山海关。因为，时间就是制胜的关键。多尔衮深知，若自己晚到几天甚至几个时辰，吴三桂和李自成就分出胜负了。若让李自成占领了山海关，就全完了。

因此，为了用最快的速度到达山海关，多尔衮发布了“跑死令”。只要有一口气，就给我跑，就算要累死，也要累死在山海关下。

根据《沈馆录之西行日记》记载，多尔衮的这次进军，堪称神速。史称“达夜疾驰，人马饥渴，黄埃涨天，夜色如漆，人莫开眼，咫尺不辨”，清军日夜不停地前进，“一日夜之间，行二百里”。清军变成了一群不要命的疯子，只知道赶路了。

当然，清军的这种急行军，也收到了回报。

顺治元年（1644 年）四月二十一日晚，清军终于来到了山海关外五里处的欢喜岭。

当时的情况是，吴三桂已经跟李自成打了一天了，快要坚持不住了。若清军晚到一天，历史就会彻底改写。

第四道命令，给吴三桂回信，劝他归顺。

决定全军南下、入主中原后，多尔衮给吴三桂回了一封信，劝他投降清军，归顺自己。多尔衮的这封信，写得质量非常高，堪称一部教科书。

首先，多尔衮主动化解矛盾。他告诉吴三桂，自己多次与明朝交战，是因为明朝奸臣当道，再三忽悠我们，所以才被迫开战。我们女真人自始至终的目的，就是“欲明国之君，熟筹而通好也”。我们两国之间，没有那么大的仇恨。之前的事情，都是误会。

其次，多尔衮告诉吴三桂，明朝的皇帝是一个好皇帝，那些反贼太混蛋了。如今，“明主惨亡，不胜发指”，我们也非常生气。因此，我们决定“率仁义之师，沉舟破釜，誓不返旌，期必灭贼，出民水火”，替你们明朝遗孤报仇雪恨，剿灭这些农民军。所以说，没有你的书信，我们也会出兵。只不过，看见你的书信后，我们“甚为喜悦，遂统兵前进”。

最后，多尔衮劝慰吴三桂，虽然我们之间一直兵戎相见，但大家也能做朋友呀。昔日，“管仲射桓公中钩，后桓公用为仲父，以成霸业”。

通过这封信，多尔衮同意了吴三桂的请求，但也不能按照他的思想来。多尔衮告诉他，我们之所以出兵，是为了“期必灭贼，出民水火”！我们是一支仁义之师，所以要为你们这些明朝遗孤报仇雪恨，杀掉逆贼，还天下一个朗朗乾坤。

既占据道德点，又能合理地让对方归顺。

办完了上面四件事情后，多尔衮开始全速前进。那么，在多尔衮前进期间，吴三桂和李自成会干什么事情呢?

赶路的众人

在急行军期间，多尔衮每前进一步，都会喜悦不止。当然，他也会担心不已。

多尔衮高兴的是，随着时间的延长，吴三桂越来越焦躁，他恨不得清军马上出现在自己面前，帮助自己对付李自成。

当时，为了请求多尔衮出兵，吴三桂三番五次地派使者、送书信，史称“络绎不绝”。多尔衮答应出兵了，吴三桂也不停地用“到哪儿啦，什么时候到，我快不行了”的言辞，催促多尔衮赶紧来。

最终，吴三桂甚至忘了自己的初衷，他不让清军从中协、西协入关了，而是“速整虎旅，直入山海”，跟自己“首尾夹攻”。这样一来，就“逆贼可擒”了。

此外，为了表示自己的诚意，吴三桂还用上了“三桂承王谕”的词语，来了一个暧昧不清的态度，表示自己可能会“来归”。

得此结果，多尔衮如何不欣喜若狂呢？

当然，多尔衮越高兴，他也会越担忧。

毕竟，李自成是不会坐视不管的，他一定会出兵讨伐吴三桂。万一李自成抢先一步得到了山海关，战局就会非常被动，大清也不好入关了。因此，多尔衮心急如焚，他恨不得插上一双翅膀，直接飞到吴三桂的面前。

事实证明，多尔衮的忧虑完全正确。李自成确实没有坐视不管，此时此刻的他已经率领大军北上，来讨伐这个逆贼吴三桂。

那么，李自成是怎么行动的呢？

顺治元年（1644年）四月六日，得知吴三桂斩杀了自己的使者，正式宣布造反后，李自成大吃一惊，他以为这是一个误会，还有缓和的余地。

于是，李自成赶紧把吴襄从监狱里放了出来，“厚加抚慰”，好酒好菜好招待，他希望吴襄再写一份劝降信，消除双方的误会，让吴三桂重新回到大顺的怀抱中。

然而，四月九日，看见吴三桂与父亲的绝情信以及讨伐自己的檄文后，李自成算是明白了，事情已经到了无法挽回的地步。他不管再干什么，吴三桂也不会相信他，他只能出兵讨伐这个吴贼了。

没有办法，吴三桂把话说得那么绝、事情做得那么狠，已经没有再商量的余地了。如果不严惩这个不听话的小弟，李自成就无法给天下一个表率。

四月十三日，李自成正式出兵，他率领号称三十万的大军声势浩大地走出了京城。出城前，李自成亲自率领麾下七千精锐之师“擎刀牵马，列长安街”，接受京城百姓的检阅。检阅完毕后，在大将刘宗敏、李过的簇拥下，李自成威风凛凛地出兵，直奔山海关而来。

在李自成的部队中，有几个人非常醒目，他们是吴三桂的父亲吴襄，还有崇祯皇帝的那三个皇子。

李自成带着吴襄，是希望吴襄能够劝降吴三桂，最不济，也能让吴三桂投鼠忌器。而带着三个皇子，是防止京城有变。李自成害怕有人趁着京城空虚之际，拥立他们登基称帝，造自己的反。

就这样，李自成带着这些重要的人质以及麾下骁勇善战的将士们，意气风发地走出了京城。他经通州，至密云，过永平，浩浩荡荡地奔着山海关而来，准备跟吴三桂打一场决定天下命运的大战。

殊不知，李自成的此次出兵，堪称一个“三无”行动。他既无天时，也无地利，更没有人和，这根本就是一场准备不足的战役。

先说无天时。

但凡出兵，必要求神祈祷，求个吉利。结果，李自成的开国大军师宋献策算完卦后，竟然口无遮拦地说道：“皇爷去，皇爷不利；三桂来，三桂不利。”

大军出征前，宋献策竟然说出了“不利”这样的词语，其动摇军心的情况，要比世人想象的，还要严重得多。

《流寇志》记载，李自成出兵前，宋献策不止一次偷偷摸摸对别人道：“我主马上天子，惜其杀戮太过，益造祸耳。尚有三年富贵，过此恐予术未必验也。”

得知自己只剩下“三年富贵”后，李自成的大臣们立刻慌了，史称“贼心益摇”。一想到这种好日子快没了，人人“皆涕泣”，军心动摇不止。

若不是宋献策一直忠心耿耿地辅佐李自成，直到最后一刻才被迫投降，人们真的有理由相信，他就是清朝的奸细。否则的话，宋献策到底安的什么心，这样灭自家士气。

在宋献策的卜算下，李自成只能在无天时的情况下，仓促出兵了。

第二，无地利。

从京城到山海关，若李自成采用急行军的话，三天就能到达，即使李自成采用正常的行军速度，五天也足以到达。然而，就是这么短的距离，李自成竟然走了整整八天。

当然，对于这种慢悠悠的行军，李自成给了一个合情合理的解释——不认识路，所以慢。

除了不认识路，走不快外，李自成还给出了两个原因，作为自己慢悠悠行军的借口。

第一个原因，李自成中了吴三桂的缓兵之计。

原来，为了缓解大顺军的进攻速度，吴三桂派了六个人出使大顺军营，以伪降诱贼帅为目的，诈降李自成，拖延他进军的时间。

虽然这六个人采用的诈降战术，并没有收到什么效果，但不可否认的是，他们确实耽误了李自成不少时间。毕竟，宴请他们、举行投降仪式，这些都很费时间，绝对能拖个半天一日。

第二个原因，李自成被吴三桂的游击部队所扰，无法顺利进军。

当时，除了诈降外，为了拖延李自成的行军速度，吴三桂还派出了数支部队，凭借有利地形，去骚扰、攻打大顺军，不让他们轻易进军。

为了消灭频繁骚扰自己的吴军，李自成与他们周旋了三天多，一共打了十三次

仗，双方不分胜负。最终，虽然李自成打跑了吴军，但他为此耽误了三天时间。宝贵的时间，就这样被白白浪费。

当然，大顺军之所以行军缓慢，除了无地利外，更重要的原因是无人和，大顺军的将士们普遍厌战，他们根本就不想再打仗了，大家皆出工不出力，这才行走得缓慢无比。

第三，无人和。

《平寇志》记载，得知吴三桂造反后，李自成的第一反应是御驾亲征。结果，谋士牛金星以“我新得京师，人心震叠，彼必不敢轻动，亟即真而颁爵赏，示激劝，偏师往击，未晚也”为由，不让李自成御驾亲征，而是派遣一员大将去消灭吴三桂。对此，李自成同意，就依计而行。

事实证明，这个战术是对的，李自成就应该坐镇京城、遥控指挥。这样一来，即使大顺军战败了，也不会给人一种全军覆没的感觉，还能重整旗鼓、卷土重来。

然而，对于这个让别人出征的问题，李自成只能欲哭无泪。因为，众将都在京城享乐，根本没有人愿意去。

《小腆纪年附考》记载，李自成最初的打算是让大将刘宗敏、李过出征，去讨伐吴三桂。结果，“诸伪将耽乐，殊无斗志”，大家都不愿意去。后来，愤怒的李自成下令开会商量此事，结果众将“仓皇无定”，一个计划也没有。最终，无计可施下，李自成只能御驾亲征，带着刘宗敏等人去收拾吴三桂。

“恣意淫掠，身各怀重赀，无有斗志”，《明季北略》记录的这句话，就是对大顺军现状的最好比喻。

李自成此次出兵，将帅不和，兵无斗志，这种情况下还能打胜仗，那才叫见了鬼。

李自成在无天时、无地利、无人和的情况下，仓促出兵。即便如此不利，李自成也非常乐观，他甚至自大地认为，这场战役不可能会输。只要自己大兵一到，吴三桂立刻灰飞烟灭，山海关也唾手可得。

在李自成的豪言壮志中，山海关一战就此拉开了大幕。

大战开幕

在峰峦峥嵘、依山傍海的山海关外有一条河，因水中石头比较多，就被称为石河。当时，双方开战的时间正值枯水季节，此河的西面露出了一大片开阔地。因为这里是河道，开阔地里自然也有很多石头，所以就俗称一片石。

谁能想到，这个不起眼的小地方将成为一个永载史册的地方。

虽然耽误了八天的时间，但李自成还是在四月二十一日到达了山海关，他比清军早到了整整一天。

按照之前的协议，李自成到达山海关后，就应该得到吴三桂的降书，兵不血刃地接收山海关。然而，到达后，李自成惊讶地发现，这里没有一个降将，只有在平原上严阵以待准备跟自己决一死战的辽东铁骑。

见此情景，李自成大怒，他也识破了吴三桂诈降的诡计，准备跟他决一死战。

李自成下令把吴三桂的使者抓起来，全部斩首示众，要用他们的脑袋祭旗。

大顺军中的吴三桂使者一共有六人，其中一人武功高强，身中三箭跑掉了。剩下的五个没跑掉，被李自成抓住，斩首示众。

斩杀了这些使者后，李自成叫来吴三桂的父亲吴襄和大明的三个皇子，让他们去劝降吴三桂。结果，这些人都碰了一鼻子灰，吴三桂是打算造反到底了。

见此情景，李自成无奈地叹了一口气，他只能付诸行动，让吴三桂看看自己的威力了。

李自成下令，全军在一片石列阵，攻打山海关，与吴军决一死战。同时，李自成命唐通率领骑兵出关，在山海关东面布防，截住吴三桂的东逃之路，防止他投奔清朝。

根据《甲申朝事小纪》《吴三桂纪略》等史料记载，对于这场战争，李自成是极其乐观的，他根本不相信自己会输。

李自成的这种自大、轻敌的原因有二。

第一，李自成严重高估了自己的实力，以及严重低估了吴三桂的实力。他认为自己有三十万雄军，吴三桂不过三千将士罢了，双方有百倍的差距。按照他的说法，“讨吴三桂，彼兵三千，吾三十万，以一百人捉一人，可靴尖踢倒耳”。

第二，李自成坚信他的部队无坚不摧，北京紫禁城都被他们攻破了，区区一个山海关，有何惧哉，“可一鼓下也”，这根本不叫事。

第三，李自成错误地估计局势，他认为吴三桂不会降清，清朝也不会来救他，就是想救，也来不及。

按照李自成的话说：“三桂与北兵久相仇杀，必不相救。即或来救，北兵住满洲，衣粮、马匹、器械尚须整顿而来，旷日累月。”因此，完全不用提防清军，即使他们能飞，也飞不来。

顺治元年（1644 年）四月二十一日，李自成和吴三桂在石河西（今山海关区燕塞湖一带）展开了一场大战。

这是一场殊死肉搏的战役，一方仗着人多，一方仗着人猛，双方就这样厮杀起

来，整整打了一天。

根据吴三桂部将的汇报，这是一场真真正正的血战。当时，吴军率先发起攻击，与农民军死战，“连杀数十余阵”。随后，大顺军反攻，击退了吴军，并一度杀入了吴军的大营，斩杀了吴军数位将领。后来，在吴军殊死的防守下，大顺军被打败，战局呈胶着状态。

这种相持状态，并没有持续多久。中午时，吴军终于坚持不住，他们的西北防线被大顺军突破。数千大顺军攻到山海关辅城西罗城下，准备攻城。

在这个危急时刻，守城的吴军诈降，这才缓解了大顺军的进攻。随后，他们从北坡鱼贯而下，偷袭大顺军，打退了敌军。

由此可见，大顺军虽然还是一如既往地骁勇善战，但秉性已经彻底变了，他们已经不像以前那么卖命了。否则的话，他们怎么可能会中了吴军的诈降之计呢？若是以前，不战斗至死，大顺军是不会停歇的。现在呢，能不卖命，就不卖命了。毕竟，心中思念的东西太多了，大顺军将士不得不顾虑再三，谨慎而行。

这样的军队，焉有不败之理?

虽然大顺军痛失好局，但李自成并不在意。毕竟，在他的眼中，这只不过是分战场罢了。在主战场，大顺军依旧骁勇善战，并给了吴军致命的打击。

原来，石河西大战时，李自成是分兵攻打的。那个失败的部队，不过是佯攻的部队罢了。他亲自率领的部队，才是主力。

山海关外有四座辅城，分别是东罗城、西罗城、南翼城、北翼城。为了攻破山海关，李自成兵分三路，一路围攻西罗城，一路围攻东罗城，以牵制吴军的兵力。他自己调集了所有的精锐部队，作为主力，猛攻山海关的辅城北翼城。

为了攻破这座城池，李自成下达了日夜狠攻令，他要不惜一切代价，攻破这里，打开一个缺口，占领山海关。

为了抵御大顺军，负责守城的山海关副总兵冷允登亲上战场，他拼死防守，屡次击退大顺军。然而，随着时间的延长，冷允登的兵力越来越少，城池开始危险。

当天晚上（也有资料说是次日早晨），大顺军终于突破了北翼城的防线，成功登上了城池，与城楼上的吴军展开了肉搏战。

前面讲过，古代的攻城战，其实非常简单，一方架云梯、拿盾牌，玩命往上爬；一方扔石头、放弓箭，玩命往下砸。爬上去，就赢了；爬不上去，就输了。

李自成的大军已经爬上了城楼，若任由战局继续这样发展，吴三桂就必败无疑了。好在，在这生死存亡之间，吴三桂亲自率领援军及时赶到了。

在吴三桂的指挥下，吴军奋勇杀敌，视死如归地攻打大顺军，终于把他们轰下了城楼，保住了这座城池。当然，虽然击退了敌军，吴军也损失惨重，士兵死伤过半，数位将领战死沙场，吴军也无力再战。

在整整厮杀了一天后，双方不分胜负，只能各自回营。双方准备养精蓄锐，明日继续死战。

“被迫”降清

这一天夜里，吴三桂寝食难安。因为他清楚地知道，自己已经达到极限，明日已经无力再抵御大顺军了。若战局继续这样发展，自己就死无葬身之地了。为今之计，就是请清军出兵，帮助自己渡过这个难关。

然而，对于清军的表现，吴三桂是丈二和尚，根本摸不着头脑。

吴三桂知道，经历了日夜兼程，清军已经及时赶到了战场，现在就屯兵在山海关外五里处的欢喜岭，完全可以参加这场战斗。结果，多尔衮就是不出兵，即使自己“遣使者相望于道，往返凡八次”，多尔衮也根本没有出兵的意思。

当然，虽然拒绝了吴三桂的出兵请求，但多尔衮还是很友好的。吴使进入清营后，多尔衮都要亲自接见，全程陪同，“赐坐赐茶，款接温蔼”，态度那叫一个好。

此外，为了表示自己的诚意，多尔衮还派第一谋士范文程进入吴营，跟吴三桂商量退敌之计。当然，所谓的退敌之计，不过是说服吴三桂投降罢了。

由于史料匮乏，范文程面见吴三桂后，到底说了什么，不得而知。但有一点可以肯定的是，听完范文程的话后，吴三桂的心情肯定不咋样。

看看吴三桂当时的处境吧，处在水深火热之中，却毫无办法。在范文程眼中，他俨然变成了一只煮熟的鸭子，就剩下嘴硬了。毕竟，到了这种地步，吴三桂也没有流露出投降的意思，他还在死扛。

吴三桂彻夜未眠，他整整想了一夜，也没有想出答案。对面的李自成却不给他时间了，逼迫他做决定。

天亮后，探马来报，李自成正在集结大军准备攻城。得知这个消息后，吴三桂算是想明白了，再不做出决定，自己就真的变成煮熟的鸭子了。

于是，吴三桂打开山海关，率领数百骑冲了出来，直奔清营而去。他准备亲自出马，去向多尔衮借兵。

《平吴录》记载，得知吴三桂亲自来后，多尔衮兴奋道：“天下在掌中矣！”随后，多尔衮叫来洪承畴，大家一起迎接吴三桂。

看见吴三桂后，多尔衮揣着明白装糊涂道：“此来何意？”

吴三桂斩钉截铁地回答：“请共诛李贼耳！”

多尔衮道："此意果真？"

这时，一旁的洪承畴不等吴三桂回话，抢着回答道："三桂报君父之仇，岂得不真！"

听完洪承畴的话后，吴三桂立刻顺势说了下去，他慷慨而言，力请清朝出兵，帮助自己复国。

可见，直到这个时候，吴三桂还是一只嘴硬的鸭子。他到现在，也没有说过要投降。而他来借兵的举动，不过是昔日申包胥哭秦廷的重演罢了。

申包胥，春秋时期楚国大夫。公元前506年，吴国攻破楚国首都郢，楚昭王出逃到随国，楚国理论上亡国。为了复国，申包胥来到秦国，请求秦国出兵帮助。

刚开始的时候，秦王不同意，他认为你们两国交战，我蹚这浑水干吗，就不打算出兵。为了说服秦王，申包胥就在秦国的城墙外号啕大哭，他哭了整整七天七夜，哭得天地为之动容，终于感动了秦国君臣。于是，秦王发战车五百乘，帮助申包胥光复了楚国。这段历史，史称哭秦廷。

此时此刻，吴三桂根本没有打算投降，也不可能投降。他干的事情，不过是学习申包胥罢了，他也想成为那样的"忠贤"。

《临榆县志》记载，听完了吴三桂的话后，多尔衮为之动容，他发誓道：

> 汝等愿为故主复仇，大义可嘉，予领兵来成全其美。先帝（崇祯）时事，在今日不必言，亦不忍言。但昔为敌国，今为一家。我兵进关，若动人一株草、一颗粒，定以军法处死。汝等分谕大小居民，勿得惊慌。
>
> ——清康熙八年《山海关志》

从这一刻起，很多史料就此记载，吴三桂正式投降了，他归顺了清朝。

其实，这个结论，真的值得商榷。

毕竟，随着越来越多的史料出炉，我们惊讶地发现，吴三桂面见多尔衮时，他根本没有投降，他只是跟多尔衮合作罢了。原因很简单，他们之间有一个盟约。

这个盟约，是这么回事。

> 桂念腹背受仇，势不得全，乃与清帅约云："从吾言，并力击贼，吾取北归汝。不从吾言，等死耳，请决一战。"
>
> （多尔衮）问所欲？（吴三桂）曰："毋伤百姓，毋犯陵寝。访东宫及二王所在，立之南京，黄河为界，通南北好。"清帅许之，攥刀说誓，而以兵若干，助桂击贼。
>
> ——《谀闻续笔·卷一》

这段文字清楚地记载了，吴三桂面见多尔衮时，他不是投降，而是在跟清军谈判。吴三桂提出了三个条件，要求清朝遵守。否则的话，这笔生意就不做了。

第一个条件，请清军入关，帮忙剿灭李贼。但清军入关期间，不得侵犯明历朝皇帝陵寝，也不得伤害百姓。

第二个条件，寻找崇祯的太子，拥立他当皇帝，在南京建立新的国家政权。

第三个条件，双方以黄河为界，以北归清，以南归大明。两国通好，互不侵犯。

可见，这段史料清楚地记载了吴三桂来见多尔衮的目的，不是投降，而是以明朝代表的身份，跟清朝谈条件，请求清朝出兵。

那么，这段历史，是真的吗？

有个证据，就是吴三桂第三次造反时（三藩之乱），他书写的那封讨伐檄文。

在那篇檄文中，吴三桂痛骂多尔衮“顿背前盟”“贪心无厌，驱兵南入，以致灭我社稷”，声讨清朝“逆天背盟，乘我内虚，雄踞燕都，窃我先朝神器”。

要知道，如果当时没有这个盟约，以康熙的个性，他一定会回骂吴三桂，跟他来一场笔架。可是呢，对于吴三桂的这个指控，清朝就跟没看见一样，他们根本不敢正面反驳背盟一事，也对当年的事情避而不答。

由此可见，吴三桂的指责，绝非子虚乌有。当年他与多尔衮之间，只有合约一事，没有投降之说。

当然，不管我们如何为吴三桂洗白，当下面的事情发生后，他就算是跳进了黄河里，一生也别想洗干净了。

原来，谈判期间，多尔衮同意了吴三桂的请求，但他也有一个条件，吴三桂必须剃头，否则这笔生意免谈。

多尔衮之所以让吴三桂剃头，原因很简单，就跟他说的一样——“让你剃头，不过是权宜之计。毕竟，你跟农民军的装扮一样，战场上如何区别？所以你要剃头，好让我辨识。”此外，多尔衮还一再告诉他：“形势紧迫，容不得犹豫，赶紧的！”

最终，在清军的督促下，吴三桂为了大局着想，他剃头了。结果，从此以后，他就变成一个“二民”了。

毕竟，在中原“宁可亡国，不能亡天下”的思想下，大家皆认为“砍头事小，剃头事大”，一个正统的华夏子民，必须捍卫自己的民族尊严，是打死也不能剃头的。

吴三桂剃头，就代表着他“髡首称臣”，彻底臣服了大清。

就这样，吴三桂剃头后，多尔衮很是满意。双方签署了合约，并举行了祭天仪式，“杀白马祭天，宰乌牛祭地，向天行礼，歃血同盟，折箭为誓”。通过这个仪式，双方表示将恪守盟约、绝不后悔。

举行完了仪式，吴三桂高高兴兴地回营了。在回营前，多尔衮嘱咐他，为了分辨敌我，你的部队都要剃头。当然，若时间不够，就暂时不要剃头了。可令你的士兵用白布“缠缚于背”或“斜缚项背”，以示区别。

可见，多尔衮就是阴了吴三桂一把，明明不用剃头也能分辨敌我，多尔衮却逼迫吴三桂剃头，把他逼上了“梁山”，让他抛弃了汉人的身份，彻底投降。

虽然被多尔衮阴了一把，但他当时的心情，更多的应该是喜悦。毕竟，吴三桂成功借到了清军，他可以不用去死，有实力跟李自成决一死战了。

吴三桂回到军营后，立刻下令——“开城门，放清军入关！”

一时间，清军分兵三路，浩浩荡荡地进入了山海关。左路大军由阿济格率领，从北水门入关。右路大军由多铎率领，从南水门入关。中路大军则由多尔衮亲自率领，全军从山海关的中门入关。

这座于洪武年间修筑的山海关，这座二百四十余年从来没有对外族开过的雄关，第一次为外族打开了大门。它即将目睹这些人南征北战、统一天下，成为中国新的主人。

一片石之战

自从借到清军后，吴三桂立刻腰杆直了、胆子也肥了，他竟然给李自成写战书约架。他要跟李自成在城外打一架，一决雌雄。

按理来说，处于绝对劣势的吴三桂不去守城、反而要求打野战，这应该引起李自成的注意。毕竟，吴三桂敢这样做，只有两个原因，第一个是他疯了，第二个是他得到了强大的援军。

很显然，吴三桂敢这样嚣张，肯定是因为第二个原因。结果，李自成竟然真的以为吴三桂是疯了，要跟自己决一死战。为此，李自成还非常高兴。毕竟在他的思维里，野战比攻城战容易，自己能够减少损失。

于是，双方约定，四月二十二日在山海关外石河西一带见面，决一死战。

为了获得胜利，吴军和起义军都倾尽了全力，拼死一战，誓要置对方于死地。当时，吴军率先发动进攻，吴三桂亲自出阵，“悉锐卒搏战”。在他的鼓舞下，吴军将士“无不以一当百”，他们视死如归地攻打敌军，“杀贼数千”，奋勇向前。

吴军猛，大顺军也不示弱。在李自成的指挥下，大顺军“鼓勇迭进”，张开双翼，从左右两侧把吴军包围了起来。李自成打算把吴三桂变成一个粽子，彻底吃掉。

为了不被包围吃掉，吴军左右突围，拼死搏杀。不管李自成如何包围，吴三桂都能杀出重围，让李自成无功而返。

这场包围与反包围的战斗，吴军和大顺军“阵数十交，围开复合”，双方厮杀了十几个回合，杀得尸横遍野、死伤惨烈，也没有分出胜负。

经过这么一场大战，吴军损失惨重，已经气若悬丝；大顺军也好不了，也损失惨重，只剩下一口气。这个时候，若有一个有力气的人参战，就能彻底改变战局了。

清军，就在这种两败俱伤下，开始进入战场，并迎来了属于自己的胜利。

目睹了大顺军与吴军两败俱伤后，多尔衮立刻命养精蓄锐的八旗战士进入战场，开始攻打敌军。

八旗将士进入战场时，老天爷也不失时机地帮了他们一把，突然刮起了大风，史称“大风迅作，尘沙遮天”。这场沙尘暴掩盖了清军的行踪，让他们给了大顺军一个刻骨铭心的记忆。

想象一下吧，飞沙走石中，清军如同地狱使者一般出现在战场上，这是一种何其震撼的场面。没有一个大顺将士知道他们从何而来，也没有一个人知道清军来了多少人。他们唯一知道的是，这些让人闻风丧胆的八旗大军突然出现在了战场上，并开始对他们进行致命攻击。

突如其来的清军打了大顺军一个措手不及，让他们全线溃败。等李自成反应过来时，已经兵败如山倒，无力回天了。

一番厮杀后，李自成损失惨重，他“只余六十骑走还”，基本上全军覆没。同样“全军覆没”的，还有李自成统一天下的豪情壮志。

也许，此时此刻，李自成后悔不已。毕竟，他有太多的机会，若抓住一个，何必到这种境地。

假设，李自成进入京城后，采用一个不失民心的政策，不抄吴三桂的家，不拷打吴襄，不掠夺陈圆圆，而是以高官厚禄稳住已降的吴三桂……那样的话，历史会怎么样呢？

假设，吴三桂投降后，李自成第一时间派重兵接管山海关，而不是派一个没用的唐通，他根本不给吴三桂造反的机会……那样的话，历史会怎么样呢？

假设，吴三桂造反时，李自成跟清军一样，采用兵贵神速的战术，五天之内冲到山海关下，在清军到来前攻陷这座雄关……那样的话，历史会怎么样呢？

当然，这样的假设，还有很多……如果大顺政权不腐败奢靡……如果大顺政权第一时间发现出现的清军，制定御敌之策……如果清朝打算观望一段时间，没有破釜沉舟地全力进军……如果清朝发生内乱，两白旗和两黄旗打起来……那样的话，历史会怎么样呢？

我无法想象，因为在历史的词典里，没有“如果”，只有“结果”。

这个结果就是——“我朝定鼎燕都，统一之基，实始于石河之战，逆闯既歼，大业遂定！”

从此以后，历史进入了新的一页。一个新的时代，就此到来。

第九章 大清入关

有的人走了，逃离

山海关一战后，李自成损失惨重，他只能狼狈地逃回京城，再做打算。结果，做打算期间，李自成竟然还不知悔改，他又干了一件事情，一错再错。

这件错事，就是杀了吴襄，逼迫吴三桂成了自己的死敌。

在逃难期间，李自成忍受不了吴三桂的叛变行为，他就杀了吴襄，把他的首级挑在竹竿上示众，以泄心头之恨。

李自成这样做，是一个愚蠢的行为。他留下吴襄，还能让吴三桂投鼠忌器，不敢轻易进攻。反之，他杀了吴襄，只能让吴三桂为了报仇，跟自己成为死敌。同样，为了报仇雪恨，吴三桂只能继续借助清军的力量，一心一意跟着清军混。

当然，从另一个方面讲，在清军眼中，李自成干的这件错事，就成为一件喜事了。从此以后，他们彻底收了吴三桂的心，得到了一个誓死效忠的属下。

杀了吴襄后，李自成狼狈不堪地逃回北京，他下令开会，商量对策。

会议中，李自成告诉大家："清军势大，城中人心未定，我兵岂可久屯于此。即十个北京，不敌一秦中险固。今为之策，不若退处关西，以图坚守。"

对于李自成的建议，大家全都同意，牛金星补充道："大内金银已经搜刮殆尽，

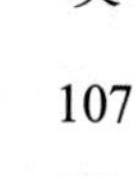

但皇宫壮丽，岂能拱手让人。不如付之一炬，以作‘咸阳故事’。即使后辈议论我等，亦不失为楚霸王之英豪。”

对于这个意见，李自成完全同意。于是，他放了一把大火，把这座雄伟的皇宫付之一炬。

在放火期间，李自成还非常骄傲。毕竟，有生之年能干一把西楚霸王的事情，也不枉此生。

在漫天的大火中，李自成竟然意犹未尽。他下令，直接登基称帝。临走之前，要坐一回龙椅，过一把皇帝瘾！

顺治元年（1644 年）四月二十九日，这是李自成进入北京城的第四十一天，也是他进入北京城的最后一天。

这一天，李自成在武英殿举行了登基大典，晋级为大顺皇帝，正式成为一个君临天下的帝王。然而，这个帝王颁布的第一道圣旨，却是“全军撤退，赶紧逃命”，真是让人唏嘘不已。

原来，这一天，吴三桂已经率军进入京郊，逼近北京城了。这种情况下，李自成再不逃跑，就被捉住了。

就这样，匆匆举行了登基大典后，李自成下令收拾行李，搜刮所有的金银，马上撤退。他要率军返回陕西，去那里当一个土皇帝。

临走之际，李自成也没有忘记留下点“纪念品”。他下令，烧毁看得见的所有东西，什么皇宫、王府、豪宅、民宿，只要是看得见的建筑物，全部烧毁。李自成宁可让北京城化为灰烬，也不打算留给清军。

此外，李自成还下令诛杀吴三桂在京城的家眷，他要让吴三桂变成一个“孤家寡人”，以泄自己心头之恨，并让天下人知道背叛自己的下场。

一时间，李自成的军队冲入吴三桂的府邸，烧杀抢掠，无恶不作。包括吴三桂的继母祖氏、兄弟姐妹在内的三十四个亲戚，全部被处死，只有他哥哥吴三凤侥幸逃跑，幸免于难。当然，陈圆圆因为特殊原因，没有遭遇这场浩劫。

在北京城的大火中，李自成踏着吴家族人的尸体，仓促上路了。这个来到京城四十一天、却只当了一天皇帝的李自成，就这样狼狈不堪地逃离了这里。

离开京城时，李自成应该会回望北京城一眼，他应该清楚地知道——从此之后，自己将与这里再无牵连，也将忘记自己统一天下的帝王之梦。

其实，李自成忘记的，又何止是自己的帝王之梦。他最早忘记的，就是当初进入这座城时的誓言：

闯王来，城门开，

闯王不来，谁将衣食与吾侪。

寒不衣兮，饥不食，

还钱粮日夜催，

更有贪臣来剜肉，

生填沟壑诚可哀。

——《甲申朝史小记》

不知道李自成听见这些歌词，会做何感想。

有的人来了，入驻北京

从京城到山海关，李自成明明可以五天之内到达，他却整整走了八天。从山海关到京城，清军也明明可以五天之内到达，他们也整整走了八天。

清军之所以走这么慢，有两个原因。

第一，因为赶路，再加上山海关大战，此时此刻的清军已经是强弩之末了，他们需要时间休息，所以才走得这么慢。

第二，多尔衮不想走那么快，他不想把李自成逼得太紧，防止他狗急跳墙，跟自己拼命。

多尔衮深知，因为之前的弊政，李自成在京城不得民心，他已经是一个众叛亲离的人了。若给他时间打包行李，他一定会乖乖地撤离北京城，把这座城池拱手相让。反之，若把他逼得太紧，不小心把他包围在了京城内，李自成就只能跟自己拼命了。

毕竟，在李自成的思维里，失去了民心，这不重要，重要的是，他不能失去自己的性命！

进京期间，多尔衮要招降沿途的郡县，为了兵不血刃，多尔衮默认了吴三桂“借清兵送太子回京，灭寇复明”的檄文。结果，来到北京城后，多尔衮却下令不许吴三桂进京。

原来，多尔衮清楚地知道，他是借着吴三桂“灭寇复明”的号召，才来到这里的。若让吴三桂进入京城，他就有可能跟明朝遗臣联起手，匡扶明朝。到了那个时候，明军就成为这个京城的主人，清军就成为客人了。这样的结果，让多尔衮情何以堪。

在这种背景下，防患于未然也好，把一切隐患掐死在摇篮里也罢，多尔衮下

令，不许吴三桂进京，而是绕过京城，继续去追击李自成。他要把吴三桂打发走，自己从容进城，成为京城新的主人。

对于多尔衮的这道命令，吴三桂毫无怨言，立刻执行。毕竟，他已经投降了清军、已经上了多尔衮的贼船，不能再下来了。从此以后，他只能唯清朝马首是瞻。

此外，吴三桂也想去追击李自成，因为，自己的女人还在李自成手中。为了她，吴三桂寝食难安，无法入睡。

就这样，为了夺回陈圆圆，吴三桂就跟一条疯狗一样，死死咬住李自成不放。在保定，他跟李自成大干了一架，“将贼杀死一半”；在庆都，他又跟李自成干了一架，“大破其众”；在定州，他再一次跟李自成干了一架，“杀贼数千，夺妇女二千”。可见，不夺回陈圆圆，吴三桂是绝不会罢休的。

结果，他真的夺回来了。

就在定州之战中，吴三桂夺回的那两千妇女中，就有他朝思暮想的陈圆圆。

就这样，在《圆圆曲》“蛾眉马上传呼进，云鬟不整惊魂定。蜡烛迎来在战场，啼妆满面残红印”中，这对乱世的鸳鸯终于团聚了。

吴三桂和陈圆圆那些撒狗粮的事，暂且不表。现在说一下多尔衮在轰走吴三桂后，是如何进入北京城的，他又是如何变成这个京城新的主人的。

顺治元年（1644 年）五月初一，京城的文武百官和百姓们准备了整整一夜，他们打算用最隆重的礼仪迎接明朝太子和保护他的平西伯吴三桂进京。

然而，等看见进入紫禁城的人后，大家全都傻了，也只能接受这一切。

次早，乃五月初一日也。耆老相率出郭外数十里迎视，见大军拥一人至，导之入，将抵东华门，所司具卤簿。一人者舍骑登车语百姓曰：“我摄政王也，太子随后至，尔辈许我为主否？”众皆愕眙不能解，姑应之曰：“诺。”

——《沈馆录》

就这样，在众人“愕眙不能解”的表情下，多尔衮高高兴兴地进入了紫禁城，成了这个城新的主人，开启了一个新的时代。

进入北京后的政策

多尔衮入主北京城后，接受了范文程的建议，干了以下五件事情，以维护大清王朝的统治。

这五件事情，就是严明军纪、赈济百姓、废除三饷、一概录取和厚葬崇祯。

现在，开始一一说明。

第一件事情，严明军纪，打造一支仁义之师。

前面讲过，在入主中原的过程中，范文程就一再告诫多尔衮，要安抚百姓，不可一味杀戮，“古未有嗜杀人而得天下者”，等等。对于他的建议，多尔衮全听进去了，并坚决执行。

多尔衮进入北京期间，三令五申要“严明军纪，严禁抢掠”。多尔衮率领亲兵进入北京后，下令剩下的士兵住在北京的城墙上，没有命令，不得擅自入城，以防止他们骚扰北京城内的百姓。

这些住在城墙上的清军非常惨，他们没有粮食，只能食用“黑碎而乾，以少水而吞之”的军粮。百姓看他们可怜，送给他们一些食物，清军也“不敢收受”，唯恐多尔衮知道后，严惩他们。

毕竟，多尔衮的严惩可不是一般狠，足以让八旗官兵胆战心惊。

当时，有一个正黄旗的牛录吃不了这种苦，他就偷偷带领手下进城了。他不仅骚扰百姓，还“屠民家犬”，要打牙祭。家主来劝阻，这个牛录不仅不听，还“箭射家主”。好在家主躲得及时，没有出人命。

得知此事后，多尔衮当即下令斩杀了那个祸害百姓的牛录，跟随犯案的人员也“各鞭一百，贯耳鼻”，以儆效尤。

在这种严厉打击下，八旗官兵变成了一支“千里行师，见秋毫之无犯；百城按堵，闻犬吠之不惊”的仁义之师。慢慢地，京城百姓对八旗士兵改变了看法，无不悦服，开始接受他们了。

最终，在多尔衮的严明军纪下，大清王朝赢得了京城百姓的信服，为他们未来的统治，打下了一个良好的基础。

第二件事情，赈济灾民，安抚百姓。

清军进入北京后，为了安抚饱受战乱之苦的百姓，多尔衮下令礼部、户部联合出台政策，建立各种慈善机构，在京城内寻找“鳏寡孤独，谋生无计，沿街乞讨”的百姓，给予钱粮恩养。

就这样，在大清王朝的善举下，京城的难民得到了安置，大家更加信任清朝，更愿意接受他们的领导。

除了赈济灾民外，对于京城一般的百姓，多尔衮也给予了相应的减税政策，并给他们开辟了一条新的生财之路。

为了让入主京城的满洲人有房子住，多尔衮下令，允许汉人出租房子给他们。出租期间，除了给予汉人丰厚的房租外，全租房子的汉人，可“免三年赋税”；出

租一部分房子，跟满洲人合住的汉人，可“免一年赋税”。

一时间，汉人高兴得手舞足蹈，并狠狠地赚了一笔。

汉人高兴是真的。但是，他们根本不知道，在不久的将来，伴随着“圈地”“投充”的到来，汉人不仅会失去自己的房子，还将失去一切。到了那个时候，他们才会知道这个王朝的真面目。

第三件事情，废除三饷，建立新的赋税标准。

在多尔衮眼中，明朝之所以亡国，是因为赋税太重。而这个严重的赋税，就是那个三饷加派，即为了消灭努尔哈赤家族的辽饷、为了剿灭农民起义军的剿饷和为了对抗努尔哈赤和李自成等人，不得不训练士兵的练饷。最终，就是这三饷成了压死骆驼的最后稻草，让明朝亡国。

在这三饷的压榨下，民不聊生，百姓苦明久矣。为此，多尔衮下令废除三饷，其余的苛捐杂税也全部取消。赋税标准恢复到万历初年，以那个时候的赋税数字为主。

在这条命令下，明朝百姓终于摆脱了三饷的压榨，人们奔走相告，更加拥护清朝的统治。

其实，中原百姓没有必要这么高兴。

没过多久，多尔衮就自食其言。他继续下令让百姓缴纳三饷，又恢复崇祯末年的赋税。

第四件事情，一视同仁，唯才是举，录用所有投降的官员。

前面讲过，大顺政权对待明朝官员，就一个字，“打”。毕竟，在他们眼中，明朝官员没有一个是好东西，不杀他们，已经是最大的恩赐了，他们还想给新朝效力，简直就是痴心妄想。结果，大顺政权这种不理智的行为，给自己树立了无数敌人，导致明朝官吏集体造反。

当时，李自成之所以不死守北京城，除了害怕清军外，更主要的原因是他根本不信任这些明朝官员。他害怕两军开战后，这些明朝官员会投奔清朝，跟清军里应外合，共同置自己于死地。

其实，李自成的这种顾虑完全正确。部分史料记载，在北京的明朝旧官员确实打算造反了，他们打算杀了李自成这个乱臣贼子，为明朝报仇雪恨。好在李自成跑得快，这才让他们没有得手。

李自成逃跑后，这些留下的明朝官员以及归顺清朝的大顺官员，就成为一个棘手的问题，需要多尔衮去解决。

要知道，在多尔衮眼中，这些人都是一群贪污腐败、不忠不孝之人，若不严惩他们，无法给天下百姓一个交代。反之，若严惩了他们，就会伤了官员的心，导致他们“官逼官反”，自己就步大顺王朝的后尘了。

最终，在一番思考后，多尔衮采用了全部录用的政策，一举解决了这道难题。

多尔衮下令，凡是明朝官员，包括“犯赃除名”的官员，只要想为清朝服务，全部录用。那些“流寇伪官”，若想弃顺投清，也一概录取。

同时，多尔衮还下令，“既经推用，不必苛求”，不管你之前犯了什么事，也不管你之前人品多差，只要你肯为大清服务，就既往不咎，全部录用。

当然，录用归录用，当官的规矩，还是得立好。

多尔衮下令，虽然投降的官员可以“各官俱复，原官照旧”，但是，只要你还敢贪污腐败，一旦审实，就“置之重法，立行处斩”，绝不姑息。同时，贪官污吏的家人也要“永世为奴”，以儆效尤。

为了表达自己反腐倡廉的决心，多尔衮再三宣布：“我朝臣工不纳贿，不徇私，不修怨，违者必置重典。”

第五件事情，祭拜崇祯帝，以获取民心。

多尔衮清楚地知道，为明帝发丧，是一件获取民心的重大事情。于是，在进入紫禁城后不久，多尔衮就迫不及待地发布命令，鉴于李自成的敷衍了事，他要为明朝崇祯皇帝办一场风风光光的葬礼，以告慰这位皇帝的在天之灵。

顺治元年（1644 年）五月初四，多尔衮下令，从初六至初八，连续三日为明帝举行葬礼，所有人都要“挂孝哀悼”，自己也不例外。

葬礼那天，多尔衮亲自为崇祯读祭文，还狠狠地哭了一场。他给崇祯制谥号为端皇帝，庙号怀宗，周皇后为端皇后，将他们送入太庙，日夜焚香祷告。

多尔衮还下令，要寻找崇祯的后人，善待他们，让他们一生荣华富贵，以告慰崇祯的在天之灵。

就这样，在多尔衮半真半假的哭声中，崇祯风风光光地下葬了。明朝遗孤们的内心也得到了释放，他们终于可以放心大胆地哭一场了。

百姓哭完后，都很认可多尔衮的做法，对这个新的王朝充满了好感，准备接受他的统治。

可惜的是，没过多久，中原百姓就惊讶地发现，他们被骗了。清朝根本没有想象的那么好。反之，这是一个残酷无比、自食其言、出尔反尔的王朝。

假太子案

前面讲过，崇祯自杀后，三个皇子就被李自成捕获了。后来，在讨伐吴三桂期

间，李自成害怕他们图谋不轨，就把他们带到了山海关。结果，李自成山海关兵败后，他的部队一片混乱，在兵荒马乱之际，三个皇子逃跑了，也就此失散。

三个皇子失散后，皇太子朱慈烺在乱世中活了下来，他一路乞讨，成功回到了京城。

回京后，朱慈烺无处可去。后来，他想到有一个叫常公公的宦官，是一个退休的官员，曾经照顾过他。当太子时，朱慈烺经常去常家玩。于是，朱慈烺凭借自己的记忆，找到了常公公，准备投奔他。

要知道，常公公不过是一个退休的宦官，焉敢收留前朝太子。于是，常公公委婉地告诉他，说自己这里庙小，供不起您这尊大佛。如今，您可以去投奔外戚周奎，他是您的姥爷，他肯定会照顾您。而且，您的妹妹长平公主，就是被崇祯砍伤的那位公主也在周奎家，你们可以兄妹相认，一起生活。

在常公公的劝说下，太子同意了此事。于是，他们一起来到了周奎府，投奔周奎。

周奎看见太子后，大吃一惊，随后马上全力接待。接待期间，周奎叫来只剩下一只胳膊的长平公主，让他们兄妹相认。这对兄妹见面后，相持痛哭，观者皆感动不已。

认完亲后，周奎做东，请大家吃饭。宴席期间，周奎一直行君臣之礼，却根本不提太子居住一事。

宴会结束后，长平公主单独来找朱慈烺，给了他一些银两，还有一些衣服，告诉了他周家人的心思，她让朱慈烺以后不要再来了，他们以后也不要再见面了。

见此情景，太子虽然大怒，但他也知道周家的苦衷。于是，朱慈烺拿着这些东西，拜别了妹妹。

太子拿着这些钱后，在外面独自生活了几天，养尊处优的他哪里受得了民间疾苦？他忍耐不住再次造访，恳请周奎收留自己。

得知太子去而复返后，周奎让自己的儿子（一说是周奎的侄子）周绎出马，去回绝太子，不让他再来。

周绎出门后，给了太子一些银两，委婉地告诉他：“您的身份太特殊了，我们不敢收留您。您要想在这个世界存活，就得韬光养晦、低调行事。如今，您千万别说自己是太子，就说自己姓刘，是一个教书的先生，这样就能避祸了。”

对于周绎善意的劝告，太子不仅不听，还跟他吵了起来。

原来，太子认为周家人瞧不起自己，认为自己已经无权无势，就不认这个亲戚了，他们这是欺人太甚。太子玩命地嚷嚷，说自己是大明王朝的太子，是周家人的主子，一日为主子，就永远是主子。

见此情景，周绎大怒，就跟太子吵了起来，他们还动了手。周绎打了太子一顿，让他闭嘴。结果，太子的秉性跟他父亲一样，宁死不屈，即使被打了，也绝不闭嘴，依旧痛骂周绎不已。

最终，双方的动静越来越大，就被人告官了。清朝马上派人来到周府，把太子和周家人都缉捕归案。

太子之所以这样有恃无恐地亮出身份，也是深思熟虑的结果。

原来，在太子眼中，清朝是一个不错的王朝，多尔衮善待了自己的父亲和母亲，不仅厚葬了他们，还颁布诏书，要善待前朝遗孤，以彰显自己的仁义。因此，在太子眼中，大清王朝应该会善待他，给他封王封爵。最不济，也能让他荣华富贵一生。

在太子眼中，对比大顺王朝，大清王朝再差，也不应该比大顺王朝差。毕竟，李自成承诺保他一世富贵，还册封他为“宋王”。号称仁义的清朝，应该不会比李自成差。

然而，可惜的是，太子还是太年轻了，他怎么可能明白世间的凶狠，也根本不明白大清王朝的“决心”。

就这样，在黄泉路上，又多了一个英年早逝的糊涂鬼。

太子被抓到刑堂后，汉官刑部主事钱凤览负责审理此案。他问清事情的缘由后，竟然斯文扫地，直接冲到大堂上，狠狠地揍了周绎一顿。钱凤览告诉周绎一个道理，何为君，何为臣，不能这样背主负恩！

虽然从事实上看，钱凤览投降了清朝，也是一个背主负恩的货，他跟周绎比，不过是五十步笑百步罢了。然而，跟周绎不同的是，钱凤览饱读诗书，深知孔孟之道，还算是保留了最后一点人性。

在钱凤览的殴打下，太子出了一口恶气，算是心满意足了。随后，他被送进了紫禁城，迎来了最后的审判。

负责审判他的人，就是大清最高的统帅——多尔衮。

实话实说，在多尔衮眼中，这个太子就是一个烫手的山芋，非常麻烦。虽然多尔衮昭告了天下，要“善待”明朝的遗孤，以“告慰”崇祯皇帝的在天之灵。他可以这么说，但真的这么做，就不行了。

这个原因很简单，太子是什么人？太子是明朝的法定继承人，是明朝遗孤们心中的太阳，只要他还活着，就能让那些人永远看见希望，进而让他们反清复明，颠覆自己的万里江山。因此，这个人不能活，必须将其斩草除根，才能永绝后患。

然而，这个矛盾点就在于此。一方面，你昭告天下，要善待崇祯皇帝的遗孤；另一方面，你却言不由衷，斩杀了崇祯的后代。这种出尔反尔的事情，多尔衮怎么

能去干呢？如此行事，岂不是失信于天下？

然而，身为大清王朝的睿亲王，多尔衮有的是办法，他略施小计，就解决了这个难题。

这个办法就是，多尔衮不承认这个太子是真的，他是“假冒”的。既然是一个“假货”，就可以将其名正言顺地斩首示众了。

主意已定，多尔衮不动声色地静观其变，准备看众人的反应。

当时，有很多大臣明白了多尔衮的心思，比如那个精通溜须拍马的周奎。他就第一时间上书，痛骂朱慈烺是“假太子”。

要知道，李自成发动比饷运动时，不是要求“功勋和外戚之家，无定数，人财两尽而后矣”吗？结果，这个周奎却啥事没有，足见其左右逢源、巴结权贵的本事。清朝入关后，周奎不知道用了什么招数，竟然结交了满洲贵族，从此高枕无忧。

可见，周奎就是一个为了保护财富，可以无所不用其极的小人。这种小人要是肯为太子说话，那才叫见了鬼。即使这个太子是他的亲外孙，周奎也会毫不犹疑地反戈一击。

得知朱慈烺被捕后，周奎二话不说，立刻上疏朝廷，声称朱慈烺是“假太子”，他来自己家，就是假冒太子敲诈勒索、骗吃骗喝的。望朝廷明察，还自己一个公道。

对于这种小人，真是无话可说。

当然，有背主负恩，坑害太子的人，同样也会有精忠报国，袒护太子的人。那个为太子出头的刑部主事钱凤览，就是一个誓死效忠太子的人，一直承认太子是真的。还有十个誓死效忠太子的侍卫，他们也坚称太子是真的，希望清朝善待朱慈烺，给天下一个表率。

然而，虽然这些人坚称太子是真的，又管什么用呢？毕竟，在多尔衮眼中，为了自己的目的，这个太子必须是假的。即使他是真的，也必须是假的。

于是，历史上的一场闹剧，就此展开。

多尔衮下令召开群体会议，命令明朝宗室晋王、崇祯遗孀袁妃、前朝大学士谢升出庭，辨别这个太子真伪。

当时，晋王和袁妃先来辨别，他们看了太子后一口咬定太子是“假”的。大学士谢升辨认时，面露愧色，欲言又止，但最后也一口咬定这个太子是“假”的。

一听谢升说自己是“假”的，太子当时就急了，他哭着对谢升道：“先生为何如此说？您还记得吗？城陷之前，先生在东宫教课，当时教我‘临危受命’一题。这些事情您怎能忘记？”

在太子的质问下，谢升无言以对，他只能面红耳赤地逃跑了。但是，这个人还是不改初衷，一口咬定太子是“假”的。

这时，一旁听审的钱凤览坐不住了，他站起身来，痛骂谢升和明朝宗室不仁不义、背主忘恩。同时，钱凤览痛骂周奎就是一个小人，是一个衣冠禽兽，不杀不足以平民愤。

最后，钱凤览要求多尔衮认真审理朱慈烺的身份，还他一个清白，并恩养这位前朝皇子，给天下一个表率。

虽然钱凤览为太子鸣冤不平，但多尔衮已经认定了“事实”，他又能怎么办呢？何况，这个所谓的审讯，不过就是多尔衮演的一场戏罢了。他的目的，就是要名正言顺地斩杀这个“假皇子”，任何敢质疑他指鹿为马的人，也只能跟朱慈烺一个下场了。

在一番走走形式的审理后，多尔衮下达了判决书——真假无须争辩，此人就是一个假太子。现将其万剐凌迟，以儆效尤。钱凤览等人不明是非，皆斩首示众，立刻执行！

有人假惺惺地求情，多尔衮于是改判——念上天有好生之德，将假太子斩首示众。念钱凤览忠于本朝，赏其全尸，改绞刑。其余涉案人员（那十个忠于太子的侍卫和给太子引路的常公公），全部斩首示众，以儆效尤。

在“证人”周奎、晋王、袁妃、谢升的指控下，朱慈烺就这样奔赴了刑场，成了一个冤死鬼。太子死时，年龄不详，但史学家普遍认为，他不会超过二十岁。

多尔衮一口咬定这个太子是假的，这个太子到底是真还是假，其实无须争辩。

从周奎曾隆重接待太子、谢升被朱慈烺问得哑口无言上看，这个太子就是真的。而晋王和袁妃的供词，根本不值一提，他们根本无法指证朱慈烺是“假”的。

原因很简单，明朝有规定，藩王不得离开领地，晋王一直老老实实待在山西，自山西被清军俘虏后，才来的北京。他根本没有见过太子，焉能知道太子是真还是假？

同样，袁妃的供词也不值一提。因为，史学家们一致认为，这个袁妃就是一个假货。

原因很简单，多尔衮可能忘记了，在给崇祯皇帝办理丧礼时，他挨个册封被崇祯砍死的妃嫔，其中袁妃就赫然在列。一个被崇祯砍死的人，怎能起死回生，来指证太子呢？

后来，史学家们经过分析，认为此袁妃，非彼袁妃。这个袁妃很可能是天启皇帝的任妃，只是史料记错了而已。

此女是魏忠贤的义女，是魏忠贤安插在皇帝身边的眼线。在天启朝，她可干了

不少坏事。崇祯登基后，念其孤寡无依，没有将其斩杀，而是关入了冷宫。为巴结新朝，自愿做伪证。

伴随着太子的惨死，崇祯的后代暂时销声匿迹，他剩下的两个儿子也不知所踪。虽然在不久后，南明出现了一个“太子”，但史料已经证明，那个“太子”根本不是崇祯的儿子。

直到康熙年间，人们才知道了崇祯一个儿子的下落。但是，清朝的政策决定了，这个皇子出现之日，就是他丧命之时。这个皇子，也不会得到一个好的结局。

及时迁都

虽然进入北京城后，多尔衮发布了很多利民政策，也掩盖了杀害明朝太子的真相，但不知道从什么时候开始，京城流言四起。百姓们议论纷纷，说清朝准备在七八月间东还，到时候会屠民，还会放抢三日。

当然，这种流言蜚语，并不是空穴来风。

对于是否入主北京的问题，满洲贵族产生了重大的分歧，以阿济格为首的将领认为，就应该屠城，杀光这里所有的人（大肆屠戮），搬走这里所有的财宝。然后派兵留守山海关，大军返回沈阳，继续回东北当“土皇帝”。

而对于哥哥的建议，多尔衮根本不同意。他自始至终就一个决定，迁都北京城，问鼎中原。

为了表示自己的决心，多尔衮告诉大清所有官员，从今日起，“令大小各官及将士等移取家属，即日可到”。谁的家属不到京城，国法伺候！

对于一直反对的哥哥，多尔衮跟他争执了半天，最后也懒得争执了。多尔衮告诉他，太宗皇太极有遗训：“若得北京，当即徙都，以图进取。”迁都北京的事情，是祖训，必须执行！

皇太极到底说没说过这句话，估计连他自己都不知道，但不可否认的是，祖训二字的威力，不可小觑。就这样，阿济格无话可说，只能同意迁都北京。

顺治元年（1644年）八月二十日，在多尔衮的上奏中，顺治从沈阳出发，准备入主中原。

同年九月十九日，顺治正式进入北京城，坐上了那个列祖列宗梦寐以求的宝座，成了大清王朝第一个君临天下的皇帝。

不得不说，大清迁都北京一事，意义非同小可。要知道，对于一个国家而言，迁都不仅是一种行动，更是一种态度。从此以后，清朝将明明白白地昭告天下，自己不会是一个偏安一隅的国家，而是一个要逐鹿中原、统一天下的王朝。

伴随着顺治入关，大清正式入主中原。京城百姓们就此安定，各种流言蜚语也都消失不见。

通过迁都，多尔衮完成了“安内”，他下一步，就要开始“攘外”。多尔衮要开始南征北战，统一天下了。

第十章　开始统一天下

收复山西

李自成退出北京后，虽然遭受了打击，但他的实力还很雄厚。毕竟，李自成管辖着山西、陕西、甘肃、宁夏、湖北等地，他麾下有数十万大军。凭借这些资源，李自成完全可以卷土重来。

当时，李自成正确的做法是，坐镇山西，窥视中原，时不时发动进攻，让清军不得安宁。然而，逃离京城后，李自成却做了一个愚蠢的决定。

原来，李自成出京后，他直接率领嫡系部队逃到了陕西，而把外系部队留在了山西等地。李自成希望这些部队能够抵御清朝，好好保护陕西的门户。

在危难之际，李自成抛弃了大家，独自躲在安全的后方，却想着让别人替自己去卖命。这怎么可能成为现实呢？这不过是李自成痴人说梦罢了。

在留守山西等地的将领眼中，你自己跑了，留下我们抵御清军，凭什么呀？你自己带领亲信在安全的后方吃肉，我们这些外人在前线拼死拼活，凭什么？要拼命，也行，给一个理由先！

就这样，在大顺将领出工不出力、南明毫无野心下，清军不费吹灰之力，就占领了京畿一带，并开始西进。

为了占领山西，多尔衮制订了详细的作战计划，也做好了打持久战和硬仗的准备。然而，事实证明，多尔衮多虑了。

顺治元年（1644 年）五月初十，多尔衮命人攻打山西重镇大同，并发送劝降信，劝大同守军姜瓖投降。在强大的军事压力和贪欲（裂土封王）下，姜瓖竖起了白旗，正式投降大清。

就这样，兵不血刃，清军就占领了山西的军事重镇大同，并顺利接管了山西北部地区。

招降姜瓖后，多尔衮再接再厉，继续啃食山西，誓要把这个省份过户。

同年六月，代州、五台、崞县、定襄、静乐等地的大顺军接连投降，清军顺利接管了山西大部分地区。

同年八月，多尔衮写了一封信，劝降镇守德州的唐通。刚开始的时候，唐通誓死不降，但他架不住多尔衮继续开价。最终，在得到了一个满意的“价格”后，唐通投降了清军，把这座山东省的西北大门交给了清朝。

除了递交“资产”外，唐通也非常尽职尽责。他从德州出发，绕开大顺军的防线，偷偷渡过黄河，从大顺军的后面狠狠地给了李自成一记黑刀。

李自成万万没有想到，唐通能从背后捅自己。一番激战后，大顺军损失惨重，只能退出山西，被唐通占领了山西的府谷、葭州一带，等于是被清军占领了自己的北大门。

这样一来，陕西就彻底门户大开，李自成别想再睡安稳觉了。唐通此举，为日后阿济格攻打陕西创造了有利条件，也让自己建立了奇功。虽然，这个奇功的代价有一点大。

原来，得知唐通背叛自己后，李自成大怒，他把留在陕西当人质的唐通家人抓了起来，先狠狠地打了一顿，随后全部处死了。

李自成这样做的结果，可想而知。

得知家人惨死后，唐通反而释怀了。从此以后，他就一心一意跟着清朝混了。在攻打李自成的战役中，唐通身先士卒，奋勇杀敌，贡献了自己所有的力量。

后来，朝廷见唐通忠心耿耿，就没有为难他，让他得以善终。康熙三年（1664 年），唐通告老致仕，没过多久，就病逝了。

打开了陕西的大门后，多尔衮大喜过望。随后，又把山东和河南收入了囊中。

在中原站稳脚跟后，多尔衮开始思考要怎么平定天下。

当时一共有四个政权，分别是占领京城的大清政权、雄踞西北的大顺政权、偏安一隅的南明政权，以及乐不思蜀的大西政权。

远在天边的大西政权，因为领土不挨着，清朝是暂时打不到的。多尔衮能够

收拾的，只有近在咫尺的大顺政权和南明政权，这些都是打得到的，也是可以打的。

那么，多尔衮是要先全军南下，攻打南明呢？还是全力西进，灭了李自成呢？

多尔衮的回答非常简单——一起打！

没错，他就是要一起打。

正是这道命令，差点让清朝迎来一场灭顶之灾。

攻打陕甘

顺治元年（1644 年）十月，多尔衮下令兵分三路大举进攻大顺政权，他准备消灭了李自成这个乱臣贼子，完成帝国的统一。

第一路大军为北路大军，由英亲王阿济格率领，辅以吴三桂、尚可喜两部，通过武关，直扑西安。

第二路大军为南路大军，由豫亲王多铎率领，辅以孔有德、耿忠明两部，进攻潼关，从正面攻打大顺国。

第三路大军为中路大军，由固山额真叶臣率领。此路大军没有攻城略地的任务，负责辅助前两路大军，保护他们的后路，给他们提供粮饷，全力做好后勤工作。

三路大军分工明确，有备而来。清朝最著名的两个王和汉人最著名的四个王全都出征，可谓精英尽出。多尔衮此举，就是要用尽一切力量，消灭李自成这个大顺政权。

然而，这个看似井然有序的安排，实际上并不是多尔衮的初衷。甚至可以说，这是他临时改变主意的结果。多尔衮临时改变的这个计划，差点给大清带来一场灭顶之灾，只是对手没有抓住这个机会。

清朝的这个对手，不是总想打回中原的大顺政权，而是盘踞在南方，天天醉生梦死的南明政权。

原来，收复了山西、山东等地，多尔衮竟然“富贵到手，器满志昏”了起来，他真的以为自己是中国的主人，且天下无敌了。

在这种骄傲的心理下，多尔衮发布了一道问题极其严重的出兵诏书。这篇诏书严重到什么程度呢？完全可以让大清王朝灭亡！

多尔衮下令，他要同时出兵两个战场，命阿济格为靖远大将军，进攻西北的李自成。同时，命多铎为定国大将军，南下进攻南明。

可想而知，大清王朝虽然是当时牌局上的地主，力量很强，但也没有足够的余粮。清军没有足够的人力、物力去开启两个战场，且都是灭国级的战场。

多尔衮完全忘记了远交近攻的战术，妄想能够一口吃成胖子。

多尔衮的这种想法很美好，但现实却狠狠地撞了一下他的腰。

顺治元年（1644 年）七月，正当多尔衮调兵遣将，准备攻打大顺和南明时，李自成突然发难，率军攻打河南怀庆（今河南沁阳）一带，并消灭了当地的清朝驻军。

虽然清军损失惨重，狠狠地被李自成揍了一顿，然而，李自成的这个巴掌，却把多尔衮打醒了，他决定采用正确的方法统一全国。

经历了这场惨败，多尔衮才知道，李自成并非软弱无能之辈，他还是那个夺取了天下的“闯王”。若要收拾这个家伙，清朝必须倾尽全力，否则绝不可行。

在审时度势后，多尔衮决定，先集中所有力量讨伐大顺政权。于是，多尔衮下令，多铎不要南下了，全军西进，跟阿济格一起讨伐李自成。他还增加了一路大军，去对付李自成。

至此，出现了之前三路大军讨伐李自成的那一幕。

事实证明，多尔衮的这步棋，堪称精妙，然而，多尔衮已经跟南明宣战，要讨伐南明。这种情况下，他已经把南明惹了，他要怎么跟南明修复关系呢？

在已经宣布跟南明王朝为敌的情况下，若南明联系李自成，一起讨伐清朝，多尔衮要怎么应对呢？若南明趁着大清与大顺交战之际，突然挥师北上，来攻打清军兵力薄弱的中原，多尔衮又将怎么应对呢？

多尔衮之所以敢视南明为无物，就是算准了这是一个软弱可欺的王朝。多尔衮坚信，南明根本不会跟大顺联合起来，一起对付自己。

南明王朝腐败透顶、昏君执政、奸臣当道，只会醉生梦死，根本没有作为。即使有忠臣良将（比如史可法），也毫无作为，只能被活活憋死。

在多尔衮眼中，这就是事实。

当时，在大清与南明的博弈中，即使多尔衮用了极端的词语、抓捕了南明的使臣，还给南明下了战书，南明也始终不改初衷，就是要“借虏灭贼”，借助大清的力量剿灭李自成。且为了这个目的，南明毫无骨气地一直跪舔大清，直到大清动刀子灭它为止。

大清在夺取天下的关键时刻，竟然匹配了这么一个对手。对于大清而言，真是一个天大的喜剧。

就是在看透了南明软弱无能后，多尔衮这才敢肆无忌惮地集合全部兵力去讨伐李自成。而事实证明，南明也“对得起”多尔衮。

在清朝与大顺政权交战之际，南明没有发过一兵一卒偷袭清军，即使他们北上，也是借路去揍李自成，而不是与大清为敌。

后来，南明的这次声势浩大的北伐，也因为主帅的突然惨死，而被迫取消，灰溜溜地撤兵了。

击溃大顺

顺治元年（1644 年）十月，多尔衮下令，兵分三路，开始攻打大顺。他命令多铎停止南下，全军西进，先救怀庆，再转攻陕西，取潼关，与阿济格大军两路夹击，会师西安，"务必合力进剿"，彻底击溃李自成。

在大清眼中，要想攻破大顺政权，夺取潼关，至关重要。同样，对于大顺而言，要想不被灭亡，守住潼关，也至关重要。

潼关之战就此拉开了大幕。

《清世祖实录》《潼关志》等史料记载，这场潼关之战打得异常惨烈，虽然双方仅交战十三天，但可谓杀得尸横遍野、血流成河。最终，潼关守军马士耀坚持不住，投降了，潼关就此失守。

这里多说一句，马士耀是投降了清军，但他是"伪降"。马士耀投降后，立刻给李自成写了一封密信，希望他回师潼关，自己从中响应，双方来一个内外夹击，共同击破多铎大军。

马士耀的主意挺好，但可惜的是这封密信被清军截获了。于是，愤怒的多铎把马士耀斩首示众。

马士耀惨死后，多铎正式接管了潼关，他以潼关为起点，开始进击没人驻守的西安了。

没错，就是"无人驻守"的西安。

原来，早在潼关失守前，李自成就清楚地知道，西安快守不住了。毕竟，他可以抵挡从潼关入侵的多铎，却无法抵挡从北面入侵的阿济格。在清军的攻击下，西安是肯定守不住的，自己再不走，就被清军瓮中捉鳖了。

于是，审时度势的李自成率军撤离了西安，兵分两路开始南撤。也就是因为李自成的撤退，潼关守军孤掌难鸣，这才被迫投降。

东路撤退大军由李自成亲自率领，由陕西出发，途经河南到达湖北襄阳，会同当地的守军后，开始顺江南下。李自成的目标是先攻陷武昌，再攻打南京，取南明而代之。

西路撤退大军由李自成的将领李过、高一功率领，因为清军的阻挡，他们已经不能在陕西跟李自成会合。李、高二人只能先向西撤退，从四川借路去湖北，目的地是湖北荆州一带。在荆州休整好后，再继续前进，去跟李自成会合。

两路大军，分工明确，路线清晰，他们就按照这个计划出发了。然而，再完美的计划，又怎么赶得上变化呢？没过多久，这两路大军的路线就全都变了，他们也迎来属于自己的结局。

首先改变的，是李自成率领的东路大军。

李自成率领大军出发后，没过多久就按照计划来到了襄阳城。在这里，李自成发布了一道极其愚蠢的命令，下令放弃襄阳城，他要汇集全部力量去攻打南明。

放弃襄阳，绝对是李自成的一步臭棋。他不应该孤注一掷，不给自己留后路。而且，只有守住襄阳，才能确保在攻打南明时，不会有后顾之忧，不会被清军肆无忌惮地追击。

对于放弃襄阳一事，李自成的大将白旺就提出了异议。他认为，襄阳一带经过多年的经营，已经非常牢固，以这里为争夺霸业的基地，完全可以。而且，只有驻守襄阳，才能阻挡阿济格的追击，大顺军才能顺利地攻打南明，不至于陷入两面受敌的境地。

事实证明，白旺的建议完全正确。若李自成听从了他的建议，分兵前进，以南明那不堪一击的战斗力，能不能抵挡住李自成的攻击，真不可知。万一让李自成攻陷了南京，就真的天下大乱了。

然而，对于这个建议，李自成根本不听，他还是按照自己的思想行事，放弃襄阳，全军南下。

结果，放弃襄阳之日，就是李自成噩梦开始之时。

放弃了襄阳后，李自成就开始后悔了。因为，负责追赶他的阿济格（多铎休整后，没有去追击李自成，而是按照原定计划开始南下攻打南明）就跟一条猎犬一样，死死咬住他不撒口。李自成到哪，他就追到哪。不断地发动进攻，不打死李自成，阿济格是不会善罢甘休的。

顺治二年（1645 年）三月到四月，阿济格一直死咬着李自成不放，他先后在河南邓州、湖北承天（今湖北钟祥）、德安（今安陆）、武昌、富池口（湖北阳新县境）、桑家口、江西九江等地，跟李自成打了八场仗。阿济格全部胜利，史称八战八捷。

虽然史学家们已经考证出来，阿济格所谓的八战八捷，其实规模都不大，只是他虚报战功罢了。但是，这八次胜利，却严重打击了大顺军的士气。

要知道，打仗其实拼的就是士气。士气高涨时，士兵个个奋勇杀敌，可以以一

敌百；士气低落时，士兵全都无心恋战，只能被敌人以一敌百了。

一支士气低落、萎靡不振的部队，是不可能有作为的。古往今来，一直如此。

虽然李自成南下后，顺利打跑了更加畏敌怯战的左良玉，并逼迫后者抢先一步去攻打南明王朝。然而，在清军的追击下，李自成无心恋战，他主动逃出了武昌城。

在逃难期间，李自成再一次被阿济格追上了，只能被迫跟阿济格决战。

毫无士气的情况下开战，结果可想而知。一番交战后，李自成损失惨重，只能夺路而逃。

此战中，李自成的大将刘宗敏、军师宋献策和他的两个叔叔被俘，成了清军的阶下囚。清朝下令斩杀了刘宗敏和李自成的两个叔叔，把宋献策留了下来。

一夜之间，失去了自己的大将、军师和两个叔叔，这样的打击对于李自成而言，不可谓不大。然而，没过多久，李自成又失去了一个股肱之臣，让他再一次受到打击。

这个股肱之臣，就是他的另一个军师、大顺王朝的宰相——牛金星。

原来，李自成兵败后，宰相牛金星算是看明白了，继续跟着李自成混是没有未来的。于是，在一个月黑风高夜，牛金星带着儿子牛佺逃跑，投降了清军。

投降清军后，因为牛金星的档案太“黑”了，所以清朝虽然赦免了他，但也不敢对其委以重任。

从此以后，牛金星无官一身轻，倒也逍遥快活，再加上他极其会拍马屁（李自成进入北京时，没有射中“天”字，就是他圆的场），一生倒也无祸无灾。

后来，清军看他表现不错，就大笔一挥，提拔他儿子官职，任命牛佺为黄州知州。

顺治九年（1652 年），牛金星老死在家中。

当然，史料上也有一种说法，牛金星没有投降清军。他离开李自成后，改名换姓隐居了起来，在深上老林当了一个道士。

不管牛金星是投降了清军，还是出家当了道士，有一点都毋庸置疑，他彻底抛弃了李自成，从此跟这个大顺皇帝分道扬镳。而伴随着牛金星的出走，李自成的实力进一步被削弱了，他也终于明白了“孤家寡人”的含义。

破鼓万人捶，墙倒众人推……此千古不变之道理。

为了不变成真正的“孤家寡人”，李自成想明白了，他必须集结全部兵力，先解决了阿济格，才能继续南下。

李自成下令全军去荆州，先跟自己的西路大军会合，再从长计议。

就这样，原先是西路大军找东路大军的计划，彻底改变了，变成李自成主动去找西路大军了。

李自成之死

顺治二年（1645 年）五月初四，李自成率军来到湖北通山县九宫山，准备去跟西路大军会合，商议是去湖南打天下，还是继续去讨伐南明。

在九宫山上，李自成下令安营造饭。在简单吃了几口后，李自成率领十八个骑兵（也说二十八骑）出发，去附近考察地形。

当时，九宫山上有一个村寨。这个村寨住着的都是老实巴交的农民，并不是后世文人描述的什么“恶毒凶狠的地主团练武装集团”。这些农民一直遭流寇之苦，得知有一支小规模的流寇入境后，他们就想杀了李自成等人，泄一下心头之恨。

当然，这些人无论如何也想不到，这里面有大顺皇帝，且在附近还有李自成的数万大军。若他们知道这些的话，他们是无论如何也不敢动手的。

就这样，在不明真相下，这些农民动手了。他们打了李自成一个伏击，杀了李自成的数个随从，还让他们都走散了。

这里多说一句，一些史料记载，伏击李自成的人是负责追击的清军。我个人认为，这个说法并不准确。

毕竟，若清军伏击了李自成，李自成大军势必第一时间逃跑，以躲避清军，他们不会在九宫山逗留数日之久。因此，我个人认为，伏击李自成的人不是清军，而是当地的农民。

一番厮杀后，李自成与自己的手下走散了，他也迷路了。李自成独自行走在九宫山上一条羊肠小道上，当时正在下雨，道路湿滑，李自成只能下马，牵着马走在泥泞的道路上。

李自成独自行走期间，一个叫程九伯的农民看见了他。程九伯不知道此人是大顺皇帝，他只知道李自成穿金戴银，旁边还有一匹好马，就打算杀了李自成，把这些财宝据为己有。

于是，程九伯大喊一声，就拿着锄头冲了过去。要知道，李自成虽然此时落魄，但还是一个身经百战的大将，岂能被一个农民欺负。

在一番厮杀后，程九伯技不如人，被李自成压在身下。李自成按住对方后，想抽出刀杀了他。结果，因为刀鞘内都是雨水污泥，他一时拔不出刀。

看见李自成要杀自己，程九伯大声呼救，寻找援手。这时，他的一个姓金（野史称其为金二狗）的外甥闻声而来。他看见大舅命悬一线后，二话不说，抡起手中的铲子照着李自成的脑袋就是一下。

就这样，伴随着一声惨叫，李自成倒了下去，倒在了血泊中。从此以后，他再也没有爬起来……

顺治二年（1645年）五月初四,一代枭雄、农民起义的杰出首领李自成，就这样死在了一个农民手中，享年三十九岁。

除了这个被杀的结局外，李自成还有另外一个结局，那就是“归隐山林，出家为僧”之说。

一些史料记载，李自成来到九宫山后，他彻底看破了红尘，于是就归隐山林、出家为僧。当然，李自成之所以出家，只是战略性的决策，为的是躲避追击他的阿济格，而不是消极地出家为僧。一有机会，李自成还是会还俗，重新出山。只不过，李自成一直没有这个机会罢了。

无数人坚信李自成没有死，只是战略性地出家了。在中国很多的寺院内，也保留着李自成出家的“证据”。

我个人认为，李自成出家之说，只是无稽之谈。

原因很简单，当时，李自成虽然众叛亲离，但还没有山穷水尽。他麾下还有一支骁勇善战、人数众多的部队，他心中也有继续打天下的雄心。此时的他，为什么要看破红尘、出家为僧呢？

《通山县志》明确记载，“顺治二年五月初四，闯贼数万入县，毁戮四境，人民如鸟兽散，死于锋镝者数千，蹂躏三月无宁宇”。

这段话的意思是说，李自成被当地农民打死后，其麾下的士兵大怒，他们对当地的村庄进行了报复，杀得这里鸡犬不宁、尸横遍野后，李自成的部下才住手。

这段文字明确告诉了我们，当时李自成麾下仍有这么一支人数众多、且忠心耿耿的部队。拥有这么一支部队，李自成为什么要出家为僧呢？而且，拥有这么一支部队，李自成就算想出家为僧，估计也会被阻止，无法去实现。

毕竟，人在江湖，身不由己。李自成想一个人归隐山林，抛弃这数万弟兄，可能吗？

因此，我个人认为，李自成出家之说，只是野史逸闻罢了。

但有一点毋庸置疑，自从九宫山一战后，李自成从人间消失了，他建立的大顺政权就此群龙无首、名存实亡。清朝解决了一个重要的对手，在统一天下的道路上前进了一步。

收拾了李自成后，兴奋无比的多尔衮开始把目光投向南方，他准备消灭那个软弱可欺、无能腐败的南明王朝，一统天下。

南明王朝是怎么出现的？这个王朝，是真的软弱无能，还是另有苦衷呢？

现在，开始讲述南明王朝的前世今生。

第十一章　南明的那些事儿

南明建立

明朝灭亡后，南方的明朝遗孤们立刻行动了起来，建立一个新的政权，以延续明朝的统治，史称南明弘光政权。

在中国的历史上，由于弘光政权迅速被清朝剿杀，所以这个王朝给人留下了一个软弱无能的印象。

在多数人眼中，南明政权是一个“财政紧缺、军队软弱、没有地利、人才匮乏”的王朝，所以才被清朝轻易消灭。

南明弘光政权，真的这样软弱无能吗?

答案一个字：否。

要知道，在中国历史上，南明是一个非常强悍的政权。其经济之富庶、军队之骁勇、地理之优越、人才之鼎盛，完全超出人们的想象。

先说经济。

众所周知，南宋以前，中国的经济是北强南弱，但自从赵氏南渡、建立南宋后，中国的经济发生了根本的改变。

从那以后，南方的农业、商业、手工业迅速发展。明朝期间，江南的赋税几乎

占了全国赋税的一半，可见南方经济之繁华、财富之丰厚。

对比经济，南方比北方强得多，北方根本无法与之匹敌。

再说军事。

当时的南明王朝拥有百万大军，皆是骁勇善战之辈。李定国统率的陆军，足以纵横天下；郑成功率领的水军，更是世界第一。

因此，南明绝非史料记载的那样软弱可欺，而是军事强大，足以让任何来犯之敌心存顾虑、投鼠忌器。

再说地利。

对比无险可守的北京，作为陪都的南京易守难攻，是一个"行胜之地"，自古就是一个称王、称霸之所。

何况，明太祖朱元璋在此问鼎天下后，南京更是变成了一个极具政治意义的城市。在这里竖起"反清复明"的大旗，足以让天下百姓向往不已。

除了南京这个"龙兴之所"外，长江则像母亲的手臂一样，死守住自己的孩子，保护着南明的安宁。

在中国历史中，有多少曾经不可一世的英雄豪杰率领着千军万马来到这里，妄想突破长江、统一天下。

这些人中，有文韬武略的曹操，也有不可一世的苻坚。结果呢？这些英雄豪杰在这里被打得灰头土脸，输掉了一切，甚至还包括自己的性命。

以南京为旗帜，以长江为防线，占据了地利后，南明堪称固若金汤。不管怎么看，南明都不容易被击破。

最后说人和。

从人才上讲，南明也堪称人才济济。毕竟，江南一带，本来就是明朝科举的大本营，每年进入朝廷的人才不计其数，且都是治国之才。

就连清朝也承认，南明人才之多，不计其数。像史可法、刘宗周、黄道周这样的大臣，被清高宗乾隆称为"一代完人"。其他有人望的大臣，更是数量惊人。清朝追封这些名臣时，"赐谥者千六百余人，入祀忠义祠者又二千余人"。

可见，对比北方，南方的人才库也丝毫不逊色，堪称谋士如海、猛将云集。若这些人齐心协力，保住南明半壁江山，不是问题；挥师北上，也完全可以。

那么，这么一个强大的政权，为什么被清朝迅速剿灭了呢？这个南明王朝，又是如何建立的呢？

关于这一切的故事，还得从很久很久以前说起。

话说明朝的第一任皇帝朱元璋问鼎中原后，下令定都南京，开始管理天下。朱元璋死后，他的孙子朱允炆登基称帝，朱允炆的四叔朱棣不甘心被他统治，挥师南下，打跑了朱允炆，篡夺了天下。

朱棣登基称帝后，因为精神和现实的双重问题，不得不迁都北京，把北京作为明朝新的都城。

精神问题是——朱棣在南京城睡觉时，老做噩梦。日日夜夜被朱元璋的亡灵骚扰，朱棣不想被继续骂成是一个乱臣贼子。为此，就想回自己的老本营，远离这个到处充满父亲味道的地方。

现实问题是——朱元璋生前委派朱棣镇守北方，抵御蒙古人的入侵。结果，朱棣挥师南下后，北面防线空虚，蒙古人借此频频入侵，烧杀抢掠、无恶不作。为此，朱棣很是头疼，于是他决定"天子守国边"，迁都至北京，亲自去抵挡蒙古人的入侵。

基于上述两个原因，朱棣下令营造新城，迁都北京。而南京，则成为国家的留都，就是一个备用首都。

南京一直保留着一套完整的中央行政机构，六部、都察院、翰林院等行政制度，都跟北京的行政机构一模一样。唯一不同的是，这些机构没有实权，多为虚衔，这些官员被称为吏隐，就是一群没有权力、安心养老的官员。

但有一类人除外，就是管理军事的大臣，如南京兵部尚书、南京守备太监、南京军务提督等还是有管理实权的。毕竟，没人管理军队，还不得天下大乱。

在没有天子的情况下，这些管理军队的人，就成了南京政府最有实权的人，他们也成为拥立皇帝的不二人选。

朱棣之所以建立这么一套两京制度，实际上就是一个双保险。假如有一天，皇帝在北京混不下去了，可以把铺盖一卷，第一时间在南京"重新开店"，一点也不耽误事。皇帝还能继续当皇帝，大臣还能继续当大臣，大明也可以继承经营下去。

就这样，从永乐十九年（1421 年），朱棣正式宣布迁都北京开始，一直到崇祯十七年（1644 年）为止，南京一直作为留都，没有使用的机会。然而，伴随着崇祯的上吊自尽，南京终于要转正了。

一个新的时代，就此到来。

天下，这俩人决定

明朝的"大老板"崇祯在北京自杀殉国后，"南方分公司"的诸位大臣还浑然不知，他们根本不知道发生了什么事。

原因很简单，那个时候的通信方式太落后了，只有马匹传递信件一种方式。当

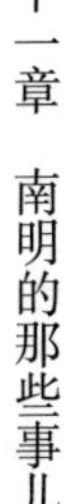

时，在朝廷无钱（打探军情的钱都没有）和起义军的封锁下，南北两地的通信完全中断了。

崇祯殉国十天后，南方才知道明朝灭亡的消息。把这个消息带到南方的人，也不是朝廷送邮件的官差，而是从北方逃难来的百姓。

不管是谁传递的消息，总之这个消息还是传到了。崇祯十七年（1644 年）四月初八，从难民的嘴中得到这个消息后，淮安巡抚路振飞立刻上奏南京政府，汇报了北方发生的一切，他请求南京政府行使权力（赶紧转正），发号施令，安抚社稷，以振民心。

话虽如此，但南京政府能干什么呢？

要知道，得知明朝已经灭亡了，南京的群臣就一个反应——天塌了，他们根本不知道将何去何从。

《书事七则》记载："诸大老每集议事堂，惟相向攒眉，竟日无一语。或仰视屋之罘罳，咄嗟而已。间曰：'事如不可知，将奈何？'竟以靴尖蹴地作叹息声，各各散走，以为常。"南京群臣一个主意也没有，只能面面相觑、无可奈何。

最终，群臣一致决定，让那些掌握南京部队的实权者们拿主意，给大家指一条明路。

这些实权者，就是南京政府内管理军队的兵部尚书史可法，以及凤阳总督马士英。

明朝的未来，将在这一内一外的两个人手中，慢慢浮现出来。

简单介绍一下这两个人。

史可法，字宪之，号道邻，汉族，开封府祥符县人（今开封市祥符区双龙巷人），明末著名的抗清名将。

史可法出生时，堪称神奇无比。当时，他母亲在分娩前，梦见文天祥进入了她的房间，随后就"生可法"。因此，老百姓都相信，史可法就是文天祥的转世投胎。

史可法出生后，这个"面黑，目烁烁有光"的人为了光宗耀祖，就参加了科举考试。崇祯元年（1628 年），史可法"登进士第"，随后被朝廷任命为西安府推官，迁户部主事、员外郎、郎中等官职。

最后，史可法来到南京，被任命南京兵部尚书一职，负责剿灭当地的农民军。

如今，很多史料都记载，说史可法的能力是多么多么出众，他的才华是多么多么高，他"威名著淮上"，堪称"能力出众，用兵如神"，等等。

其实，这些史料有误，史可法的能力很一般，也没有什么值得称赞的功绩。要知道，如果史可法真的能力出众，他早就被崇祯委以重任，去北京工作了，何必来南京养老呢？如果他真的用兵如神，他早就被崇祯送到前线去抵御女真，或者是去剿灭农民军了，何必在南京郁郁不得志呢？

因此，真相只有一个，史可法并不是大家想象的那样优秀，他的能力很一般。

崇祯十年（1637 年）冬，史可法奉命巡抚安庆，守护今安徽中部地区，抵御来犯的马守应。结果，在马守应的进攻下，史可法的阵地彻底崩溃，他损失惨重，本人也差点死在乱军之中。

连一个不太著名的农民军首领都打不过，史可法用兵的本事，可见一斑。

后来，败仗的消息传到京城，当时还执掌大权的杨嗣昌大怒，要严厉惩罚史可法，以儆效尤。结果，一向以暴躁著称、常一怒之下将败军之将投入大牢的崇祯竟然网开一面，他饶恕了史可法的罪名，只是把他派到南方，去管理漕运了。再后来，崇祯任命史可法为南京兵部尚书，让他镇守江南，替自己看护后院。

就这样，理应被严惩不贷的史可法平安上岸了，明朝灭亡后，他更是成了一个位高权重的大臣。

当然，即使史可法成了一个权臣，也无法改变他能力平平的现实。我们将无可奈何地看着这个能力一般的人，把南明王朝带入万劫不复的深渊里。

介绍完了史可法，现在介绍另外一个人。

马士英，字瑶草，贵州贵阳（今贵州贵阳）人，明末大臣，南明著名奸臣之一，“阉党”的主要成员之一。

马士英原本姓李，因五岁时被贩卖槟榔的人贩子拐走，就改姓马。还有一些史料记载，马士英之所以姓马，是因为他过继给了马氏。

马士英早在万历四十七年（1619 年）就金榜题名，他混的官职比史可法大，他当过都御史、巡抚。可惜的是，好景不长，马士英的官场之路，因为犯案而终止了。

崇祯三年（1630 年），因贿赂朝中官员、意欲“结党营私”，马士英被人揭发。崇祯把他发配到南京，让他去“养老”了。

在南京期间，马士英结交了同样郁郁不得志的大臣阮大铖，在阮大铖的帮助下，马士英被任命为凤阳总督。崇祯死后，这个管理南京一带兵马的家伙，便成了一个权臣。

至此，明朝灭亡后，史可法和马士英这两个掌管实权的人，就成为南京政治说一不二的王了（有枪便是王），成了统领南京众人的领军者，带领大家前进。

准确地说，是他们要选举出一个真正的王，带领大家继续前进。

毕竟，他们的权力再大，也不过是朱家公司的打工仔罢了。史、马二人不可能另立新店，成为乱臣贼子。在他们眼中，重新选出一个继承人，让他继承这个皇位，维持明朝的统治，这才是正道。

那么，他们要选谁来当皇帝呢？这个选皇帝的标准，又是什么呢？

血统正者居之

毕竟，祖先打下来的天下，自然要传给自家后代，这才像话。因此，明朝这个天下要姓“朱”，只能传给朱家人，这才叫正统、这才叫名正言顺。

在这种思想下，朱氏一族继承帝位、成为大明王朝新的掌门人，就成为一件毋庸置疑的事情了。

但是，这里还有一个问题，朱氏一族的成员成千上万，选择谁来当这个皇帝呢？这个正统的皇帝，又将如何鉴定呢？

根据正统来定义，最有资格继承皇位的人，是崇祯的三个皇子。当时，只要他们有一个能够来江南，就是皇位的合法继承人。

可惜的是，三个皇子自从被李自成俘虏后，一直生死未卜，如今更不知道是死是活。因此，南明群臣只能放弃了三个皇子，打算另立他人。

南明群臣之所以这么干，也是一件无可奈何的事情。毕竟，国不可一日无君，大家不能一直等着他们来，赶紧选出一个新的继承人，成为这个国家新的领袖，这才能够安定民心，维持明朝这家“公司”的继续运营。

面对三个皇子无法继承皇位的结果，南京群臣只能从血统上寻找，选择一个合格的接班人了。

根据明朝“有嫡立嫡，无嫡立长，兄终弟及”的继承制度，新皇可以从崇祯的兄弟，或者崇祯的侄子里面选择出来。但可惜的是，崇祯就是一个“兄终弟及”的产物，他的哥哥明思宗朱由检无后，才让这个唯一的弟弟（明光宗就两个长大成人的儿子，即天启和崇祯）继承了大统。

崇祯的儿子生死未卜，崇祯也没有兄弟和侄子，从理论上讲，崇祯的父亲明光宗一脉，已经绝后了。因此，群臣只能继续往上推，从明光宗的兄弟，即明神宗的儿子中，选择一个合适的继承人。

不得不说，明神宗还挺能生。除了明光宗朱常洛外，他还有很多子嗣存活在世。这些人，就成了皇帝的候补之一。

最终，在南京群臣的商议下，一共选出了福王、惠王、桂王、端王、潞王作为皇帝的替补，从这五人中选择一个人登基称帝。

简单介绍一下这五个候选人。

福王朱由崧，明神宗之孙，前福王朱常洵之子，与崇祯一辈，是他的堂兄。福王的封地原在洛阳，李自成攻陷洛阳后，老福王惨死（被做成了福禄粥），朱由崧逃难至南方，现暂居淮安。

惠王朱常润，明神宗之子，崇祯皇帝的叔叔。原封地在荆州，张献忠进入湖南后，朱常润为了避祸，逃难至南方，现在绍兴居住。

桂王朱常瀛，明神宗之子，崇祯皇帝的叔叔。原封地在湖南，为躲避农民军，朱常瀛一口气逃难到了广西，在那个与世无争的地方居住。

端王朱常浩，明神宗之子，崇祯皇帝的叔叔。原封地在汉中，为躲避李自成，朱常浩逃难至西南，现在重庆居住。

潞王朱常淓，明穆宗朱载垕之孙，神宗朱翊钧之侄，光宗朱常洛堂弟。原封地在今天的河南卫辉市，为躲避李自成，朱常淓逃难至南方，现在杭州居住。

以上，就是这五个继承人的大致情况。

南京群臣认为，惠王朱常润、桂王朱常瀛、端王朱常浩可以被排除出局了。毕竟，他们都是崇祯的叔叔，根据礼法，他们是不能继承皇位了。

要知道，在中国正统思想中，叔叔焉能继承侄子的皇位呢？除非这个叔叔去抢（也包括清朝）。因此，南京群臣就把这三个王爷排除出局了。

再次复审后，一部分南京臣子认为，潞王朱常淓也不合礼法，应该把他也排除出局。毕竟，他是崇祯堂兄弟的堂兄弟，一个远堂的兄弟，凑什么热闹呀？若论亲属关系，他还不如崇祯那三个叔叔。因此，这个潞王朱常淓就是一个凑数的，只能重在参与了。

就这样，在排除了四个王后，剩下的福王朱由崧就是皇帝的唯一人选了。且从理论上讲，他就是皇帝的唯一人选。

之所以这样，原因有三个。

第一，朱由崧跟崇祯一个辈分，他完全可以"弟终兄及"。这样的情况，在明朝也不是没有发生过。明武宗病逝后，他无后，也无兄弟，明世宗就以堂兄弟的身份，继承了大统。

第二，朱由崧的父亲老福王是明神宗最宠爱的儿子。当年，若不是太子朱常洛横加阻拦，朱常洵早就登基称帝了。所以，现在他儿子登基，不过是回归正朔罢了，名正言顺，合情合理。

第三，朱由崧现在就居住在淮安，此地距离南京非常近。对比那几个远在天边的叔叔，朱由崧可以第一时间来南京登基称帝，以安抚民心，匡扶社稷。

然而，对于这个人选，南京城内那些东林学子却不同意，他们宁愿选择一个远房的朱常淓登基，也不愿意让这个名正言顺的朱由崧即位。

因为，朱由崧和东林学子们有矛盾，一个纠结了数十年的矛盾。这个矛盾在明朝历史上有一个大名鼎鼎的名字——国本之争。

国本之争

自从明神宗迎娶了郑贵妃后，在东林党人士眼中，就天下大乱了。当时，这个女人为了自己的未来，一直撺掇皇帝废除太子朱常洛，立自己的儿子朱常洵为太子。万历皇帝也不喜欢太子，认为朱常洛就是一个宫女之后，身份太次，所以在爱屋及乌的思想下，他就想改立太子。

对于皇帝这种为了女人换太子的做法，朝中的东林党人愤怒不已，这些秉持着东林书院校训的大臣都是一群铮铮铁骨之人，他们为了心中的正义，可以抛头颅、洒热血。

于是，一场东林党人和皇帝之间的战争，就此开始。

东林党人前仆后继，跟皇帝和郑贵妃对着干，说什么也不让皇帝换太子。

东林党人告诉明神宗，明朝祖训规定“有嫡立嫡，无嫡立长”，我们不能违背这个基本原则。你不能为了一个女人，破坏了国家的宗法，否则的话，国将不国，这个天下就彻底乱套了。

对于东林党人的这种说法，万历皇帝认为是“危言耸听”。至于吗？不就是换一个太子。

于是，皇帝就开始说服东林党人，说太子不贤明，福王很贤明，我们不能把国家交到一个不贤的人手中，拥立贤明的福王登基称帝，才是国家的福气。

对于皇帝的说辞，东林党人根本不听。

最终，为了这个继承人的问题，万历和大臣们打了起来，他罢免了几个不听话的大臣，准备换几个听话的来，让福王继承大统。

可惜的是，万历太小看这群可以丢官、不能丢人的东林党人了，不管他怎么罢免官员，东林党人都会前仆后继地往前冲。

从万历十四年（1586 年）开始，至万历四十八年（1620 年）朱翊钧寿终正寝为止，为了这个国本之争，万历到底灭了多少东林党人，他自己都说不清楚。

在东林党人大无畏的攻击下，万历终于妥协了，他册封朱常洵为福王，把他封到洛阳去当一个土皇帝去了。

为了弥补这个没有登基称帝的小儿子，万历不惜“耗天下以肥王，洛阳富于大内”，用天下的财富来养这个傻胖儿子。当然，得到这么多钱财后，对于福王而言，这不是福，而是祸。李自成就是看中了他的钱，才攻陷了洛阳城，把他变成了一锅“福禄粥”。

万历驾崩、福王就藩后，这场国本之争就应该结束了。结果，郑贵妃贼心不死，她一直明争暗斗，妄想让自己的儿子登基称帝。在明朝著名的三案“妖书案”“梃击案”“红丸案”中，都有郑贵妃的身影，她一直在与东林党人战斗不止，双方的仇恨也到了不共戴天的地步。

最终，在明光宗儿子登基称帝后，万念俱灰的郑贵妃这才投降，归隐后宫，不再折腾。国本之争，才就此落下了大幕。

由于有这么一段斗争史，在南京当官的东林党人士非常惧怕朱由崧登基称帝。毕竟，当年若不是他们据理力争，老福王朱常洵早就登基称帝了，朱由崧也早就变成太子了。东林党人害怕朱由崧登基称帝后会翻旧账打击报复，让他们没有好果子吃。

东林党人打算拥立潞王登基，完全是出于私心，正如他们的首领之一钱谦益所讲的那样：

潞王，穆宗之孙、神宗犹子，昭穆不远，贤明可立。福恭王觊觎天位，几酿大祸；若立其子，势必翻三案以报私雠，视吾辈俎上肉矣！

钱谦益的这番话已经清楚地告诉大家，他们之所以立朱翊钧的侄子（神宗犹子）潞王朱常淓登基称帝，理由是这个人非常贤明。但其实呢，这些人害怕朱由崧打击报复，对他们反攻倒算。

就这样，在这些东林党人手中，大明王朝的第二次国本之争，就此浮出水面，并愈演愈烈。

拥立之功

东林党人所谓的“贤明”的潞王，对比不贤的福王，堪称五十步笑百步，谁也别说谁。

朱常淓纨绔成性，不懂政治，却在绘画、音律、书法方面，拥有非常高的造诣。朱常淓不仅会弹琴演奏，他还会自己造琴。他所斫之琴，被称为“潞琴”，颇负盛名。

此外，身为一个王爷，朱常淓却酷爱女装，在戏台上弹琴唱歌，玩得不亦乐乎。

为了弹琴，朱常淓留了六七寸长的指甲，并打造了一个护指甲套。他天天戴着这个护指甲套招摇过市，不以为耻，还以此为荣。

除了纨绔成性、不干正事外，对比朱由崧，这个朱常淓还胆小如鼠，毫无骨气

可言。

南京被清军攻破后，朱由崧虽然逃跑了，但他没打算投降，还是跟清朝继续对着干。可这个朱常涝呢？清军还没有找上门，他就主动投降了，甘愿当大清的顺民。

其实，东林党人自己也明白，朱常涝一点也不贤。

但是，为了自己的利益，东林党却要让潞王即位。这一下子，大家起了争执，只能商量解决了。

在这个商量的过程中，史可法痛苦无比，他陷入了一种进退两难的地步。

史可法是东林党人左光斗的得意门生，因此他也是一个东林党人。东林党人自然不能背叛组织，所以史可法要听东林党人的话，立潞王即位。

反之，史可法也是一个忠君报国的人，他遵从祖训，所以他内心还是想立福王登基。

这样的情况，让史可法如何选择呢？

最终，在苦思冥想了数天后，史可法找到了一个八方妥协的办法，他与马士英等人商量，认为福王虽亲，但不贤；潞王虽贤，但不亲。因此，他们都没有资格当皇帝，现在最合适的人选，就是“以亲以贤，惟贵乃可”，要立“既亲又贤”的桂王朱常瀛登基称帝，这才是正道！

对于这个人选，马士英没有异议，让谁登基称帝，都行。

对于这个人选，东林党人也没有异议。毕竟在他们眼中，只要不是福王登基称帝，他们就能解除被秋后算账之忧。至于谁当皇帝，都行，只有福王不行。

大家都没有异议，就准备拥立桂王朱常瀛登基称帝了。只不过，桂王朱常瀛远在广西，把他接到南京需要一些时间。当然，在大家眼中，这点时间可以等，不是事儿。

殊不知，若东林党人知道“今天的事情，必须今天干”的道理，他们就不会拥立桂王登基，也不会一败涂地，最终失去一切了。

就在迎接桂王的这段时间，福王在凤阳守备太监卢九德的帮助下，勾结高杰、黄得功、刘良佐三个总兵，发动政变，准备武装夺权。

卢九德是老福王朱常洵的贴身太监，若没有老福王的帮助，他也不会有今天。因此，这个人对福王一家忠心耿耿，誓死要让朱由崧登基称帝。

当得知朝廷要抛弃福王、另立他人后，卢九德急眼了，于是他勾结高杰、黄得功、刘良佐三个总兵，向他们许诺高官厚禄，让他们拥立朱由崧登基称帝，变成他的开国之臣。

对于卢九德的劝说，这三个总兵想都没想就同意了。毕竟，在他们眼中，“拥立之功”“从龙之臣”，这八个字代表的意义不说自明。

这三个总兵的反戈一击，让马士英彻底犯难了，也逼迫他重新选择。毕竟，马士英清楚地知道自己有几斤几两，他一个人是无论如何也干不过这六只手的，因此他必须重视这三个人的“请求”……不，现在是四个人的“请求”了！

本来山东总兵刘泽清是支持东林党拥立潞王登基的，结果，这哥们看到高杰、黄得功、刘良佐的表现后，深知自己的军事实力不如他们，于是立刻发挥了墙头草本色，加入了他们的队伍，一起拥立福王登基称帝。

就这样，在高杰、黄得功、刘良佐、刘泽清的逼迫下，马士英必须做出选择了。

选择一，以一己之力，打服这四人，让他们听自己的话，拥立桂王登基。

选择二，加入他们的队伍，背叛史可法等人，拥立福王登基。

很显然，对于马士英这种小人而言，他清楚地知道自己将做何选择。

就这样，马士英忘记了跟史可法达成的协议，以凤阳总督的名义拥立朱由崧继承大宝。

可想而知，看见马士英的告示后，史可法都蒙了，东林党也惊慌失措了。因为，他们对此毫无准备。毕竟，东林党人都是文臣，他们无兵无将，根本无法抵御马士英的大军。

为了扭转局面，东林党人立刻行动了起来，他们到处张贴告示，大造舆论。他们告诉天下，朱由崧不是一个好人，他不配当皇帝，我们不能选这么一个昏君来统治自己。一时间，天下议论纷纷，百姓们彻底热闹了。

《过江七事》记载，得知南京东林党人有异议后，马士英明显比史可法决绝得多。他立刻联系南京，告诉这些大臣：

> 闻南中有臣尚持异议，臣谨勒兵五万，驻扎江干，以备非常，志危险也。

东林党人碰上马士英，那就是秀才遇到兵，有理讲不清。

就这样，朱由崧登基称帝，变成一件板上钉钉的事情，容不得改变了。

目睹了这个不可能改变的结果后，部分东林党人立刻行动了起来，他们玩命地表忠心，拥立朱由崧登基称帝。

当时，给事中李沾之的表现最为抢眼，他站了出来，大声喊道：“福王天命所归，今日不立福王，我就撞死在柱子上！”说完，李沾之捂着脑袋，开始找柱子，准备以死明志。但奇怪的是，柱子就在李沾之面前，他竟然看不见，还完美地躲了过去……

这演技，不服都不行。

对比演技高超的李沾之，刘伯温之后刘孔昭不甘示弱，他也站了出来，大声喊道："今日不立福王，我们就一起去死。即使血溅金銮殿，也要让福王登基即位。"说罢，刘孔昭开始找刀，准备砍死那些反对的人，并以死明志。但奇怪的是，刀就在侍卫腰上，刘孔昭也视而不见，根本没有靠近的意思……

若刘伯温在天有灵，看见子孙如此卖力地表演，不知会做何感想。

虽然这两个人的行为，就是跳梁小丑，丑陋至极。但不可否认的是，在他们的"引导"下，越来越多的官员加入了他们的队伍，跟他们一起胡闹。当然，大家之所以如此，不过是想博取一个拥立之功罢了。

就这样，虽然在拥立朱由崧方面，意志坚定的东林党人誓死不从，但他们毕竟人少，敌不过众人的意见。

最终，南京官员回报马士英，愿意拥立福王继承大统，请他马上来南京城，准备登基称帝。对于这个结果，史可法、钱谦益等人毫无办法，只能同意。

新皇即位

崇祯十七年（1644 年）四月二十九日，福王朱由崧在史可法的陪同下，乘舟抵达南京城外燕子矶。南京官绅在此排成一列，朝拜新君。

五月初一，朱由崧登岸，他先拜谒了一下明孝陵（朱元璋的陵墓），然后从朝阳门进入南京城，开始君临天下。

谈迁《枣林杂俎》记载，朱由崧进入南京城时，无数百姓在这里等候，大家看见他的衣服是半旧的，手里拿一把扇子，有隐士的风度。百姓们都认为他不错，是一个勤俭节约、颇有学问的人，不像传闻说的那样昏庸，因此大家庆幸不已。

在众人的拥簇下，朱由崧来到了南京城，准备继承大统。

群臣让他登基称帝时，朱由崧先是摆摆手，死活推辞，说什么也不干。随后，在群臣"连番劝进"下，朱由崧这才坐上龙椅，成为大明王朝新一任的统治者。

为什么不用"皇帝"呢？

因为在当时，朱由崧真的不知道，自己应该用什么样的身份登基称帝。

群臣拥立福王当新的统治者，这个没有问题。但问题是，到底是让朱由崧登基即位，还是暂时监国。为此，群臣展开了激烈的辩论，还争执了起来。

即位和监国的区别是，一旦即位，朱由崧就成为明朝遗产的继承人了，明朝的产业就归他，即使正统的继承人回来，也不可能收回了。而监国，则是暂时管理国家，等真正的继承人即崇祯的三个皇子来到后，再把产业交给他们。这样的结果，朱由崧虽然什么都得不到，却能得到一个“贤明”的评价。

当时，朱由崧的亲信认为应该登基，他们怕夜长梦多，要第一时间盖棺定论，好维护他们的利益。反之，正直的大臣们认为崇祯的三个皇子虽然下落不明，但他们还没有死，如此“巧取豪夺”崇祯的遗产，乃“禽兽所为”。因此他们建议，先监国，等一段时间后，确定了崇祯三皇子的下落，再见机行事。

那么，在这个争执中，朱由崧将如何选择呢？

这个新君二话不说，就同意了正直大臣的请求，朱由崧以“只想避难浙东，无意入居帝位”为由，决定监国。

没错，朱由崧就是打算监国，不继承皇位了。

对于这个结果，东林党人感动不已，大家皆认为这个皇帝还不错，是一个明是非、讲道理的皇帝，他还真不是一个昏君，很有明君潜质。

可惜的是，群臣根本就不知道，朱由崧之所以这样干，不过是给大臣们一个面子罢了。他自始至终的目的就是一个，继承皇位，成为新君。

这不，五月初三，朱由崧在南京出任监国。结果，仅仅过了十二天，即五月十五日，朱由崧就脱掉了虚伪的外衣，他不再监国，正式登基称帝。

朱由崧正式称帝，改明年为“弘光元年”，开启了一个属于自己的时代。

根据惯例，新皇登基，自然要发一些福利，让大家都高兴一下。弘光帝登基后，马上昭告天下，减免了百姓的一些赋税，并大赦天下，把关押在监狱里的罪犯放了出来，让他们重新做人。

在这些大赦的人中，有一个小小的罪犯不得不提。

这个人，就是当时的罪囚唐王、未来的隆武帝——朱聿键。

减免赋税、大赦天下后，朱由崧下一步要做的事情，就是犒赏群臣，让他们加官晋爵。毕竟，人家拥立你登基，你不给一下好处，说得过去吗？

然而，令人大跌眼镜的是，犒赏结束后，得到利益最多的人，不是朱由崧的亲信们，而是他的死敌，即那些反对他登基称帝的东林党人。

原来，朱由崧是这样犒赏群臣的。

任命南京兵部尚书史可法为东阁大学士，兼礼部尚书，入阁办事。任命詹事府詹事黄道周为东阁大学士，兼礼部尚书。任命张慎言为吏部尚书，统领群臣。任命刘宗周为都察院左都御史，负责监督百官……

总之一句话，在这场“分蛋糕”中，东林党人得到了最大的利益，他们不仅把持着首辅的位置，还把持着朝廷各个重要部门，堪称举朝鼎盛。而伴随着东林党人的崛起，百姓们也高兴无比，认为这个国家会在他们的带领下，走向富强。

毕竟，在百姓的眼中，史可法、黄道周、张慎言、刘宗周等人都是代表社会的

“人望”，全是大家给予厚望的好官。而清朝对他们的评语也不低，清朝的乾隆皇帝就高度赞扬了这些人，并称史可法、黄道周、刘宗周为“一代完人”。

在大家的厚爱中，东林党人走马上任，开始治理国家。他们准备展开手脚，大干一场，完成治国、平天下的伟业。

为了回报皇恩，东林党人写了很多的文章，来歌颂弘光帝。毕竟，在东林党人眼中，这个皇帝非常不错，他“英明神武，聪明睿智”。

然而，可惜的是，东林党人这一次还是想错了。

弘光帝之所以任命他们，不过是一个“面子工程”。

所谓的重用东林党人，全是假象。皇帝根本不信任他们，任命他们官职，也不过是明升暗降而已。

要知道，史可法以前什么官职？南京兵部尚书，掌管兵权。现在的史可法是什么官职？虽入阁办事，成了国家的总理，但却变成了一个礼部尚书，只能去管一些琐事。而新的兵部尚书是谁？就是朱由崧的第一红人马士英！

弘光帝从骨子里，就不相信东林党人。他在不动声色之间，把东林党的兵权缴了，让他们彻底无权无势。

就这样，伴随着东林党的没落、小人的崛起，南明王朝将不可避免地进入君主昏庸、奸臣当道的时代，并迎来最后的结局。

驱逐史可法

没过多久，朝廷的奸臣就开始发难了，他们弹劾史可法“不听指挥，勤王无功”，要求对其严惩不贷，以儆效尤。

在弹劾下，史可法让出首辅之位，灰溜溜地逃出京城，去地方上任职。

那么，这个“不听指挥，勤王无功”的罪名，是什么呢？史可法真是被这个罪名弹劾，下岗的吗？

这一切的故事，还得慢慢讲起。

前面讲过，由于南北通信完全中断，南京根本不知道北京发生的事情，即使北京城内崇祯上吊了、明朝亡国了，南京城这边也毫不知情。

在这种通信完全中断的局面下，忠君爱国的史可法一直派人前往北方，去打探北方的消息。然而，不管史可法如何打探，都无法得到任何消息。最终，精忠报国的史可法不等了，他打算擅自行动。

崇祯十七年（1644 年）四月初一，史可法发布了北上勤王令，准备率领百万大军去勤王救驾。

要知道，史可法的这种行为，可谓命悬一线。还记得袁崇焕是怎么死的吗？他不就是不请自来、擅自进京吗？

若崇祯追究的话，史可法就必死无疑，他也只能步袁崇焕的后尘了。然而，对于这个罪行，史可法甘愿认罚。为了国家，为了皇帝，史可法甘愿领这个“擅自入京”之罪，即使为此献出生命，他也死而无憾。

结果，史可法刚刚走了几步，就“班师回朝”了！

原来，史可法刚刚率军出发，就收到了一个极其错误的消息——北京已经被李自成攻陷了（这倒是真的），崇祯父子成功逃了出来，如今他们正沿着海路前进，不日就将抵达南京城。

正是这个假消息，让史可法班师回朝。

听完这个消息后，史可法是既悲伤，又高兴。他悲伤的是，北京被李贼攻陷了，从此以后，明朝少了半壁江山。他高兴的是，皇帝逃了出来，他即将来南京了，大明王朝可以继续延续。只要君臣合力，假以时日，一定可以挥师北上，恢复昔日江山。

一想到这些，史可法马上下令，全军班师回朝，不用再继续北伐。同时，史可法告知南京政府，北京已经失陷了，皇帝现在很安全。假以时日，他将和太子一起来到南京城，请诸位大臣做好迎接圣驾的准备。

结果，过了几天，大臣们没有等来崇祯和太子，却得到了“崇祯上吊、太子被囚”的消息。

得此结果，群臣悲痛不已，他们觉得自己被耍了！于是，他们把所有的愤怒，都算在了史可法的头上。

平心而论，在这个事情上，史可法也是被人忽悠了。但不可否认的是，他没有确定这个消息的真伪，就盲目地告诉了群臣，确实有不可推卸的责任。于是，在马士英等人的示意下，群臣就以“勤王无功”为借口，来兴师问罪，准备把史可法轰出朝廷。

对于这个罪名，史可法无力反驳，他只能“自请督师淮扬”，离开京城，去地方上任职。

得知史可法要离京、去地方上任职后，官员和百姓都不干了，“留都数百人合疏留之”，大家全都劝史可法留下，不要离开朝廷。

为了劝史可法留下，一些正直的官员到处嚷嚷：“淮阳，门户也；京师，堂奥也。门户有人，堂奥无人，可乎？”这些官员甚至危言耸听道：“秦桧在内，李纲在外，宋室终北辕！”

虽然大家制造了无数的舆论，也给了马士英等人足够的压力，但史可法还是不改初衷，他还是“自请”出京，去地方上任职了。

崇祯十七年（1644年）五月十八日，史可法“陛辞”，正式递交了换业申请，将“枢辅大柄，拱手让之”。两天后，在弘光帝的批准下，史可法离开了京城，去淮扬督师。从此以后，他再也没有回到朝廷。

这样的结果，真是让人叹息不已。

到底是一个什么原因，让史可法必须要走呢？

其实，史可法出走的原因，很简单，也很无奈。当他写那封信时，他就必须要走了，也必须要接受这个结局了。

就是那封在跟马士英商量人选时，劝马士英不选朱由崧的信。

《南渡录》等史料记载，在那封信中，为了不让马士英选朱由崧，史可法痛骂朱由崧贪、淫、酗酒、不孝、虐下、不读书、干预有司等七条罪状，认为其“七不可立”。

结果，史可法根本不知道，他写这封信时，马士英已经改变初衷，参与拥立福王的行列了。而为了邀功，也为了独占拥立之功，马士英第一时间把那封信交给了朱由崧，并告诉他：“陛下，您看，这是史可法不拥立您的罪状，他还痛骂你是一个……”

看完那封信后，福王当时的表现，可想而知。而当皇帝后对于史可法的态度，也可想而知。

虽然朱由崧登基称帝后，从来没有提起过这件事情，也对史可法信任无比。但通过皇帝那冰冷无比的眼神，史可法已经读出了足够的信息——皇帝对自己非常不满，假以时日，自己必将死无葬身之地。

为了防止那一刻的到来，还是主动离开朝廷吧，这才是一个聪明人所为。

史可法无奈地离开了朝廷，而这个勤王无功的罪名，不过是一个导火索罢了。即使史可法能够逃过这一劫，他也难逃皇帝下一次的毒手。

这才是史可法被迫出走的真正原因。

其实，在史可法眼中，主动离京，也是一步以退为进的妙棋。毕竟，现在皇帝这么痛恨自己，再跟他朝夕相处，也没有什么好处。不如暂且离开朝廷，等风潮过去了，再回来不迟。

何况，地方上也真的不太平，确实需要史可法去管理他们，要不然的话，地方上的将领就真的造反了。

当然，不管史可法到底是以一个什么样的心态离京，他这一走，就再也没有回到朝廷，而伴随着他的离开，南明王朝彻底脱离了正轨，在昏君奸臣的带领下，以最快的速度驶向地狱。

第十二章　必须“亡国”的王朝

中国“第一昏君”

在大家眼中，作为明朝的皇帝之一，弘光帝朱由崧并不著名，毕竟他只是半个中国的皇帝，其建立的国家，也只能叫南明，而根本不能叫明。然而，若论昏庸无能，弘光帝就非常著名了。在中国昏君的排行榜上，他也足以舍我其谁，独占鳌头。

当时，明末清初文学家、史学家张岱就痛骂朱由崧，说他是一个“自古亡国之君，无过吾弘光者。汉献之孱弱、刘禅之痴痞、杨广之荒淫，合并而成一人”。

虽然张岱的话有点言过其词，但不可否认的是，弘光帝确实昏庸无比。

弘光帝的这种昏庸表现，主要有四点，即“寡人好色，寡人好酒，寡人好财，寡人好乐”。

先说第一个爱好，寡人好色。

弘光帝自登基到退位，他就干了一件事情——选秀女！这个皇帝玩命地搜刮美女，充实自己的后宫，以满足自己的欲望。

据说，朱由崧为了搜刮美女，无所不用其极。他派遣宦官去民间，替自己搜集美女。那些年方十八、貌美如花的少女，自然是跑不了。那些半老徐娘、风韵犹存

的少妇，朱由崧也是照单全收。更可怕的是，这个皇帝连幼女也不放过，史称他特别喜欢“惟猎幼女”！

当时，因为迎娶的女人太多了，这个皇帝天天只能干一件事情，就是“结婚登记”。久而久之，群臣也养成了一个习惯。

若有事情奏报，他们不去金銮殿找皇帝，而是直接去贴满喜字的房子。因为，这位皇帝非常忙，他不是正在结婚，就是正在去结婚的路上……

《小腆纪年》记载，弘光元年（1645 年）四月，清军突破南明防线，史可法退守扬州，做最后一搏。国家到了如此危难之际，这位皇帝却还是忙着结婚。他选了一百二十个秀女，以备大婚。后来，清军逼近南京城，弘光帝出逃，才把这些秀女“放还母家”，结束了这场闹剧。

第二个爱好，寡人好酒。

作为中国历史上著名的昏君，弘光帝喜欢的诗词也非常符合自己的身份——“万事不如杯中酒，百年几见月当头”。

有一次，大臣刘宗周朝拜弘光帝，朱由崧很高兴，就跟他一起喝酒。结果，酒端上了后，朱由崧面露难色，看着刘宗周，无奈地道：“这个酒呀，真好。但是，群臣老说我贪杯误事，今天这个酒呀，我不能喝。”

一听这话，刘宗周又不是傻子，他就给朱由崧找了一个台阶，道：“贪杯误事，确实。但只喝一杯，应该无事。”

朱由崧开心道：“好，就依爱卿所言，只喝一杯。”

结果，在刘宗周的目瞪口呆中，朱由崧命人拿出一个比脸盆还大的大金爵，就用这个巨无霸的酒具喝酒。

这还不算，每次朱由崧喝完半杯后，他就不喝了。侍奉的人明白皇帝的意思，赶紧倒酒，把酒具倒满。这样一来，朱由崧只算是喝了半杯，不算一杯。

就这样，在这个反反复复的过程中，直到刘宗周离开，朱由崧也没有喝完一杯酒。但实际上，他已经喝了无数杯了。

第三个爱好，寡人好财。

弘光帝登基称帝后，不思进取，天天腐败奢靡。

为了过奢侈的生活，弘光帝动不动就“搜刮万金”。他还大兴土木，让户部掏钱，为自己修筑豪华的宫殿。为此，户部尚书何应瑞苦不堪言，天天大喊“点金无术，点金无术”。

最终，因为钱始终不够花，朱由崧动用了那个老办法，那个昏君都喜欢的聚敛钱财的办法——卖官卖爵。

为了聚财，朱由崧和马士英等人商量后，列了一张官员价格表，公平交易，童叟无欺，一手给钱，一手给官。靠着这个办法，朱由崧狠狠地赚了一笔，他卖出了无数的官职，让南明到处都是官员，天下无民。

朱由崧到底卖了多少官职，史无记载，不得而知。但通过当时的文献和诗句，就能看出他卖官的数量之多。

中书随地有，都督满街走，监纪多如羊，职方贱如狗。

荫起千年尘，拔贡一呈首。扫尽江南钱，填塞马家口。

——《鹿樵纪闻》

弓箭不如私荐，人才怎比钱财？吏兵两部挂招牌，文武官员出卖。

四镇按兵不举，东奴西寇齐来。虚传阁部过江淮，天子烧刀醉坏。

——《历年纪》

有福自然轮着，无钱不用安排，满街都督没人抬，偏地职方无赖。

本事何如世事？多才不若多财。门前悬挂虎头牌，大小官儿出卖。

——《青磷屑》

第四个爱好，寡人好乐。

有一年除夕，本来是高高兴兴的日子，朱由崧突然不高兴了，他下令召见群臣开会。

看见皇帝一脸铁青，群臣吓得不轻，以为皇帝要追究战败一事。于是，他们赶紧磕头谢罪，请求治罪。

不管群臣如何磕头谢罪，皇帝都不搭理他们。过了很长一段时间，弘光帝才开口道："朕非常生气，因为最近的后宫中，没有新鲜的女子了。你们要赶紧去选妃，来充实朕的后宫，赶紧去办！"

一听这话，群臣瞠目结舌，过了好一阵子，才回复道："陛下，我们以为你生气，是在担忧敌军，或者是在思念先帝！"随后，大臣们各自散去。

南明王朝在这个昏君的统治下，夜夜笙歌，醉生梦死。

南明王朝的悲歌，就此开始。

因为好色、好酒、好财、好乐，朱由崧每天忙得不行，他根本没有时间处理朝政，也不想处理朝政。于是，国家的大权就都交给马士英了，朱由崧就当一个甩手掌柜。

大臣内讧

阮大铖，字集之，号圆海、石巢、百子山樵。南直隶安庆府桐城县（今安徽枞阳县）人。明末大臣、戏曲名作家。

天启年间，阮大铖步入官场，开始为官，他准备大干一场，光宗耀祖。

当时，因为跟左光斗是同乡，阮大铖就拜了他的码头，认其为老师。左光斗也比较赏识他，准备对其重点培养。左光斗提拔他为吏部给事中，让他入朝为官。

得此官职，阮大铖非常高兴，他高高兴兴地来京任职了。结果，等到了京城后，阮大铖就不高兴了。

原来，左光斗虽然是东林党领袖之一，但他并不能一人做主，还需要跟其他几个大佬商量行事。当时，其余东林党人认为阮大铖这个人心术不正、机敏猾贼，不授予他官职。

就这样，在东林党的排挤下，阮大铖空欢喜一场。结果，他接下来的行动，也只能应验那句话了——宁可得罪君子，不能得罪小人。

为了报复东林党，他立刻拜了魏忠贤的码头，成了阉党成员，跟东林党人对着干。

然而，虽然拜了阉党的码头，但由于曾经差点入了东林党，所以阉党成员并不百分之百信任阮大铖。他们一直防范着他，也没有给他什么高官。后来，阉党干脆把他轰回了老家。

过了几年，天启病逝、崇祯登基后，开始秋后算账。当时，因为魏忠贤刚刚倒台，政治斗争还未明朗，大臣们还不知道崇祯的意思，不知道他是打算继续严惩阉党，还是就此打住。因此，聪明的大臣都选择了按兵不动。然而，阮大铖急于做官，他准备上奏一篇深得朕意的奏折，重新出山。

为了这个目标，阮大铖书写了两篇奏疏。一篇是专门攻击阉党的，另一篇是合并共算的，就是既痛骂阉党、也痛骂东林党。

说东林党人也不是什么好鸟，“党附宦官”，应该一起罢免。而且，就是因为这两派的党争，才让大明王朝衰败。因此，要对他们全部严惩不贷，才能以儆效尤，让大臣们再也不敢结党营私。

写完后，阮大铖把这两篇文章交给了京城的好友杨维垣，让他相机行事。结果，杨维垣在审时度势后，把那篇合并共算的文章上交了朝廷。

杨维垣此举，算是捅了马蜂窝了。

咱们都知道，魏忠贤倒台后，崇祯开始重用东林党人，准备“中兴”。结果，春风得意的东林党人一看，什么情况？这里竟然有一篇痛骂我们“结党营私，祸乱朝纲”的文章，真是可恶！不严惩此人，如何以儆效尤？

就这样，在东林党人愤怒的双眼中，阮大铖倒霉了。东林党人把他打为阉党，让他彻底下台。

阮大铖回家后，郁郁不得志的他只能搞一下娱乐活动，自我娱乐一下。这在当时，失意的文人从事娱乐业（比如同时代的李渔），也是一件稀松平常的事情。

因为家里是地主阶级，也善于经商，所以阮大铖有的是钱，这些钱可以帮助他进入这个娱乐界。且因为有才，所以进入娱乐界后，阮大铖如鱼得水，在很短的时间内，就创造了很多经典曲目，一炮走红，一发不可收拾。

阮大铖有才，有大才。中国植物分类学奠基人胡先骕就称他“有明一代唯一之诗人”。阮大铖创造的《春灯谜》《燕子笺》《双金榜》和《牟尼合》，合称“石巢四种”，皆是传奇等级的曲目。

然而，虽然阮大铖有才，但因为无德，他一直被世人瞧不起。崇祯年间，见一个下台的阉党成员在家里大摆筵席，夜夜笙歌，还收入颇丰，东林党的黄宗羲、顾杲等人愤怒地写了一篇《留都防乱公揭》，把阮大铖的罪行昭告了天下，说他是一个会造成动乱的毒瘤，要求大家一起抵制他，把他彻底封杀。

在大家的攻击下，阮大铖有口难辩，他彻底被封杀了。惶惶不可终日，只能离开家乡，躲到牛首山去隐居。

阮大铖隐居期间，为了夺取权力，东林党人就打算贿赂崇祯身边的太监，为周延儒美言几句，让他当首辅。当然，太监不是慈善家，让他们出力，那就得出钱，还必须得出很多钱。

不知道是东林党人找到了阮大铖，还是阮大铖找到了东林党人，总之阮大铖加入了进来。他掏了很多钱，帮助周延儒成了首辅。

一人得道，鸡犬升天，周延儒得到了想要的位置后，就该论功行赏，给阮大铖一些好处。

当时，阮大铖的要求并不过分，他只是想重新当官。并不想当什么高官，只要能重回官场就行了。结果，就是这么一个简单的要求，竟然黄了。

原来，论功行赏期间，周延儒告诉他，不是不想回报你，是你的档案太黑，没法重新出山。

周延儒告诉他：“我之所以不能保举你，原因有两个。第一，皇帝最痛恨的人，就是阉党成员，我若保举你，肯定惹怒皇帝，自己就得倒霉了，闹不好我先下岗了。第二，你也知道，东林党人的要求很高，他们根本不允许你这种人当官，我如何推荐你当官？”

最终，在一番商量下，周延儒给了阮大铖唯一的选择，他允许阮大铖推荐一个亲信当官，算是还了他一个人情。

阮大铖恨得咬牙切齿，却无计可施。于是，他推荐了亲信马士英入朝为官。周延儒就上奏朝廷，授予马士英凤阳总督一职，双方就此两清。

可想而知，又被东林党耍了一次后，阮大铖都快气疯了。自己花了那么多钱，等于是给他人做了嫁衣，这叫什么事？

阮大铖对东林党人的恨，用他自己的话来说——“不杀尽东林，不成世界！”

这得有多大的恨，才能说出这样的话。

在马士英的投桃报李下，阮大铖终于得道升天。在马士英的推荐下，弘光帝直接颁布了中旨，根本不跟大臣们商量，就任命阮大铖为兵部右侍郎，让他重新出山。

阮大铖终于回到了朝廷，开始了兴风作浪的一生。

南明“第一奸臣”

阮大铖还没有下手，东林党人反而抢先一步，玩命地弹劾他，准备把他轰出朝廷。

东林党弹劾阮大铖的罪名，就是说他是阉党。朝廷有明文规定，不得重用阉党成员。

这个不能重用阉党成员的规定，是这么回事。

在弘光帝登基后，他发布了一道监国诏书。诏书中，有大赦天下的命令，也有减免赋税的政策，还有一个逆党和逆党有牵连者不得起用的国策。

在这条国策下，东林党人开始反击。他们上奏朝廷，要求罢免阮大铖，并对其严惩不贷。

东林党人的理由是——阮大铖是魏忠贤阉党成员之一，是先帝（崇祯）钦定的逆党，他怎么能进入朝廷呢？我朝有基本国策，“逆党和逆党有牵连者不得起用”，怎么能出尔反尔呢？还有，马士英明知道有这个国策，还推荐阮大铖，他这是公然违反国家基本政策。这事往小了说，马士英是在徇私；往大了说，马士英这是在抗旨，这就是要造反，必须也把他严惩不贷。

东林党人抓住这一点不放，开始大做文章，全线出击。

在东林党人的进攻中，马、阮二人开始反击，他们与东林党人互相攻击，开启了一个党争的时代。

面对东林党人的进攻，阮大铖二话不说，就给予了最强悍的反击。

为了对付东林党人，阮大铖针锋相对地提出了一个办法——“彼攻逆案，吾作顺案相对耳！”

这句话的意思是说，既然东林党人用阉党一词搞我，那我也让他们变成顺党，以其人之道，还治其人之身！

就这样，阮大铖开始玩命地攻击东林党人，说他们是“从贼伪官”。就是说他们是归属了李自成的逆贼家属，必须严惩不贷，才能以儆效尤。

在阮大铖胡乱扣帽子下，朝廷一片哗然，百官人人自危。无数的官员成了“逆贼家属”，他们被诬告下监，甚至被“勒令自裁”。侥幸存活下来的大臣，要么就与马、阮等人同流合污，要么就誓死反击马、阮等人，要他们血债血偿。

一时间，东林党人和阉党互相厮杀，且战火愈演愈烈，根本停不下来。

在无休止的厮杀中，一些有良知的阉党成员劝阮大铖，让他不要这样株连甚广，毕竟“天下未定，您如此行事，专为报复，不知最后，到底是为了虏，还是为了贼”？

对于这个问题，杀红了眼的阮大铖清楚地知道该如何回答。

阮大铖是这样回答的：“钟鸣漏尽，时日无多。只要能及时报仇，管他为虏为贼！”

就在这种无休止的互相厮杀中，不管是东林党人，还是那些有良知的阉党成员，大家都忘记了“富国强兵、造福百姓”的初衷，只剩下毫无原则地对抗和仇杀了。最终，就是在这种互相攻击的内讧下，南明王朝失去了所有的理性，迎来了最后的崩盘结局……

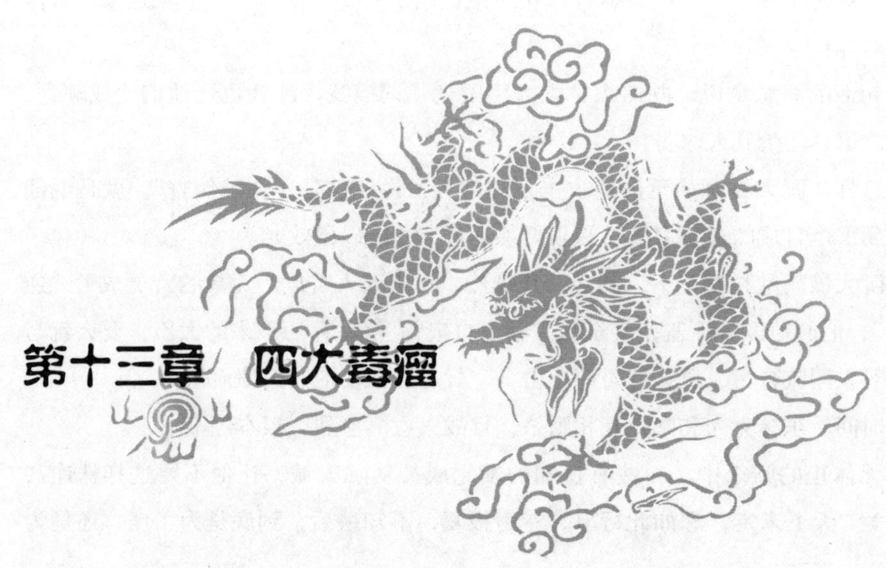

第十三章　四大毒瘤

四镇由来

崇祯十七年（1644 年）五月初九，刚刚坐上龙椅，还是监国身份的朱由崧下令开会，他要商讨军情，建立南明的防线。

虽然朱由崧开会的理由是“商讨军情，建立防线”，但大家都心知肚明，朱由崧要干的事情，不过是论功行赏、要犒赏那四个有拥立之功的将军罢了。朱由崧要提拔他们官职，让他们镇守一方。

在君臣的心照不宣中，这四个将领得到了提拔，他们都得到了一块土地，并成为一方之霸。从此以后，他们也有了一个新的称谓——四镇。

这四镇的情况，简单介绍一下。

第一镇，黄得功。

黄得功，号虎山，明末开原卫人，军中号黄闯子，官至太傅、左柱国，封靖国公。

黄得功是辽东人，出生在一个贫苦的单亲家庭中，其父早亡，与母徐氏居。十二岁那年，黄得功趁母亲熟睡时，把家里的酒都喝干净了。母亲醒后，发现酒没了，就要打他。这时，黄得功微笑道：“不就是一点酒吗，这有何难？”

听完黄得功的话后，母亲更愤怒了，毕竟以他们家的经济情况，酒是一个奢侈品，不能随便买。结果，母亲还没有发飙，就看见黄得功拿着一把刀出门了。

天呀，你这是要干什么？莫非，要去打劫不成！

殊不知，黄母完全想错了。打劫，这个不能；杀敌建功，这才是正路。

当时，正值明朝与女真人打仗，黄得功自愿参军，去上阵杀敌了。十二岁的他剁了两个女真人，就这样拿着五十两的赏银回家了。回来后，黄得功把银子交给母亲，道："儿以之偿酒也。"

长大成人后，黄得功正式参军，成了一名保家卫国的大明勇士。黄得功打仗勇猛无比，人称黄闯子，寓意"天不怕，地不怕，只身闯天涯"。黄得功还擅长射箭，史称他"尝命小卒以金锣戴额上，射之，百发百中，而人不伤"。

除了打仗不要命，擅长射箭外，黄得功使用的兵器都跟别人不一样。他喜欢使用一条铁鞭，就靠这条鞭子打天下。

黄得功每次杀敌时，因为杀的人太多了，铁鞭上沾满了血迹，血水干后，把他的手都粘住了。他要用水洗很久，才能把手拿出来。可见其战斗时间之长，杀敌之多。

当然，除了铁鞭外，黄得功其他兵器用得也不错，甚至不是兵器的东西，在他手里也能成为杀人工具。有一次，敌人来犯，黄得功一时间找不到武器，他就拿着两个驴蹄上战场，把敌人打得落花流水。

黄得功这段拿驴蹄战斗的历史，不是本人的胡编，而是史料的明确记载。

> 值响马，手提两驴蹄御，贼无不披靡。由是，勇名震远近。
>
> ——《小腆纪传·二一卷》

纵观二十四史，拿这种兵器上战场的人，貌似还没有发现第二人。

就这样，武艺超群，骁勇善战，再配上一个合适自己的时代，黄得功这样的人，不想成功都难。

这不，在很短的时间内，黄得功就官居庐州总兵，并得到了崇祯皇帝的接见。后来，黄得功来到江南，成了凤阳总督马士英的部下。

在江南期间，他与卢九德、刘良佐等人通力合作，一起抵御张献忠，并把后者杀得落荒而逃。当时，起义军一听到黄得功的名号，都惊慌失措道："走、走，黄家兵至矣。"可见黄得功带给他们的心理阴影。

再后来，明朝灭亡后，黄得功被卢九德蛊惑，逼迫上司马士英立朱由崧为帝，就此成了朱由崧的拥立之臣。

在四镇中，黄得功的兵马最少，但他却是一个精忠报国的将领。清军入侵时，其余三镇全部投降，只有黄得功尽职尽责，为这个王朝流尽了最后一滴血。

第二镇，高杰。

高杰，字英吾，陕西米脂人。他与李自成同乡，也是李自成重要的将领之一。后来，因为一个女人，高杰弃顺投明，成了明朝的将领。

原来，李自成的老婆邢氏非常了不起，不仅文武双全，还是一个合格的会计。邢氏替李自成管账，管理着李自成的所有军需。

高杰每天都要来邢氏这里一次，来取粮饷。结果，一来二去，两人就勾搭上了，高杰成功地给李自成戴上了绿帽子。

干了这种事情后，高杰也慌了，他害怕李自成杀了自己。

最终，高杰一不做、二不休，他带着邢氏逃跑了。他们投降了明朝，跟李自成分道扬镳，成为仇敌。

高杰投降明军后，立刻成了明朝的先锋。面对高杰的进攻，李自成无力反击，被杀得大败，还差点被打死。

后来，李自成事业风生水起后，审时度势的明朝将领都投降了李自成，唯独这个高杰誓死不降。当然，高杰是不能降。

就这样，为了躲避进击的李自成，高杰选择了逃难，他从陕西逃到山西，又从山西逃到山东，最后从山东一路南下，直奔南方而来。

因为是擅离职守，所以高杰没有任何的粮饷，为了不饿死，高杰只能选择烧杀抢掠。当然，为了不暴露身份，高杰把自己伪装成了农民军。后来，这种事情干多了，高杰也就暴露了，他成功上了南方百姓的黑名单。

本来，像高杰这种烧杀抢掠、无恶不作、畏敌怯战的将领，若在平常，必须严惩不贷，才能以儆效尤。然而，现在是天下大乱，任何政权都需要高杰这种有兵有将的人，他就成为一个香饽饽，成为众人拉拢的对象了。

高杰来到南方后，马士英见他兵强马壮（兵三万，马骡九千），就有意拉拢他，把他划入自己麾下。

在一番讨价还价后，高杰投奔了马士英，成了南明的一名将领，奉命驻守徐州，抵御北方的敌人。

再后来，跟黄得功一样，在卢九德的忽悠下，高杰逼迫上司马士英立朱由崧为帝，就此成了朱由崧的又一个拥立之臣。

投奔了南明后，因为跟黄得功理念不同，所以这两个人互相交恶，一有风吹草动，这两人就能打起来。这两人让史可法很是头疼，史可法费了好大的劲儿，才暂时化解了他们的矛盾。

虽然让史可法头疼，但在四镇中，高杰是唯一听从史可法命令的人。因此，史可法非常重视高杰，把他当成南明的擎天一柱。

可惜的是，在清军攻打南明前夕，高杰中了敌人的诡计，惨死沙场。高杰死后，他的部队群龙无首，也被史可法伤透了心，结果他们全部投降了清军。高杰遗部投降清军后，导致史可法无人可用，只能孤军守扬州，惨死沙场。

第三镇，刘良佐。

刘良佐，字明辅，山西大同人。作战时，因常骑一匹杂色马，所以人称花马刘。

刘良佐原本是一个盗匪，因生活所迫，加入了农民军。后来，刘良佐觉得跟起义军混，没有前途，就加入了明军。

加入明军后，刘良佐深知农民军的厉害，所以他根本不跟农民军交手，反而欺负那些可能是农民军的老百姓，增加自己的政绩。

最终，因为“杀敌”有功，刘良佐升得很快。崇祯末年时，他已经官居总兵，成为一个权臣。当然，因为升官，刘良佐到底逼迫了多少老百姓造反，他也数不清了。

崇祯末年，面对进击京城的李自成，崇祯下令让刘良佐进京勤王。结果，面对这道圣旨，刘良佐二话不说，立刻选择了抗旨不遵，他率军一路南下，去南方避难了。当然，跟高杰一样，他也是一路抢过去的，因此他也上了江南百姓的黑名单。

后来，因为跟黄得功共事过（他们一起抵御过张献忠），在黄得功的帮忙下，刘良佐变成了马士英的马仔，成了南明的一个将领。

《南渡录》记载，刘良佐投降南明后，马士英让他去临淮镇守。结果，当地百姓知道刘良佐的罪行，他们关闭城门，不让刘良佐入城。

得知被拒之门外后，刘良佐大怒，他竟然下令攻城。

南明的将领却攻打南明的城池！其秉性，由此可见。

后来，见事情越闹越大，马士英只能亲自出马。他下令让刘良佐驻守寿县，后移师至凤阳，才让这位爷心满意足，不再闹事。

自从当上四镇后，刘良佐唯一的“政绩”，就是大兴土木，营造王宫；贪污腐败，无恶不作。几乎所有坏人干的事情，他都干了一遍。

因为弟弟刘良臣在松锦一战中投降了清军，所以凭借这层关系，刘良佐一直与清朝暧昧不清，他给自己成功留了一条后路。

后来，清军南下时，刘良佐二话不说，就识时务地投降了清军。再后来，刘良佐主动请缨，勾结了黄得功的部将田雄、马得功等人，煽动他们降清，彻底瓦解了黄得功的势力，为清军建立了不世之功。

四镇之中，刘良佐毫无忠君爱国思想，他唯一的思想就是有奶便是娘。

第四镇，刘泽清。

刘泽清，字鹤洲，山东曹县人。此人家贫，为市井无赖，最后被乡里所恶，驱逐出境。背井离乡后，刘泽清无处可去，就参了军。

因为骁勇善战，刘泽清成了一个优秀的将领。在平定登州孔有德之乱中，刘泽清更是一战成名，被册封为明朝的山东总兵，成为一个权臣。

崇祯末年，李自成大军逼迫北京时，崇祯下令让刘泽清进京勤王。结果，刘泽清故意从马上摔了下来，就以“坠马受伤”为由，拒不奉召。

明朝灭亡后，刘泽清害怕李自成来攻打自己，就擅离职守，率军开始南逃。他盘踞在淮安一带，专心做一个军阀。

再后来，南明选择皇帝时，刘泽清示好东林党，准备拥立潞王登基。结果，得知三镇逼宫后，刘泽清二话不说，立刻投奔了福王，成了朱由崧的拥立之臣。

在这四镇中，刘泽清是最没有原则的将领。

在成为四镇之一，镇守地方时，有人问他御敌之策。结果，刘泽清笑着回答道：“我拥立福王登基，不过是以供我休息耳，万一有事，吾自择江南一郡去也。”

清军南下时，刘泽清毫无抵抗，就投降了清军。

以上，就是这四镇的简单介绍。这四镇自持“天子乃我辈所立”，飞扬跋扈，不可一世。他们根本不听国家的指挥，也不把朝廷当回事。

试想一下，一个公司，出现了几个不听话的员工，都能带来一场动乱，何况是一个国家。四镇带给南明王朝的弊端，就可想而知了。

因为不听国家的命令，四镇完全自行收取赋税，他们把自己治理的地方当成国家了，他们成为割据一方的土皇帝。在当皇帝期间，四镇大兴土木，贪污腐败，无恶不作，他们带给南明百姓的痛苦，可想而知。

更可怕的是，除了不听国家命令、自行其是外，四镇还极其喜欢内讧。一有机会，他们就会互相攻杀，吞并对方的地盘。这种情况，让他们的顶头上司史可法无可奈何，也无计可施，只能头痛不已。

“了不起”的四镇

崇祯十七年（1644 年）五月初九，朱由崧与群臣开会，开始赏赐这四个从龙之臣，并给他们安排防区，以及各自的任务。

最终，群臣商量的结果如下。

黄得功，驻守庐州，管辖南直隶中部长江以北地区，并负责支援北边的刘良佐和高杰部，同时防备长江中游的不测之患。

高杰，驻守徐州，管辖南直隶西北部黄河与淮河之间的地区，并负责河南北部的攻守事宜。

刘良佐，驻守凤阳，管辖南直隶西部与中部淮河以南地区，并负责河南中部与南部的攻守事宜。

刘泽清，驻守淮安，管辖淮安府，并负责南直隶东北部和山东南部的攻守事宜。

安排好这四镇后，朝廷又以“有四镇，不可无督师”为由，命自请督师的史可法为四镇总督，驻守扬州，适中调遣。

从名义上讲，史可法就是这四镇的头头。当然，也就是从名义上讲讲。

这四镇自恃有“天子乃我辈所立”的拥立之功，飞扬跋扈，不可一世，根本不把史可法放在眼里。不管史可法说什么，这些将领们绝不听。最后，飞扬跋扈的他们膨胀到了极点，甚至不把圣旨放在眼里。

《过江七事》记载，当时朝廷颁布了一道圣旨，让黄得功跟高杰冰释前嫌，结果诏书刚读了一半，黄得功就跳了起来，大为不满的他挥舞双臂，对使臣大吼道：“去，速去！吾不知是何诏也！”

还是《过江七事》记载，高杰也看不起圣旨。有一次，朝廷对他颁布了一道圣旨，因为圣旨不合高杰的心意，他竟然不遵从命令，还轻蔑地回答道：“旨，旨，何旨也？尔曾见皇极殿中有人走马耶？”

连圣旨都敢违抗，可想而知，还有什么事情，这四镇做不出来。

当然，这四镇之所以公然违抗圣旨，也是算准了弘光帝不敢动他们，所以这才有恃无恐，如此气焰嚣天。

皇帝的心思就是，罢免了这忠于自己的四镇，让谁去统率军队呢？难道让史可法去吗？史可法是一个合格的人选，但是，在皇帝眼中，他是打死也不会把军队交给一个不拥立自己的人的。

就这样，在皇帝的保护下，四镇有恃无恐，就连朝廷第一大臣马士英也依附这四镇，尽力为他们办事。

殊不知，朝廷如此纵容这四镇，带来了两个严重后果。

第一个后果是，上行下效，将领们都不听从皇帝的命令了。

本来，身为将领，是要百分之百听从皇帝的命令的，否则的话，军人专政，国将不国。然而，出于对这四镇的信任和感激，弘光帝根本不治他们的罪，反而全力袒护他们，让他们继续飞扬跋扈、目中无人。

结果，皇帝的这种纵容，给天下的将领们起到了一个不好的表率。从此以后，南明的所有将领都学习这四镇，飞扬跋扈，目中无人，鄙视圣旨。

不管是湖南的何腾蛟，还是福建的郑芝龙，抑或是湖北的左良玉，他们都不是百分之百地服从圣旨，时不时向四镇学习，来一下抗命。

没有办法，“榜样”就在那里，你不治他们，凭什么治我们？如此区别对待，这些将领焉能服气？

最终，就是不服气的左良玉率军造反了，成了压死这个王朝的最后一根稻草。

第二个后果是，四镇飞扬跋扈，史可法根本无法管理他们，只能搜刮民脂民膏，来供奉这四个爷，让他们听话。

在朱由崧的纵容下，这四镇根本看不起史可法，也根本不听他管。最终，万般无奈下，史可法只能采用了最后且最好的办法——他给了四镇足够的好处费，以换取他们的忠心。

这些好处费，就是允许四镇自行收取领地内的赋税，以及拥有开疆扩土的权力。

凡各属之兵马钱粮，皆听其行取。如恢一城、复一邑，即属其界之内。

——《爝火录·卷三》

各镇若收复失地，即受其管辖；不论何人，若收复一块地方，即任命为该地长官。

——《明季南略》

这些命令，等于是承认四镇为藩王，他们从此可以建立国中之国。

就这样，四镇成为藩王后，毫无意外，他们都成了不思进取的将领。除了高杰还有一点良心，进行了一次北伐外，剩下的三镇根本没有北伐的心思，他们唯一的心思，就是在领地内大兴土木、修建皇宫、横征暴敛，以满足自己的私欲。

南明王朝的悲歌，就此长鸣。

史可法的对策

为了让这四镇听话，史可法只能下大手笔，让国家册封这四镇为藩王。

史可法的本意是要用好处换忠心，让这四镇听话，跟自己一起北伐。结果，事与愿违，自从这四镇当上了藩王后，南明王朝就再也无法消停了。

四镇当上藩王后，皆“日费千金”，玩命地造钱。

当时，弘光王朝建立这四镇时，规定每镇拥有三万人马，每年供给他们米二十万石、银四十万两。由于当时一石米约值银一两，所以史料统一写作“一镇岁饷六十万”，四镇每年的粮饷，一共二百四十万。

按理来说，区区十二万大军，给了二百四十万粮饷，怎么都够了。再加上四镇控制的地方，赋税完全归他们自己所有，因此朝廷给的粮饷，绝对是供大于求。

然而，对于这个数目的粮饷，四镇竟认为不够。他们玩命哭穷，“奏请乞饷”，甚至不惜武力要挟，也要让朝廷给他们更多的军饷。

为了安抚这四个闹事的巨婴，朝廷在万般无奈下，只能不断地给钱。最终，朝廷一年给四镇的粮饷，竟然高达三百六十万两！

三百六十万两是什么概念？整个南明王朝一年的赋税，不满五百万两。结果，一半以上的国家收入，都进入这些军阀的腰包了。

前面讲过，弘光帝也需要钱，还是很多钱。马、阮等人也需要钱，也是很多钱。既然钱都给了四镇，他们没有了，这怎么行呢？只能继续横征暴敛，增加赋税，才能不降低自己的生活。

于是，以四镇为导火索，弘光一朝玩命地搜刮民脂民膏，闹得天下不得安宁，百姓苦不堪言。

当时，国家的财政入不敷出，朝廷就下令变相加征。一时间，各种巧立名目的赋税满天飞，什么样的赋税都要。

最后，朝廷规定，老百姓喝一斤酒，都要交一文钱的税。这真是让叫花子缴税——穷疯了！

时人辛升作《京饷》一首，以反映当时弘光朝的情况——“一年血比五年税，今岁监追来岁银。加二重头犹未足，连三后手急须称。可怜卖得贫儿女，不饱奸胥一夕荤。”

对于为了给四镇钱财，只能增加赋税的灾难，史可法是知道的，但他也是无能为力的。他既无法阻止朝廷敲诈百姓，也无法阻止四镇搜刮抢掠，他甚至被四镇敲了一笔，当了一回苦力。

根据郑廉的《豫变纪略》记载，四镇之一的刘泽清大兴土木，玩命地修建住宅。他的宅院富丽堂皇程度，绝对不亚于皇宫，甚至有过之而无不及。

这么大一个土木建筑，就得需要人。于是，刘泽清四处抓壮丁，逼迫百姓当苦力，给自己修宅子。

大将军的旨意，谁敢不听？于是，刘泽清的手下倾巢而出，到处抓人。为了

提高业绩，他们也不管对方是谁，只要是个男的，甭废话，直接抓走，工地干活去。

刘泽清手下这样抓来抓去，就把史可法抓走了。

没错，就是把督师史可法抓走了。

原来，为了体察民情，史可法微服私访来到刘泽清的工地。结果，刘泽清手下看见这里有一个男的，二话不说，就把史可法抓住了，逼他当了一个民工。

不管史可法如何解释，这些人也不听，他们对史可法拳脚相向，逼迫他干活，还不给他饭吃。最终，可怜的史可法干了三天苦力，幸亏刘泽清考察工地，史可法向他求救，这才脱离苦海。

虽然这个故事是一个野史传说，但通过这个故事，我们就能知道当时的四镇是多么飞扬跋扈，也能知道当时的史可法是多么软弱可怜、无能为力。

堂堂一个国家的督师、地方上最高的行政长官，竟然被抓去当了苦力，被迫在工地上搬巨木……这个国家的未来，可想而知。

在史可法眼中，四镇贪婪成性、大兴土木，只算是小问题。四镇真正的大问题是，他们互相攻击，肆意地攻城略地，把南明的城池当成自家宅基地。只要看上了，就要去入主，根本不管不顾。

前面讲过，高杰驻守徐州，管辖南直隶西北部黄河与淮河之间的地区。结果，高杰不满居住在一个贫乏之地，他瞄上了“天下膏腴、财货丰盈、富庶美丽”的扬州。高杰以“安顿家眷”为由，要求进驻扬州城。

得知高杰要私自进驻扬州城后，朝廷还没有发火，扬州百姓先发怒了。大家群起而攻之，誓死不让高杰进驻扬州城。

得知自己被扬州百姓拒之门外后，高杰大怒，他竟然下令攻打扬州城，要用蛮力把这个城池收入麾下。结果，在扬州百姓众志成城下，高杰打了一个月，也没有把这个城池打下来。

私自攻打城池，还攻打了整整一个月，高杰此举，就是在造反。这种事情放在任何王朝里，高杰都死定了。然而，对于高杰造反一事，弘光帝竟然不管。他就这么眼睁睁地看着高杰跟扬州百姓火拼，一副事不关己高高挂的样子。

弘光帝不管高杰，可苦了一心为民的史可法。

当时，为了让高杰罢兵休战，史可法没少找高杰，没少给他做思想工作。然而，对于史可法的说教，高杰根本不听。

最终，实在没有招的史可法只能孤身一人走进高杰的大营，对其道德说教，以理服人。若高杰不听，史可法就不走了，跟他拼了。

就这样，在高杰大营住了一个多月，史可法终于感化了高杰。高杰这才撤兵，不再打扬州的主意。当然，高杰没有走远，他屯兵至扬州附近的瓜州。一有机会，他还是打算把这个城市占为己有。

在当时的南明，高杰这种为了一己私欲抢夺地盘的将领，不是一个，而是一群。根据谈迁《国榷》记载，四镇为了抢夺地盘，与江南百姓频频发生冲突，简直到了互不相容的地步。当时，太仆少卿万元吉先后三次上疏，陈述兵民之争：

扬州、临淮、六合，所在兵民相角。兵素少纪律，民近更乖张。一城之隔，民以兵为贼，死守不容；兵以民为叛，环攻弗释。

一波未平，一波又起，史可法刚刚解决了扬州问题，还没有喘口气，四镇又开始闹事了。

这一次，是高杰和黄得功兵戎相见，他们打起了内战。

因为官、匪的身份，黄得功一直看不起高杰，高杰也看不起他，所以他们彼此憎恨，都把对方看成眼中钉、肉中刺，必须除之而后快。一有机会，他们就会互相攻打，吞并对方的地盘和人马。

史可法督师期间，黄得功有一个亲信（也说是养子）叫黄蜚，此人进京面圣，要路过高杰的防区。黄蜚知道高杰和黄得功不和，他怕高杰打劫自己，所以他请求黄得功随自己进京，保护自己的安全。

对于黄蜚的请求，黄得功想都没想，就答应了。他率领三百亲兵出发，保护黄蜚进京。

得知黄得功率领三百人马偷偷摸摸入境后，高杰第一反应就是："姓黄的不安好心，他要偷袭我，抢我地盘！" 于是，高杰二话不说，率领大军把这三百人包围了，并与黄得功展开了一场大战。

由于被打了一个措手不及，对方还人多势众，黄得功惨败而归。虽然黄得功和黄蜚逃了出来，但那三百亲兵全军覆没。

侥幸逃生后，黄得功大怒，马上调集兵马，开赴高杰的防区，要跟他拼命。高杰也毫不示弱，拿出所有的家底，准备跟黄得功来一场鱼死网破。

眼看一场内战不可避免，好在南明还有能够镇得住他们的史可法，他还是管点用的。

在史可法一番和稀泥下，朝廷出钱，赔偿黄得功的损失。史可法还劝说高杰掏出"千金"，送给黄得功的母亲祝寿，这才化解了二人的恩怨。

虽然黄、高二人看在史可法的面子上，暂时和解了，但他们之间的仇恨，因为这件事情，已经不可能化解了。

从那以后，黄得功跟高杰二人一直小打小闹，不弄死对方，他们是不会善罢甘休的。

一个国家内，武将乱成这个样子，这个国家的未来可想而知。再加上南明君主昏庸、奸臣当道，这个国家不灭亡，都是一件不可能的事情。在这种情况下，即使史可法忠心报国，他也无力改变局面，只能眼睁睁地看着南明衰败下去。

第十四章　南明与大清的外交

清朝的野心

因为准备不足，且摸不清对手情况，所以在入主中原后，多尔衮对南明的态度，一直是平等交流，甚至还打算南北分治。

然而，随着时间的推移，清朝对南明的政策发生了改变，多尔衮准备消灭南明政权，统一天下。

之所以政策发生了改变，原因有三个。

第一个原因，不得江南，清朝就无钱无粮，多尔衮如何治理天下？

从元朝以来，以北京为中心的北方地区上自朝廷、达官贵人，下至部分军民都仰赖于南方漕运的粮食和其他物资。这种经济上的依赖性不是仅靠南方“朝廷”以“岁币”形式提供议定的金银、绸缎之类就能够解决的。

除了金银和绸缎外，清朝之所以要讨伐南明，更主要的是因为粮食。

按照清河道总督杨方兴的说法：“不得江南，则漕运阻矣，将何以成天下？”要是不把南方统一了，我们就彻底断粮了，只能等死。

第二个原因，降清的南明官员私心作祟，他们希望“统一”。

当时，降清的明朝官员中有相当一部分人是南方人，他们的亲属、同胞都在南

方，这些人害怕南明跟清朝分江而划后，会出现南北朝的局面。届时，自己跟骨肉同胞们就只能“关河阻隔，骨肉仳离”了。

因此，为了不出现这种局面，这些南方官员竭力怂恿满洲贵族南征，实现统一。

当然，单凭几个有私心的官员的忽悠，不足以让多尔衮率军南下。多尔衮之所以决定南征，是因为看透了南明政权软弱可欺，现在不打，更待何时？

第三个原因，南明很㞞，绝对能够打赢。

之前，多尔衮不敢轻易南下，唯恐激怒南明政权，让他们挥师北上，与大顺政权联手，一起把自己赶回老家。然而，目睹了南明政权的所作所为后，多尔衮改变了初衷，他决定南下，讨伐这个政权。

原来，大清政权入主中原后，因为兵力有限，在很长的时间内都无法接管河南、河北等地，这些地方基本上就是一个真空区，若南明政权趁机进驻，绝对能把这些地方收复过去。

然而，在偏安一隅、苟且偷生的思想下，南明政权自认为最高明的政策，就是不要越雷池一步，以免激怒大清政权，给他们一个南下的口实。李自成在山西反击大清时，正是南明政权北伐的最好时机。要知道，当时的大清黄河防线就是纸糊的，只有豪格率领一支孤军镇守在那里。

若南明政权全力北伐的话，绝对能够收复中原，威胁大清在中原的统治，甚至把他们轰出山海关。然而，在这个千载难逢的机会下，南明政权却坐山观虎斗，就这样看着大顺军与大清军火拼；看着大顺军被大清军打得一蹶不振；看着李自成兵败惨死；看着大顺被打败后，下一个挨揍的人变成了自己……

顺治元年（1644 年）七月二十八日，多尔衮派使者去南明，送给史可法一封信，以表明自己的决心。

因为看不起南明政权，所以在这封信中，多尔衮用了很多傲慢的词语，他根本没把南明放在眼里，言辞毫不客气。

《清史列传·多尔衮卷》记载，在这封信中，多尔衮昭告南明政府，清朝才是正统，你们那个是伪政权，清朝根本不承认。同时，他痛骂“南州诸君子”是一群“苟安旦夕，弗审事机，聊慕虚名”的小人，不念君主，不顾社稷，只知道苟且偷安。

痛骂了一顿南明君臣后，多尔衮告诉他们：

你们这群庸人不配称王称帝，要赶紧“削号归藩”，这才是正道。若还执迷不悟地“拥号称尊”，那便是“天有二日，俨为劲敌”，我将“简西行之锐，转旆东征；且拟释彼重诛，命为前导”，你们等死就行了。别指望河流天险能够保护你们，以为我军“天堑不能飞渡，投鞭不足断流耶”？我们清军一定会渡过长江，杀你们一个片甲不留！

在威胁了南明后，多尔衮告诉史可法——阁下是一个贤臣，我们大清需要您这样的人才。还望阁下行吴三桂之事，赶紧投降，这才是正道。届时，“列爵分土，有平西之典例在”，我们不会亏待您。反之，若您执迷不悟，不肯投降，也好办。“南国安危，在此一举”，望您三思而后行。

可见，多尔衮书写的这封信，根本不是一封友好的信件，而是一封威胁信。这封信也把多尔衮要讨伐南明、横扫八方、兼并天下的野心，表达得清清楚楚、明明白白。但凡是一个忠于明朝的臣子，都应该知道怎么回答。

谈迁《枣林杂俎》记载，看完多尔衮这篇咄咄逼人的信后，史可法非常大度，他告诉众人“不必口角也”，让大家忍了这口气。同时，史可法亲自“删润”了一篇态度温和的回信，回复多尔衮，以表明自己的决心。

在回信中，史可法反复告诉清朝政府，南明弘光帝是“神宗之孙、光宗犹子，而大行皇帝之兄也”，他不是一个窥视神器的主，而是“名正言顺，天与人归”。我们南明政府，并不是一个伪政权！

在阐述自己不是伪政权时，史可法为了不触怒清廷，也不敢说他们是一个伪政权。他只是委婉地告诉多尔衮，你我现在的关系，就好像是当年的北宋和契丹（辽国）、唐朝和回纥，我们也可以行他们的故事，“昔契丹和宋，止岁输以金缯；回纥助唐，原不利其土地”，互帮互助，一起和平共处。“两国世通盟好，传之无穷，不亦休乎”，这才是正道。

无语的外交

收到史可法那篇言辞软弱的复信后，多尔衮都快乐疯了。他万万没有想到，南明竟然如此软弱，现在不打，更待何时？于是，多尔衮开始调兵遣将，准备攻打南明。

顺治元年（1644 年）七月，为了跟清朝签署和平协议，也为了能够一起“联虏平寇”，弘光朝派人出使清朝，来跟多尔衮谈判。南明希望与清朝“两家一家，同心杀灭逆贼，共享太平”。

当时，这个北使团的人很多，但主要的负责人，是四个人。

这四个人分别是，南京兵部右侍郎兼右佥都御史左懋第、总兵陈洪范、兵部职方郎中马绍愉、锦衣卫指挥祖泽傅。

四人中，马绍愉是第二次出使清朝了，可谓熟门熟路。昔日，崇祯年间，马绍愉就被兵部尚书陈新甲委托，跟皇太极秘密议和。

虽然出使过清朝，但马绍愉却不是一个能担此重任的人。这个人毫无主见，也毫无骨气。面对清朝咄咄逼人的态度，马绍愉不敢发一言。当然，马绍愉不敢发一言也有好处，他可以"全身而退"。

四人中，左懋第是主动出使的。他之所以主动出使，完全是私心在作祟。因为左懋第的母亲死在北京，他希望去祭拜自己的母亲。

虽然初衷不太好，但左懋第却是一个为国为民的贤臣。当得知此次出使的目的，不是去谈判中原的归属问题（他想让清朝归还山东），而是去乞和的，左懋第立刻上奏朝廷，说自己宁愿辞官回家也不去。

然而，因为无人接替他的任务（谁也不敢去），在史可法等人的逼迫下，左懋第才不甘心地前往了北京。在交涉中，他用自己不屈的气节与清朝谈判，迎来了属于自己的结局。

四人中，陈洪范跟左懋第一样，也是主动出使的。他也是有私心。但是，跟左懋第孝顺父母的私心不一样，陈洪范是包藏祸心的——他要去寻找"组织"，正式接受清朝的任命。

很久以前，陈洪范就接受了多尔衮授予的高官厚禄，正式投降了清朝。只不过，清朝不想让其暴露，让其成了一枚安插在南明的棋子。

此次出使清朝，陈洪范明着是去跟清朝谈判，实际上他是去回归组织。陈洪范要正式接受清朝的任命，并接受清朝新的命令。

四人中，祖泽傅是被朝廷点名的人，其他人可以不去，但他必须去。因为他是明朝降将祖大寿的儿子、吴三桂的表哥，南明派他去，是想让他跟这些人联络感情。最好的结果，是能够把他们争取回来。当然，祖泽傅和吴三桂等人，到底是谁争取谁，就不说自明了。

南明出使清朝，共有四个目的。

第一，赏赐吴三桂白银十万两、黄金一千两、绸缎一万匹，以表示其匡扶明朝的功绩，并册封其为蓟国公。

第二，前往北京谒陵，祭告先帝，并请求给崇祯移坟，将他的遗骨运到南方安葬。

第三，双方划分疆域，和平发展，一起对付李自成。

第四，双方确定关系，南明皇帝年长，为叔；清朝皇帝年小，为侄。

南明朝廷的这四个目的，完全就是一场闹剧。

要知道，吴三桂已经被清朝封为平西王了，身为一个王爷的他，会在乎一个小小的公吗？何况，他已经投降清朝这么久了，怎么可能再回头呢？

南明想划分疆域，也不过是一厢情愿罢了。多尔衮都已经挑明了，自己要率军南下，讨灭南明。南明政府竟然还跟多尔衮谈判，这不是自取其辱吗？何况，南明政府自己就没有搞明白怎么划分疆域，这怎么谈判呢？

原来，出使前，就划分疆域的问题，南明官员展开了激烈的讨论，一直没有定下来。

最初，大家商议的结果是，以山海关为界。山海关以北，归清朝；山海关以南，归南明。后来，大家一琢磨，认为这样不妥，毕竟清朝已经入关了，北京都归他们了，他们怎么可能把嘴里的肉吐出来呢？我们这么干，不是激怒了清朝吗？

于是，大家又进行了一番激烈的讨论，认为可以“以两淮为界”，或者“划江而治”。但这样的结果，南明君臣又觉得亏本。毕竟，北方很多省份现在属于真空区，这些地方既不归明，也不归清，更不归顺，谁抢到了就归谁，南明只是不敢去抢罢了。因此，南明不想放弃这些土地，他们希望“以河间为界”，但又怕清朝不同意，因此南明一直不敢确定。

就这样，这个“与清朝到底是以两淮为界，还是划江而治，还是以河间为界”的问题，南明君臣一直争论不休，无法定性。北使团都出发了，他们也没有定下来。

最终，南明君臣把决议权给了左懋第，让他“便宜行事”，看清朝的反应，再提供方案。

而对于双方君主关系的问题，南明君臣却出奇一致。他们一致认为，“彼主尚幼，与皇上为叔侄可也”。我们不能称臣，也不能认爹，什么都可以丢，就是面子不能丢！

自尊胜于国运……这句话，不仅适合亡国的崇祯，也适合这些人。

北使团的遭遇

在内奸陈洪范的汇报下，多尔衮早就知道了南明使团的目的，也知道了南明现在君臣离心离德、大臣党同伐异、武将拥兵自重，他准备整顿兵马，讨伐南明了。

多尔衮认为，不用再跟这些即将亡国的人谈判了，跟他们聊，纯属浪费时间。于是，多尔衮下令，不用对这些南明使臣客气，稍微给口饭吃就行了。

南明使团进入北京后，清朝把他们安置在鸿胪寺，派重兵把守，不许他们擅自走动，给的饭菜也简陋无比，根本无法下咽。

过了几天，清朝礼部官员来找他们，告诉了他们两件事。

第一，只允许左懋第、马绍愉、陈洪范等几个人进入紫禁城，其余的人全部原地待命。

第二，南明交给清朝皇帝的书信，要先交给礼部，礼部官员审核后，再交给大清皇帝。

一听这些条件，特别是第二个条件，左懋第直接怒了，他告诉清朝的官员："此乃天朝国书，不是进贡文件。南明皇帝书写的国书，是要由我亲手交给清朝皇帝的。你一个小小的礼部官员，也配碰国书，一边去。"

听完左懋第愤怒无比的回答后，清朝的礼部官员也怒了，他们就跟左懋第争执了起来。

清朝礼部官员认为，但凡是送给我国的书信，都要由礼部转交，你们不能坏了这个规矩。左懋第认为，我这是天朝御书，焉能跟藩国文书相提并论，你们这是在侮辱我朝！

最终，双方争论了半天，只能不欢而散。清朝礼部官员留下一句"爱给不给，谁稀罕"后，就拂袖离开了。

从那以后，清朝对南明使团的态度更差了，不仅不给他们送饭，还不许他们生火取暖。可怜的南明使团成员，就在这种饥寒交迫的状态下，等待着清朝的接待。

过了十余天，多尔衮觉得把他们收拾得差不多了，就下令召见这些南明使臣。

结果，多尔衮根本没有想到，都这样了，左懋第也不服软。

多尔衮命清朝外交官、自己的亲信刚林（也作刚令）接待南明使团。召集南明使臣时，根据满洲人的习俗，大家要席地而坐。结果，看见这种情况，左懋第大怒，说我们是礼仪之邦的大明子弟，不可能坐地上，你们要坐，你们坐，给我们拿椅子来。

对于这个问题，双方争论了半天，刚林拗不过他，就命人搬来了几把椅子，给左懋第等人坐。

双方落座后，刚林阴着脸，大声质问道："我国发兵，讨灭逆贼，解救天下百姓，替崇祯皇帝报仇。你们江南却一兵不发，不思念先帝之恩，也就罢了，还另立皇帝，这算怎么回事？"

左懋第不卑不亢地回复道："先帝驾崩，天下无主，理应再立。且我朝陛下乃神宗嫡孙，伦序应立，怎能说不宜？"

刚林大声道："崇祯有遗诏让弘光登基吗？若没有，他就是一个乱臣贼子！"

左懋第反驳道："先帝突遭不测，哪里有时间安排遗诏？我朝天子乃神宗嫡孙，万民归心，就应该拥立其登基称帝，有何不妥？"

于是，双方就这个“朱由崧到底配不配当皇帝，弘光政权到底合不合法”的问题，争执了起来。最后，刚林说不过左懋第（武人哪里说得过文人），蛮横道：“毋多言，我们已发大兵下江南矣！”

面对这种赤裸裸的威胁，左懋第毫不畏惧地回答道：“江南尚大，兵马甚多，莫便小觑也！”

一听这话，刚林大怒，就起身离开了。他去找主子多尔衮，向他汇报情况，请求指示去了。

听完刚林的汇报后，多尔衮也大怒，听惯了软弱词语的他万万没有想到，南明的高层之中，竟然还有这种不怕死的人，真是见了鬼！

盛怒之下的多尔衮下令要斩杀左懋第，以儆效尤。后来，在众人“两国交锋，不斩来使”的劝说下，多尔衮才收回了命令，只是下令把左懋第等人驱逐出境。

顺治元年（1644 年）九月二十六日，刚林来到左懋第等人的住处，传达了多尔衮的意思：“你们是不受欢迎的客人，请明天就走，我会派兵把你们遣送至济宁！”

一听这话，左懋第大吃一惊，他赶紧要求进见多尔衮，毕竟自己是来合作的，就这么回去，有辱使命。

在被明确拒绝后，左懋第退而求其次，他要求见吴三桂一面，当众册封他为蓟国公，并把南明的东西赏赐给他。

对于这个要求，刚林冷笑着回答道：“吴三桂已经是我们的平西王了，焉能在乎你们那个蓟国公？你的那些东西，他也是不会收的。当然，你们也别拿回去了，我们受累一下，就接收了。”于是，刚林下令把这些赏赐吴三桂的东西全部拿走，充入国库。

见此情景，左懋第无话可说，他只能继续退而求其次，要求赴昌平祭告陵寝，拜祭一下崇祯帝。

对于这个要求，刚林冷冷地回答道：“拜什么拜！我朝已替你们哭过了，祭过了，葬过了。你们哭什么？祭什么？葬什么？先帝活时，贼来不发兵；先帝死后，拥兵不讨贼。先帝不受你们江南不忠之臣的祭！”

痛骂了左懋第后，刚林拿出了准备好的圣旨，当众宣读南京诸臣的罪名，认为他们“不救先帝为罪一，擅立皇帝为罪二，各镇拥兵虐民为罪三”。因此，清朝要替天行道，“旦夕发兵讨罪”！

这份奏折，就等同于讨伐檄文了。至此，大清正式与南明宣战。

得此结果，左懋第还能说什么呢？他只能收拾行囊，在清军的“保护下”，灰溜溜地返程。使团出发前，祖泽傅找到了左懋第，告诉他自己已经剃发降清，要留下来。因为他的父亲在北京，祖泽傅要留下尽孝，从此只能“忠孝不能两全”了。

为了阐释自己这是无奈之举，祖泽傅整整“痛哭一日夜”，还口口声声“至死不忘国家”。

左懋第无奈地叹了一口气，就从此跟他分道扬镳，不再往来。

送走了道不同不相为谋的祖泽傅，左懋第收拾好行囊返程。左懋第刚刚走到沧州，就被多尔衮抓了回去，被软禁了起来。

原来，南明使团返程期间，陈洪范上奏多尔衮，告诉他：“您也看到了，这个姓左的是何等强硬，若让他回去，他一定会誓死抗清。到了那个时候，这个姓左的就成为大清的祸害了。因此，不能放虎归山，要把他软禁起来，永绝后患。”

看完陈洪范的秘奏后，多尔衮一想也是，就赶紧派兵去追，把左懋第等人抓了回来，关进了监狱。

关押期间，多尔衮下令，让左懋第等人剃发投降。坚持了一段时间后，马绍愉扛不住压力，就投降了清朝。其余的人，也陆陆续续地剃发投降。最终，只剩下左懋第等六人誓死不降。

为了劝说左懋第投降，多尔衮先后派洪承畴、李建泰出马。结果，这些人费尽口舌，也只是得到一个字——滚。

不管谁劝，不管用什么样的酷刑，左懋第都誓死不降。再后来，南明都灭亡了，弘光帝都投降了，左懋第仍誓死不降。

顺治二年（1645 年）闰六月二十日，多尔衮下令将左懋第押出午门，斩首示众。

行刑期间，多尔衮还派人传旨，若左懋第回心转意，可马上将其释放，封其为王。对于这个圣旨，左懋第只是冷笑了一声，不予理睬。

在左懋第行刑期间，晴空万里的天空突然阴云密布，随后飞沙走石，颇有当年文天祥慷慨赴义的场景。

见此情景，刽子手吓得不轻，他跪在左懋第面前，“挥涕稽首”，不敢下手。最终，在左懋第的劝说下，刽子手才拿起刀，开始行刑。

刽子手行刑时，到底是什么心情，史无记载，不得而知。但他一定敬佩左懋第这个人，也一定听见了他最后的遗言——“宁为南鬼，不为北王！”

后来，在安葬左懋第的遗体时，人们从他的袖中发现了他的绝命诗。

峡圻巢封归路回，片云南下意如何？

寸丹冷魄消磨尽，荡作寒烟总不磨！

唯有一战

目睹了北使团的遭遇后——一个主动投降，一个被动投降，一个誓死不降，一个成了内奸——南明君臣们惊恐不已，他们也终于明白了清朝的意思。

在这种背景下，看清局势、忧国忧民的大臣接连上奏，要求南明政府改变联虏灭贼的政策，整顿兵马，防守疆域，准备抵御清朝的进攻。

一些明智之士更是上奏朝廷，要求朝廷联合李自成一起对付清军，而不是帮助清军收拾李自成。原因很简单，唇亡齿寒，李自成覆灭了，南明也就不远矣。

可惜的是，对于这些骨鲠之言，弘光帝根本没看，他也不会看。毕竟，在他的眼中，“万事不如杯在手，人生几见月当头”，这个皇帝还忙着“朱门日日买朱娥”呢，至于军事、国事，又如何？

君主如此，大臣就更别说了。让马、阮二人改邪归正、重振朝纲，那是根本不可能的事情，想都别想。

在这群昏庸至极的君臣下，南明王朝只能迎来最终的末日。即使这个国家有史可法这样的英雄，也无法改变这个结局。何况，在对外政策上，史可法并不高明多少。

《南渡录》记载，清朝都表明态度了，要大兵压境、讨伐南明，史可法竟然还执迷不悟。他还在继续推广自己“借虏灭贼”的政策，要继续联合大清，一起讨伐大顺。

更荒谬的是，史可法竟然给自己“联虏灭贼”的说法，提供了一个合情合理的说法。

史可法认为，若不联合大清一起对付李自成，李自成势必会联合大清，一起对付南明。因此，正确的做法是——“今宜速发讨贼之诏，严责臣等与四镇，使悉简精锐，直指秦关”，先灭了李自成再说！

人们常常受传统观念的影响，给史可法和马士英描绘成截然不同的脸谱。事实却表明，史可法与马士英之间的差异比后来的许多史学家想象的要小得多。

他们两人的品质高下主要是在个人操守方面，而在基本政策上并没有多大分歧，都是“联虏平寇”方针的赞决者。正是这一方针导致了弘光政权的土崩瓦解。

——顾诚《南明史》

这番话，真是一语中的。

就这样，带着自己“借虏灭贼”的宏伟思想，史可法正式出兵了，他命令高杰率军北上，去“讨伐中原，收复失地”。

其实，史可法是让高杰率军北上，帮助清军攻打大顺。

此次北伐，史可法给高杰的命令很明确，让他“分道入秦，会师剿闯”。为了不让大清误会，史可法还致信一封，送给驻守在黄河的豪格，告诉他：

“我们南明此次出征，是帮助贵国讨伐李自成，绝不是要入侵贵国。我们只是借道而已。还有，贵国不是指责我们在对待李自成上‘不出一兵一卒’吗？现在，我们就大军出击，让贵国看看我们的诚意。”

要知道，为了对付李自成，大清可谓倾尽了全力。如今，大清所有的部队都在西北，中原基本上就不设防了。豪格手中，只有少数人马镇守黄河防线，一旦开战，他必死无疑，这也是多尔衮想要的结果（平内乱）。

在这种情况下，如果南明有一个明白人的话，他们应该马上挥师北上，讨伐中原，收复故土，把清军赶回老家。然而，史可法就跟中邪了一样，他就是要跟清军联手，一起讨伐大顺……

这支准备开赴陕甘的南明军刚刚走到睢州（今河南省睢县），就彻底哗变，只能撤退了。哗变的原因很简单，在睢州城内，高杰被镇守此地的明河南总兵许定国杀死了，高杰军群龙无首，只能撤兵。

许定国，河南太康人，一贫穷之子也。因为贫穷，许定国只能少年行伍，在军营中混饭。因为天赐神力（许定国臂力惊人，能举千斤，号称许千斤），许定国建立了很多战功，从一个小兵做起，慢慢地变成了一个领兵的大将，也算是出人头地了。

只不过，他的这个升级时间有点慢。

崇祯十四年（1641 年），许定国才被封为总兵，才算是熬出头，当时的他已经七十多岁了。

许定国当上总兵后，没过多久，李自成开始攻打开封，朝廷命许定国开赴河南，去解开封之围。结果，位高权重的许定国竟然变成了贪生怕死之辈，他是能拖就拖，能不去就不去。他不惜让士兵以“无粮无饷”为借口哗变，然后又以“安抚士兵”为借口，就是不出兵。

看见许定国如此行事，崇祯气得青筋暴起，他虽然收拾不了李自成，却能收拾许定国。于是，崇祯下令把这个畏敌怯战的家伙关入牢房，议罪论死。

按理来说，把皇帝气成这样，许定国这辈子算是完了，肯定难逃刽子手的那一刀。然而，当时的环境竟然救了他一命，许定国竟然平安出狱，再次报效国家。

崇祯末期，面对李自成和皇太极的双重进攻，崇祯忙得焦头烂额，只要是个人还能用，崇祯就会提拔他，送往前线。

作为一个“作战经验丰富”的老将，许定国重新出山。朝廷任命他为河南总兵，去河南一带收拾农民军。

为了防止许定国畏敌怯战，朝廷还任命兵部右侍郎余应桂为监军，与许定国同行，监视他的一举一动。结果，余应桂比许定国还要畏敌怯战，刚刚走出京城，这位仁兄就不走了，说什么也不走了，随后被朝廷抓了回去，革职查办。

余应桂走后，许定国没有了顶头上司，他终于可以自己说了算了。

由于许定国是河南人，又在河南当过六年官，所以在河南一带，许定国拥有很多私人势力。此次他“衣锦还乡”后，那些势力纷纷来归，让他如虎添翼，成为一个小霸王。

同样，北京的牢狱之灾让许定国明白了一个道理，朝廷不值得他效忠，要想在这个乱世中存活，只能靠自己。于是，许定国散尽家财，购买兵器、招募勇士、修筑城池，开始专心经营自己的势力，打算拥兵自重。

短短数年，许定国成了河南一霸，根本不听从朝廷号令。

崇祯十七年（1644 年），为了解救京城，崇祯下令让许定国勤王。结果，对于崇祯的圣旨，许定国根本不听。他不仅不去，还趁中原空虚之际，大肆掠夺商丘、宁陵等地，与当地的驻守明军大打出手，攻城略地，无恶不作。

按理来说，如此行事，许定国算是进了明朝的黑名单了，南明的正人君子是不会放过他的。然而，在那个兵荒马乱的岁月，南明不敢惩罚许定国这样的军阀，因为怕把他惹急了，让其投奔了清朝。因此，对于许定国的罪行，南明选择了全部赦免，还册封他为镇北将军，希望他戴罪立功，收复失地，报效朝廷。

看见南明如此软弱后，许定国更加猖狂。同时，为了给自己的富贵加一个双保险，许定国偷偷联系了清朝，给自己留后路。

书生意气

谈迁《国榷》记载，高杰还是农民军时，曾杀了许定国全家，让其断子绝孙了。所以，许定国对其恨得咬牙切齿，必须杀之而后快。

其实，若细细研究历史，就能发现，这段史料未必属实。

第一，许定国降清时，曾把他两个活蹦乱跳的儿子送到清营作为人质。可见，许定国并未断子绝孙，何来满门被杀之说？

第二，许定国杀了高杰向清朝请功时，并未说自己跟高杰有杀害全家之仇。如

果真有的话，许定国一定会说，以博取清朝的同情，换得更大的官职。然而，许定国却只字不提，这也从侧面说明高杰跟他之间并没有这种仇恨。

综上所述，现在一部分史学家认为，谈迁的《国榷》记错了。而真正的历史其实很简单，许定国害怕高杰吞并自己，这才先下手为强，杀了高杰。

许定国横下了心，打算归顺清朝，用高杰的首级作为见面礼。

打定主意后，许定国发出邀请，说要为高杰接风洗尘，请他来军中喝酒。对于许定国的邀请，高杰的部下劝他不要去。毕竟，许定国人品不好、诡计多端，还是不要轻易去他的兵营，以防发生意外。然而，对于这些肺腑之言，高杰根本不听。他自信地认为，许定国不敢造次，就是借他十个胆，也不敢造反。

就这样，高杰带着三百亲兵大摇大摆地进入许定国的军营。从那以后，他再也没有走出来。

《明史》《平寇志》《北游录》《绥寇纪略》《三垣笔记》等书籍，都记录了高杰被杀的场面，内容略有不同，但有一点一样——高杰是死在了女人的手中。

原来，为了诱杀高杰，许定国特意训练了一批女杀手，让她们装扮成妓女，给高杰灌酒，陪他入睡。就这样，在温柔乡中，这些女子一起动手，把高杰杀死了。

高杰死后，许定国立刻大开杀戒，追杀高杰带来的三百余人。这些人被杀得尸横遍野，只有两三人成功突围，逃了回去。

天亮后，高杰军知道了主帅惨死、许定国下黑手的事情，愤怒无比的他们立刻出兵，攻打许定国。结果，许定国知道高杰军会来报复，便连夜逃跑投奔了豪格，变成了清朝的将领。

捉不到许定国，高杰军愤怒无比，他们就索性屠城，开始屠杀睢州一带的百姓。可怜的睢州百姓，就这样被许定国连累，成了孤魂野鬼。那些侥幸不死的百姓，也投奔了清朝，宁可当清朝的顺民，也不愿意当南明的百姓了。

屠杀了睢州的百姓，安葬了高杰的尸体后，高杰军这才恢复理智。结果，恢复了理智后，高杰军惊讶地发现，自己不知道该何去何从了！

可不是吗？按照原定计划，高杰要北上至开封，然后分兵西进，帮助清军攻打大顺。但现在呢？高杰惨死睢州，高杰军群龙无首，已经不可能再前进了。

前途渺茫，后方也不太平。原来，得知高杰惨死后，黄得功大喜，开始入侵高杰的地盘，准备吞并高杰的遗产。在这种背景下，高杰军人心惶惶，即将哗变。

好在，在这个危难时刻，朝廷还是有史可法这个主心骨的。在他的一番调解下，黄得功退兵，不再吞并高杰的地盘。

攘了黄得功这个“外”后，史可法马不停蹄地来到高杰军中，准备安这个“内”。

来到高杰大营后，史可法任命高杰之子高兴平为世子，让其继承家业。又任命高杰外甥李本深为提督，高杰麾下大将李成栋为徐州总兵，让他们辅佐高兴平。

让高兴平接管了父亲的事业后，高杰的老婆邢氏非常高兴，但她也非常担心。因为，高兴平年龄太小，不能服众，万一有人欺负他们孤儿寡母，这怎么办呢？高兴平背后没有靠山，他怎么混呀？

于是，邢氏想了一个非常好的办法，他让高兴平拜史可法为义父。这样一来，就双赢了。

邢氏母子赢的是，他们从此朝中有人，再也没有人敢欺负他们。而史可法赢的是，他可以名正言顺地收编高杰的部队，从此有了一支私人武装。

史可法若有一点政治头脑的话，他就应该接受这个提议，认了高兴平这个义子，并顺理成章地接管高家军。

然而，听完了邢氏的建议后，史可法二话不说，就给拒绝了。他嫌弃高杰是流贼出身、高兴平是流寇之子，史可法不想认这种出身卑微的人为亲戚，他丢不起这个人。

对于这种人，只能无语。

书生意气，真是书生意气。史可法到死，都是一个三年造反不成的书生，而不是一个雄才伟略的英雄。

除了不认高兴平为义子外，史可法还干了一件错事，彻底侮辱了高兴平一把，直接把高家军推到了清军的阵营。

原来，拒绝认子后，史可法出了一个馊得不能再馊的主意，他让高兴平拜监军太监高起潜为义父。

听完史可法的主意后，高家军彻底怒了。这算怎么回事呀？我们堂堂七尺男儿，竟然认一个太监父，真是奇耻大辱！何况，当时的高起潜已经变成过街老鼠人人喊打了。因为，他还有一个义子，叫作吴三桂。

就这样，在史可法的傲慢和偏见下，高家军跟他离心离德，再也不效忠他。大清进攻南明时，高家军毫不犹豫地投降，其原因就在于此。

第十五章 南明王朝的掘墓人

竟然是他

崇祯十七年十二月，多铎在怀庆地区打败了大顺军。

崇祯十七年十二月，大清与大顺的潼关战役开始。一个月后，清军攻陷潼关，大顺政权岌岌可危。

弘光元年正月，为了躲避清军，李自成下令撤退，全军开始东进，准备攻打南明。

弘光元年三月，李自成进入湖北，左良玉不敢与大顺军交战，率军东逃。

弘光元年三月到五月，李自成在阿济格的追击下，八战八败，全军士气低落，损失惨重。

弘光元年五月四日，李自成逃难至九宫山，并惨死在那里。

伴随着李自成的死，大顺政权名存实亡，大清终于可以腾出手，讨伐南明了。

然而，第一个动手的人，竟然不是多尔衮！

这个动手的人，是南明的将军，那个被李自成逼得走投无路的左良玉。

左良玉，字昆山，临清人，官至平贼将军、太子少保，封南宁侯。

左良玉曾经是袁崇焕手下的一员将领。袁崇焕死后，他的部下就四分五裂了。

左良玉另拜码头，慢慢地积累战功，成为一员被朝廷委以重任的大将。

崇祯六年（1633 年），左良玉在湖南一带剿灭起义军，在二十天的时间内，用几千人马就剿灭了十几万的农民起义军，建立了奇功。

因为这个战功，左良玉被朝廷委以重任，被封为平贼将军。

崇祯十年（1637 年）八月，张献忠被困在河南一带，四面楚歌，无处可逃。在这个危急时刻，张献忠想了一个办法，他让自己的部队穿上明军的服装，大模大样地在城外安营扎寨，妄图浑水摸鱼，突破明朝的突围网。

若是一个一般的明朝将领，张献忠的诡计就得逞了。毕竟，明朝的部队参差不齐，兵不识将，将不识兵，很容易让张献忠浑水摸鱼。但可惜的是，张献忠打错了算盘，因为他碰上了左良玉。

当时，左良玉正奉命去湖南剿灭起义军，看见张献忠的“明军大营”后，左良玉敏感地意识到——不对，这是哪里来的部队，我怎么不知道有这么一支友军。

越想越觉得不对劲，左良玉就派人去张献忠的军营，要求面见这支部队的首领。张献忠哪里敢见官军，他只能来一个鱼死网破，攻打左良玉的部队。

面对敌人的进攻，左良玉早有准备，他没有让张献忠偷袭得手，还猛攻张献忠的大营。张献忠看见左良玉的部队如此生猛，不敢恋战，掉头就跑。

张献忠逃跑后，左良玉拍马追击。看见张献忠后，他对着张献忠就是一箭，直接射中了张献忠的眉心。

张献忠忍着伤痛，拉弓射箭，准备反击。结果左良玉又射一箭，直接射中了张献忠的手。张献忠忍着疼痛，在拔手中弓箭时，左良玉已经冲到了张献忠面前，对着他的脑袋就是一刀。

面对这致命一刀，张献忠反应够快，躲了过去。但刀还是划破了张献忠的脸，让他鲜血直流，还留下了一道伤疤。幸亏张献忠的部下奋力保护，张献忠这才杀出重围，逃出生天。

虽然左良玉是一个心思缜密、骁勇善战的将领，但他却是一个烧杀抢掠、杀人如麻的人；也是一个不听指挥，只想着自己利益的人；更是一个养虎为患，助纣为虐的人！

何为杀人如麻？

左良玉自幼家贫，父母双亡后，由叔叔养大成人，缺乏教育，成了一个坏孩子。在左良玉的世界里，除了打架斗殴、就是打架斗殴，根本不懂什么孔孟之道，也毫无怜悯之心。

左良玉带兵，就八个字：烧杀抢掠、无恶不作。他甚至比农民军、后金军还要残忍。

有一次，起义军攻打湖广的一个县城。左良玉率军去救援，得知官兵来到后，起义军就逃跑了。当地驻军就打开城门，迎接左良玉的部队进城。

左良玉进城后，立刻下令搜刮钱财，还让士兵四处抢劫。当地有一家百姓反抗了左良玉的部队，左良玉大怒，把这一家人用木板夹住，放在火上烤。

鉴于左良玉的所作所为，明朝百姓对左良玉的部队退避三舍，都像瘟神一样躲着他。还给他起了一个绰号：官盗。

百姓还送给他一句话，“贼过如梳，兵过如篦”。

这句话的意思是说，同样都是梳头，但左良玉部队的搜刮程度，要比农民军的搜刮程度严重得多。因为，农民军搜刮，用的是缝隙比较大的梳子，还能留下一些东西，但左良玉部队搜刮，用的是缝隙比较小的篦子，啥都不剩。

三个毛病

左良玉这一生，一共有三个毛病：杀人如麻、养虎为患、不听指挥。前面讲了一个，现在说另外两个。

何为养虎为患？

在消灭张献忠的过程中，左良玉打得张献忠溃不成军，情急之下的张献忠心生一计，派人给左良玉送礼物，游说他放过自己。

听说张献忠要劝自己放过他，左良玉呵呵一笑，告诉使者，赶紧投降，才能免除一死。

结果，使者冷笑着回答道：“朝廷之所以这样重用和信任您，是因为有我们张献忠将军在。张献忠死了，您也离死不远了。”

左良玉大惑不解，问其原因。

使者道：“将军您想，您一向纵容部下烧杀抢掠，无恶不作。朝廷对您早就有看法了，如果您消灭了张献忠，您就没用了。您的死期也就不远了。”

一听这话，左良玉如醍醐灌顶。是啊，狡兔死走狗烹的道理，谁都懂啊。于是，左良玉传令停止对张献忠的追击。还故意放了张献忠一马，让他逃跑了。

张献忠这一跑，就如同鱼归大海，鸟入丛林，彻底消失不见了。朝廷也失去了剿灭他的机会。

左良玉养虎为患的秉性，由此可见一斑。

除了放过张献忠外，左良玉也帮助过李自成。

李自成围攻开封期间，陕西巡抚汪乔年为了收拾李自成，想了一个前后夹击的计谋。

汪乔年向朝廷建议，不要去支援开封城，自己率军去攻打襄城，去打李自成的后路。再派左良玉在李自成的必经之路上埋伏，等李自成为了保住后路，去攻打襄城时，可以伏击李自成，并与襄城守军前后夹击，共同剿灭李自成。

汪乔年坚信，这个计谋一定会成功，只要自己去攻打襄城，李自成一定会来打他。因为，在李自成的眼中，自己是他的仇敌，必须杀之而后快。

原来，汪乔年干了一件李自成绝对不能容忍的事情。他挖了李自成爷爷和父亲的坟，把他们的尸骨送到了朝廷，用来邀功。得知汪乔年在攻打襄城后，李自成二话不说，就率领部队急行军，直奔襄城而来。

然而，汪乔年这个完美的计谋，却因为左良玉的临阵脱逃，满盘皆输，他也身首异处。

原来，看见李自成的大军后，左良玉畏敌怯战，按兵不动，不管汪乔年的死活。面对李自成的大军，汪乔年孤军奋战，根本不是对手。

没过多久，汪乔年兵败被俘，被李自成千刀万剐。

杀了汪乔年后，李自成大军回攻开封城，并用水淹之计，摧毁了这座中原第一大城。

目睹了开封城失守后，左良玉再也没有勇气跟李自成开战了。他连夜拔营，偷偷摸摸地撤走了。撤兵期间，左良玉遭到了李自成的追击，全军覆没，只能一路南下，来到襄阳。

到了襄阳后，左良玉招兵买马，很快就聚集了一支二十万人的大军。

左良玉虽然兵很多，但这些士兵都是乌合之众，毫无纪律性可言。后来，因为朝廷财政困难，没有兵饷的左良玉为了生存，只能采取烧杀抢掠的政策。

李自成率军南下后，左良玉知道不是他的对手，在襄阳大肆抢劫了一番，就率军逃跑了。李自成不费吹灰之力，就夺取了这座城池。

左良玉率军逃到武昌，向武昌的楚王勒索，让他交出十万两白银，用来当军饷。楚王不给，左良玉就下令在武昌城烧杀抢掠，无恶不作，闹得这里人心惶惶。

得知李自成大军要来攻打武昌后，左良玉二话不说，又上演了襄阳的那场戏，把武昌城抢劫一空，高高兴兴地走了，只留下一群瑟瑟发抖、毫无办法的武昌百姓。

至此，在左良玉的“帮助”下，再傻的百姓也知道该拥护谁了。特别是当听完李自成“三年免征，一民不杀”的政策，以及民间“杀牛羊，备酒浆，开了城门迎闯王，闯王来时不纳粮”的民谣后，百姓更加知道该拥立谁了。

单凭此举，在李自成的建国之路上，左良玉应该记一功。

然而，令人瞠目结舌的是，左良玉如此坑害明朝，崇祯却对他恩宠有加。他不仅派太监去慰问左良玉，提拔左良玉的官职，还给了左良玉无数的赏赐，真把他当成一个救国之将了。

其实，崇祯之所以这么办，也是没有办法的办法。

到处都在打仗，崇祯已经无兵可用。左良玉再混蛋，他也是一个拥有二十万大军的将领，崇祯还得依靠他，让他去镇守长江中下游以及保护南京城。所以，崇祯皇帝就是对左良玉再不满，也得装出高兴的样子笼络他，让他替自己卖命。

愤怒的左良玉

为了拉拢左良玉，高官厚禄、金银珠宝，左良玉要什么，崇祯几乎都给。然而，崇祯的这种投入，却没有收到想要的结果。

前面讲过，李自成进逼北京时，崇祯下令左良玉率军勤王。结果，面对这道圣旨，左良玉根本不听，他就在武昌待着，看着明朝与大顺火拼，看着崇祯无奈地上吊自尽……

明朝灭亡后，左良玉也不着急。毕竟，他跟吴三桂的心态一样，凭借自己控制的区域和掌管的兵力，他不愁自己卖不出一个好价钱。左良玉安心在家里休息，等待着买主上门，跟自己签署一份新的雇佣合同。

没过多久，左良玉就等来了买主。在一番讨价还价后，左良玉接受了朱由崧的任命，成了南明的一个将领。

殊不知，成为南明将领后，左良玉就没有一天开心过。

左良玉愤怒的原因很简单——凭什么自己的待遇不如四镇！

四镇有拥立之功，他什么也没有捞着，只能是一个普普通通的将领。左良玉眼睁睁地看着那伙人变成位高权重的大臣，变成富甲天下的王侯将相，甚至变成可以开疆扩土的藩王，他就更加不服气了。

左良玉心中不服，咱们也能理解。毕竟，他飞黄腾达时，这四镇都是名不见经传的小角色，混得都不如自己。结果，因为拥立之功，这四个人竟然都混出人样了，不仅一步登天，还可以建国称王。

更让左良玉忍受不了的是，当朝的那两位权臣根本不喜欢自己。当时，马、阮二人一直防着左良玉，并玩命地打击他，让他苦不堪言。

马、阮二人之所以防着左良玉，是因为在他们的眼中，左良玉的档案太黑了，这家伙就是一个东林党人，不能委以重任，一旦重用，后患无穷。

最早提拔、重用左良玉的人，是东林党人侯恂。他们不仅是师生关系，还如同家人。在这种情况下，马、阮二人害怕左良玉是东林故人，一旦对他委以重任，就会让东林党人掌握兵权，到那个时候，就不好办了。

其实，马、阮的这种顾忌完全没有必要。就算左良玉是东林党人，又能怎样？左良玉根本不听任何人指挥，他连皇帝的圣旨都不听，还会听几个书生的命令？对于这种自私自利的人，最好的办法就是拉拢，而不是对抗。

然而，马、阮二人却选择了对抗。他们一直掣肘左良玉，动不动就“谩语”，不给他好脸看。左良玉要的好处，他们也绝不答应。为了收拾左良玉，马、阮二人竟然裁掉了左军“额饷六万”。

无故被裁掉了六万银子，左良玉心疼得要命。再加上目睹了那四镇日进斗金，左良玉心中的不甘，就可想而知了。

1645 年三月，李自成在阿济格的追击下，率军进入湖北，准备攻打左良玉镇守的武昌。得知李自成大驾光临后，左良玉根本不敢与之为敌，他故伎重施，又率军跑路了。

逃跑期间，左良玉一琢磨，自己已经无处可去了，不如去南京，抢在李自成前面占领那座城池，也不失一生富贵。于是，左良玉造反了，他率军东进，直奔南明而来。

当然，左良玉没说自己要造反，他是要“匡扶明室”。

> 未几，有王之明者，诈称庄烈帝太子，下之狱。又有妇童氏，自称由崧妃，亦下狱。于是中外哗然。明年三月，宁南侯左良玉举兵武昌，以“救太子、诛士英”为名，顺流东下。阮大铖、黄得功等帅师御之。
>
> ——《明史·列传》

这段文字清楚地告诉我们，左良玉之所以造反，是要诛杀马士英这个奸臣、逼弘光帝这个假皇帝退位，让大明王朝重回正轨。

其实，左良玉之所以造反，完全是私心在作祟。即使没有太子案和童妃案，左良玉也能找到其他借口造反。

死亡之谜

几乎在左良玉造反的同时，多尔衮下令命多铎按照原定计划南下，开始讨伐

南明。此时，南明既要抵御造反的左良玉大军，又要抵抗入侵的清军，可谓双线交战。

这种情况下，无计可施的朱由崧下令开会，商量对策。在会议中，明智之士建议，左良玉造反，是内部矛盾，可以缓慢处理，不用着急。清军进攻，则是敌我矛盾，要全力抵挡。因此，为今之计，派人去左良玉那里谈判，满足其要求，把他争取回来；调集所有兵力抵御清军，把他们打跑。

事实证明，这绝对是一个良策，也是南明王朝唯一可行的计谋。

然而，对于这个计谋，马士英根本不同意，他唯恐左良玉进入京城后，以清君侧的名义让自己身首异处。因此，在他的眼中，抵御左良玉的入侵，才是最重要的事情。

《三垣笔记》记载，听完有识之士的肺腑之言后，马士英破口大骂道：

"尔辈东林，犹藉口防江，欲纵左逆入犯耶？北兵至，犹可议款，若左逆至，则若辈高官，我君臣独死耳！臣已调良佐兵过江南矣。宁死北，无死逆！"

面对清军的入侵，马士英毫无办法，他发布了"上游急，则赴上游；敌急，则御敌"的命令，完全分不清楚轻重缓急了。后来，马士英竟然想出一个损招，"欲用虏，以破左"，他准备跟清军联手，一起对付左良玉。

此时此刻，马士英已经一脑门子糨糊了，他根本分不清楚谁是敌人，谁是朋友了。

当然，虽然马士英蒙了，但在大权独揽面前，他还是很清醒的。当时，得知清军入侵后，史可法请求入京，跟皇帝当面商量御敌之策。结果，马士英唯恐史可法回京后，会抢了他的首辅位置，于是他以"北兵南向，卿速回料理，不必入朝"为由，就把史可法轰走了。

得到不许回京的旨意后，史可法悲痛无比，他登上南京城郊的燕子矶，"南面八拜，恸哭而返"，去迎接自己的结局。

《鹿樵纪闻》记载，南明王朝当时的情况是"乱政极行，群邪并进，莫过于此"。

国家到了如此危难之际，却摊上了这么一个奸臣，真是南明的不幸，大清的万幸。

其实，南明王朝也是有幸运事情的。这件幸运事情就是，造反的左良玉突然病逝了，南明解除了腹背受敌的现状。

左良玉率军造反后，一路东进，攻陷了九江，俘虏了九江守将袁继咸。左良玉知道袁继咸精忠报国、能力出众，就想劝降他，为自己所用。

起初，袁继咸誓死不降，让左良玉给自己一个痛快。

后来，在其他人的劝说下，袁继咸不打算殉国了，他打算观望一阵子再做决定。毕竟，左良玉的目标是“清君侧，救天子”，并没有要颠覆大明王朝的统治，尘埃落定前，他没有必要去死。

当然，还有一种说法，袁继咸之所以不死，是打算“隐忍之，至前途，王阳明之事可图也”，他打算变成一个打入敌人内部的奸细，为未来明军反击做内应。

就这样，审时度势后，袁继咸暂时投降了左良玉。当然，投降归投降，袁继咸还是有要求的。他要求左良玉约束士兵的行为，不许再烧杀抢掠，否则他决不投降。

对于袁继咸的要求，左良玉欣然接受，他就这样带着袁继咸继续南下，直奔南京。结果，三天后，在攻陷了一个城池后，左良玉的士兵旧病复发，他们打砸抢劫，还放火烧城。

袁继咸大怒，就来质问左良玉为何不守信用。当时，左良玉正在生病，得知此事后，他挣扎着来到大营外，一探究竟。结果，看见这满城大火后，左良玉竟然哭了，他大哭道：“予负袁公！”随后，呕血数升，死了。

左良玉临死前也算是“鸟之将死，其鸣也哀；人之将死，其言也善”。

这是真的吗？这个一生杀人如麻、无恶不作的人，临死前真的能够悔改，忏悔自己的一生吗？

也许，会吧；也许，这就是后人杜撰的。

不管真相如何，左良玉还是死了。伴随着他的死，南明的一路危机解除了。当然，对于这个王朝而言，这不过是回光返照罢了。

毕竟，多铎的大军已经南下，清军已经压境，准备灭亡这个王朝。

第十六章　征讨南明

大军压境

左良玉死后，其子左梦庚被推举为首领，成了左家军新一代领袖。

左梦庚成为老大后，虽然想履行父亲的计划，继续讨伐明朝，但可惜的是，他实在不是那块料。他打不过黄得功，不敢继续进犯南明；他也打不过清军，不敢回老家武昌。阿济格逼死李自成后，继续南下，进攻南明。在攻打南明期间，他撞见了左梦庚。左梦庚没办法，只有投降。

跟他一起投降的，还有其麾下五十万大军（虚数，但实际数目不少于二十万）。

要知道，阿济格此次南下时，带的兵力并不多。史学家们考证后认为，阿济格率领的兵马，也就五万余人，最多不会超过八万人。更有学者估算，阿济格带领的兵力也就两万人而已。

不管是两万人，还是五万人，抑或是八万人，阿济格带的这个兵力，都不足以讨伐南明。然而，左梦庚一投降，就完全不一样了。左梦庚彻底增加了清朝的兵力，阿济格才有了继续攻打南明的本钱。最终，就是这些本钱攻破了南明，让清朝人征服了天下。

“统领士卒者即明之将弁，披坚执锐者即明之甲兵”。这句话，是若干年后，雍正读完这段历史后，留下的感叹。

虽然左梦庚投降后，给阿济格补充了数倍兵力，让他可以肆无忌惮地攻打南明。但因为明朝的重兵防守，阿济格并没有讨到便宜，双方在西部战场上，只能继续僵持着。

当然，即使无法前进一步，阿济格也毫不在意。毕竟，他这一路大军只是辅助的部队，多铎的北路大军才是主力部队，只要多铎能够直捣黄龙，就行了。

南明的对策

根据《三藩史略》记载，南明的兵力和分布如下。

京城守军三万人，京城周围州县守军四万人，安庆驻军一万五千人，凤阳一万人，长江沿岸水军一万人。武昌左良玉大军十万人，四镇之高杰三万人、黄得功三万人、刘泽清三万人、刘良佐三万人。全部人马共三十二万五千余人。

可见，摆在多铎面前的南明，就是这样的“兵多将广、人多势众”，他也只能庆幸南明都是一群夙种。

毕竟，南明拥有如此雄厚的兵力，抵挡清军，不是问题；率军北上，也完全可以。若南明真有一个有种的将领，鹿死谁手，就真不可知了。

其实，南明的这个兵力，还是一个保守数目。当时，四镇和左良玉等人皆玩命地扩军，他们麾下到底有多少兵马，只有他们自己清楚，就连南明也不可知。

南明将领无限扩军到了什么程度呢？

清军攻打南明、四镇投降时，高杰部投降了十三万八千人，刘良佐投降了十万人，其他投降的兵力更是不计其数！

这些数字代表什么？这些数字已经超过了入侵的清军数倍，南明就是采用最简单的人海战术，也能把多铎打得全军覆没。

可见，多尔衮认为南明有百万大军，真不是一个虚报，就是事实。

就这样，因为被这个恐怖的数字吓到了，多铎不敢轻易南下，他甚至准备以战讲和，捞点好处后，就班师回营。

得知多铎要延缓进攻，甚至准备与南明讲和后，许定国急了，他跪在多铎的面前，直言进谏道：

“王爷，不可轻易罢兵。老臣在这里经营多年，对南明的局势了如指掌。如今，南明人心动乱，四镇各怀鬼胎，皆无斗志，若王爷大兵压境，这四镇必不战而降。而且，为了对付造反的左良玉，南明把精锐之师都调到了西线，如今摆在王爷面前

的，就是一条纸糊的防线，望王爷早做决定，继续南下伐明。我许定国愿意为前锋，尽效犬马之劳。”

最终，就是许定国这番肺腑之言，打动了多铎，也为南明的历史画上了一个悲惨的句号。

在许定国的劝说下，多铎一改初衷，继续伐明。结果，进军之顺利，超过了多铎的想象。

当时，多铎所到之处，明军不是不战而逃，就是不战而降。敌军投降数量之多，让多铎直发毛。他害怕这是史可法的一个计谋，让这些士兵故意投降，回头反戈一击，诛杀自己。毕竟，潼关一战时，马士耀的例子就在眼前，多铎不得不防。

事实证明，多铎多虑了，南明的部队根本没有对抗的勇气。四镇除了黄得功外，其余三镇都各怀鬼胎，他们只想着自己，根本不想为南明服务，也不想与这个王朝共存亡。

这不，清军刚刚入侵，一肚子怨气的李成栋二话不说，就率领伤透了心的高杰残部投降了。紧接着，刘良佐“谋输款于清”，在谈好条件后，也投降了。再紧接着，刘泽清也履行了自己“万一有事，吾自择江南一郡去也”的誓言，率众逃跑了。他从淮安逃到了海上，没过多久，也投降了。

就这样，在清军的入侵下，史可法负责督管的藩镇不攻自破，全线溃败，三镇皆降。唯一一个没有投降的，只有黄得功了。但此时的他正在西面抵御左良玉的大军，根本无法抵御从北面来的清军。

在这种局面下，史可法毫无办法，虽然他请救于朝，但各路明军不是逃跑，就是投降，“无一应者”。

最后，对部队完全失去控制、无计可施的史可法只能“一日一夜冒雨拖泥，奔至扬州”。史可法打算在这里抵御清军，与此城共存亡。

就是在这个城池内，史可法上演了人生中最后的一幕，完成了一个贤臣应尽的责任。

扬州之战

顺治二年（1645 年）四月十三日，史可法退守扬州。四天后，即十七日，他等来了清军压境。

清军来到扬州后，按照惯例，他们派遣使者入城，要求史可法投降。在得到拒绝后，清军开始攻城，就此拉开了扬州之战的大幕。

《清世祖实录》记载，二十四日，清军开始攻打扬州城。攻打了一天后，清军发现这个城池非常坚固，不好搞。于是，他们耍了一个诡计，准备用计谋攻陷这座城池。

第二天，即二十五日，清军故意撤退二十里，并到处散播谣言，说我军之所以撤退，是因为出现了明朝的援军，我们怕他们里应外合，才被迫撤军。紧接着，清军穿上明军的衣服，诈称黄蜚提兵来援，他们来到扬州城下，嚷嚷着要进城。

按理来说，面对这种突然来临的部队，不管是真的还是假的，都得细细盘查一番吧。结果呢，史可法没有一丝一毫的犹豫，就打开了西门，放这些“明军”进来了。而这些“明军”进城后，就可想而知了。

就这样，在清军的里应外合下，扬州城被攻破，史可法只能迎来属于自己的结局。

其实呢，没有这个计谋，清军也能攻陷扬州城。毕竟，史可法就是一个书生，不是一个将领，让他镇守城池，根本没戏。

举两个例子，用来说明。

第一个例子，纸上谈兵，根本不会用兵。

当时，清军初到城下时，扬州守将刘肇基谏言道，要趁敌军初来乍到、立足未稳之际，出城一战，杀敌人一个措手不及。结果，对于这个合理建议，史可法回绝道：“不可，锐气不可轻试，且养全峰以待其毙。”

可想而知，听完这番话后，刘肇基等人都傻了，他们都不知道该如何回答了。

恐怕，等你养足精力了，敌人也养足精力了，那还打什么呀！

第二个例子，保护遗产，为敌所用。

《青磷屑》记载，清军围攻扬州时，有人建议史可法：“扬州的西边都是树木，有利于清军偷袭，不利于我军守城，应该把这些树都砍了，以绝后患。”结果，史可法却以“李氏荫木，不忍伐之”为由，拒绝了。

原来，扬州城的西面是明朝贤臣李春芳的坟墓所在，那些树木也是李家人种植，如今被称为“李林”。史可法不忍心破坏李春芳的坟墓，怕打扰了这位贤臣的亡灵，这才下令不予破坏，没有砍掉林子。

史可法这么做，就能让李春芳满意吗？后来，清军就埋伏在这片林子中，并在这里架炮，攻打扬州城……不知李春芳在天有灵，看见这幅景象，会做何感想。

书生误国，真是书生误国。

综上所述，没有清军的计谋，史可法也不可能守住扬州城。因为，史可法到死，都是一个书生，根本不是一个将帅。书生带兵，不可能会赢，史可法也只能迎来属于自己的结局。

那么，史可法的结局，是什么呢？

王士桢《池北偶谈》记载，顺治年间，一个叫吴兆骞的举人因为犯事，被发配到宁古塔当苦力。

吴兆骞参加科举考试后，一路过关斩将。结果，在殿试时，吴兆骞却交了一张白卷，以表自己忠于明朝的决心。当然，也有资料显示，在殿试时，吴兆骞是被顺治皇帝的威严吓着了，他心悸手抖，不能握笔，这才交了白卷。

不管吴兆骞交白卷的原因是什么，结果都是一样，看见这份白卷后，顺治大怒，认为吴兆骞是在故意取笑自己。于是，顺治皇帝大笔一挥，就把他发配到宁古塔当苦力去了。

这一发配，吴兆骞就在东北待了二十余年，直到康熙年间，他的好友求救于宰相明珠之子纳兰性德，吴兆骞才被放回中原。

在服刑期间，吴兆骞遇到了宁古塔副都统安诸祜（史料也称其为安朱护），从他口中知道了史可法的死亡真相。

安诸祜告诉吴兆骞，他当年奉命讨伐南明，在攻破扬州城后，他亲眼看见一官人戴巾衣氅，骑一头驴来到军营，大喊道：“我就是史可法，让你们的头目来见我！”

多铎听说史可法来到后，大喜，他请史可法进大营，赐座，对其劝降。史可法摇头道：“我此次来，只有一个目的，就是一死。我不怕死，但怕死得不明不白。”

听完史可法的话后，多铎继续劝降，无奈史可法誓死不降。最终，多铎只能如其所愿，让史可法慷慨赴义。史可法死时，年仅四十四岁。

讲完这个故事后，安诸祜再三告诫吴兆骞，说这是他亲眼看见的，绝不会错。他希望吴兆骞刑满回京后，把这件事情告诉史馆的工作人员，还原一个历史真相，让“史书不可屈却此人”。

顾诚在《南明史》中的评价，是对史可法一生最好的评语：

对于史可法的誓死不降，应当充分肯定他的民族气节。长期以来，许多学者和文人墨客受明清门户之见的影响，对史可法存在着一种特殊的偏爱，不顾史实作了过分的渲染。

综观史可法的一生，在整个崇祯年间并没有多少值得称赞的业绩，他的地位和名望迅速上升是在弘光时期。作为政治家，他在策立新君上犯了致命的错误，导致武将窃取“定策”之功，大权旁落；作为军事家，他以堂堂督师阁部的身份经营江北将近一年，耗费了大量的人力、物力、财力，却一筹莫展，毫无作为。直到清军主力南下，他所节制的将领绝大多数倒戈投降，变成清朝征服南明的劲旅，史可法驭将无能由此可见……

……总之，史可法的一生只有两点值得肯定：一是他居官廉洁勤慎，二是在最后关头宁死不屈。至于他的整个政治生涯并不值得过分夸张。

明清易代之际激于义而死焉者多如牛毛，把史可法捧为巨星，无非是因为他官大；殊不知官高任重，身系社稷安危，史可法在军国重务上决策几乎全部错误，对于弘光朝廷的土崩瓦解负有不可推卸的责任。

攻陷南京

多铎占领扬州后，立刻颁布了一道命令——屠城。一时间，八旗大军蜂拥而入，挥舞手中的刀剑，开始屠杀手无寸铁的百姓。

在这场大屠杀中，扬州城内“积尸如乱麻”，血流成河。屠杀结束后，“查焚尸簿载其数，前后约计八十万余”，一共有八十万无辜的江南百姓被杀死。

一个叫王秀楚的书生（也有记载他是史可法的幕僚，后投降了清军）经历了这个过程，他写了一本《扬州十日记》，记录了清军屠杀的过程和情景。

杀声遍至，刀环响处，怆呼乱起，齐声乞命者或数十人或百余人；遇一卒至，南人不论多寡，皆垂首匐伏，引颈受刃，无一敢逃者。至于纷纷子女，百口交啼，哀鸣动地，更无论矣。日向午，杀掠愈甚，积尸愈多，耳所难闻，目不忍睹。

如此的罪恶行径，放眼中国整个历史，也是很少见的。

顺治六年（1649 年），年轻有为的多铎突然患天花病逝，享年仅仅三十五岁。按照汉人的观点，他的死，就是报应。

人在做，天在看，干了什么缺德事，迟早是要还的。

扬州失守、史可法殉国的消息传到南京后，南京朝廷并没有特别惊慌失措。毕竟，在他们眼中，他们还有长江天险可以依靠。

然而，南明君臣可能忘记了一点，一个国家之所以存在，是因为“在德不在险”。如今，南明王朝人心尽失，即使有天险保护，又有何用？

顺治二年（1645 年）五月初五，清军抵达长江北岸，准备渡江。半夜时，清军在木筏上放上灯烛，让它们顺江而下。明军以为清军要渡江，马上开炮攻击，结果浪费了一个晚上的弹药，等天亮后，明军已经弹尽，全线溃败。清军不费吹灰之力，就渡过了长江。

得知清军渡江后，弘光帝大惊失色，他找来马士英商量御敌之策。最终，马士英在纸上写了一个字后，就一言不发地告退了。

朱由崧看完那个字后，无言以对。

因为，那上面就写了一个字——逃。

好吧，事已至此，那就逃吧。

确定了逃跑后，弘光帝反而释怀了，他下令“集梨园演剧”，与大臣“杂坐酣饮”，准备享受这最后的晚餐。

在一片歌舞升平的假象中，五月初十，朱由崧带着马士英、阮大铖、太后等人，头也不回地逃离了南京城，等群臣反应过来时，他已经逃得无影无踪了。

第一把手皇帝，逃了；二号首脑马士英，也逃了；三号头目阮大铖，也溜了。伴随着他们的逃跑，南京城群龙无首。城内炸开了锅，到处都是逃难的人。

五月十五日，多铎率军来到南京城下，准备攻城。结果，多铎还没有攻城，南京官员就集体上了降书顺表，投降了。

五月十七日，南明官员在东林党领袖钱谦益的带领下，集体跪在泥泞的雨地中，迎接进城的清军。

弘光王朝灭亡

多铎占领南京城的消息传到北京后，多尔衮并没有欣喜若狂。毕竟，在他的眼中，弘光帝还活着，他就能够创造出无限的可能。于是，多尔衮下令，命多铎继续南下，追杀朱由崧，务必活要见人、死要见尸。

朱由崧逃出南京后，他带领马士英等人开始了逃难之旅。结果，在逃难期间，他们竟然发生了分歧，最终分道扬镳。

原来，对于逃跑路线，朱由崧和马士英有不同的理解。朱由崧认为应该去芜湖找黄得功，然后在黄得功的保护下继续逃难。而马士英主张应该去杭州，那里曾经是南宋的首都，政治意义也不错，可以去那里号令天下、招揽兵马、卷土重来。而且，杭州四通八达，是一个逃跑的好地方。清军来了，可以坐船出海躲避。

最终，双方谁也没有说服谁，朱由崧去了芜湖，马士英则带着邹太后等人去了杭州。

还有一种解释，说他们在争执期间，清军来了，把他们打散了，他们就此分道扬镳。

因为消息阻塞，黄得功对京城的变故一无所知，皇帝的突然来临吓了他一跳，他这才知道事情的严重性。

听完朱由崧的诉苦后，黄得功感慨道：“陛下死守京城，以片纸召臣，臣犹可率士卒以得一当。奈何听奸人之言，轻弃社稷乎！今进退无据，臣营单薄，其何以处陛下？”

是呀，你死守京城，等待我的支援，尚且可以一战。现在好了，你逃到我这个兵少将寡的兵营，有什么用呀？

听完这句话后，估计朱由崧悔得肠子都青了。悔不听马士英的建议，才落得今日之境地。然而，事已至此，还能怎么办呢？朱由崧只能跟黄得功商量下一步对策。

殊不知，君臣的这个会议刚刚开始，就被迫结束了。因为清军已经大军压境，不给他们商量的机会了。

得知弘光帝逃到芜湖后，多铎立刻派重兵去围剿他，并派刚刚投降的刘良佐为先锋。之所以让刘良佐为先锋，是因为刘良佐信誓旦旦地告诉多铎，自己跟黄得功是老相识，能够劝他投降，让他弃明投清。

事实证明，刘良佐的这个誓言，纯属扯淡。黄得功对南明赤胆忠心、至死不渝，焉能投降清朝？然而，没有劝降黄得功，刘良佐却劝降了黄得功的部将田雄、马得功等人，就此瓦解了黄得功的势力。

《明季北略》等史料记载，得知刘良佐来打自己后，黄得功没有逃，他严阵以待，准备跟刘良佐决一死战。结果，开战时，黄得功正在痛骂刘良佐背信弃义、卖主求荣，他的部下田雄突然发难，对着黄得功就是一箭。

这一箭，直接射中了黄得功的咽喉，他战死沙场了。也有部分史料记载，田雄的这一箭虽然射中了黄得功的咽喉，却没有射死他。后来，黄得功见部下集体造反，他知道大势已去，就拔刀自刎了。

伴随着黄得功的战死沙场，南明失去了最后一个骁勇善战、忠心耿耿的将领，朱由崧也失去了最后一个保护伞。

杀黄得功后，田雄和马得功第一时间冲到了大营内，活捉了朱由崧，把他作为礼物献给了清朝。伴随着朱由崧的俘虏，南明灭亡……且慢，此时此刻，南明并没有完结，因为在杭州又出现了一个皇帝，他将继承朱由崧的衣钵，统领大家继续前进，跟清军对抗到底。

这个皇帝，就是朱由崧的竞争对手——潞王朱常淓。

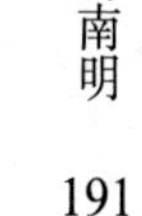

朱常淓的监国与投降

自从跟朱由崧分散后，马士英带着邹太后等人，一路跋山涉水、风餐露宿，终于来到了杭州。

在杭州期间，马士英还期待朱由崧能够带着黄得功等人来这里，跟自己会合，一起东山再起。然而，得知了黄得功战死、朱由崧被俘后，马士英彻底没希望了，他只能以泪洗面。

痛哭后，马士英重新振奋了起来。

在马士英眼中，若想匡扶明朝，必须得拥立一个新的皇帝，否则的话，天下群龙无首，如何让明朝中兴？正好，当时在杭州就有一个合格的人选。

这个人选，就是住在杭州的潞王朱常淓。

本来，对于这个东林党人曾推荐的人选，马士英是死活不愿意的，但现在是非常时期，只能行非常之事了。于是，马士英抛开成见，他请求潞王继承大统、登基称帝，带领大家继续前进。

然而，不管马士英如何请求，潞王的回答就是三个字——不同意。

可不是吗？我要是朱常淓，我也不干。

现在是什么情况？清军马上就要兵临城下了，杭州无兵可用、无险可守，一旦被敌人攻破了城池，朱常淓就成为一个亡国之君了！好好的王爷不干，非要登基称帝，这在清军眼中就是罪加一等，朱常淓可不想干这种惹祸上身之事。

然而，人在江湖，岂能身子由己！在马士英的劝说和邹太后的逼迫下（直接颁布懿旨，不干也不行），朱常淓只能心不甘情不愿地登基称帝。当然，他没有称帝，而是监国，只是当了一个代理皇帝。

朱常淓之所以选择监国，而不是称帝，原因很简单。他害怕称帝后，得罪清朝，招来杀身之祸，他选择监国，以给自己留一条后路。

朱常淓监国后，他干的第一件事情，就是排除众意，命陈洪范出使清朝，商量和谈一事。

要知道，自从北使团全军覆没、他一个人活着回来后，陈洪范就被南明重点怀疑了，认为他就是一个卧底。后来，目睹了陈洪范到处散播“清军不可战胜”的言论、劝说明朝将士“留一条后路”的行为后，南明就认定他是一个活秦桧。于是，南明政府罢免了他的官职，永不录用。

结果，这么一个永不录用的官员，却被朱常淓委以重任，成了谈判的使者。其意义，其结果，不说自明。

其实，朱常淓想要投降的决心，要比咱们想象的还要决绝得多。

面对围城的清军，朱常淓下令从城上扔好酒、好肉，犒劳他们。对于来勤王的明军，朱常淓下令从城上扔滚木、礌石，把他们都打跑。

朱常淓的“觉悟”，就是这么“高”。

在这种觉悟下，朱常淓终于得偿所愿。顺治二年（1645 年）六月十四日，清军招降了朱常淓，兵不血刃地占领了杭州城。

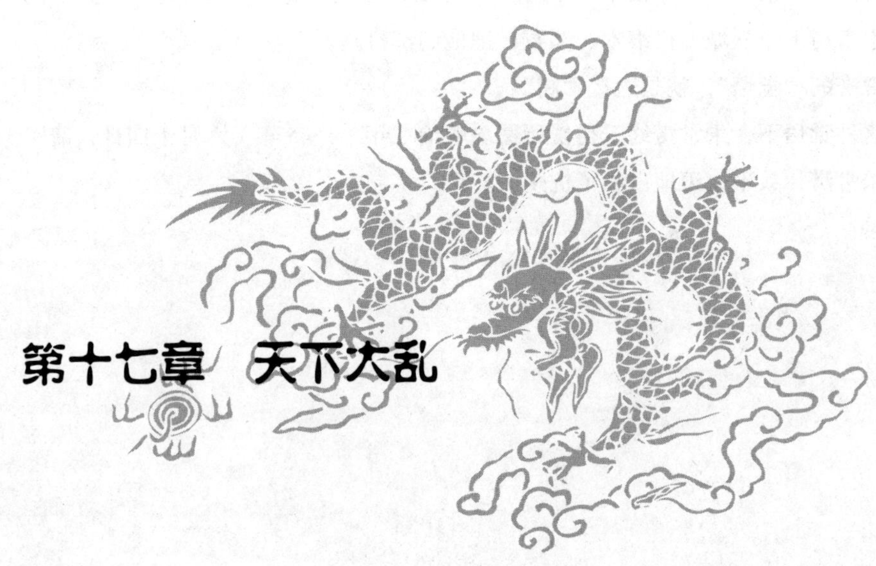

第十七章　天下大乱

南明覆灭

活捉了朱由崧，招降了朱常淓后，南明政权宣布实亡，清朝剩下的事情，就是兵不血刃地招降各地，让南方“传檄以定”。

既然南方已经没有战事了，多铎就可以凯旋了。回家前，多铎干了两件事情，以防止南明死灰复燃。

第一件事情，改名。

清朝占领南京后，为了改变这座城市的意义，就将其改名了。从此以后，南京有了一个新的名字，叫作江宁。

江宁，江南永远安宁……这个名字的意义，不说自明。

第二件事情，“请”南明的王爷们进京居住。

为了防止这些有政治意义的王爷被人利用，进而造反，多铎下令，“请”他们都去北京居住。

多铎告诉他们，我们大清是一个仁义之国，诸位去了北京后，绝对不会亏待你们。要是你们不去的话，也行，可以商量解决。只不过，我们毛手毛脚，且脾气暴躁，万一在商量的过程中，不小心伤了你们，就不好了。因此，还是不要商量了，就听我们的话吧，错不了。

多铎都这样说了，这些王爷焉敢不从？于是，南明的周王、惠王、崇王等王爷，全都来到多铎的军营，乖乖地跟着他入京了。但还是让两个王爷逃跑了。

其中一个是鲁王朱以海。

朱以海以路途遥远，身体有病为由，没有去。其实，朱以海就是在装病，他住的也不远。要知道，朱以海当时就在浙江台州，这里距离南京能有多远呀。

另一个就是刚刚被释放的唐王朱聿键。

朱聿键被释放后，暂住镇江。南京失陷后，朱聿键开始南逃，投奔了杭州的潞王。后来，朱聿键见潞王甘心降清，他“愤泣不胜”，就跟潞王分道扬镳了。

在郑鸿逵的护送下，朱聿键逃难至福建，在那里定居，就此躲过了一劫。

对于多铎而言，虽然漏掉了两条小鱼，这个比较遗憾，但攻陷了南京，还抓住了这么多明朝后裔，多铎也算是完成任务了。

于是，干完这两件事情后，多铎下令回京。过了一个多月，除了跳入淮河自尽的朱由崧嫡母邹太后外，其余的人都顺利地进入了京城。

南明的皇帝、王爷们进京后，清朝也履行了自己的承诺，善待他们，不仅对他们加官晋爵，还给他们一笔不菲的养赡银，让他们衣食无忧。

看见清朝如此善待自己，这些南明遗孤们甚为高兴，大家就写了很多贺词，拍清朝的马屁。

在这些马屁文章中，写得最好的人就是潞王朱常淓。

朱常淓称自己“避难杭城”后，惶惶不可终日，“深虑投庇无所”。后来，“幸际王师南下救民水火”，他这才重获新生。于是他认清大局，顺应潮流，“率众投诚，远迎入境”。

投降清军后，朱常淓认为清军对他非常好，给的日费、房屋之多，让他受宠若惊。为了表示自己的感激之情，他愿意“举家焚顶”，乞求上天眷顾，让清朝统治者“圣寿无疆”。

当然，即使朱常淓等人这样跪舔清朝，他们也没有摆脱被宰杀的命运。顺治三年（1646 年）五月，清朝就宣布他们“谋为不轨”，要集体造反，把他们都杀死了。

三大弊政

多尔衮自己都不相信，在短短一个月之内，他竟然接连击溃大顺和南明，理论上让大清统一了天下。

虽然在当时，南方还没有彻底平定，西南还有一个天天折腾的大西国皇帝。但在多尔衮眼中，天下已经没有对手了。大清接下来的事情，不过是接管地方，享受胜利果实罢了。

于是，多尔衮颁布诏书，他要按照自己的意愿，打造这个帝国。

在这种背景下，清朝颁布了一系列改造政策——圈地法、投充法、逃人法。

先说圈地法。

大清入关后，为了解决满洲人的住宿问题，多尔衮曾下令，让他们跟汉人合租，租他们的房子。后来，时间一长，满洲人就不干了，说我们没有自己的房子，老是寄人篱下，这算怎么回事呀?

于是，为了解决满洲人的住房问题，多尔衮下令，允许满洲人圈占京畿一带的“无主荒地”。

虽然多尔衮三令五申，要圈占的土地是“无主荒地”，然而，京畿一带本来就人口密集，哪里有无主荒地，即使有，那也是真正的荒地，根本无法居住。

最后，看见没有合适的土地，满洲人一琢磨，不就是一个圈地吗？圈谁不是圈，只要是土地，不就得了。

于是，虽然多尔衮的命令是只许圈“无主荒地”，但满洲人不管不顾了，他们开始圈有主人的土地，把当地的住户轰走。

圈田所到，田主登时逐出，室内所有皆其有也。妻孥丑者携去，欲留者不敢携。其佃户无生者，反依之以耕种焉。

这段《恸余杂记·圈田》中的话，就是满洲人圈地时的真实写照。

因为无人敢管，满洲人就从小规模圈地，慢慢变成大规模明抢。当时，满洲人骑着一匹马，就这样肆无忌惮地在中原上画圈。马有多少力气，他们就画多大的圈，这些被圈的土地，就成了他们的不动产。

在这种不断画圈中，圈地少的，心里不平衡；圈地多的，也想继续努力；大家就玩命地攀比，把整个中原都给重新划分了。最终，得到土地后，满洲人心满意足了，他们消停了。然而，被轰出家门、流离失所的汉人愤怒了，他们怨声载道，眼看就要起义了。

再说投充法。

何为投充？清政府的官方解释是：“汉人无土地者，投充旗下。”我的解释是：“汉人本来是有土地的，被满洲人抢走了，变成无土地者了，只能投充旗下了。”当然，不管怎么解释，汉人投充旗下的结果都是一样的——终身为奴。

原来，满洲人刚开始圈地的时候，他们轰走原住民，只要土地。后来，满洲人一琢磨，说我不会干农活呀，把汉人轰走了，谁干活呀？没有人干活，我这么多土地不就废了吗？于是，满洲人不轰汉人了，他们颁布了投充法，逼迫汉人为奴，成为自己另一种不动产。

没有人愿意当奴隶，刚开始的时候，汉人誓死不从。但现实是，不给满洲人当奴隶，汉人就没有土地。没有土地，汉人就没有收入，只能去当乞丐，最终被活活饿死。

为了不饿死，汉人只能卖身给满洲人，自愿投充为奴隶。汉人投充满人之日，就是自己噩梦开始之时。

简单来说吧，在汉人眼中，成为乞丐，会饿死；但成为满洲人的奴隶，会被无限剥削，最终生不如死。

为了摆脱这种永无止境的剥削，汉人开始大规模逃跑。这些逃跑的人，叫作逃人。为了防止自己的财产受损，满人立刻颁布了逃人法，以严惩这些逃跑的汉人。

最后说逃人法。

《清世祖实录》记载，“只此数月之间，逃人已几数万”，可见问题的严重性。

由于逃亡的奴隶直接影响了满洲人的生计，多尔衮立刻颁布了缉捕逃人法，简称逃人法，用来严惩那些逃跑的汉人，让他们重新为奴。

当时，因为这些奴隶是满洲人的财产，所以第一版的逃人法惩治逃人的力度，不是特别大。

多尔衮规定，汉人第一次和第二次逃跑被抓回来后，只是痛打一顿，发回原主，继续为奴。汉人第三次逃跑被抓回来后，才就地正法，以儆效尤。

多尔衮的初衷，是给这些逃人一个改过自新的机会，让他们继续为满洲人服务。然而，汉人该逃还是逃，该跑还是跑，一点不给多尔衮面子。

多尔衮大怒，他加大严惩力度，以对付这些逃人。

多尔衮规定，逃人法开始升级。以前，是逃跑三次处斩。现在，只要逃跑一次，定斩不赦。藏匿逃人的人，与逃人同罪，不仅要被斩首示众，家里人也要永世为奴。

一时间，在逃人法下，中原彻底乱套了。百姓们都不敢串门，接待亲戚了。因为，他万一是逃人呢？你接待了他，岂不是要蒙受不白之冤，被连累至死。

在多尔衮颁布的圈地、投充、逃人法后，不堪重负的汉人揭竿而起，中华大地上到处都是造反的百姓以及准备造反的百姓，严重威胁着大清王朝的统治。

头发的战争

多尔衮之所以颁布剃发令，是被一个小人挑唆的结果。这个小人，叫作孙之獬。

孙之獬，山东淄川县（今属山东省淄博市博山区）人。此人是天启年间进士，进入朝廷后，立刻拜了魏忠贤的码头，成了阉党成员。

崇祯登基后，清除阉党，就把孙之獬轰出了朝廷，永世不再录用。结果，明朝不录用孙之獬，孙之獬却拜了清朝的码头，重新当官。

当时，大清入关后，孙之獬立刻投降清朝，清朝封了他一个礼部侍郎的官职。

为了让清朝重视自己，孙之獬走了一个奇招，他主动剃发，以表忠心。

有一天，孙之獬剃了一个金钱马尾辫，穿着一身满服，就这样上朝了，他希望博得一个满堂彩，得到多尔衮的注意。然而，可惜的是，孙之獬打错了如意算盘。满堂彩，是没有的；满堂倒喝彩，倒是不缺。

原来，当时汉官还可以穿着明朝装束上殿。结果，汉官看见这么一个背叛祖先的家伙后，全都愤怒不止，把孙之獬打了出去，轰到满官阵营。而满洲人也不接受这么一个不伦不类的家伙，他们也对孙之獬拳脚相加，把他轰走了。

孙之獬成为朝廷的一个笑柄，恼羞成怒的孙之獬索性上奏朝廷，要求在全国内剃发，让所有汉人跟自己一个样子。

当然，这种报私仇的话，孙之獬是不能说的。他上奏的话，可是非常有“道理”的——

陛下平定中国，万事鼎新，而衣冠束发之制，独存汉旧，此乃陛下从中国，非中国从陛下也。

就是这几句话，打动了多尔衮。

对呀，我征服了汉民族，却保留了汉民族的发饰，甚至最终融入了汉民族中。那么，我到底是征服了中国？还是中国征服了我？

于是，多尔衮颁布了剃发令。他要以一个胜利者的身份，成为中国的统治者。

那么，历史的真相，真是这样吗？

也对，也不对。

诚然，孙之獬的这番话，确实说到了多尔衮的心坎里。然而，没有这番话，多尔衮也会让中原百姓剃头。

毕竟，多尔衮一直想让汉人剃发，跟父亲努尔哈赤、兄长皇太极一样，多尔衮从没有改过初衷，他就是要汉人剃发、易服，跟自己“一模一样”。

顺治元年（1644 年）五月，多尔衮进入北京城后，就颁布了剃发令，要求北京城内所有居民“剃发迎降”。

多尔衮还三令五申，要北京城内的官吏军民“皆著剃发，衣冠悉遵本朝制度”，还下令“三日内官民尽剃”。

结果，多尔衮颁布了这条政策后，汉族人民严重抵制，京城官员、士大夫、百姓们“纷纷南下”。一时间，大清民心尽失，各地叛乱不断。

最终，在汉族人民的强大压力下，多尔衮被迫让步。

多尔衮昭告天下，说我之所以让你们剃头，是为了“以别顺逆”。如今，你们都反对剃头，那就取消这个命令吧。从此以后，“天下臣民，照旧束发，悉从其便”，不再强迫你们剃发了。

然而，事实证明，多尔衮颁布的这个命令，只是形势所迫，并非出自他的本心。这个人骨子里还是要汉人剃头发的，只有这样，才能名正言顺地统治大家。

而这个孙之獬，只不过是一个导火索罢了。没有他，多尔衮也会颁布剃发令，让大家剃头。

至此，下定决心后，多尔衮以“中外一家，君犹父也，民犹子也，父子一体”为名，强行让百姓剃头。他认为：“若不画一，终属二心，不几同异国之人乎？”

为了不剃头，南方掀起了一场又一场大规模的起义。

这些起义中，最著名的就是那“江阴八十一日”和“嘉定三屠”。

江阴八十一日

所谓的江阴八十一日，是江阴百姓为了抵制清朝的剃发令，在阎应元领导下进行的一场反清斗争，因为前后长达八十一天之久，所以被称为“江阴八十一日”。

1645 年夏天，清朝发布的剃发令传到已经投降的江阴城。本来，南明灭亡后，江阴百姓已经投降了清朝，大家都准备当顺民了。结果，得知要剃头后，江阴百姓彻底怒了，大家拒绝剃头，并一致决定“头可断，发决不可剃也”。

看见百姓如此不合作，江阴城的官员大怒，他们就颁布了一张告示，强行要求百姓剃头——留头不留发，留发不留头！

看见这两句话后，负责抄写的书吏竟然怒了。他把笔一扔，大喊一句：“就死也罢！”随后，辞职回家了。

书吏的这种举动，深深鼓舞了百姓。于是，百姓们“鼎沸”了起来，誓死不剃头。看见百姓如此不合作后，江阴官员大吃一惊，就秘信告之常州府，请他们派兵来镇压，要“多杀树威”，强行让百姓剃头。

因为保密工作不到位，这封密信被江阴百姓搜获。得知此事后，江阴百姓索性官逼民反，他们以“大明中兴”为旗号，斩杀了江阴官员，推举典史阎应元为领袖，正式反清复明。

虽然阎应元只是一个典史，却是一个将才，一个真正会打仗的人。

阎应元当上领袖后，立刻打开军械库，发给百姓武器，并训练他们。随后，阎应元清点粮草，坚壁清野，调兵遣将，镇守四门。在他的布局下，小小的江阴城，竟然成为一座固若金汤的城池。

得知江阴城造反后，清朝大吃一惊，马上令常州知府率领三百士兵去镇压。结果，这三百士兵全军覆没，无一生还。

得知镇压部队全军覆没后，清朝又是大吃一惊，他们这才知道事情的严重性。

于是，多铎派降将刘良佐为先锋，命他率领数万大军攻打江阴城，务必平息这场叛乱。在阎应元的防守下，刘良佐毫无办法，他损失惨重，也没有攻陷江阴城。

得知刘良佐损失惨重后，清朝再一次大吃一惊，再也不敢小看这座江阴城。

于是，朝廷先派孔有德“率所部兵协攻”，帮助刘良佐攻城。随后，朝廷又派贝勒博洛和尼堪带领满洲精锐之师以及红衣大炮去江阴，一起攻城。最后，多铎亲自去了一趟江阴，他战前督战，誓死要攻陷这座城池（有些史料说多铎没去，只是派了一个亲信去督军）。

这场江阴之战打得非常惨烈。在八十一天的浴血奋战中，阎应元与江阴百姓同仇敌忾，多次打退清军的进攻。

在这场保卫战中，江阴百姓打死了数万清军，也斩杀了清军数个将领，其中包括许定国。

没错，诛杀高杰、给清军献策、屠杀百姓的老匹夫许定国，就是死在江阴城下。这个祸国殃民的小人，也算是得到了应有的下场。

然而，虽然诛杀了许定国，也多次打退清军的进攻，但江阴城毕竟是一个孤立无援的小城，它始终有到极限的那一天。

在坚持了八十一天后，江阴城被清军攻破。面对蜂拥入城的清军，阎应元毫不胆怯，他奋勇杀敌，即使身负重伤，也决不投降。

后来，阎应元见大势已去，他就投湖了，准备自杀殉国。结果，阎应元没死成，他被清军俘虏了。

被俘后，阎应元誓死不向清军下跪，清军大怒，就刺穿其胫骨。阎应元“血涌沸而仆”，就此英勇就义。

阎应元死后，清军下令屠城，他们要告诉天下人反抗自己的下场。一时间，清军手持各种大刀，奔着手无缚鸡之力的老百姓而去。

面对清军的屠刀，江阴百姓根本不惧，“竟无一人降者”。即使大势已去、即使城破人亡，江阴百姓也誓死不降。他们一直与清军拼死巷战，直到打到最后一个人为止。

除了五十三个躲在山上寺院的百姓外，江阴城六万百姓，无一人生存，全部奋战到死。男子，视死如归地攻打清军；女子，投河而死，追随夫君而去；就连七岁孩童，也慷慨赴义，绝不当大清的顺民。

八十日戴发效忠，表太祖十七朝人物；

六万人同心死义，存大明三百里江山。

这副对联，也是阎应元的临终遗笔，就是对江阴百姓最好的赞誉。

《江阴城守后纪》道：“有明之季，士林无羞恶之心。居高官、享重名者，以蒙面乞降为得意；而封疆大帅，无不反戈内向。独陈、阎二典史乃于一城见义。向使守京口如是，则江南不至拱手献人矣！”

是的，清军真的应该庆幸，在夺取天下的过程中，他们匹配的对手是一个昏庸无道的君主，是一群只会窝里斗的大臣，是一群只会望风而逃的将军……若大明官员都是阎应元这样铮铮铁骨、誓死不降的好男儿，南明王朝焉能灭亡！

嘉定三屠

说完了“江阴八十一日”，再说“嘉定三屠”。

南明弘光政权覆灭后，跟江阴一样，嘉定也投降了清朝。结果，因为剃发令，嘉定百姓誓死不从，揭竿而起。嘉定百姓在当地乡绅侯峒曾的率领下，竖起了一面嘉定恢剿义师的大旗，正式起义。

得知嘉定百姓造反后，清军大怒，立刻派兵去围剿，清军派去嘉定的将领是原高杰部大将李成栋。

来到嘉定后，李成栋立刻攻打当地义军，让他们“尸骸乱下，一望无际”。

李成栋攻破嘉定后，立刻下了一道命令，屠城。

在李成栋的屠城令下，嘉定城“乞命之声，嘈杂如市，所杀不可计数。其悬梁

者、投井者、断肢者、血面者、被砍未死手足犹动者，骨肉狼藉，弥望皆是，亦不下数千人。三日后自西关至葛隆镇，浮尸满河，舟行无下篙处……”

李成栋为了自己的荣华富贵，他让嘉定数万百姓成了自己的“政绩”。即使后来他反清归明，也不足赎其罪。

那么，李成栋为了自己的政绩，他屠杀嘉定一次，就够了。为什么他还要屠杀三次呢?

原来，李成栋屠杀了嘉定百姓后，他就高高兴兴地撤兵了。结果，没过多久，一个叫朱瑛的反清义士继续竖起了反清复明的大旗。

得知此事后，李成栋大怒，就杀了一个回马枪，第二次攻陷了嘉定城，并又屠杀了一次。

第二次屠城后，李成栋撤兵了，他认为嘉定不会再造反了。然而，没过多久，一个叫吴之藩的南明降将因为待遇问题造反了，占据了嘉定城。

吴之藩的这次造反，很快就被李成栋平定了。

消灭了吴之藩后，李成栋一琢磨，说嘉定这个地方的百姓，天天反清复明。这样吧，我让这里的百姓都消失吧，这样才能一劳永逸。于是，李成栋第三次屠杀了嘉定百姓，让这里“几乎殆尽”。

其实，除了犯下“江阴八十一日”和“嘉定三屠”这两个罪行，清朝犯下的罪行，要比咱们想象的还多得多。

翻看历史书就会知道，为了屠杀不肯剃发的百姓，大清可谓疯狂不已。苏州之屠、南昌之屠、赣州之屠、昆山之屠、嘉兴之屠、海宁之屠、济南之屠、金华之屠、厦门之屠、潮州之屠、沅江之屠、舟山之屠、湘潭之屠、南雄之屠、泾县之屠、大同之屠……这些屠杀，大清到底屠杀了多少“不听话”的百姓，他们自己也说不清楚。

多尔衮万万没有想到，为了不剃发，已经臣服大清的百姓们竟纷纷揭竿而起。

在这种背景下，已经化成灰的大明王朝竟然死灰复燃了，南方又出现了第二个南明政权!

这个南明政权，就是朱聿键建立的隆武政权。

第十八章 第二个南明政权

隆武帝由来

顺治二年（1645年）六月，南明王朝灭亡后，那些明朝的大臣们也只能各自逃难。马士英、阮大铖等人逃到了浙东，黄道周等人逃到了福建。

逃难到福建的黄道周等人一琢磨，说这样不行呀，咱们不能让明朝灭亡。为今之计，要赶紧选一个皇帝，让他继续领导我们，好传承国祀。

在一番商量后，黄道周等人就拥立唐王朱聿键为新一代皇帝。

朱聿键是朱元璋第二十三子朱桱的八代孙。按照习俗，五代以上的人（出五服），就算是外人了，何况这还是一个八世孙。因此，朱聿键与崇祯皇帝的族谱相差甚远，按照常规操作，不管怎么轮也轮不到他当皇帝。

那么，到底是什么原因，让黄道周等人选择这个远房亲戚继承大统呢?

有三个原因。

第一个原因，因为近。

诚然，在黄道周等人眼中，万历皇帝一脉的子嗣，才是继承大统的合格人选。然而，万历一脉的子孙已经被清军一勺烩了，如今幸存下来的，只有桂王一脉子孙了。

桂王是一个合适人选，但可惜的是，桂王现在居住在广西，那里离中原太远，把他请过来太费劲了。为了防止夜长梦多，也为了更快振兴明朝，黄道周等人只能从就近的藩王中推选继承人了。正好，朱聿键逃难至福建，他就在此地，于是被推举为皇帝。

第二个原因，图一个吉祥语。

在黄道周等人眼中，唐王一族的封地在河南安阳，那里曾经是东汉开国皇帝刘秀的故乡。唐王登基，实属天意，这就是所谓的“起南阳者即复位汉家之业”。他们希望唐王能跟刘秀一样，中兴汉室，重建汉人天下。

第三个原因，这个唐王不简单。

近、图个吉祥，这些固然是选择唐王的原因，但不是最基本的原因。黄道周等人之所以选择唐王，是因为这个人非常贤明，在明朝的藩王中绝对是一个鹤立鸡群的存在。

对比东林党人眼中贤明无比却名不副实的朱常涝，朱聿键才是一个真正的贤王。如今，史学家们已经达成共识，朱聿键是南明最好的皇帝。即使放在明朝明君的排行榜中，朱聿键也能位列第一梯队。

弘光元年（1645 年）闰六月初七，朱聿键在大家的拥立下，坐上了龙椅，开始监国。二十天后，朱聿键改元隆武，正式登基称帝。

隆，取兴隆之意；武，是汉光武帝的名称。因此，“隆武”二字，就是要像当年的刘秀一样，中兴明室，重新建立汉人王朝。

朱聿键，字长寿，其祖父是唐端王朱硕熿，父为唐端王之世子朱器墭，母宣皇后毛氏。

朱聿键的祖父朱硕熿不喜欢他的父亲朱器墭，他一直想废了朱聿键的父亲，改立朱聿键的叔叔为藩王。

朱硕熿之所以不喜欢朱器墭，有两个原因。第一，朱器墭长得不好看，他脸上有一个大瘤子，破相了。朱硕熿讨厌这个畸形儿子。第二，朱硕熿宠爱自己的小妾，他爱屋及乌，就打算废长立幼，改立小儿子，即朱聿键的叔叔为藩王。

当然，虽然朱硕熿想废长立幼，但他却不能这么干。毕竟，明朝“有嫡立嫡，无嫡立长”的继承法在那里摆着。最终，为了让小儿子即位，朱硕熿把朱器墭和他的儿子朱聿键关了起来，想饿死他们。

然而，虽然朱器墭长得不咋样，但他宅心仁厚，一直深受王府人员爱戴。大家偷偷摸摸给他们送吃的，朱器墭父子才没有被饿死。

见饿不死他们，朱硕熿很生气，但他也无计可施。毕竟，他不敢声张自己虐待儿孙的事情。于是，朱硕熿打起了持久战，他把朱器墭父子一直关押着。

结果，这一关，就关了整整十六年，朱聿键从十二岁开始坐监，一直坐到了二十八岁，也没有刑满出狱。

当然，这种监狱生活，对于朱聿键而言，也算是“塞翁失马，焉知非福”。因为只能坐牢，他的生活没有了声色犬马，只有无休止地刻苦读书，史称“篝佛灯日夜苦读”。最终，朱聿键变成了一个饱读诗书、忧国忧民的人。

后来，见不管怎么关押，朱器墭父子也不死，朱硕熿的小儿子等不了了，他送给哥哥朱器墭一碗毒药，谎称是能治疗他脸上瘤子的良药，就把他毒死了。

朱器墭被毒死后，朱硕熿高兴无比，他就昭告天下，说自己的世子“暴病身亡”。朱硕熿把儿子“惨死”的事情上奏朝廷，并打算立小儿子继承藩位。结果，明朝官员可不傻，朱器墭到底是怎么死的，他们可清楚无比。

明朝官员委婉地告诉朱硕熿：“世子是怎么死的，您我心知肚明，您可以错一次，但不能一错再错。若您还执迷不悟，非要立小儿子继承藩位，我们只能将此事上奏朝廷，请求皇帝圣裁。”

可想而知，听完这番话后，朱硕熿都吓傻了。他立刻立朱聿键为继承人，让他继承自己的藩位。

就这样，崇祯二年（1629 年），二十八岁的朱聿键结束了牢狱之灾，成了新一代藩王。不久，朱硕熿病逝，朱聿键继承王位，被册封为唐王。这个昔日无人问津的乌鸦，终于飞上枝头变凤凰了。

变成凤凰后，朱聿键立刻干了两件事情，结果得罪了朝廷，被重新变回乌鸦。

朱聿键干的第一件事情，就是诛杀了自己的叔叔，替父亲报了仇。

崇祯二年（1629 年），朱聿键杀死叔叔，告慰了父亲的在天之灵。他还为自己的所作所为，上奏朝廷，讲明了事情的原因——父为叔鸩，誓要报仇。

诚然，杀父之仇不共戴天。而且，《明史·刑法志》也明确规定：“凡祖父母、父母为人所杀，而子孙擅杀行凶者，杖六十；其即时杀死者，勿论。”若为了替父母报仇，擅自杀了行凶者，最多打一顿板子。

但得知此事后，崇祯还是很生气。毕竟，擅自杀死皇室宗亲，朱聿键太不把自己当回事了。

朱聿键干的第二件事情，就是擅自扩军，前往京城勤王。

崇祯七年（1634 年），李自成率军进犯河南。朱聿键未经朝廷允许，擅自扩军千余人，抵御李自成。第二年，得知清军进犯中原后，朱聿键立刻上奏朝廷，请求进京勤王，保护皇帝。

招募士兵，抵御流寇，保一方百姓安全；率军进京，前去勤王，保护皇帝的安全。朱聿键这么干，错了吗？肯定没错！然而，在崇祯皇帝眼中，他就大错特

错了。

要知道，自从崇祯的祖先朱棣干了谋朝篡位的事情后，老朱家的皇帝防自己的亲戚，就跟防贼似的。

就这样，崇祯九年（1636年），朱聿键万万没有想到，自己一腔抱负朝廷的热血，竟然换来了一张缉捕令。他被“废为庶人”，“安置凤阳高墙”，继续当一个囚徒。

在明朝，凤阳有一个高级的监狱，专门关这种姓朱的犯人，朝廷称他们为罪宗。这些人很多、罪名也很多，但其实就是两种人。第一种人，他们看皇帝不顺眼；第二种人，皇帝看他们不顺眼。

关在这个监狱的犯人，基本上就是无期徒刑了。除非皇帝大赦天下时，放他们一马，否则这辈子别想出来。

当时，朱聿键坐监期间，明朝官员见他还不错（毕竟这种忧国忧民的藩王真不多），就三次上奏朝廷，请求宽宥。结果，崇祯坚决不允，就是不释放。

由于皇帝不同意，可怜的朱聿键只能继续蹲监狱，他又当了八年的囚徒。直到崇祯上吊、南明建立后，弘光帝大赦天下，朱聿键才被放了出来，重新恢复了自由身。

此时此刻，朱聿键已经四十二岁，已经活了半辈子了。他这前半生，基本上都是在监狱里度过的。

朱聿键出狱后，朝廷命他去广西生活，结果朱聿键嫌那里太远，请求朝廷另置去处。对于他的请求，弘光帝下令群臣商量一下。朝廷还没有商量好把他安置在哪里，清军就打过来了，南明也灭亡了。

南明灭亡后，朱聿键开始南逃，投奔了杭州的潞王，后来，朱聿键见潞王“甘心降清”，他“愤泣不胜”，就跟潞王分道扬镳了。朱聿键逃难至福建，在这里定居。结果，定居期间，喜从天降，他被拥立为帝王。

黄道周等人之所以拥立朱聿键登基，就是看中了他“饱读诗书、精忠报国”的秉性，他们也相信，这个朱聿键不会让他们失望，他一定会成为一代明君。

事实证明，朱聿键确实没有让他们失望。

南明第一明君，实至名归

自登基后，朱聿键干了很多漂亮的事情，尽显了自己明君的本色。

这些漂亮事情，如下。

第一，这个皇帝很简朴，有志气。

隆武帝朱聿键之贤明，都能让群臣掉眼泪了。这个皇帝不好色，不好酒，不好钱，更不好乐。他勤俭无比，还胸怀远大，一心要北伐中原，光复汉室。

当时，有的大臣想拍皇帝马屁，想进献几个美女或给皇帝修几个豪宅。结果，得知此事后，隆武帝立刻下令，“速速停止，无重累我民，增朕之罪过”。

隆武帝过生日时，群臣上奏，希望办一个大型宴会，好好庆祝一番。结果，隆武帝劝他们道：“朕奉大统已近十月，孝陵不见，百姓不安，中兴事业茫无端绪，岂可宴安自居，以听群臣祝贺耶？”

在中兴事业上，隆武帝也非常自责，他称自己为“百世罪人”，若不能恢复明朝，就是一个千古罪人。为了完成这个目标，朱聿键书写了“得拜孝陵，誓成中兴”八个大字，摆在大殿内，天天观看。

第二，这个皇帝爱民如子，深受百姓爱戴。

作为一个明君，隆武帝清楚地知道亡国之道，“天下之坏，不坏于敌，而坏于兵；不坏于兵，而坏于官，殊可痛”。因此，朱聿键下令，若隆武朝出现了贪官，甭废话，“小贪必杖，大贪必杀”！

在隆武帝的怒吼中，一时间，隆武朝政治清明，百官恪尽职守，颇有中兴之象。

除了严惩贪官污吏外，“民为重”也是朱聿键的主要施政方针。为此，他颁布了很多利民的政策，让百姓欢呼雀跃。在这些利民的政策中，最主要的一条就是对剃了头发的百姓态度。

当时，在明、清两国交界处和拉锯战地区的百姓生活太不易了，他们不剃头，清军就会说他们要造反，杀之；他们剃头，明军会说他们是奸细，杀之。他们剃头和不剃头，都得死，简直没法活了。结果，隆武帝一句话，救了他们一命。

得知这些百姓的疾苦后，隆武帝颁布圣旨，昭告天下，“有发为顺民，无发为难民”，彻底救了这些百姓一命。此外，隆武帝还再三告诫明军，不可滥杀无辜，“兵行所至，不可妄杀，有发为顺民，无发为难民，此十字可切记也”。

这个皇帝，就是这样的爱民如子，是一个人人拥护的好皇帝。

第三，这个皇帝唯才是举，废除党争。

《思文大纪》记载，隆武帝深知党争的危害，提出了消除党争，“用舍公明”的方针。他告诫群臣，我朝臣子要精诚团结，一致对外，不要内讧，也不要党争。只要你有本事，朕就重用，不管你的档案多黑，一样录取。

此后真正魏党，亦与一概涤宽。但责后效，不计已往。盖中兴之时事，臣民悔

过且与维新，况轻于此者乎！

为了给群臣一个表率，隆武帝发出了一个招聘信息，他请在鲁王麾下郁郁不得志、人见人欺的马士英入闽，跟自己一起共图大事。

要知道，马士英在百姓眼中，俨然就是一个活秦桧。三尺之童见其过市，也会“辄吐骂之”。百姓更是编了一首“若要天下平，除非杀了马士英”的民谣，来讽刺他。

在这种背景下，躲马士英都来不及呢，还敢重用他？为了给天下一个表率，隆武帝认为马士英这个人很有才华，就要聘请他，让他入闽为官。

虽然最终的结果以群臣的强烈反对告终，但不可否认的是，隆武帝确实做到了消除成见、唯才是举。

第四，这个皇帝废除了“借虏灭贼”政策，跟“贼”联合了起来，一起对付大清。

九宫山一战后，李自成从人间消失，他率领的东路军就群龙无首了。虽然没有人指挥他们，但东路军并没有树倒猢狲散，他们还是按照既定计划前进，最终来到湖北荆州一带，与西路大军顺利会合。

两路大军会合后，盘踞在荆、襄一带，组建了一个新的班子，推举了一个新的领导。这个新的领导是李自成的三弟。因为在历史上，这个人毫无作为，所以名字没有留下，史料只称其为李闯三弟。

当时，对于这个李闯三弟，南明大臣的态度是一致的，必须剿灭他们，为先帝报仇。然而，经过了亡国之痛后，朱聿键明白了一个道理，明朝社稷存亡的主要威胁者，是清朝，而不是这些农民军。为今之计，应该联合一切能够联合的力量，一致对清，才是生存之道。

在这种背景下，朱聿键废除了“借虏灭贼”的政策，准备跟这些“贼”联合起来，一起对付大清。他抛出了橄榄枝，准备招安。

对于招安这件事情，大顺军是同意的。毕竟，他们是汉人，为了保护自己的头发，他们誓死不投降大清。于是，大顺军同意了南明的请求。然而，他们有一个条件，必须封侯拜相，给他们足够的好处费。

大顺军的这个条件，合情合理。毕竟，没有好处，凭什么投降？然而，对于这个请求，南明的官员却不同意。

原来，南明一些官员认为，“李贼破北京，罪在不赦，其党安得封侯”，不杀他们，已经是最大的恩赐了。因此，这些官员决定，绝不能给他们好处，爱降不降。

虽然官员全力反对，但朱聿键还是力排众议，授予了大顺军相应的官职，把他们招安了。朱聿键下令，大顺军改名为忠贞营，让这些昔日的反贼，变成大明王朝的忠贞之子。后来，因为忠贞营管理十三个防区，就改称为荆襄十三家。

虽然在南明的敌视政策（名为招安，实际上一直防着大顺军，就是把他们当成了炮灰）和内讧下，忠贞营并没有“挽狂澜于既倒，扶大厦之将倾”，他们只留下一个“出师未捷身先死，长使英雄泪满襟”的结局。然而，不可否认的是，联合农民军共同抗清，是隆武帝最大的一个功绩。

从此以后，联合农民军一起抗清，也成为南明的基本国策。而后来的历史也证明了，如果没有大顺、大西农民军的联明抗清，南明政权绝对延续不了近二十年之久。

拥立了这么一个贤明无比的人登基称帝后，天下百姓欢呼雀跃。大家都坚信，在朱聿键的统治下，大明中兴有望，假以时日，一定能够北伐中原，收复汉人江山。

然而，仅仅过了一年，他们这个贤明的君主，就战死沙场了。

不听话的“海贼王”

郑芝龙，祖籍福建泉州府人，出生在一个贫苦的家庭里。因为贫穷，郑芝龙读不起书，考不上功名。他也不愿意种地，认为那种事情没出息。最终，郑芝龙把心一横，带着几个好友下海，他们出国经商了。

不得不说，郑芝龙确实是一块经商的料，在很短的时间内，他就成了一个成功商人。然而，虽然事业成功，但有一个问题一直困扰着郑芝龙，让他苦不堪言。

这个问题就是，海上的强盗太多了，他三天两头被打劫，这谁受得了？最终，郑芝龙把心一横：“老子也组建一支武装部队，看谁再敢抢我？”

就这样，郑芝龙花费重金，打造了一支私人武装，以保护自己的商队。后来，郑芝龙惊讶地发现，他也可以用这支部队打劫，且打劫的钱比经商的钱多得多。

于是，郑芝龙改行了，他从一个成功的商人，变成一个成功的海盗。

为了招兵买马、扩充军队，郑芝龙索性抢占了日本一块土地，当自己的基地。在占领日本期间，郑芝龙娶了一个日本女人为妻，生了一个儿子。因为不知道是取日本名，还是取中国名好，所以这个孩子暂时没有取名。后来，郑芝龙回归了祖国，才给这个孩子取名郑森。

当时，明朝对于郑芝龙这种海盗，就两个对策，一是消灭，二是招安。

招安对于明朝和郑芝龙而言，堪称双赢。明军不费吹灰之力，就招降了一支强大的海军，何乐而不为呢？反之，郑芝龙也结束了刀头舔血、天天提心吊胆（怕被明军消灭）的日子，他也彻底踏实了。

投降了明朝后，为了建功立业，郑芝龙先是消灭了其他海盗，随后打跑了一直挑衅的荷兰侵略者，让中国沿海彻底安静了。通过这些战绩，郑芝龙也步步高升，成了福建一个位高权重的大臣。

明朝灭亡后，郑芝龙就归顺了南明，成了南明的将领。由于天高皇帝远，且弘光帝不爱管事，郑芝龙就主动站了出来，替南明“管理”福建。他在福建结党营私，控制这里的军政大权。最终，成了名副其实的“闽海王”。

弘光朝灭亡后，郑芝龙同意了黄道周等人的想法，拥立朱聿键为帝。

刚开始的时候，郑芝龙和朱聿键的蜜月期还不错。

但是，作为一个明君，朱聿键的理想是恢复明室，他准备先收复南京，再出兵北伐，收复中原。然而，对比理想远大的隆武帝，郑芝龙就是一个宅男，他根本不想去恢复明室，甚至都不想出门。

郑芝龙之所以拥立朱聿键，不过是想建立一个傀儡政权，好独霸福建，偏安一隅。至于天下怎样，他才不管。

一方要建功立业，一方却想坐吃山空，双方道不同不相为谋，这还怎么谈？

为了让郑芝龙听话，朱聿键拿出了史可法的招数，对其加官晋爵，给予其想要的一切。他下了大手笔，希望用好处换忠心，让郑芝龙跟自己一起去讨伐清朝。

事实证明，史可法用这个招数对付四镇不管用，朱聿键用这个招数对付郑芝龙，结果也可想而知。

朱聿键加封了郑芝龙官职，给予了他无数金银，甚至收他的儿子为养子，却没有打动郑芝龙，反而让他更加飞扬跋扈、目中无人。

每一次上朝时，郑芝龙都要走在队伍的最前面，即使黄道周如何反对（明朝制度，以文制武，文臣走在武将前面），郑芝龙也不理不睬。更有甚者，他竟然因为天热，当着皇帝的面扇扇子，以这种姿态跟皇帝商量国事。

见此情景，户部尚书何楷大怒，他以“无人臣礼”的罪名，弹劾郑芝龙。结果，在郑芝龙的反咬下，隆武帝无法保住何楷，只能含泪颁布了一道圣旨，让何楷下岗回家了。

何楷回家后，郑芝龙也没有放过他。他派人在半路伏击何楷，割掉了他一只耳朵，以泄心头之恨，并借此向朝廷示威。

目睹了郑芝龙的所作所为后，朝廷的忠义之士彻底怒了，他们或以理服人，希望郑芝龙以大局为重，率军北伐；或自己单干，“你不去，那我去”。

以理服人的大臣代表，是户部尚书曹学佺。为了劝郑芝龙报效国家，曹学佺跟他谈了数次。结果郑芝龙根本不理他，曹学佺索性削发入山为僧，打死也不跟郑芝龙为伍了。

“你不去，那我去”的大臣代表，是海内名公黄道周。目睹了郑芝龙的消极怠工后，黄道周大怒，他索性组建了一支部队，自己上战场了。

但可惜的是，他是一个书生，根本不懂打仗，带兵上战场，只能去白白送死。仅仅跟清军交战了一次，黄道周就兵败被俘了，随后，他慷慨赴义，结束了自己的一生。

伴随着曹学佺的出家、黄道周的战死，隆武帝身边的大臣越来越少，他也只能更加仰仗郑芝龙了。

然而，不管朱聿建如何示好，郑芝龙都不改初衷，他还是那句话——您想北伐，可以，但我不去，找别人去。

国姓爷

1646 年正月，朱聿键请郑氏一族吃饭，继续商讨出兵一事。虽然最终的结果，在朱聿键的预料之内——郑芝龙还是不同意出门。但这次会见，他还是比较高兴的。因为在这次宴会上，他看见了这个帝国未来的希望。

这个希望，就是郑芝龙长子——郑森。

郑森的母亲是日本人，叫田川氏，有的书也叫翁氏。因为母亲是日本人，所以郑森有一半日本血统，算半个日本人。

郑森出生后，一直居住在日本。直到七岁时，郑芝龙接受了明朝的招安，才将他们母子从日本接到中国。

回归明朝后，为了建功立业，郑森走上了那条千古不变的道路——参加科举考试。

为了让郑森学业有成，郑芝龙可谓投入了血本，他花费重金，聘请钱谦益当儿子的老师。

1644 年，十八岁的郑森参加乡试，落榜了。虽然没有金榜题名，但郑森并不在意。毕竟，这是他第一次参加科举考试，就当积累经验了。来日方长，下回再说。

下回……现在就告诉你，你没机会了。就在这个 1644 年，李自成攻陷了北京，崇祯皇帝上吊，明朝亡国。就这样，郑森再也不用参加科举考试了。

随后，还是那一年，弘光政权建立，郑森随父亲归顺了南明。再随后，弘光政权仅仅持续了一年，就灭亡了。他的父亲见朱聿键奇货可居，就拥立朱聿键为帝。

郑森因为父亲的关系，成为隆武政权一颗冉冉升起的新星，他不用参加科举考试，也被朝廷委以重任。

1646年正月，朱聿键请郑氏一族吃饭。

这一年，郑森已经二十岁了，他身材魁梧，眉清目秀，让朱聿键眼前一亮。除了颜值高，郑森的思想境界也高。由于天天被灌输忠君报国的思想，郑森的思想跟他父亲正好相反，他就想学习岳飞、文天祥，光复明室，还我河山。

可想而知，淘到这么一个宝贝后，朱聿键这个高兴呀。他拍着郑森肩膀，语重心长道："看样子，复兴明室这个艰巨的任务，可以托付于你。可惜我没有女儿，要不肯定招你为驸马。这样吧，我赏赐你姓朱。郑森这个名字，也不好听，你改名叫成功吧。另赏赐你驸马体统行事。"

至此，郑森改名了，他改名为朱成功。后来，复归祖姓，就称为郑成功。

这就是"国姓爷，郑成功"的由来。

没过几天，郑成功奉隆武帝朱聿键之命，领兵进驻大定关，开始了长达十六年的军事生涯。

当然，虽然朱聿键非常器重郑成功，郑成功也绝对不会让他失望，但这里的问题是，郑成功他根本做不了主，朱聿键还得跟他老子商量。

就这样，在这种根本无法达成一致的谈判期间，朱聿键和郑芝龙的矛盾越来越大。

鹬蚌相争，渔翁得利

1645年六月，弘光帝被俘，继任者潞王投降了清朝，南明王朝灭亡。在这种背景下，浙江诸州县递上了降书顺表，投降了清朝。

本来，投降了清朝后，浙江百姓就想好好地过日子，根本没想过背叛清朝。然而，因为无法遵守剃发令，浙江百姓只能铤而走险、揭竿而起。

一时间，浙江遍地都是揭竿而起的百姓。明朝遗孤们利用这股力量，拥立了一个新君。

这个新君就是当时居住在台州的鲁王——朱以海。

朱以海，明朝宗室，藩王，明太祖朱元璋第十子鲁王朱檀之后。在鲁王一脉的族谱中，朱以海是旁系子孙，他根本没有资格继承王位。然而，崇祯十五年（1642年），清军攻入山东，继承王位的朱以海哥哥朱以派畏敌怯战，上吊自尽。哥哥惨死后，朱以海得以继承王位，成了新一代鲁王。

因为哥哥是被清军逼死的，所以朱以海不相信清朝，更不相信清朝会善待他。当时，弘光王朝灭亡后，多铎发布了邀请函，请明朝的诸位王爷随他入京，领取“丰厚的赏赐”。对于这个邀请，朱以海根本不为所动，他没有随其他宗室入京，就此躲过了那个大劫。

朱以海躲过这一劫后，继续居住在台州。浙东百姓造反时，明朝遗孤一看，说我们这里有一个现成的皇帝呀，赶紧拥立他登基，让他当领头人，带领大家抗清。于是，大家把朱以海接到绍兴，奉为监国，准备让他登基称帝。

成为监国后，朱以海立刻颁布诏书，昭告天下，称自己将继承弘光帝的遗愿，继续管理明朝。他下令，明年继续使用弘光的年号，以表示弘光政权永不倒。

朱以海这样干，是打感情牌，想让更多的人拥立自己。结果，在颁布诏书后，朱以海没有得到拥立自己的文书，却得到了已经有人捷足先登的消息。

原来，因为消息不灵通，朱以海和他的臣子们犯了一个大乌龙事件。他们根本不知道，朱以海奉命监国时，朱聿键已经登基称帝了。如今这个天下，已经有一个注册的明朝皇帝了。

对此，朱以海等人非常尴尬，不知道该如何是好。

虽然从理论上讲，朱以海和朱聿键的身份一样（他们都是旁系子孙），都没有资格继承王位，但在天下大乱群龙无首的局面下，他们都有了继承皇位的资格。因此，在继承法上，双方等级一样，没有“谁行、谁不行”之说。然而，若细细对比的话，朱以海君臣就会发现，他们有四点不如朱聿键。

第一，在拥立时间和等级上，朱聿键比朱以海早，他提前“注册”了。且朱聿键是登基称帝，朱以海是暂时监国，他们的等级相差悬殊。

第二，从民心上讲，贤明的朱聿建深得民心，是一个人人拥护的好皇帝。反观朱以海，除了会腐败奢靡、花天酒地外，就啥也不会了。

第三，从地域上讲，因为贤明的唐王深得民心，所以他的隆武政权得到了除浙东以外的各地南明地方政权的承认。同样，因为昏庸的鲁王不得民心，所以他的监国政权只有自己的浙东认可，其他的南明地方政权根本不承认。

第四，从辈分上讲，唐王朱聿键是朱元璋的九世孙，鲁王朱以海是朱元璋的十世孙，唐王比鲁王大一辈，理应管理他。

就这样，为了夺取这天下最高的权力，唐、鲁之间只能上演一场内战了。

隆武元年（1645 年）十月，朱聿键派遣使者颁诏浙东。

面对隆武帝的诏书，朱以海的第一反应是避位。毕竟，在他的眼中，隆武帝先登基称帝，而且得到了大多数省份的支持，他还比自己辈分大，所以自己理应退位让贤。

然而，人在江湖，岂能身子由己。朱以海这个坐轿子的想下来，也得问问那些抬轿子的干不干。

毋庸置疑，那些抬轿子的肯定不干。毕竟，拥立之功，这个姓朱的可以给，那个姓朱的可给不了。

拥立朱以海的人开始劝朱以海，他们一共阐述了三点，让朱以海继续当皇帝。

第一，这些人告诉朱以海，“唐、鲁同宗，无亲疏之别”，大家机会平等，都可以当皇帝。唐王之所以能够登基，不过是优先坐登大宝罢了。

第二，因为“义兵同举，无先后之分”，所以对于唐、鲁而言，“惟成功者帝耳”的条件只有一个——谁先收复南京，谁就是真龙天子。现在谁都没有收复南京，我们不用听唐王号令。

第三，如果奉诏，浙东只能听命于闽，我们就“人无可依”了，监国你不能抛弃我们！

就这样，朱以海被说服了，他不打算避位，也不打算听命于唐王了。朱以海的那些拥立之臣们更是打算付之于行动，让唐、鲁交恶，彻底断了鲁王的后路。

这些人，是这样干的。

第一，驱逐唐王任命的浙东官员，宣布浙东的主权。同时，以其人之道还治其人之身，以鲁监国的名义任命官员，让他们去管理闽越。当然，这些官员也一个待遇，全被唐王轰走了。

第二，诛杀唐王的使者，收编他的部队。原来，为了一致对敌，唐王送给鲁王“解饷十万”，用来支援浙东守军。结果，这些银子，鲁王是收了，但他却把唐王的使者给杀了，还把他护送银两的部队给收编了。后来，唐王还以颜色，也把鲁王派遣的使者斩杀了。

经过了这两件事情后，“闽、浙势成水火”，再也不可能被调解了。

《三藩史略》记载，唐、鲁建国时，鲁王拥有的浙东兵力，大概为三十万；唐王拥有的福建兵力，大概为二十万；双方共同拥有的两湖兵力，号称有五十万！

要知道，这些兵力若能统一行动，很有可能匡扶明朝。然而，令人扼腕叹息的是，因为唐、鲁的势同水火，这些兵力只能互相攻打，一起上演一场闹剧。

鲁王的北面，是大军压境的清军。为了对抗清军，鲁王的兵力已经捉襟见肘了。结果，大敌当前，鲁王还得抽调大部分兵力，去对付南面的闽藩。

就这样，在南明第二次内讧下，清军准备出兵了。结果，跟山海关一样，上天又帮了大清一把，让他们顺利地进军。

当时，为了抵御清军，鲁王唯一的办法就是死守钱塘江，清军“不善舟楫”，用天险抵御清军。然而，清军攻打鲁王时，“是岁大旱，钱塘江水涸，沙壅”，钱塘江竟然干涸了，一些地方更是水浅不及马腹。

就这样，在天意下，清军高高兴兴地“策马径渡”。而伴随着清军的渡江，鲁王政权也迎来了最后的结局。

在一番厮杀后，鲁王全军覆没，他慌不择路地逃到了海上，这才躲过了清军的追杀。

伴随着朱以海的逃难，鲁王政权土崩瓦解，这个王朝名存实亡。朱以海的那些大臣们，如马士英、阮大铖等人，也只能各人顾各人，迎来了各自的结局。

各人的结局

先说鲁王朱以海。

在清军的围攻下，朱以海无法走陆路，只能“浮海而走”。朱以海顺海而下，逃到了舟山群岛，去那里当了一个岛主。

顺治八年（1651 年），在大体平定了各地叛乱后，顺治开始调兵遣将，大军云集在舟山附近，准备消灭这个岛主。

同年八月，舟山战役正式开始。在一番浴血奋战后，虽然鲁军奋力反击，但无奈兵少将寡，他们被清军击败。鲁王无处可逃，只能投奔了郑成功。

郑成功先尊奉隆武政权，后遥奉永历政权，他根本不承认这个鲁工监国政权。因此，郑成功告诉朱以海，投奔我可以，但有一个条件，必须退位归藩，否则绝不收留。

于是，鲁王上表永历帝，放弃了自己的监国身份，正式归藩。

鲁王退位后，郑成功没有为难他，他信守承诺，把鲁王接到自己管辖的金门，让他在这里养老。

朱以海归顺郑成功后，他们的关系非常微妙，他们既不是君臣，也不是同盟，最多是所谓的“同赐姓藩大集勋爵，结盟建义于闽岛，与赐姓藩为僚友”。

后来，郑成功率军收复了台湾。朱以海就随着郑成功去了台湾。

再后来，永历帝殉国后，一些南明遗孤就建议拥立朱以海为皇帝，让他继承大统，继续中兴明朝。结果，对于这个问题，郑成功和朱以海都“笑而不语”，他们都清楚地知道自己应该干什么。

郑成功病逝后，南明遗孤继续建议，不要把郑成功的遗产交给他的长子郑经，而是交给朱以海，让他登基称帝。

对于这个建议，郑经是怎么回答的，史无记载，不得而知。但所有史书都记载

了朱以海的回答，他给了郑氏家族一个想要的结果。

原来，就在众人商议期间，朱以海竟然“中痰去世”了，享年仅仅四十五岁。他去世的时间是康熙元年（1662 年）十一月，此时距离郑成功去世仅仅过去了半年（郑成功是康熙元年五月病逝的）。

朱以海一生都在为复兴明朝而努力，虽然干了很多错事，但他并没有遭到世人的误解，也没有遭到世人的唾骂。要知道，一直被世人误解，一直被世人唾骂，可是会死后不得安宁，万劫不复的。

这个被世人误解的人，就是马士英；这个被世人唾骂的人，就是阮大铖。

再说奸臣马士英。

弘光政权灭亡后，马士英和阮大铖来到浙东，投奔了鲁王。虽然在鲁王手下，马士英郁郁不得志，但他并没有灰心丧志，而是一直抵御清军。鲁王政权灭亡后，马士英也没有投降清朝，而是战斗到最后一刻。

如今，拜东林党那群篡改历史的人所赐，我们知道的马士英的结局，是他跟阮大铖一起投降了清军。后来，清军随便找了一个借口，将其斩首示众了。

其实呢，这根本不对，阮大铖是投降了清军，但马士英并未降清，他誓死不降，并战斗到了最后一刻。

鲁王政权灭亡后，马士英继续抗击清军，大势已去后，他逃到了四明山，在一家寺院剃发为僧，准备隐姓埋名度日。后来，因为其他人的告密，马士英被清军俘虏。清军让他投降，他誓死不降，最后英勇就义。

当时很多人都知道马士英是英勇就义的，如抗清志士沈士柱在《祭阮大司马文》中，就称自己生前与马士英同行，为耻；但死时不能与马士英齐名，更为耻。这也间接说明，大家都知道了马士英的结局，并对这个誓死不降的人赞叹不已。

然而，对于马士英英勇就义的事情，黄宗羲却一笔抹杀：“今古为君者，昏至弘光而极；为相者，奸至马士英而极，不待明者而知之也，有何冤可理？”

最后说另一个奸臣阮大铖。

顺治三年（1646 年）六月，清军顺利渡过钱塘江，开始攻打鲁监国政权。一番交战后，明军全线溃败，杭州被清军占领，鲁监国政权名存实亡。

在这个城破人亡之际，鲁王选择了一条路，逃跑；马士英选择了另一条路，隐居；阮大铖没有步他们后尘，他选择了第三条路——投降。

就这样，阮大铖剃发归降。

这个结果，也在意料之内，情理之中。

第十九章 天下“统一”

隆武灭亡

顺治三年（1646年）六月，清军顺利消灭了鲁王政权，他们准备继续前进，攻入福建，消灭隆武政权。

虽然目睹了鲁王政权的覆灭，朱聿键很是高兴，但他也产生了一种兔死狐悲的心情。毕竟，唇亡齿寒，鲁王政权灭亡了，下一个就是自己了。

在这种背景下，朱聿键开始御驾亲征，他准备出赣入楚，经略江西、湖广等地，去那里整顿兵马，抵御清军。当然，朱聿键之所以想去江西，离开福建，还有一个不能说的秘密——他要摆脱郑芝龙。

若朱聿键真的去了江西等地，凭借自己的威望，他真的有可能干出一番大事业。然而，令人扼腕叹息的是，朱聿键根本没有离开福建，就被清军追上，战死沙场了。

准确地说，是郑芝龙投降了清军，打开了仙霞关，清军这才攻入福建，追上了晃晃悠悠去江西的朱聿键，打了他一个措手不及，让他战死沙场。

虽然郑芝龙发誓效忠隆武政权，但实际上，他一直给自己留后路。从他善待洪承畴家属的事情上，就可见端倪。

当时，洪承畴投降清朝后，天下人痛骂之，也准备杀了他的家人泄愤。结果，郑芝龙第一时间就把洪承畴的家人接到自己的府邸，把他们保护了起来。后来，洪承畴去南京上班时，郑芝龙就把他的家人送到了南京，让他们团聚。

郑芝龙这样跟隆武帝解释，说让洪承畴家人团聚，是让这些人当说客，去说服洪承畴反清复明。

其实，这就是一个大笑话，南明有洪承畴的家人当人质，洪承畴还会投鼠忌器。让他们家人团聚，洪承畴就没有任何顾忌了，他会更加死心塌地地服务清朝了。

可见，郑芝龙所谓的劝降洪承畴，其实是在巴结洪承畴，给自己留一条后路。

就这样，因为有一个良好的合作，清军认为可以劝降郑芝龙，他们就开始调金遣银，让郑芝龙归顺自己。

最终，在一番讨价还价后，郑芝龙接受了清军“披闽广总督印，许以三省王爵”的条件，正式投降了。投降前，郑芝龙叫来家族成员，他让大家跟自己一起投降。

《台湾外纪》记载，这次开会时，郑成功誓死不降，他跟老爹展开了一段对话，足以载入史册，警示后人。

郑成功劝曰：“吾父总握重权，未可轻为转念。以儿细度，闽粤之地，不比北方得任意驰驱。若凭高恃险，设伏以御，虽有百万，恐一旦亦难飞过。收拾人心，以固其本；大开海道，兴贩各港，以足其饷。然后选将练兵，号召天下，进取不难矣。”

郑芝龙曰：“稚子妄谈，不知天时时势。夫以天堑之隔，四镇雄兵且不能据敌，何况偏安一隅。倘画虎不成，岂不类狗乎？”

郑成功曰：“吾父所见者大概，未曾细料机宜，天时地利，有不同耳。清朝兵马虽盛，亦不能长驱而进。我朝委系无人，文臣弄权，一旦冰裂瓦解，酿成煤山之惨。故得其天时，排闼直入，剪除凶丑，以成大统。迨至南都，非长江失恃，细察其故，君非戡乱之君，臣又多庸碌之臣，遂使天下英雄饮恨，天堑难凭也。吾父若藉其崎岖，扼其险要，则地利尚存，人心可收也。”

郑芝龙曰：“识时务为俊杰。今招我重我，就之必礼我。苟与争锋，一旦失利，摇尾乞怜，那时追悔莫及。竖子渺视，呻毋多谈。”

在这番对话中，郑成功的思想境界，要比他老爹高得多。

郑成功认为，闽粤之地易守难攻，清军根本打不进来，为什么要投降？同时，明朝和南明之所以亡国，是因为君主昏庸，大臣弄权，这才让清军灭了他们，跟天险没有关系。若我们群臣团结，仰仗闽粤地利，完全可以抵御清军，慢慢发展，渐图复明大业。

反之，郑芝龙却认为，清军是不可战胜的，早晚有一天，他们会攻陷福建，我们得投降清朝。因此，早投降，比晚投降好。早点投降，还能旱涝保收；兵败而投降，就什么好处都没了，只能后悔莫及。

可见，郑芝龙与郑成功的思想一对比，孰对孰错，不说自明。然而，不管郑成功怎么劝，哪怕说出了“夫虎不可离山，鱼不可脱渊；离山则失其威，脱渊则登时困杀。吾父当三思而后行”的经典句子，郑芝龙也不改初衷，他还是打算投降清军，并率军直奔清营。

看见父亲如此执迷不悟，郑成功毫无办法，他只能跟父亲分道扬镳。在留下了一封“从来父教子以忠，未闻教子以贰。今吾父不听儿言，倘有不测之祸，儿只有缟素而已”的信后，郑成功率军去了金门，去那里继续反清复明。

郑芝龙投降清朝后，清军喜出望外，对其笑脸相迎。然而三天后，清军便脱去了虚伪的面纱，把郑芝龙押送至京城。

郑芝龙来到京城后，立刻被软禁了起来。清朝也没有兑现什么“披闽广总督印，许以三省王爵”的待遇，随便赐予了他一个不伦不类的“一等镜奇尼哈番”了事。后来，清军更是把郑芝龙发配到了宁古塔，让他去那里当苦力。

至此，得到这个下场后，郑芝龙真是后悔不已。

其实，郑芝龙后悔的事情，岂止是自己的待遇问题。他真正应该后悔、该忏悔的事情，是因为自己的擅自投降，导致隆武政权灭亡。

原来，郑芝龙决议投降后，他学了吴三桂一把，打开了仙霞关，让清军入关。清军进入福建后，立刻兵分两路，一路去占领福建各地，确保占领全闽；一路去追击隆武帝，务必让这个皇帝彻底消失。

由于郑芝龙的投降，福建驻军群龙无首，根本无法反击。清军基本上没费一兵一卒，就占领了福建大部分地区。

占领福建的部队，顺利无比；追击隆武帝的部队，也完成了使命。

由于郑芝龙封锁了消息，隆武帝根本不知道他投降了清军，也根本不知道他已经放清军入闽了。当时，隆武帝正在去江西的路上，他准备去那里整顿兵马，反清复明。因为认为很安全，隆武帝走得很悠闲，他一边看书，一边前进（史称“载书十车以行”），他根本不知道大祸已经临头。

就这样，隆武帝在毫无准备的情况下，在汀州遇到了来追杀他的清军，迎来了属于自己的结局。

一番厮杀后，隆武帝死于乱军之中，享年四十四岁。对于隆武帝的结局，还有两种说法。

第一种说法是，隆武帝没有战死沙场，他兵败被俘，最终“绝食而死”。

第二种说法是，死在汀州的人，不是隆武帝，而是他的替身。隆武帝逃了出来，他逃到了广东五指山，去那里出家为僧。

我个人认为，前一种说法，还能相信；后一种说法，却是无稽之谈。这个理由，有两个。

第一，当时的广东是隆武帝的地盘，且百姓是拥立隆武帝的。若朱聿键逃到了广东，他完全可以东山再起，没有必要遁入空门。

第二，隆武帝遁入空门之说，只是当时百姓的流言罢了。纵观史料，没有一个隆武帝的大臣说过这样的话。反之，大家都确信隆武帝驾崩了，这才拥立他的弟弟登基称帝。

因此，我个人认为，隆武帝遁入空门的说法，只是一个假消息罢了。

不管隆武帝是战死沙场也好，是绝食而死也罢，有一点毋庸置疑，他死了。伴随着他的驾崩，隆武政权就此覆灭。这个在中国历史上的第二个南明政权，就此灰飞烟灭，成了一段令人唏嘘感叹的回忆。

对这个王朝、对这个贤明之君隆武帝，盖棺论定一下吧。

在南明的诸位皇帝中，隆武帝朱聿键是其中最贤明的一个君主。他胸怀大志，锐意进取，始终以复兴明朝为己任，并为此奋斗一生。

然而，令人痛惜的是，隆武帝生不逢时。他在位期间，内有飞扬跋扈、叛国投敌的郑芝龙，外有不请自来、擅自称帝的朱以海。

春情不断若连环，一夕思归鬓欲斑。

壮志未酬三尺剑，故乡空隔万重山。

我个人认为，李频《春日思归》的这段诗词，就是对这位皇帝一生最好的注解。

大西国的前世今生

顺治三年（1646年）六月，清军打跑了割据浙东的朱以海，鲁王政权名存实亡；同年八月，朱聿键在汀州遇害，隆武政权彻底灭亡。

短短数月之内，多尔衮就一口气消灭了两个南明政权，如此之战绩，足以让他兴高采烈。

殊不知，还有让多尔衮更加欣喜若狂的事情！

原来，就在这一年十一月，清军对割据四川一带的大西国发动了进攻，准备消灭大西国的皇帝张献忠，结束这种天有数主的局面，让天下彻底统一。

在出兵前，多尔衮清楚地知道，自古以来，四川易守难攻，绝不好啃。他已经做好了最坏的打算，准备跟张献忠来一个持久战。

然而，让多尔衮始料不及的是，割据四川的张献忠竟然那么不得民心，清军还未到，他在四川就已经混不下去了。且清军刚刚与他交战，他的部队就一哄而散，他本人也死于乱军之中。

关于这一切的故事，还得从头说起。

张献忠，延安人，家境贫寒，祖上是军籍，他的家族世世代代当兵，到他父亲那一辈时，为了摆脱这个身份，就开始经商，做些小买卖。

张献忠读过两年私塾，在上学期间，除了打架斗殴，还是打架斗殴。最终被学校开除了。

张献忠回到家后，父母对其非常失望，给他找了一个放羊的差事。

跟朱元璋一样，张献忠是一边放羊，一边结交同伴。他天性爽快、胆大，为人仗义，很快就结交了一批好勇斗狠的朋友。

成人后，张献忠成了当地的捕快。

然而，张献忠屡屡犯错，最终被革职查办。

被革职后，朝廷判他参了军。结果，在参军期间，张献忠又继续犯错，被判入狱，蹲了好几年监狱。

出狱后，看见天下大乱，张献忠二话不说，就投奔了起义军。投奔起义军之初，张献忠跟李自成一样，只是一个默默无名的小人物。但通过自己的努力，最终和李自成一样，出人头地，成了一个独当一面的起义军领袖。

当然，跟李自成不一样的是，张献忠成为农民军领袖后，他一直是烧杀抢掠、无恶不作的作风。最终，与李自成分道扬镳，建立了一个完全不一样的王朝。

这个王朝，是一个完全烧杀抢掠、无恶不作的王朝。

事实正是如此。

杀人魔王

崇祯十七年（1644 年），李自成在西安登基称帝，建立了大顺政权，张献忠也没有闲着，他挥师北上，夺取了四川，建立了大西政权。

张献忠进入四川后，他除了会杀人，也只会杀人了。

首先，这个皇帝杀百姓。

张献忠杀人多得数不过来。当时，他砍下来的首级、剁下来的耳鼻，可以用山来计算，史称“手掌如山积，几于假山千峰万叠”。

有一次，张献忠进城，百姓夹道欢迎，跪拜他入城。张献忠很是高兴，赏赐了大家每人一个元宝。结果，张献忠办完事情后，他要出城。百姓又跪在两侧，欢送他出城。结果，见此情景，张献忠竟然不高兴了，他大怒道：“你们还想要我的元宝吗？”他下令屠杀了百姓，把元宝都收回了。

还有一次，张献忠进城门时，他突发奇想，找来一根长绳，挂在离地四尺的地方（1.34 米），告诉全城百姓，“身高过绳者，杀！”结果，除了幼童外，全城百姓无一幸免，全部被杀了。

……

总之，张献忠杀人，那是不问原因，不问过错，不分时间，不分场合，想杀就杀，绝不犹豫，也绝无二话。

除了杀百姓外，这个皇帝也杀官员。

张献忠一朝，一共录用了九百多个官员。结果，只有二十五个官员幸免于难。

有人劝他，说您再这样杀下去，以后就没有人敢当官了。结果，张献忠呵呵一乐，道：“官员还怕无人做吗？老子肯售官职，就有不怕死的来！”

张献忠的这句话，貌似没毛病。

除了杀百姓、杀官员外，更可怕的是，这个皇帝还杀自己的部队！

原来，张献忠进入四川后，有数十万川军投降了他。结果，对于这些川军，张献忠始终不放心，他就随便找了一个由头，把他们都坑杀了。

对于外来的部队，张献忠会坑杀；对于自己的嫡系部队，张献忠也照杀不误。

有一次，张献忠问部下：“你们还有多少兵马？”有人回答道：“我部六万。”有人回答道：“我部五万。”有人回答道：“我部七万。”结果，听完部队的数量后，张献忠竟然怒了，他对着将领们大喊道：“我要那么多兵马干吗用？若想驰骋天下，只需要三千精锐即可。传令下去，每个军营每天必须杀十个人，违者军法处置。”

因为张献忠无止境的滥杀无辜，四川被他杀得尸横遍野、血流成河，老实巴交的四川人算是遭了劫难了。

清军收复四川后，四川一片狼藉，城镇渺无人烟，老虎成灾（老虎用群来计算），千里之内，几乎没有一个人。

由此可见，张献忠到底杀了多少四川人，真不愧是一个杀人魔王。

那么，这个杀人魔王是怎么死的呢？

顺治三年（1646年），张献忠在四川杀够了，于是率军离开四川，挥师北上，准备夺取长安，在陕西建立一个新的王朝。

事实证明，正是这个决定，让张献忠走上了一条不归路。

原来，张献忠北上时，正是清军南下之日。当时，多尔衮已经拜豪格为主将、鳌拜为先锋，命他们出兵四川，消灭大西政权。

顺治三年（1646年）十一月，张献忠屯兵至西充附近的凤凰山，准备在这里修整一下，继续出兵陕西。结果，这座凤凰山成了张献忠的长眠之所。

得知张献忠的位置后，清军立刻急行军，来攻打他。攻打张献忠当天“寒冰凛冽，朔风刮面，平地雾起，目不见形状”，清军顺利地来到张献忠的大营前。

在被清军偷袭的情况下，张献忠的部队根本没有还手的余地。一番厮杀后，张献忠的部队损失惨重，他们被清军“破营一百三十余处”，被斩首“数万级”，大西军只能四散而逃，张献忠本人则被清军前锋鳌拜斩杀。

凤凰山一战后，伴随着张献忠的死，他建立的大西政权彻底成为历史，清朝也在统一天下的大路上，又消灭了一个强敌。

在消灭了大西国这个外患后，多尔衮把矛头对准了内乱。

罢免济尔哈朗

顺治四年（1647年）二月，多尔衮突然发难，他以济尔哈朗王府“王殿台基逾制”为由，要求对其严惩不贷，以儆效尤。

其实，多尔衮的这个罪名，根本就是“欲加之罪，何患无辞”，当时，他王府的壮丽程度，丝毫不亚于皇宫，如果逾越是罪名的话，多尔衮应该是第一个挨罚的人。

当然，不管多尔衮给济尔哈朗什么罪名，结果都是一样的。

对于这个罪名，济尔哈朗啥也没说，他乖乖交了两千两银子，作为罚款，还被剥夺了皇叔辅政王的官职，闭门思过，反省自己的“罪行”。

多尔衮之所以严惩济尔哈朗，除了要继续打击这个政敌、防止他死灰复燃外，更主要的原因，就是要济尔哈朗挪窝，好把他皇叔辅政王的位置让给自家人。

收拾了济尔哈朗后，过了一段时间，多尔衮突然下令开会，他告诉众人：“我的弟弟多铎是一个很有能力的人，自入关后，在剿灭李自成和攻打南明的战役中，屡建奇功。对于这样一个人，朝廷不赏赐他，不给他加官晋爵，说得过去吗？这样吧，从今天起，加封我弟弟为辅政叔德豫亲王。”

至此，在多尔衮的独断专行下，大清又多了一位皇叔辅政王。

平心而论，多铎能力出众，也建立了很多奇功，若给他这个官职，也是名正言顺的。然而，为了让弟弟得到职务，多尔衮却先罢免了济尔哈朗，让其强行致仕。多尔衮此举，无疑就是巧取豪夺。他这么干，只能让大家敢怒不敢言，更加痛恨他。

听完多尔衮的建议后，大家不敢反对他，只能“佥以为然”，都同意了此事。

就这样，多铎成了大清历史上第三位辅政王，并举行了一场非常隆重的晋升大典。

大典结束后，为了表示自己的诚意，也为了谦虚一下，多铎当众宣布，自己虽然成了辅政王，跟济尔哈朗同级，但是，根据论资排辈原则，济尔哈朗名列在自己前面，我永远给他打下手。

虽然多铎说这番话时，态度真诚，但大家都明白，这只不过是多尔衮兄弟在演戏罢了。

顺治四年（1647 年）七月初一，多铎晋封为辅政王，发表了那篇感人肺腑的宣言。结果，仅仅过了五天，即七月初六，这对兄弟就撕下了虚伪的面具，开始行动了。

多尔衮突然给内院、六部、都察院、理藩院等部门发布谕示，告诉他们——

前令辅政德豫亲王、和硕郑亲王共听政务。今和硕郑亲王已经停罢，止令辅政德豫亲王与闻。凡各部院事务，有应亲理者，有应辅政德豫亲王代理者，开列具奏。

就这样，在这道谕示下，济尔哈朗彻底下岗回家了，大清王朝就此成为这对兄弟的囊中之物。这对胞弟一个摄政、一个辅政，从此以后，再也没有人能够威胁多尔衮的统治了。

顺治五年（1648 年）三月，多尔衮再次掀起战火，准备置济尔哈朗于死地。当时，他接受了贝子吞齐、尚善和大臣富喇塔、努赛的奏折，宣布了济尔哈朗的六条大罪。

第一，当初，济尔哈朗拥立豪格为君，有擅谋大事之罪。

第二，迁都北京时，济尔哈朗擅自率领自己的镶蓝旗靠近皇帝，还与皇帝并排而行，有违规制。

第三，还是在迁都北京时，济尔哈朗安排豪格的妻子走在阿济格和多铎的妻子前面，这就是在“曲洵豪格”。

第四，处理政事时，济尔哈朗毫不用心，他“既无为国宣劳之处，也无辅政之功”。此外，济尔哈朗毫无作为也就罢了，他竟然自认为对国家有大功，不仅目无君主，还私自修建了一座巨大的府邸，以彰显自己的功绩。

第五，济尔哈朗赏罚不公，他宠爱有罪的大臣顺尔玛洪、罗托等人，不仅授予他们官职，还赐予他们华丽的住宅。

第六，济尔哈朗的夫人也不是什么好人，别的王爷家里出了丧事，济尔哈朗的夫人竟然装病不去，她“漠视所亲”，破坏满洲内部和谐。

其实，多尔衮所谓的六条大罪，就是将一些陈年旧事和一些鸡毛蒜皮之事无限扩大。然而，多尔衮就是要办济尔哈朗，群臣还能怎么办呢？他们只能同意这六条罪状。

最终，群臣在商量后，给了多尔衮一个满意的结果——济尔哈朗恶贯满盈，拟“斩立决”，家产全部充公，家族全部发配。

对于这个判罚，多尔衮很是满意，但他还是要做一番表面工作的。多尔衮告诉群臣，虽然济尔哈朗“罪不可赦”，但念其是皇亲国戚，也对国家有大功，所以就对其网开一面，从轻判罚吧。

于是，经小皇帝“同意”后，多尔衮起草了一份最终判决——革去济尔哈朗亲王爵，降为多罗郡王，罚银五千两。同时，济尔哈朗的同党们也要受到相应的惩罚，以警示后人。

就这样，以济尔哈朗案为开端，多尔衮好好把群臣过了一遍筛子，那些不服从自己、跟自己作对的人，全都扣上了济尔哈朗同党的罪名，被他处理掉了。

因为一直跟多尔衮作对，所以在这次大清洗中，两黄旗将士不可避免地受到了牵连。在多尔衮胡乱贴标签下，鳌拜和索尼也成了济尔哈朗的同党，被严惩不贷。

在多尔衮的判罚下，鳌拜被剥夺了兵权，下岗回家、闭门思过去了。索尼更惨，被革去了所有的官职，成了一个平头老百姓。这还不算，为了继续打压索尼，多尔衮派他去给皇太极守灵，让他当一个陵园的夫役。

就这样，在一番大规模的清洗后，多尔衮轰走了所有反对自己的大臣，让这个国家的思想“统一”了。留下来的大臣，要么就是多尔衮的死忠，要么就是虾兵蟹将组成的队伍，再也无法威胁他的统治了。

惩办豪格

对比济尔哈朗，多尔衮更加厌恶、痛恨豪格。毕竟，在多尔衮眼中，豪格是自

己的皇位竞争者，当年若不是他横加阻拦，自己早就登基称帝了，何来今日这多余的摄政之事。

鉴于此，豪格就是多尔衮的眼中钉、肉中刺，必须除之而后快。这么多年了，只要一有机会，多尔衮就会往死里整豪格，让他去打硬仗、打恶仗，希望他战死沙场。结果，豪格命大，这么多年了，一直没有战死，一直无法让多尔衮得偿所愿。

前面讲过，顺治三年（1646 年），多尔衮命豪格为靖远大将军，率军去四川平定张献忠。要知道，多尔衮此举，无非就是借刀杀人罢了。

毕竟，四川一直易守难攻，张献忠也骁勇善战，豪格根本不可能会获胜。届时，多尔衮随便找一个战败的罪名，就能名正言顺地将豪格斩首示众。

孰料，平叛的顺利程度完全超乎了多尔衮的想象。他更无法想象，张献忠在四川会那样的不得民心、且那样不禁打。仅仅跟清军交战了几次，张献忠就全线溃败，本人也战死沙场了。

顺治五年（1648 年）二月，经历了两年的浴血奋战后，豪格平定了整个四川，班师回朝。

顺利平定了四川，豪格建立了一个“不世之功”，他一下子成为大清王朝的英雄了。在这种情况下，大家皆认为，即使多尔衮再不甘心，他也只能收回磨好的屠刀。

殊不知，在多尔衮眼中，英雄？那是不可能的！

从豪格的庆功宴上，就能看出多尔衮的险恶用心。

豪格凯旋后，他本以为，皇帝应该率领文武百官出城相迎，他也会得到无数的鲜花和掌声，被人歌功颂德。

结果，理想跟现实，根本不是一回事。

当时，豪格回营的场景，只能用“冷冷清清，凄凄惨惨戚戚”来形容。这一路上，没有一朵鲜花，没有一个掌声，因为根本没有一个来欢迎的百姓。天下人都惧怕多尔衮，都不敢来欢迎他的死敌。

好在，进入京城后，小皇帝对豪格还不错。得知大哥凯旋后，顺治非常高兴，他在太和殿举办了一桌酒宴，亲自“宴劳之”。这对苦命兄弟喝了很多酒、说了很多肺腑之言，双方都非常尽兴。

宴会结束后，豪格满意地回府了。在他眼中，虽然自己受到了不公平待遇，但一想到皇帝弟弟对自己还不错，就释怀了很多。

顺治五年（1648 年）三月初六，多尔衮突然发起进攻，他弹劾三等男爵希尔艮冒功领赏，并把矛头直接指向豪格。多尔衮认为豪格就是希尔艮的背后靠山，没有他的暗中指使，希尔艮焉有这种夺取其他将领劳动果实的举动。

多尔衮以此为契机弹劾豪格三项大罪。

关于豪格的这三个罪名,《清实录》是这样记载的:

> 顺治五年三月辛丑。幽系和硕肃亲王豪格。先是,豪格出征四川已及二载,地方全未平定,地方官亦未有以投诚平定入奏者,又击败流贼张献忠,遣学士苏纳海启奏时,有护军统领哈宁噶,于众人会集处言曰:“若非护军统领阿尔津、苏拜相助,则我等皆失利矣。”希尔艮在后,夺前进之阿尔津、苏拜功。王将其冒功事竟未议结。
>
> 次日,阿尔津、苏拜跪求议,王亦未议。尚书谭拜请议,王又未议,且将谭拜请议事云无之,又欲将罪人杨善弟机赛补护军统领,启奏。于是,诸王贝勒贝子大臣会议,以肃亲王将希尔艮冒功事隐蔽,旧念未除,因杨善为伊而死欲升其弟,乱念不忘,奉有以罪人杨善弟机赛为护军统领不合之。

在这段记录中,多尔衮给豪格定的罪名为:

第一,出兵两载,寸功未立,直到现在,也没有平定四川。所以,豪格没有任何功劳,他反而有罪。

第二,夺了阿尔津、苏拜的功劳,把功劳记在了希尔艮的头上。即使阿尔津、苏拜等人不服,“跪求重议”,豪格也不理不睬,还是把他们的功劳抢走了。豪格此举,有失公正,必须将其严惩不贷,还受害者一个公平。

第三,杨善的弟弟机赛,是一个罪臣之后,根本不配当官。结果,豪格还是保举他当了官。可见,豪格一定收取了机赛的贿赂,否则不会替他说话。对于这种犯了贪污腐败、严重违纪的官员,必须严惩不贷。

给豪格定下三条大罪后,多尔衮下令全体开会。

《清实录》记载,在会议中,多尔衮痛骂豪格不知悔改,给了他三次机会,还敢犯罪,真是罪无可赦。众人也明白多尔衮的意思,大家皆愤怒无比,人人义愤填膺,要求对豪格严惩不贷,以正国法。

最终,众人一致决定,“豪格应拟死”。

众人把商议的结果告诉了皇帝,顺治以“如此处分,诚为不忍,不准行”为由,要求众人重议。大臣们虽然“复屡奏言”,但始终说服不了皇帝,双方只能僵持下去。

僵持了一段时间后,大臣们(主要是多尔衮)退步了,大家以“太祖长子亦曾似此悖乱,置于国法”为例,免去了豪格的死罪,改为“终身监禁”,让他跟褚英一个待遇。

其实，天下人都知道，多尔衮给豪格定的三条大罪，根本就是“莫须有”。

现在，开始反驳这三条罪名。

第一条罪名，未平定四川，无功有过。

实话实说，豪格若没有平定四川，朝廷能让他班师回朝吗？肯定是四川再无战事了，朝廷才让他回归的。

退一步说，豪格出兵的任务，是消灭盘踞在四川的逆贼张献忠，如今任务已经完成了，豪格就可以班师回朝了。即使四川有些地方尚未平定，那也是地方官员的任务，跟豪格有什么关系呢？

再退一步说，多铎平定南明班师回朝后，南方不也是没有太平，百姓还在继续造反吗？按照多尔衮的定义，多铎也有罪，凭什么他就得到褒奖，没有受到惩罚呢？

可见，多尔衮的判罚尺度，根本就是一个双重标准，他对人不对事，挑明了就是要办豪格。

第二个罪名，巧取豪夺，冒功领赏。

多尔衮说豪格赏罚不公，把阿尔津、苏拜的功劳记在了希尔艮的头上。其实，这并不是历史真相。

史书中的希尔艮绝非胆怯无能之辈，此人一直骁勇善战，建立了很多功劳。在大清入关的战役中，更是浴血奋战，屡建奇功。相反，对比苏拜，阿尔津、苏拜的战绩就逊色得多。因此，他们到底是谁抢夺了谁的功劳，真不好说。

还有一点需要注意，希尔艮是两黄旗出身，是多尔衮眼中的仇敌；希尔艮、阿尔津是两白旗出身，是多尔衮的亲信。

在当时的背景下，两黄旗的将领都夹着尾巴做人，唯恐得罪多尔衮，引来杀身之祸。反之，两白旗的将士都横着走路，飞扬跋扈，不可一世。当时，就多次出现两白旗将士抢夺其他将领战功的事件，大家敢怒不敢言，只能忍了。

可见，当时的情况决定了，希尔艮没有胆量去抢夺阿尔津、苏拜的战绩，他们却有胆量抢夺希尔艮的战绩。因此，大胆假设一下，这个案件的真相很可能是反的，是阿尔津、苏拜抢夺了希尔艮的战绩，然后歪曲事实，恶人先告状。

因此，这个所谓的“冒功领责”的罪名，很可能就是一个诬告。

第三个罪名，重用罪臣之后。

要知道，多尔衮罗列的这条罪名，根本就不叫罪名！

首先，机赛的哥哥根本就不是罪臣。因为杨善是济尔哈朗的亲信，所以他就成为多尔衮打击的目标，多尔衮随便找了一个罪名，就让杨善变成了黑户，也顺便让他的弟弟机赛变成一个罪臣。

其次，退一步说，就算杨善是罪臣，那又跟机赛有什么关系呢？在清朝的历史中，褚英的子嗣杜度、阿敏的兄弟济尔哈朗，哪一个不是罪臣之后？他们还不是凭借自己的本事，出人头地，位极人臣。所以说，多尔衮拿出身说事，根本就是醉翁之意不在酒。

最后，多尔衮在罗列这条罪名时，他仿佛忘记了一件事情，他自己就是罪臣之后。努尔哈赤临死前，曾经颁布遗诏，说多尔衮的母亲是一个祸国之女，让其自裁了事。因此，多尔衮就是一个罪臣之后，他也应该跟机赛一个待遇，根本不配当官，更别说位极人臣了。

综上所述，多尔衮给豪格罗列的这三条罪名，根本就是诬告，就是要让豪格去死。豪格虽然痛苦无比，但却无力反击，只能乖乖认罚，就此锒铛入狱。

没过多久，在多尔衮的构陷下，豪格神秘地死在了监狱里，享年三十七岁。这位大清国的一代英杰，就这样不明不白地离开了人世，成了一个冤死鬼。

得知大哥“薨于狱”的消息后，顺治皇帝都疯了。他万万没有想到，多尔衮竟然敢如此行事。为此，皇帝气得掀桌子、砸板凳，把身边的宫女、太监狠狠地鞭打了一顿。一时间，后宫鸡飞狗跳，一片狼藉。

单凭此事，就能看出顺治对豪格的感情，是何其深。同样，顺治对多尔衮的态度，是何其恨。

在中国的历史中，能够把皇帝气成这样的大臣，其结果就可以猜一个八九不离十了。为什么多尔衮的下场会那么惨，其实从这里就已经埋下了伏笔。

干掉了豪格后，多尔衮终于消灭了所有政敌，他的威望也达到了顶点。他终于踏上了紫禁城之巅，成了这个国家真正的掌门人。

这个说法，就是事实。

因为，就在这个时候，多尔衮获得了一个至高无上的头衔——皇父摄政王。从此以后，他不再是辅佐皇帝的王爷了，而是皇帝他爹，也成了一个“皇帝”。

伴随着这个头衔的诞生，大清王朝就此诞生了一个疑案。

这个疑案，就是历史上大名鼎鼎的“太后下嫁”。

第二十章 清朝疑案之一——太后下嫁

太后下嫁

《清史稿》记载，顺治五年（1648 年）十一月，顺治皇帝在举行完祭祀仪式后，例行公事地颁布诏书。

在这封诏书中，顺治大赦天下，恩赐百姓；对官员加官晋爵，以示恩宠……当然，这些都不是最重要的事情。最重要的事情，就是顺治在这篇诏书中，让多尔衮晋级为皇父摄政王。

叔父摄政王治安天下，大有勋劳，宜加殊礼，以崇功德，尊为皇父摄政王。凡诏疏皆书之。

至此，在大清历史乃至中国历史上，一个全新的“皇父摄政王”词语，就此诞生。这个词语，也引发了太后下嫁一事。

毕竟，从字面解释，多尔衮都成了“皇父”，皇帝的爹了。那么相应的，他也成为皇帝妈的夫君了。

那么，这个太后下嫁的故事，是真的吗？

现在，开始论证，并阐述一下我的观点。

如今，很多史学家们都坚信，孝庄就是下嫁了多尔衮，且有很多的证据可以证明。

这些证据，主要有四个。

第一，多尔衮的名号由“皇叔父”变成了“皇父”。如果孝庄没有下嫁，顺治为什么叫多尔衮“皇父”呢？

第二，部分史学家们坚称，他们从史料中找到了太后下嫁的诏书，孝庄就是下嫁了多尔衮。

第三，跟孝庄同一时代的南明遗老张煌言写了一首《建夷宫词》，证明太后确实下嫁了。

第四，《红楼梦》里有很多隐藏词语，证明太后确实下嫁了。

除了这些证据外，还有很多其他的证据。

比如说，康熙为了孝顺祖母，修筑了一个寺院，为她祈福。修筑寺院无可厚非，然而，这座寺院却修在多尔衮养鹰的晾鹰台旁边，且叫永慕寺，这就不由得让人浮想联翩了。

要知道，北京大了去了，为什么不修在别处，非要修在这里呢？且这个永慕寺，到底是一个什么意思？难道是要永远怀念和仰慕多尔衮吗？

再比如说，孝庄病逝前，她颁布懿旨，不要把自己的尸体运回盛京与太宗合葬，而是埋在儿子顺治旁边。

要知道，夫妻生前同衾，死后同穴，此乃天经地义之事。然而，孝庄却死活不回盛京，要和儿子葬在一起，这是一个什么道理？

难道说，真如民间传闻的那样，孝庄失节了，她愧对皇太极，这才不与他葬在一起。而且，孝庄临死前的那道遗诏，也让人浮想联翩。

虽然，在这封遗诏上，孝庄讲明白了不跟皇太极埋葬的理由是“我心恋汝皇父及汝，不忍远去”。但是，孝庄口中的“皇父”，到底是谁呢？这个皇父是康熙的父亲顺治呢？还是另有其人？

那么，历史的真相，真是这样吗？孝庄真的下嫁多尔衮了吗？

我个人认为，未必。

现在，开始论述我自己的观点。

我个人认为，《红楼梦》里有很多隐藏词语，这个不假。但这些词语，不能证明太后下嫁了。

有一个研究红学的门派，叫作索隐派。这一派的宗旨是，通过“探索幽隐”，发掘被小说表面故事所掩盖的“本事”，也就是故事的本来其事。

中国著名的教育家蔡元培先生，就是这个门派中的一人。他写过四万字的《石头记索隐》，以证明“贾宝玉”的意思就是“传国玉玺之义也，乃影射康熙时的废太子胤礽”。

在这种寻求“本事”的思想下，索隐派推测《红楼梦》里有很多含沙射影的话，证明“太后下嫁给了多尔衮”。

比如说，索隐派告诉我们，贾府门前有四个字，乃“敷、敬、赦、政”，这四个字，取谐音就是“夫敬摄政”，寓意太后下嫁给了多尔衮。

还比如说，索隐派告诉我们，焦大骂的养小叔子的话并非指宝玉、凤姐，而是指的孝庄和多尔衮。

还比如说，索隐派告诉我们，《红楼梦》第十八回描写的场面，不是元妃归省，而是在影射太后下嫁时的盛典。

诸如此类。

总之一句话，索隐派告诉我们，《红楼梦》的很多内容，都论证了太后下嫁这回事。

然而，在我眼中，索隐派的这种说法，并不是事实。

我个人认为，红学考证派的说法，要比索隐派的说法准确得多。毕竟，索隐派很多说法都是断章取义，根本经不起推敲。我拜读了《挑灯看清朝》一书，作者邓荣栋先生就反对索隐派的说法。

邓荣栋先生的大概意思是：

我也提了一个特欠揍的例子。比如贾代善，他有两儿子，一个叫贾赦，一个叫贾政，贾政的老婆是王夫人。因此，这三个人名字加一起，不就叫“摄政王”吗？摄政王不就是多尔衮吗？因此，多尔衮跟代善是一家子，他是代善的儿子，根本不是努尔哈赤的子嗣。可见，索隐派的说法，真的值得商榷。

邓荣栋先生的这种说法，不失为一番道理。

我个人认为，虽然在索隐派眼中，《红楼梦》很多“证据”都证明了太后下嫁了多尔衮。但这些“证据”有待商榷，并不能证明这个事实。且《红楼梦》本身是一部古典小说，并不能与历史相提并论。

毕竟，历史是历史，小说是小说，不可混为一谈。

开始反驳

《红楼梦》讲述完了，现在，开始阐述南明遗老张煌言写的《建夷宫词》，看看他到底写了什么，变成了太后下嫁的证据。

《建夷宫词》一共有十首，其中第七首描写了太后下嫁的场面。

上寿觞为合卺尊，慈宁宫里烂盈门。
春宫昨进新仪注，大礼恭逢太后婚。

光从字面上看，这就是一首描写太后大婚的诗词。且张煌言跟孝庄、多尔衮等人是一个时代的人，他就是那段历史的见证人。因此，在后人眼中，张煌言的这首诗词，就是太后下嫁的证据，不容置疑。

然而，在我的眼中，这个说法也值得商榷。

首先，我们要了解张煌言这个人，才能明白他为什么写这首词，以及他写这首词的目的。

张煌言，字玄著，号苍水，鄞县（今浙江省宁波市鄞州区）人，汉族。南明儒将、诗人，著名抗清英雄。

史料记载，张煌言是一个至死不渝的抗清义士。在弘光朝当官时，他就上书朝廷，要跟清朝开战。弘光灭亡，侍奉鲁王期间，他率军镇守浙东，抵御清军。鲁王灭亡后，他与荆襄十三家联合起来，继续抗清。

康熙三年（1644 年），张煌言见明朝大势已去，不可能再光复了，伤心欲绝的他就遣散余部，隐居在一个小岛上，准备了却余生。结果，因为旧部的出卖，张煌言被清朝缉捕，被关押在天牢里。

清朝知道张煌言是个人才，就想笼络他，让他投降。结果，张煌言誓死不降，还写了一首“衣冠犹带云霞色，旌旆仍留日月痕。赢得孤臣同硕果，也留正气在乾坤”的绝命诗，以表决心。清朝见劝降不了他，就把他残忍地杀害了。

张煌言的履历告诉我们，他就是一个誓死不投降清朝的大明孤臣。他的一生，不会给清朝任何好脸，也不会说清朝一句好话。

其实，在张煌言的《建夷宫词》中，我们就能看出他的决心了。在这十首诗词中，张煌言不仅讽刺“孝庄不知廉耻，再次嫁人”，他还从衣饰、住所、食物、坐骑、信仰、娱乐、文字、习俗等方面，狠狠地把清朝人讽刺了一遍。

那么，问题来了，对清朝如此仇视，张煌言能够正确地看待历史事件吗？他会不会以一个很小的事情为起点，经过自己的想象加工，把这件事情无限扩大，最后变成一件惊天动地的事情，以嘲讽对手呢？

答案不说自明。

如今，一些史学家已经论证出来了，《建夷宫词》描写的太后下嫁的场面，根

本不存在，这只是张煌言的想象和艺术加工罢了。

何为想象？

在《建夷宫词》中，张煌言告诉我们，孝庄太后是在慈宁宫举行的大婚仪式。其实呢？根本不是那么回事。

要知道，因为李自成的一把火，紫禁城已经被严重破坏。当时，慈宁宫一直在修建，根本无法住人。

直到顺治十一年（1654年），孝庄才入住修好的慈宁宫。可是，那个时候，多尔衮不仅早就死了，他还被顺治"刨坟掘墓"。人都没了，何来大婚之说？

可见，张煌言所谓的慈宁宫大婚一事，不过是他的想象罢了。

我个人认为，张煌言在《建夷宫词》中描写太后下嫁的场面，很可能是他听说了多尔衮大婚，就借题发挥，恶心清朝罢了。再加上各种道听途说，他就艺术创造了这么一个太后下嫁的故事。

讲述完了《红楼梦》和《建夷宫词》的后，我再阐述所谓的下一个证据——诏书。

如今，部分史学家坚称，他们从史料中找到了太后下嫁的诏书，孝庄就是下嫁多尔衮。

那么，这个诏书，真的存在吗？

还是那个词——未必。

继续反驳

有些史料就记载，乾隆年间，大才子纪晓岚在管理皇家档案馆时，他就看见了这份太后下嫁的诏书。结果，纪晓岚告诉乾隆皇帝："我们要保护皇家颜面，怎么能把这种诏书流传于世呢？"于是，这份诏书就被烧毁了。

可见，现在没有这个诏书了，但这并不能表示历史上没有这个诏书，只是缺少了直接史料证据罢了。

中国近代有一个著名的清史学家，叫作孟森。此人是中国近代清史学科的奠基人，他的著作也是近代清史研究发展的一块重要里程碑。

当时，为了研究这起太后下嫁疑案，孟森查遍了所有的文献资料，并把所有朝鲜记载的清朝史料也都查了一遍，最后他得出一个结论——根本没有这个下嫁诏书，也没有太后下嫁这回事。

那么，孟森为什么要查阅朝鲜资料呢？

原来，确实跟大家预想的一样，为了遮丑，清朝有销毁资料的习惯。但是，如果是诏书这种重要文件，一定会昭告天下，发送邻国，告知朝鲜。如果朝鲜的资料库里也没有，那就只能证明一点，根本没有这个诏书。

要知道，朝鲜的资料库非常全，努尔哈赤、皇太极朝的那些宫廷隐事，清朝都给销毁了，但朝鲜都给留着呢。不管是真是假，他们都保留了下来，并流传至今。

朝鲜只有一段关于“皇父”的问答，就再无下文。

顺治六年二月，清使赴朝鲜递交国书，上见书中，称多尔衮为“皇父摄政王”，便问道：“清国咨文中，有皇父摄政王之语，此何举措？”

朝鲜官员金自点回答道：“臣问于来使，则答曰，今则去‘叔’字，朝贺一事，与皇帝一体云。”

朝鲜右议政郑太和说：“敕中虽无此语，似是已为太上矣。”

上曰：“然则二帝矣。”

——《李朝实录》

这段话的意思是说：

1649年二月，朝鲜国王接到了清朝的一封国书，国书内容不知道，但上面出现了“皇父摄政王”五个字，让朝鲜国王困惑不已。朝鲜国王问大臣道：“这个‘皇父摄政王’是什么意思？”

一个叫金自点的大臣回答道：“臣问过来使，他们是这样解释的，去掉一个‘叔’字，以显示摄政王的尊贵。以后，觐见摄政王时，要用见皇帝的礼仪。”

另一个叫郑太和的大臣补充道：“清朝的诏书虽然没有说明原因，但臣认为，多尔衮应该是当了太上皇。”

听完大臣的解释后，朝鲜国王给了一个自己的定义：“那就是说，如今的大清国，有两个皇帝了。”

关于我们直到今天还议论纷纷的太后下嫁一事，朝鲜就讨论了这么多。随后，就没有下文了，他们根本就不关心此事。

要知道，朝鲜人一直关心着清朝的一举一动。清朝的任何小事，也难逃他们的法眼，且一定会第一时间知道。

朝鲜人打探清朝，到了什么地步呢？中原百姓还不知道“雍正登基，可能不正”的事，朝鲜的民间却已经知道这件事情，各地皆出现了“雍正继位，或云出于矫诏”的流言蜚语，闹得沸沸扬扬。

可见，朝鲜的小道消息，就是这样的灵通。

综上所述，如果大清真的出现了太后下嫁的事情，哪怕是出现了一些流言蜚语，朝鲜人也一定会知道此事，并将此事记录下来，昭告后人。然而，朝鲜文献没有记录此事，也只能说明一个问题——根本没有下嫁诏书，也没有太后下嫁这回事。

当然，也有人持反对意见，坚信有下嫁诏书。

比如说，近代学者刘文兴撰写的《清初皇父摄政王多尔衮起居注跋》中，就写道，宣统元年，他的父亲刘启瑞任内阁侍读学士，在奉命收拾内阁大库档案时，“得顺治时太后下嫁皇父摄政王诏”。

再比如说，有些学者就见过一本叫作《国母大婚典礼》的书。据说，此书出自钱谦益之手，是一本制定礼仪、创建各种规章制度的书。按照今天的定义，就是一本婚礼筹备书。

还比如说，有些学者就坚信，有一个叫作《东华录》的书不仅记录了太后下嫁的全过程，还记录了下嫁诏书的全部内容，只是这本书失传了罢了。

对于下嫁诏书的问题，学者们各抒已见，已经无法判断孰是孰非了。

套用官方的一句话解释，就是——如果没有新的史料出炉，孝庄是否下嫁，还不能确定。

其实，孝庄到底有没有下嫁，还得追究本源，看看多尔衮这个“皇父”，到底是一个什么意思。

没有真相

多尔衮曾经被称为皇父摄政王，如今在很多清朝历史文献中，都能看见这个词语。比如说，中国第一历史档案馆保存的顺治朝题本上，就有“皇父摄政王”字样。

可见，在中国历史上，多尔衮确实被称为“皇父摄政王”，这一点毋庸置疑。

那么，问题来了，这“皇父”两个字，是什么意思呢？

皇父，字面解释就是皇帝的父亲。然而，对于这个称谓，史学家有不同的理解。有些专家认为，在中国传统文化中，“皇父”不过是一个荣誉象征，就跟中国历史上的“尚父（姜子牙）”“仲父（管仲）”“相父（诸葛亮）”一样，只是一个称谓罢了，多尔衮根本不是顺治的父亲，也不是孝庄的夫君。

而胡适却不接受这种解释，他认为，满洲人是少数民族，不能按照中原文化来解释。虽然满洲人在没有进入中原时，就开始接受并使用中原的文化了，但这些仅限于政治制度，并不是文化习俗。

胡适认为，就文化发展而言，有一个十分普遍的规律，政治制度的转换演变相对快，而文化习俗的转换演变比较慢。大清刚刚入关，他们可以接受并使用汉人的政治制度，但并没有融入汉人的习俗，所以还存在着“叔嫂婚”这种行为。因此，多尔衮就是迎娶了孝庄为妻。

有史学家认为，满洲人入关后，不仅接受了中原的政治制度，也接受了中原的文化习俗。毕竟，早在皇太极时期，满洲人就开始学习汉人，不许再“收继婚”“转亲婚”“叔嫂婚”。

天聪四年（1630 年），清太宗就明确下令，不得娶继母、伯母、嫂母、弟妇、侄妇。

后来，因为没有完全禁住，崇德元年（1636 年），皇太极再次下令，禁止族内亲，迎娶自己继母、伯母、嫂母、弟妇、侄妇者，以“同奸淫罪问之”。

可见，皇太极时期，就开始取消族内婚，不让弟弟娶嫂子了，怎么到了顺治时期，这条法令却消失了呢?

因此，多尔衮根本没有干迎娶嫂嫂的事情，如果他干了，他就是知法犯法，在主动找死。

对于这种说法，有些人就反驳了，法律有用吗？就说多尔衮的地位，他若违反了这条法律，有人管得了他吗?

就因为多尔衮已经功高震主，所以孝庄太后实在是没有办法了，才出此下策，下嫁给了多尔衮，来保护儿子的皇位。

孝庄的下嫁，打消了多尔衮谋朝篡位的心思。从此以后，他安安心心当一个太上皇。

这番话，看似有道理。但这些史学家们搞混了一件事情。太后下嫁，跟多尔衮谋反，没有任何的关系。

要知道，轰走济尔哈朗、干掉豪格后，多尔衮俨然就是这个王朝的第一人，当时的他军政大权在手，拥有翻云覆雨的能力。只要他随便动动手指，大清王朝就得换人当家。

在这种背景下，如果多尔衮真的想谋反，就是十个孝庄嫁给他，他也必反无疑。反之，如果多尔衮不想造反，他也不会因为孝庄不嫁给他而恼羞成怒。

多尔衮造不造反，其实跟孝庄下嫁一点关系也没有，不可混为一谈。

对于太后是否下嫁这个问题，不管提出什么观点，都会有反驳的人。

而我个人认为，孝庄没有下嫁多尔衮。毕竟，当时的史料和文献都没有记载此事，孝庄下嫁很可能是后人为了恶心清朝故意编写的故事罢了。

如今，太后是否下嫁这个问题，已经是一个千古之谜了。我们只能指望更多的史料出炉，才能解决这个问题。

毕竟，在没有确切证据出现之前，孝庄到底是否下嫁了多尔衮，不能轻易定性。现在一切的结论，都只是猜测罢了。

第二十一章　最后一个南明政权

朱由榔的前世今生

天启三年 (1623 年)，在北京顺天府的一个王府内，一个男婴呱呱坠地。

当时，对于这个小婴儿，人们并没有特别在意。毕竟，他只是明神宗朱翊钧众多孙子之一，明桂端王朱常瀛众多儿子之一，稀疏平常，毫无亮点可言。

然而，没有一个人会想到，这个孩子将会是大明王朝最后一个皇帝。而这个强大的帝国，也将在这个男婴手中就此终结。

这个男婴叫朱由榔，是朱常瀛七个儿子之一（也有说他有六个儿子），在北京度过了最初的五年后，朱由榔就随父亲去了湖南衡州就藩。

对比其他花天酒地、纸醉金迷的藩王，朱常瀛的家庭教育就一个观点——小心做人，不要去惹事。

朱常瀛的这种观点，往好了说，叫有自知之明；往不好说，叫胆小怕事。当然，不管朱常瀛的本意是什么，在他的教育下，桂王府的王子们成了一群“贤明”的人，虽然“读书识字极少”，但他们从来没有干过纵酒狂欢、调戏民女、欺负百姓的事情，也算是一群好人了。

南明的最后一个皇帝朱由榔，就是在这种环境下长大成人的。为了不惹事，朱由榔很少出门，久而久之，就成了一个“大门不出，二门不迈”的宅男。

当时，这个宅男最大的爱好，就是养金鱼。朱由榔能一个人躲在屋子里，欣赏这些游来游去的金鱼，一看就是一整天，乐此不疲。

就这样，朱由榔愉快地过着每一天，就像大明王朝两百余年的所有皇族成员一样，每天开心地吃，开心地玩。

如果朱由榔没有生在这个时代，他一定会像大明王朝其他的藩王一样，衣食无忧地度过一生，得到一个贾宝玉向往的富贵闲人生活，且不会在历史上留下任何的印记。然而，朱由榔却生不逢时，他生活在一个天下大乱的时代，只能身不由己地陷进来，迎来自己的结局。

在崇祯的管理下，天下大乱，到处都是造反的百姓。在这些百姓眼中，藩王就是他们要讨伐的对象。

当时，农民军兵锋所过之处，没有一个朱氏王爷能够活下来。

桂王一族，也不例外。

崇祯十六年（1643 年），张献忠率军进入湖南，桂王朱常瀛惊恐不已，他不知道该怎么办。

按理来说，流寇入境，桂王理应带领家族成员逃跑，这才是上策。然而，桂王竟然没有逃跑，他就这样按兵不动，等待着张献忠的大军。

朱常瀛之所以不跑，原因有两个。

第一，桂王一族喜静不喜动。

在桂王眼中，亲王搬家，太麻烦了。要准备行李，要跟地方官员打招呼，还要受鞍马劳顿之苦，更不知道搬去哪里……光是想想，桂王就头痛不已。因此，桂王一直“拖延不决”，不到最后一刻，他是不会搬家的。

第二，桂王心存侥幸心理，他认为流寇只会打“坏王爷”，不会打他这个“贤王”。

因为一直不惹事、不找事，桂王一族深得地方百姓的拥戴，堪称一个贤王。朝廷也认可桂王“贤王”的称谓，并赐予了他这个头衔。

崇祯十一年（1638 年），崇祯命人做了一番调查，看看各地的藩王表现。结果，官员一致认为，桂王一族最贤，“俱以王贤报命”，桂王的贤明由此声名远播，他也成了各地藩王的学习榜样。

后来，南明大臣选择第一任皇帝时，虽然认为朱常瀛辈分高（他是崇祯的叔叔），且路途远（居住在广西），就把他排除出局了。但他们也承认，桂王是明朝最贤明的一个王爷。

就这样，挂着这个“贤明”的头衔，朱常瀛自信地认为，流寇不会来打自己，因为自己是一个好人，流寇只打坏人。

此外，桂王自信地认为，湖南地方很大，张献忠未必来衡州。因为衡州地处偏远，也不是兵家必争之地，所以张献忠未必看得上这里。

综上所述，朱常瀛最终选择了留守，心存侥幸的他认为张献忠会放他一马。

而最终，因为“侥幸”这二字，朱常瀛付出了血的代价。

要知道，在张献忠眼中，这个王爷是贤，还是不贤，他并不关心。张献忠就关心一件事情——朱常瀛是明朝的王爷，明朝的王爷很有钱，他要把这个王爷的钱变成自己的钱，这才是正道！

秉持着这种思想，张献忠进入湖南后，视其他城池如无物，一心奔着桂王府而来。可怜那心存侥幸的朱常瀛，就这样等着张献忠大驾光临，给了他一场灭门之灾。

崇祯十六年（1643 年）八月，张献忠兵临衡州时，桂王一家才知道了什么叫作大难临头。在一番抵抗后，桂王一族被流寇杀得尸横遍野、血流成河。

桂王七个儿子，只有三子朱由楥活了下来。其余的儿子，不是被流寇所擒，就是彻底失踪，再无音讯。

朱由榔也被流寇捕获了，只是他命好，趁看守不备，逃跑了，这才保住了性命。另一种说法是，一些流寇看其可怜，就故意放走了朱由榔，饶了他一命。

朱由榔流落到民间，跟百姓们一起逃难。后来，他遇到了明军，这才被护送至广西。

崇祯十七年（1643 年）三月，在经过了半年的流浪后，朱由榔在广西见到了家人，他跟自己的父母和幸存的三哥见面了。

见面后，亲人们抱头痛哭，各自阐述现状。当天晚上，桂王下令开会，他要跟家人们商量下一步计划，商讨未来何去何从。

在一番激烈的讨论后，大家达成了两个共识：第一，湖南已经没有回去的必要了，索性在广西修建新的王府，就在这里生活了。第二，当危险来临时，一定要第一时间逃跑，以免重蹈覆辙。

殊不知，就在这个家庭会议中，这句“危险来临时，一定要第一时间逃跑”的话，成了朱由榔一生的座右铭。

树欲静，然风不止

确定了居住在广西后，朱常瀛就开始在广西选择合适的地方，作为自己的藩

地。在一番选择后，朱常瀛看中了梧州。他在梧州修筑了一个新的王府，在这里安家落户。

乔迁新居后，桂王府也恢复了往日的生活。朱常瀛忙着寻花问柳，而朱由榔一如既往地大门不出、二门不迈，在家里安心地养金鱼。

一切都跟往昔一样，桂王府上下也忘记了湖南的事情，他们准备在广西开始新的生活。然而，一封朝廷的诏书却打破了桂王府的宁静，并让这个王府发生了一场巨变。

在广西居住了大概半年后，朱常瀛收到了一份朝廷的诏书，他这才知道了崇祯皇帝上吊、南明弘光帝登基称帝的事情。同时，他也知道了一个惊天动地的消息。

这个消息就是，自己是皇位的一个候选人，且在东林党的推荐下，自己理应登基称帝。结果，因为自己居住得太远了，这才让朱由崧捷足先登，成了皇帝……

可想而知，得知这些消息，特别是自己差一点登基称帝的消息后，朱常瀛彻底傻了，他当即瘫倒在地上，“伏地大恸”，号啕大哭。不管别人怎么劝，也不管用。

朱常瀛之所以玩命地哭，有两个原因。

第一个，他在为明朝哭丧。毕竟，亡国了，自己理应自杀殉国，以谢皇恩。如今，自己不敢死，只能玩命地哭了，以表忠心。

第二个，他在为自己不可知的未来大哭。要知道，朱常瀛是一个胆小怕死的人，根本不想惹事，也不敢惹事。然而，朱常瀛在浑然不知的情况下，被卷入了一场立储的风波里，他还成了弘光帝的竞争对手，成了这位皇帝的眼中钉、肉中刺，这让他情何以堪?

一想到历史上那些竞选失败的皇子的命运，他就吓得冷汗直流，浑身颤抖不已，他也只能玩命哭了。

朱常瀛悲痛欲绝，几天后，“绝而复苏，遂至不起”，就此去世了。

朱常瀛死后，桂王府迎来了一个新的主人，开始了一个新的时代。

桂王府新的主人，不是朱由榔，而是他的哥哥朱由楥。

朱常瀛的丧事结束后，根据“有嫡立嫡，无嫡立长”的继承原则，朱由楥成了新一代桂王。对于这个结果，朱由榔也没有异议，甚至还庆幸不已。毕竟，他的目标就是要当一个与世无争的富贵闲人，他一点不热衷权力和地位，也对那些东西没有兴趣。

就这样，哥哥继承王位后，朱由榔继续当一个富贵闲人。随着时间的推移，他也习惯了广西的生活。他喜欢这里舒适的气候，喜欢这里懒散惬意的生活，甚至喜欢这里的偏远和交通不便。

虽然交通不便会给他带来很多麻烦，但同样的，交通不便也意味着远离中原、远离所有的政权。这里是一片安全、远离是非的土地。

可惜的是，朱由榔这种向往的生活并没有持续多久。

隆武元年（1645 年），朱由棱突然得了一场病，随后就病逝了。哥哥无后，朱由榔继承了哥哥的王位，成了桂王府新的主人。

成了桂王府主人后，朱由榔理应承担责任，指引这个家族前进。结果，朱由榔还是不改初衷，他还是热衷于当宅男，热衷于饲养金鱼。于是，嫌麻烦的他把家里的事情都交给了母亲，他当一个甩手掌柜，继续玩耍去了。

很显然，朱由榔的这种表现，根本不配当一个藩王，更不配当一国之君。但朱由榔却毫不在意，毕竟，他的目标就是要当一个富贵闲人，而不是当一个有权有势却累得要死的君王。

然而，树欲静而风不止，朱由榔这棵"树"想隐居生活，但那些"风"却根本不同意。

这些"风"，就是那些南明的大臣。

简单来说，隆武政权灭亡后，南明大臣们在悲痛之后，就把皇位继承问题提上了日程，大家要选择一个新的皇帝，带领大家继续抗清。

这一次，大家一致通过，让朱由榔登基称帝，成为大明王朝新的皇帝。

大臣们之所以选择朱由榔，有三个原因。

第一，名正言顺，朱由榔就是皇位继承人。且因为近，他可以就近登基。

前面讲过，明朝的继承法则是血统正者居之。在大家眼中，朱由榔作为明神宗的直系子孙，就是皇位最合适的人选。

昔日，大臣们在拥立朱聿键、朱以海时，就提出过异议，认为这些人血统不正，理应退位，让血统最正的朱由榔继承大统。朱聿键登基称帝后，他自己也承认，"此永明王（朱由榔）之天下也。永明，神宗嫡孙，正统所系。朕无子，后当属诸永明"。可见，在众多皇族成员中，朱由榔才是继承皇位的第一人选，没有之一。

当然，之前朱由榔之所以没有继承皇位，是因为他居住得太远了。在群臣眼中，选皇帝是一件"时间紧，任务急"的重要事情，根本耽误不得。因此，大家只能含泪让这个住在边陲之地的朱由榔落选了。

因为距离太远，桂王一族错过了两次登基称帝的机会。当然，对于这种结果，朱由榔毫不在意，他甚至希望别人当皇帝，不要打扰了自己的富闲生活。

之前因为路途远，朱由榔与皇位失之交臂，可现在呢，皇位已经到家门口了，他就是不想当，也得当了。

原来，在清军的攻击下，南明的疆域越来越小，如今只集中在西南一带。在这种情况下，地处广西的朱由榔，就不再是偏远山区的一个藩王，他可以就近登基了。

第二，朱由榔天生帝王相貌，是一个合格的人选。

朱由榔长得非常好，有“帝王之表”，“王体龙颜酷似神祖”，乃天生的“帝王之相”。当时，凡是见过朱由榔的人，都会发自内心道：“龙姿日表，真尧舜之质也。”

我个人认为，相貌这个东西，不是特别的重要，但不可否认的是，一副好的相貌，确实能够给自己加分不少。朱由榔就是一个例子。

第三，在大臣眼中，朱由榔非常“贤明”，将是一个明君。

要知道，在明朝的藩王中，朱由榔简直就是一个另类。他不腐败奢靡，不铺张浪费，更不胡作非为、四处滋事。在大家眼中，朱由榔这个人“绝无声色珍禽嗜好，不饮酒，不置妃嫔，事太妃极孝”，简直就是一个完美无缺的贤人。

事实证明，群臣的这番话，完全正确。然而，这只能证明朱由榔是一个好人，但并不能证明他就是一个贤人，一个好皇帝。

很快，群臣就会为自己的判断失误，后悔不已。

对于大臣们的拥护，朱由榔的回答就一个：“不干，打死也不干！宁可被打死，也不当这个皇帝。”

见朱由榔如此拒绝当皇帝，大臣们并不在意，他们认为，这不过是朱由榔在做戏罢了。他需要谦虚一下，才能登基称帝。虽然这个剧情很俗，但很好使。然而，随着时间的推移，看着朱由榔自始至终都不当这个皇帝，群臣彻底慌了。他们这才知道，朱由榔根本不是在演戏，他就是不想当这个皇帝。

看见朱由榔如此行事，群臣大吃一惊，问其不想当皇帝的原因。朱由榔挑明了告诉大家，第一，自己不是做皇帝的料，没有治理天下的本事；第二，自己就想当一个富贵闲人，根本不想登基称帝；第三，也是最主要的一点，自己怕死，若当了皇帝，就上了清朝的黑名单了，会被清军追杀至死。

可想而知，听完了朱由榔的解释后，群臣都无语了，他们真想换人了。然而，为了大明王朝的千秋伟业，大家只能玩命劝他，打消他的顾虑，说服他登基称帝。

群臣告诉朱由榔，您的能力不行，当皇帝不需要太多的能力，而是需要好的品质。您克己寡欲，勤俭孝顺，虚心纳谏，这些都是一个明君必备的品质。我们相信，您一定是一个明君。

至于害怕上清军黑名单的顾虑，群臣告诉他，即使您不登基称帝，也会上清军的黑名单，被他们追杀至死。登基或者是不登基，都改变不了您被追杀的命运。

原因很简单，清人为了巩固江山，势必会杀死所有的明朝宗室子孙，您是跑不掉的，不要再心存侥幸了。

一语惊醒梦中人，大臣们的这番话，说得朱由榔醍醐灌顶，他当即发布命令，让大臣们对自己俯首称臣。

就这样，在大臣的朝拜中，南明的第三个皇帝就此诞生。顺治三年（1646 年）十月，朱由榔在广东肇庆监国，十一月称帝，改年号永历。

永历中的永，取自朱由榔永明王的封号，历则是他祖先万历的年号。朱由榔取这个年号，就是要继承祖先的遗志，复兴大明王朝。当然，他所谓的复兴，也就是说说罢了。

拥立朱由榔登基称帝后，大臣们非常高兴。大家皆认为，这个皇帝“天纵圣明，文武全才”，他还“英明特达，才学过人”，让这么一个英明神武的帝王管理天下，实乃天下之幸、明朝之幸。

然而，没过多久，群臣就惊讶地发现，他们眼中这个英明神武的皇帝，就是一个昏君，还是一个只会逃跑的孬种！

又一次内讧

顺治三年（1646 年）十月，在群臣的簇拥下，朱由榔在广东肇庆监国，随后登基称帝。看着跪拜在自己脚下的满朝文武，听着那些赞美自己的词语，朱由榔此时此刻的心情，就一个字形容——爽。

原来，当皇帝是这么一件爽快的事情。难怪，那么多人都要不自量力地登基称帝。得知朱由榔登基后，清朝大怒，多尔衮立刻调兵遣将，进攻广东，准备消灭这个伪政权。

那么，得知清军大军压境后，朱由榔会怎么办呢？他是会镇定地调兵遣将，指挥战斗；还是会躲在后宫的角落里，瑟瑟发抖，彷徨无助呢？

很显然，谁都知道这个答案。

朱由榔二话不说，颁布了一道圣旨，他要逃回广西去避难，要求群臣安排逃跑路线。

看完这道圣旨后，群臣都蒙了，他们一度以为皇帝是开玩笑。然而，看见皇帝逃跑之意已决，不能更改，群臣大怒，就开始劝皇帝，让他以江山社稷为重，不要轻易逃跑。毕竟，敌人来了，很正常呀，打跑他们便是。您这算什么？尚未开战，就要逃跑，难道要把广东拱手让给清军吗？

在群臣的劝说中，朱由榔一言不发。理智告诉他，大臣们说得对，自己是一国

之君，不能弃江山社稷于不顾，独自逃跑。然而，本能却驱使着他，大敌当前，必须逃跑，才能不重蹈当年的覆辙。

最终，在一番痛苦的抉择后，朱由榔的本能胜利了，他独断专行，还是逃跑了。朱由榔一路西逃，逃回了广西梧州，回到自己熟悉的桂王府，他这颗心才算踏实。而此时，距离他登基称帝，仅仅过了半个月而已。

得此只会逃跑的君主，真乃大清之幸，大明之悲。

其实，还有更加令人无语的事情。

逃回老家后，朱由榔一直派人打探广东的消息，他要知道最新的战报。结果，他得到了一好消息和一个坏消息。

先说这个好消息，清军并没有攻打广东。

清军攻到福建后，并没有第一时间攻打广东。毕竟，他们需要时间来消化这个胜利的果实，且沿海的郑成功也是清军的一大隐患，让他们不得不防。

原来，虽然郑芝龙投降了，但他的部队并没有全部投降，那些不甘心被清军统治的将领们自愿地归入了郑成功旗下，跟他一起反清复明。

就这样，因为郑成功天天闹得欢，清军必须配备足够的兵力防御他。清军害怕出兵广东后，郑成功从背后给他们一下。所以，清军一直屯兵在福建，没有继续攻打广东。

再说这个坏消息，有人乘虚而入，登基称帝了！

原来，就在这个时候，广东又出现了一位皇帝。隆武帝朱聿键的弟弟朱聿𨮁登基称帝，他继承了哥哥的遗愿，定国号绍武。

这个绍武帝，是怎么回事呢？

清军攻陷福建后，隆武帝殉国，其弟弟朱聿𨮁在大臣们的保护下，来到了广东，在广州居住。

本来，朱聿𨮁是避难来了，他也没有觊觎大宝的意思。然而，永历帝不战而逃后，广东百姓恨透了这个抛弃自己的皇帝。于是，他们就打算另立新君，拥立朱聿𨮁登基，让他代替朱由榔管理自己。

按理来说，朱聿𨮁若识大体的话，他就应该拒绝。毕竟，这种天有二主的现象，只能加速明朝的分裂，让清军各个击破。然而，面对这个巨大的诱惑，朱聿𨮁跟朱由崧一样，他根本就控制不住他自己。

没有任何的犹豫，朱聿𨮁就同意了大家的请求，登基称帝了。且对比朱由榔，朱聿𨮁登基的觉悟，要大得多。

且谓先发夺人，宜急即位。遂仓卒立事，治宫殿、器御、卤簿，举国奔走，夜中如昼。不旬日而授官数千。即位之际，假冠服于优人而不给。

——沈佳《存信编》

这段话的意思是说：

为了先发制人，朱聿鐭选择了第一时间登基称帝，绝不拖延。他命人日夜不停地准备登基用品。仅仅过了半个月，朱聿鐭就准备好了这些东西，坐上了龙椅。当然，因为准备得太仓促了，文武百官的朝服不够，朱聿鐭就抢了演员的戏服，让大家穿上充数。

得知朱聿鐭登基称帝后，朱由榔都快气疯了，他也为之前的仓促决定而懊恼不已。要知道，如果他坚守广东的话，不仅不用躲避清军，也不会让朱聿鐭乘虚而入。这个结果，真是让他后悔不已。

当然，朱由榔再后悔也没用。他现在唯一要干的事情，就是拨乱反正，让这个天下重新回到“正轨”。于是，朱由榔立刻回到广东肇庆，他宣布了自己的主权，要求朱聿鐭“退位归藩”，来朝拜自己。

这种情况，就能看出朱由榔的心态了，他已经被权力腐蚀，无法自拔了。要知道，如果放在以前，朱聿鐭登基称帝后，朱由榔肯定会第一时间支持，并对他俯首称臣。毕竟，他一生的目标就是当一个衣食无忧的富贵闲人。然而，自从登上了皇位，品尝了权力的快感后，朱由榔就再也控制不住了。

就这样，伴随着朱聿鐭的登基、朱由榔的回归，小小的广东省内，竟然出现了两个明朝皇帝，这让明朝的大臣和百姓们情何以堪?

顺治三年（1646 年）十二月，永历帝率先发难，出兵讨伐绍武帝，双方交战于广东三水。

自唐、鲁之争后，南明王朝的第二次内乱，就此爆发。当然，这只是南明王朝的第二次内乱，绝不是最后一次。

在这场内战中，双方皆拼尽全力，想置对方于死地。他们一共打了半个多月，最终虽然防守的绍武帝打赢了进攻的永历帝，但他也损失惨重，无力再战。双方用来抵御清军的精兵猛将都在此战中尽损，这哥俩都无兵无将了。

这种情况下，清军出发了，他们来收拾这对“鹬蚌兄弟”了。

本来，清军占领福建后，因兵力不够，根本不敢出兵广东。结果，看见广东的明军竟然内讧，清军都快乐疯了。主将李成栋立刻抓住机会，派遣精锐部队来袭，准备一举攻下广东省。

暂时饶你一命

李成栋深知出动大规模的部队，会惊动这对“鹬蚌兄弟”，让他们联起手来，一起对付自己。所以，此次出兵，李成栋只率领了少数精锐部队，他仅仅带了四千兵马，就直奔广州而来。

进军途中，李成栋每攻陷一个地方，会第一时间斩杀当地的通信兵，封锁消息。随后，他让亲信装扮成通信兵，到处去散播“清军没有入侵，边疆无事”的假消息，来迷惑明军。

结果，在这种错误的消息下，绍武帝真的以为清军没有入侵。直到清军兵临广州城后，他才恍然大悟，并后悔不已。

敌军都打到家门口了，朱聿𨮁再后悔，又有什么用呢？在一番厮杀后，朱聿𨮁兵败被俘，成了清军的阶下囚。

清军让其投降，朱聿𨮁誓死不从，在留下一句“若饮汝一勺水，何以见先帝于地下”的话后，就自缢而死。

虽然生前朱聿𨮁是一个不自量力的跳梁小丑，是一个让南明分裂的千古罪人，但死时，他至少还有骨气，不愧为朱家子孙。

对朱聿𨮁、对邵武政权，盖棺论定一下……其实，我个人认为，顾诚《南明史》中的这番话，是对这个政权最好的评语：

> 绍武政权从建立到覆亡不过一个多月，它的“业绩”就是打了一场争夺帝位的内战和导致广东一省的陷没。其后果是十分严重的，因为南明残山剩水本已不多，广东又是财赋充溢、人才密集的地方，一旦易手，南明朝廷回旋余地大为缩小，财源和人力更加捉襟见肘。

这番话，可谓一语中的。

那么，绍武政权灭亡后，准备消灭他的永历政权要干什么呢？朱由榔是继续待在广东，对抗清军，还是跟上次一样，脚底抹油，逃离这里呢？

毋庸置疑，谁都知道这个答案。

得知清军进入广东后，朱由榔二话不说，这次他都没有跟群臣商议，就脚底抹油，第一时间逃跑了。

就这样，朱由榔再一次逃到了广西梧州，回到了自己的王府。后来，他嫌梧州不安全，就收拾家当，逃到了桂林。再后来，他嫌桂林不安全，又逃跑了。

对于朱由榔这种逃跑举动，大臣们都疯了，他们玩命地劝皇帝，不要一味逃跑，要安定社稷。大学士瞿式耜直言不讳道："今移跸者再四，每移一次，则人心涣散一次。人心涣而事尚可为乎？"

虽然朱由榔明白大臣们说得对，自己也确实过分了。但是，他就是控制不住他自己，在本能的驱使下，他只能逃，毫无办法。

得此君主，明朝大臣，真是欲哭无泪；

得此对手，清朝大臣，真是欣喜不已。

就这样，在朱由榔的逃难下，明军群龙无首，根本无法抵御清军的入侵。当时，面对清军的入侵，明军多选择了"拔营而起"，全都逃跑了。那些逃跑不了的明军，索性就投降了清军。

大敌当前，皇帝只会逃跑，文臣只会哭诉，武将只会投降……明朝的国运，看来就到此为止了。

然而，令人惊讶的是，明朝的国运竟然没有结束。因为清军在一片大好的局面下，暂时延缓了进攻。虽然清军还是不停地攻打永历政权，但这些攻击都是局部的战役，清军根本没有一口气灭亡永历政权的意思。

之所以这样，有三个原因。

第一个原因，清朝忙着平叛，无暇顾及永历政权。

从顺治五年（1648 年）开始，一直到顺治八年（1651 年），因为待遇问题，那些背叛主子、投奔清朝的将领们，又再一次背叛清朝，要反清复明。

当时，金声恒在江西反正，李成栋在广东反正，姜瓖更是在清军的腹地山西反正。为了平息这些叛乱，清军忙得焦头烂额，就无暇顾及永历政权了。

第二个原因，永历政权有了强大的外援，清朝不敢再小看它了。

顺治六年（1649 年），为了改变被清军撵着到处跑的处境，朱由榔终于改变成见，跟那些让他家破人亡的凶手联手了。

事实证明，就是在这个仇人的帮助下，永历政权才延续了十年之久，并让清军吃尽了苦头。

永历帝的这个仇敌，叫作孙可望。这个人，就是张献忠的继承者，大西国的第二任"皇帝"。

第三个原因，多尔衮病故了，清朝需要重组，这才没法攻打永历政权。

顺治七年（1650 年）十二月，皇父摄政王多尔衮病故，享年仅仅三十九岁。他的死，意味着大清王朝势必进行一番资源重组。在这种争权夺利的背景下，大清王朝是无暇顾及永历政权的。

这个道理很简单，"攘外必先安内"，内部没有处理好，是不能够轻易派人出兵

的。毕竟，万一带兵的将领不跟皇帝一条心，来一个“拥兵自重、图谋不轨”，大清王朝就彻底危险了。

这个说法，不是假设，就是事实。君若不信，看看多尔衮死后，他的党羽阿济格是怎么行动的，就全明白了。若让他带兵出征，大清王朝就彻底热闹了。

综上所述，在这三个原因，特别是第三个原因背景下，大清王朝暂时放了永历政权一马。结果，等他们处理好内部矛盾，再来处理永历政权时，大清王朝却惊讶地发现，“士别三日，当刮目相待”了。

第二十二章 多尔衮病逝

皇父摄政王“驾崩”

1650年即大清顺治七年十二月初九日戌时，也就是晚上七点到九点之间，在远离京城的喀喇城内（今河北承德市滦平县滦平镇，风景秀丽的避暑山庄旁边），多尔衮不甘心地咽下了最后一口气，享年仅仅三十九岁。

一代枭雄，英年早逝，真是让人唏嘘不已。

对于多尔衮的死，清朝的官方文件《清实录》只记载了一句话：

摄政睿亲王多尔衮薨于喀喇城，年三十九。

简单，明了，没有死亡原因，没有死亡过程……不由让人浮想联翩。当然，即使加上过程，多尔衮的死，也简单无比。

谈迁在《北游录》中，记录了多尔衮死亡的全过程：

初，摄政王膝创，涂以凉膏。太医傅胤祖谓其非宜。是日围猎，值一虎，须尊者射而众从之，时王创甚，勉发三矢，度不自支，退召英王语后事，外莫得闻也。

这段话的意思是说：

年初的时候，多尔衮的膝盖受伤了，病情很严重，太医都用上了膏药。结果，多尔衮不好好养病，反而继续折腾，他举行了一场大规模的狩猎，玩得不亦乐乎，还收获了一只老虎。后来，打猎期间，多尔衮的病情突然加重，他自知大限将至，赶紧把哥哥阿济格叫来，匆忙地交代了后事。

那么，历史的真相，真是这样吗？

未必。

通过史料我们知道，在这次打猎前，多尔衮就身染重病了，多年的强压工作让他“劳心焦思，身心俱疲”。当时，多尔衮一直服用竹沥，用这味药缓解病情。

九王言：俺荷国眷爱时深，世子之待俺亦至其欲生不欲死之意，见俺有痼疾，非竹沥难治，而蒙惠得服便见其效，但此物非此地所产，不得不求之于馆所者。

——《沈馆录》

卫辉淇县多竹。摄政王煎竹沥。初课民煎。每巨竹可获沥十斤。后疑其伪。令民输竹于京。以风日所暴仅煎六斤。淇之人苦于役。费甚矣。

——《北游录》

查阅文献我们知道，竹沥用于治疗癫痫、热病痰多、壮热烦渴、惊风、脑血管病、慢性阻塞性等疾病，它就是一种治疗中风的药。竹沥是一般药材，只是当时的大清不生产，只能从朝鲜进口。

可见，多尔衮跟他的哥哥皇太极一样，也是死于中风。

又有人说，多尔衮天天高强度地工作，又是突然死亡，很有可能是过劳死。

当然，除了死于中风、过劳死外，多尔衮的死亡原因，还有几种说法。

有一些史学家说多尔衮是死于受伤，他在打猎期间，从马上摔了下来，重伤难治而死。也有史学家说多尔衮是死于肿瘤，他得了一种当时治不好的痼疾。更有史学家说多尔衮是死于暗杀。

对于这些说法，本人才疏学浅，不敢去评。还是等待更多的史料出炉，来解决这个难题。

不管真相如何，结果都是一样的，多尔衮就这样英年早逝了。他不甘心地闭上了双眼，去了那个世界。

顺治七年（1650 年）十二月十三日，多尔衮的死讯传到京城，顺治皇帝悲痛不已，他立刻下诏，命令全国臣民为多尔衮“易服举丧”。

十七日，多尔衮的灵柩运回北京后，顺治皇帝下令，命诸王、诸贝勒、文武百官“易缟服”，亲自带领他们来到东直门外迎灵。迎接期间，顺治皇帝亲自跪奠，各级官员则跪在路两侧举哀。

当天晚上，多尔衮的灵柩运回摄政王府，顺治继续下令，多尔衮王府内的家人，都要身穿丧服，在大门内跪哭。诸王、诸贝勒以及文武百官，都要在自家设立灵堂，为这位摄政王守丧。

二十日，顺治皇帝降下哀诏，向全国臣民宣布了多尔衮的死亡消息，要求全国百姓为其守丧。守丧时间为二十七日，守丧礼仪与帝王礼相同。

二十五日，顺治再次颁布圣旨，下诏追尊多尔衮为“懋德修道广业定功安民立政诚敬义皇帝”，简称义皇帝，庙号成宗。正式宣布其为一个“皇帝”。

如今，清朝有十三帝之说，就是在那十二个正统皇帝上，再加上这个多尔衮。虽然生前，多尔衮没有当过一天皇帝，但他死后却得到了这个殊荣，也可以了无牵挂了。

顺治八年（1651 年）正月，顺治皇帝再次颁布圣旨，追封多尔衮正宫元妃博尔济吉特氏为义皇后，同多尔衮一起“祔享太庙”。多尔衮无子，赐以豫亲王多铎之子多尔博为其养子，受封睿亲王，世袭罔替，俸禄是其他诸王的三倍。

至此，在顺治皇帝的册封下，多尔衮得到了想要的一切，他若在天有灵，也足以死得其所。当然，以多尔衮一生为大清王朝所做的贡献来看，他死后得到这些殊荣，实至名归。

就这样，在全国百姓的守丧中，多尔衮风风光光地下葬了。他以一个帝王的身份，入土为安了。所有人也相信，顺治皇帝将一直缅怀多尔衮，继承他的遗愿，以他为榜样，继续管理这个天下。

然而，没有一个人能够想到，短短数天，天下就风云突变了。顺治皇帝将由爱生恨，玩命地打击、报复多尔衮，不仅让他无法入土为安，还让他尸骨无存。

其实，想想也能明白，多尔衮生前大权独揽，欺负皇帝年幼，不把皇帝当盘菜，还把皇帝气成那样（豪格死时），他未来的下场，就可想而知了。即使多尔衮不死，等到顺治亲政后，他也不会得到一个好的结果。

于是，在顺治皇帝愤怒的双眼中，该来的，终于来了。

一场清算多尔衮的行动，正式拉开了序幕。

在清算多尔衮的行动中，第一个挨枪子的，就是他的大哥和硕英亲王阿济格。

阿济格之所以被整，完全怪不了别人，是他咎由自取的结果。因为，这个人打算“谋朝篡位”，顺治只能痛下杀手，对其严惩不贷了。

处死阿济格

一般来说，当多尔衮这棵大树倒下后，树上的猢狲只剩下两个选择了。第一，韬光养晦，以求自保。第二，倒打一耙，说这棵大树的不是，作为献给新君的见面礼，比如苏克萨哈。

然而，在这个问题上，作为多尔衮的死党，阿济格却选择了第三条路——取而代之。阿济格想取代多尔衮的位置，成为一棵新的“大树”。

这个人，是这么想的，也是这么做的。

《北游录》记载，多尔衮临死前，曾找来阿济格，跟他进行了一番密谈。多尔衮到底说了什么，史无记载，不得而知，但这次谈话结束后，阿济格就明显变了，变得有点让人琢磨不透了。

当时，多尔衮死后，大臣们聚在一起开会，商量多尔衮的后事。结果，在会议中，最该出席的阿济格却缺席了，他私自调遣三百骑兵入京，不知所为何事。同时，阿济格还偷偷给他京城的儿子写信，让他多准备一些兵马，以防不测。

不测？到底什么是不测，恐怕只有阿济格心里明白。

好在，阿济格的这个阴谋没有得逞。大学士刚林（跟左懋第谈判的那个官员）发现了阿济格的企图后，他立刻策马急行，“日夜兼程七百里”，在阿济格部队到京前，抢先一步到达京城，并说明了事态的严重性。

朝廷如临大敌，他们软禁了阿济格的儿子，并派遣重兵把守九门。

阿济格的三百骑兵到达后，清军将他们包围，“尽收诛之”，将他们全都“处理”了。因为保密工作到位，阿济格并不知道这些事情。

处理了这件事情后，朝廷开始对阿济格起疑心了。而阿济格接下来的所作所为，更加深了朝廷的怀疑，准备对其下手。

多尔衮死后第三天，阿济格就开始上蹿下跳，“必思夺政”，要夺取摄政大权。

阿济格干的事情如下。

第一，密谋夺取正白旗。

在一次会议中，阿济格散布了一个假消息，他告诉众人：“多尔衮在收了多铎儿子多尔博为嗣子，让其继承家业后，他就后悔了。多尔衮希望劳亲入主正白旗，取代多尔博，继承家业。”

阿济格这么说，就是要夺取正白旗。因为，劳亲就是他的第五子！阿济格此举，真是司马昭之心，路人皆知。

后来，诡计被人识破后，阿济格又出一计，他以多尔衮病逝、多尔博无人照顾为由，要求多尔博入住他的英王府。当然，对于他的这个要求，群臣一起反对，让他的阴谋没有得逞。

可不是吗？在这个局面下，若多尔博进入了英王府，估计就被阿济格软禁了，变成一个打狗的肉包子，有去无回。

第二，毛遂自荐，要当摄政王。

有一次，阿济格看见端重亲王博洛（努尔哈赤九子巴布泰的第三子），竟然对他这样道："如今，你跟济尔哈朗、满达海一起处理朝政，国家治理得不好，你们要赶紧议立摄政王，让这个人管理天下，这才像话。"

阿济格这么说，到底意欲何为，真是不说自明。

第三，擅自逾越，充当摄政王。

《清史列传》记载，多尔衮的灵柩回到京城后，顺治率领文武百官来迎接。阿济格竟然不摘掉佩刀，直接来跪拜皇帝。

阿济格此举，可大可小。这事往小了说，阿济格不过是失态罢了，皇帝可一笑了之。反之，这个事情往大了说，就热闹了。还记得莽古尔泰是怎么死的吗？还不是"御前拔刀"，被皇太极小题大做，最终被整死。

当然，不管是故意的，还是无意的，阿济格此举，都透露了一个重要的信息——阿济格根本不把皇帝当回事。他也自信地认为，多尔衮死后，他已经成了这个帝国的第一人。

平心而论，阿济格有这种想法，情有可原。

看看现在大清王朝的排行榜吧，最德高望重的代善，病逝了；最年轻有为的豪格，死在狱中；最有未来的王爷多铎，走在了多尔衮的前面。论资排辈，阿济格已经是最德高望重的王爷了。

在这种背景下，阿济格的野心越来越大，他除了敢御前露刀外，还干了更加过分的事情，以彰显自己尊贵的身份。

阿济格让自己的儿子劳亲率军保护皇帝，跟皇帝的亲兵会合在一起，俨然充当皇帝的侍卫了。

多尔衮的灵柩运到北京城后，皇帝下令开会，商讨多尔衮下葬一事。结果，在这个会议中，阿济格父子竟然推开众人，直接坐在了皇帝的周围，俨然把自己当成皇帝的左膀右臂了。

阿济格此举，明显就是逼宫了。看来，他不得到这个摄政王的头衔，是不会罢休了。然而，阿济格根本不知道，他这么干，就是在主动找死。

毕竟，他既无多尔衮的手段，也无多尔衮的威望，却强行让众人服从自己，这怎么可能呢？

就这样，见到阿济格如此行事后，众人都怒了，大家都开始给阿济格穿小鞋、下黑手，准备置他于死地。

济尔哈朗就打小报告道："英王有佩刀，上来迎丧，似此举动叵测，不可不防。"同时，他秘密派遣人监视阿济格的一举一动，以防不测。而对于这些，阿济格竟浑然不知，他还在做着当摄政王的美梦呢。

最终，在顺治皇帝的怒吼中，阿济格这个美梦破碎了，他也终于知道了自己的下场。

顺治七年（1650年）十二月二十六日，顺治下令开会，命诸王、诸大臣商量阿济格的罪行。

对于皇帝的"要求"，群臣自然心知肚明，而且，他们对这个莽夫，也没有任何的好印象，焉有为其求情之理？

于是，在一番讨论后，群臣给了皇帝一个满意的答复——判阿济格死刑，但念其劳苦功高，改为终身监禁；其子劳亲革去王爵，降为贝子；其党羽按照罪行等级，被处以死刑、罢官、发配等惩罚。

就这样，在皇帝的一纸诏书下，阿济格轰然倒地，他的党羽也只能各自逃难了。直到这个时候，阿济格才明白，没有多尔衮的庇护，他什么都不是，还想取而代之，只是痴人说梦罢了。

对于这种痴人，真是无话可说。

至此，阿济格从一个高高在上的王爷，变成了一个阶下囚。他后半辈子的生活，也只能在监狱中度过了。

在监狱仅仅待了一年，阿济格就受不了了，他大发脾气，宣泄心中的不满，主动找死。

顺治八年（1651年）九月三十日，阿济格在监狱里大怒道："听说我的儿子变成了奴隶，家里的妇女也发配给了别人，这怎么行呢？我怎么能这么憋屈地生活。我要堆衣服生火，拆了这个监狱，以泄心头之恨。"当天中午，阿济格果然干了拆屋的事情，他把墙上的瓦片都打碎了。

见此情景，守监吓了一跳，赶紧层层上报，将此事报给了顺治皇帝。顺治皇帝下令开会，商讨阿济格的罪行。

十月十六日，群臣在一番商量后，做出了判罚——阿济格悖乱已极，留之恐贻后患，应立即处死。对于这个判罚，顺治同意，就"令其自尽"了。

就这样，阿济格死于狱中，享年仅仅四十七岁。同他一起被赐死的，还有他的儿子劳亲。阿济格死后，顺治下令抄家、夺爵、除宗籍，把他的家族彻底灭门了。后来，直到乾隆年间，阿济格才被平反。

对这个人，盖棺论定一下吧。

其实，有什么好论定的呢？他就是一个什么都不懂的匹夫，就是一个自以为天下无敌，却什么也不是的跳梁小丑罢了。他之所以有这个下场，其实就是咎由自取、主动找死罢了，不值得同情，也不需要同情。

当时，对于阿济格这个人，皇帝、满朝文武不喜欢他，就连保持中立的外国人也不喜欢他，对他的评价非常低。

《鞑靼漂流记》就这样描述阿济格：

> 八王子是一个性格粗暴的人，遇事不加考虑，所以不管政务。他年约五十几岁，脸上有麻子，身材魁梧，眼神令人望而生畏。为人勇猛，攻城陷阵，无往不胜。与明朝交战，屡建军功。
>
> 有一次，在攻城时，城内人请求投降，皇帝也答应了，可是巴图鲁王子（指阿济格）不同意，进城还杀了很多人。这样的过错，使他被降职削官。他明白这是国家的法令，不管怎样，都应该认真遵守。像这样的做法，他没有意见……

可见，连外国人都看出来了，这个阿济格，就是一个遇事不加考虑的莽夫！而在中国历史上，这种莽夫的下场，其实也早已命中注定。

性格决定命运，阿济格最终的结局，其实就是他的命。

当然，即使阿济格学会了韬光养晦、闭门不出，也没用。因为作为多尔衮的死党，覆巢之下，焉有完卵？当皇帝开始清算多尔衮时，也是他的末日了。只不过，阿济格主动找死，把这个末日提前了而已。

那么，皇帝将怎么清算多尔衮呢？他又将如何自食其言，收回给多尔衮的赏赐，给他一个严厉的惩罚呢？

严惩多尔衮

史学家们一致认为，阿济格的狱案兴起之日，就是清算多尔衮的开始。

毕竟，阿济格虽然有罪，但罪不至死，把阿济格这样往死里整，傻子都知道，皇帝这么干，到底意欲何为？

顺治八年（1651 年）二月十五日，多尔衮仅仅入土了两个月，他就开始遭到清算。

当时，多尔衮生前最信任的正白旗大臣苏克萨哈认清了形势，他上疏弹劾多

尔衮。

苏克萨哈是这样弹劾多尔衮的：

多尔衮死后，他的侍女吴尔库尼为其准备殉葬品时，她告诉罗什、博尔辉、苏拜、詹岱、穆济伦五个下人："王爷曾经嘱咐我，王府内备有八补黄袍、大东珠数枚、黑貂褂等，要随他一起入葬。"

要知道，多尔衮陪葬的这些东西，都是皇帝才能使用的东西。可见，多尔衮这么干，无疑就是"悖逆"，打算在阴间谋朝篡位。

于是，以苏克萨哈的告状为开端，越来越多的人上书弹劾多尔衮，与他划清界限。

短短数日，顺治皇帝就收到了无数封告状信。这些告状信中，有弹劾多尔衮"辱骂豪格父子，破坏满洲团结"的；有弹劾多尔衮"私自制作御用服饰"的；有弹劾多尔衮"擅自调遣两旗官兵，打算造反"的；有弹劾多尔衮"糜烂的私生活严重，不配当王爷"的；也有弹劾多尔衮"目无尊上，违法乱纪"的。总之，什么样的弹劾文件都有，真是只有想不到的，没有他们写不出来的。

最终，在这些弹劾都"属实"后，顺治下令开会，让文武百官商量"追论睿亲王多尔衮罪状"。

就这样，在商讨阿济格的罪行后，群臣又开始了一番热烈的讨论，并再一次给了皇帝一个满意的结果。

群臣给多尔衮罗列的罪名，归纳如下。

第一，不知廉耻，"以皇上之继位尽为己功"。

第二，独断专权，任意罢黜官员，私自管理国家兵符，一切文件自己裁处，俨然把自己当成了皇帝。

第三，当摄政王时，不让济尔哈朗参与朝政，却让胞弟多铎为辅政王。他背叛了昔日辅佐幼帝的誓言，妄自尊大，活该"天地谴之，令短折而死"。

第四，谋杀豪格，逼纳其妃，夺其牛录、财产归自己所有。

第五，以朝廷自居，逼迫诸王、诸贝勒、文武大臣去他府邸上班。

第六，巧取豪夺，将诸王、诸大臣杀敌剿寇之功全归于己。

第七，府邸、仪仗、音乐、侍卫人数等物，皆跟皇帝的规格一样，犯了逾越之罪。

第八，未经允许，擅自出入皇宫内院，毫不避嫌。

第九，口出"太宗之位，原系夺立"的狂妄之语，认为皇位本来就是自己的。

第十，逼迫两黄旗大臣投奔自己，强行让他们加入两白旗。

第十一，私制帝服，藏匿御用珠宝。

第十二，欲带两白旗入住永平府，建立一个独立王国。

其实，说了这么多的罪行，归纳起来就是一句话——多尔衮要谋反，必须将其严惩不贷，才能以儆效尤。

还是那句话——要告一个人有罪，“谋反”真是再好不过的词语。

多尔衮需要谋反吗？根本不可能，他要想造反，活着的时候就干了，何必去阴间干呢？但是，皇帝就是挑明了要办多尔衮，多尔衮能说什么呢，他也只能乖乖认罪了。

有史学家说，多尔衮之所以不造反，是因为大哥代善还在。多尔衮忌惮拥有两红旗的代善，所以不敢行事，不敢谋朝篡位。

这种说法，有一定道理，但细细论证，其实并无道理。

因为，顺治五年（1648 年）十月，代善病死于北京，享年六十六岁。同一年，豪格也惨死在狱中，享年四十岁。而在他们病逝的前一年，济尔哈朗的辅政王之位已经被多铎取而代之，他下岗回家了。

可见，伴随着代善、豪格的死，济尔哈朗的罢黜，多尔衮已经完成了对朝廷的“统一”，他已经完全可以登基称帝了。然而，直到顺治七年（1650 年）多尔衮病逝前，也没有任何资料能够证明多尔衮干过谋朝篡位的举动，或者是说过一句想取代皇帝的话语。反之，多尔衮倒是留下了很多维护皇帝尊严、誓死效忠皇权的话。

《清史稿》记载，为了表明忠心，多尔衮不止一次说了“待皇帝长大后，就要归政给皇帝”的话。

有一次，群臣开会，为了拍多尔衮马屁，有的官员就建议要提高摄政王的礼仪，让他成为诸王第一。对于这种话，多尔衮严厉地回绝道：“在皇帝面前，不许违反礼仪。这种事情，是不能做的。”

有一次，上朝时，群臣为了拍摄政王马屁，竟然跪拜在门口，迎接他。结果，多尔衮看见后，二话不说，掉头就跑了，并责问他们为何如此行事。得知群臣的心意后，多尔衮一点也不高兴，反而把他们训斥了一顿，让他们不要这么干。

还有一次，多尔衮召集众人开会，他语重心长地告诉他们：“现在大家只知道取媚于我，很少尊敬皇帝，这怎么行呢？我岂能容忍你们这样行事！从今日起，凡是忠于皇帝的，我都会爱他、用他。反之，给我再多的献媚，也没用，若不尊重皇帝，我绝不宽恕！”

这样的一个人，焉有造反之理？

百年后，乾隆皇帝看完多尔衮干的事情后，潸然泪下，不能自抑。随后，他毅然决然地为多尔衮昭雪，他还在多尔衮“睿亲王”三个字中间，加上了一个大大的

"忠"字，以表彰多尔衮的忠心耿耿。

誓死效忠的皇帝，根本不理解多尔衮的苦衷，把他打成一个乱臣贼子，还让他尸骨无存。百年后，一个素未谋面的重侄孙，却明白他的苦衷，还成了他的知己。

这样的结果，让多尔衮情何以堪。

尘归尘，土归土

在顺治皇帝眼中，既然大家都认为多尔衮"逆谋果真"，那就不用对他客气了。于是，顺治皇帝以"多尔衮罪孽深重、人神共愤"为由，下令"谨告天地、太庙、社稷，将伊母子并妻所得封典，悉行追夺"。

就这样，两个月前，多尔衮得到的一切头衔，都被顺治皇帝强行回收了。在这个回收的过程中，顺治皇帝彻底地出尔反尔了。他忘记了曾经对多尔衮刻骨铭心的爱，只剩下咬牙切齿的恨了。

这个恨，真不是一般地深。

因为，就在这个惩罚的过程中，顺治皇帝不仅治了多尔衮的罪，还抄了他的家。不管是多尔衮阳间的家，还是他阴间的家，都照抄不误。

《鞑靼战纪》记载，为了严惩多尔衮，愤怒的顺治皇帝采用了一种极端的报复手段——命令毁掉阿玛王华丽的坟墓，掘出尸体……用棍子打，又用鞭子抽，最后砍掉脑袋暴尸示众……他的雄伟壮丽的陵墓也化为尘土。

可见顺治皇帝对多尔衮的恨，是何其深。

当然，由于这段史料太惊悚了，很多人都不相信，他们认为顺治皇帝不会干出这种事情。这段文字是西洋传教士卫匡国为了吸引眼球，故意杜撰的文章。

由于史料匮乏，我们无法判断这段文字的真伪，但朝鲜文献"摄政王墓处，掘去其金银诸具，改以陶器"的文字证明，顺治确实抄了多尔衮的"家"，他确实干了这种刨坟掘墓的事情，让他死后不得安宁。

对死人，顺治尚且如此；对那些活人，顺治也不可能有怜悯之心。

抄了多尔衮的"家"，回收了他的庙号后，顺治皇帝"意犹未尽"，他坚信，干掉一个多尔衮，是不够的，必须干掉以多尔衮为中心的庞大势力，才能还朝廷一个朗朗乾坤。

顺治八年（1651 年）闰二月二十八日，顺治皇帝下令，开始对多尔衮的余党进行清算。结果，第一个挨枪子的人，竟然是那个对皇帝忠心耿耿的大学士刚林。

前面讲过，多尔衮死后，阿济格图谋不轨，若不是刚林"日夜兼程七百里"，第一时间将此事告诉了朝廷，阿济格就有可能得手了。

除了举报阿济格外，在弹劾多尔衮上，刚林也尽职尽力，他第一时间跟多尔衮划清了界限。然而，刚林干了这么多事情，却并不能“将功赎罪”。顺治认为其依附多尔衮多年，“朝夕献媚”“巧言诳上”，还擅自修改史书，把对多尔衮不利的史料全部删除，这些足以让他罪无可恕。

最终，顺治皇帝下令，将刚林“判处死刑，籍没家产，妻子为奴”。同时，以此为开端，顺治大兴冤狱，认为一切跟多尔衮亲近的官员，全是多尔衮党羽，理应严惩不贷，以儆效尤。

在顺治的谕旨下，一时间，“官不聊生”，所有的官员都接受了调查。那些多尔衮的党羽，自然跑不掉。那些原正黄旗却依附多尔衮的将领，如谭泰、冷僧机，更是严惩不贷。

对于谭泰，顺治恨其为多尔衮办事，将他“正法，籍没家产”。对于冷僧机，顺治对他的印象还不错，就颁布一道圣旨，“姑从宽免死，为民”，饶了他一命，让他当一个老百姓。

后来，这个案件越来越大，几乎朝廷所有的官员，都被请去“喝茶”了。最终，就连范文程、宁完我这种大清的股肱之臣，也被传去问话，询问他们跟多尔衮的关系。

顺治九年（1652 年）三月，在经过一年的血雨腥风后，顺治终于收起了屠刀，放官员一条生路。至此，顺治不仅一举击溃多尔衮的势力，也用实际行动向世人证明了自己的威力。

从此以后，在官员眼中，这个皇帝虽然年轻、虽然稚嫩，但他却是清朝最有权势的人。顺治终于摆脱了多尔衮的阴影，站在了这个帝国最中心的舞台，开始君临天下。

至此，一个新的时代，正式到来。不知道旧时代的多尔衮看见此情此景，会做何感想。

对多尔衮，盖棺论定一下。

其实，有什么好盖棺定论的，作为中国历史上最著名的人物之一，每一个人心中都有一个多尔衮的评语。

多尔衮，他到底是一个率领大清入关的盖世英雄，还是一个屠杀汉人的恶魔刽子手？他到底是一个“其功高而不干帝位，为自古史册所仅见”的忠臣，还是一个“为孝庄所困，无法越雷池一步”的情种？……恐怕每一个人心中，都有自己的答案，何须再议。

这里，我只说一下外国人眼中的多尔衮。

意大利传教士卫匡国《鞑靼战纪》中对多尔衮的评语，是这样的：

他具有超人的谋略和精明，并以勇武和忠实著称。他的聪明才智使最有学识的中国人都钦佩不已，他的公正仁慈赢得平民百姓的爱戴……阿玛王使鞑靼获得了中国，由于他的贤明公正仁慈和军事才能，鞑靼人和中国人都对他很敬畏。这个当权者的死给朝廷带来很大的麻烦。

第二十三章　丁酉北闱大狱案

新皇“登基”

多尔衮死后，就如《红楼梦》中描述的一样：“落得个白茫茫大地，真干净！”他没有子嗣，无人为其祭祀，只能成为一个孤魂野鬼。多尔衮也没有党羽，无人念其好，也不会为其书写文章、立传传世。假以时日，历史必将其忘记。

即使有人记得他，但当时的历史环境决定了，也必须忘记他。否则，一定会引来杀身之祸。

多尔衮死后五年，即顺治十四年（1657 年），不要命的监察官员彭长庚、许尔安上疏朝廷，为多尔衮鸣不平。他们认为，大清之所以能够入关，大家都有功劳，但多尔衮“之功为冠”，我们不能这样对待一个功臣。

顺治看见这道奏折后，龙颜大怒。于是，这两个倒霉蛋不仅被剥夺了官职，还被发配到宁古塔，终身为奴。

就这样，终顺治一朝，无人敢为多尔衮平反。

顺治死后，康熙忙着平三藩、收台湾、亲征噶尔丹，收拾自己的儿子，就把多尔衮的事情忘记了。且因为康熙在位时间太长了，伴随着那批人的凋零，再也没有人记得多尔衮的事情了，他渐渐地被历史遗忘了。

好在，百年后，喜欢折腾的乾隆皇帝饶有兴趣，读了一下这位祖先的传记，结果他潸然泪下，为这位祖先平反了。

从此，多尔衮的名字才重新出现在史书中，并留下了自己不朽的政绩。

好吧，俱往矣，还是让多尔衮好好休息吧。毕竟，无论如何，他的时代已经结束了。如今，是一个新的时代，还是让这个时代的主人大展拳脚，开创属于自己的历史。

顺治，属于你的舞台已经搭好，请你开始表演。

如今，随便翻看一本描写顺治的历史书，都会说他是一个“英明神武”的皇帝，顺治在位期间，干了很多好事、实事，如改善财政、顾及民生、除恶霸、惩贪官，等等。这个皇帝，确实是一个明君。

然而，在我的眼中，顺治根本不配称为“一代明君”，他最多就是一个好皇帝罢了。

毕竟，顺治治理国家，只是给了百姓一点小恩小惠，根本没有为百姓着想。他若废除了那四个祸国殃民的政策，才能被称为一代明君。

这四个政策，就是那让天下大乱的圈地法、投充法、逃人法和剃发令。

终顺治一朝，也没有改变这四大弊端。

为了维护自己的统治，顺治颁布了这样的圣旨——“近年屡次宽减、罪止流徙。且逃人多至数万。所获不及什一。督捕衙门屡经具奏。魏管明知、何得又欲求减。显见偏私市恩。殊为可恨。著议政诸王、贝勒、大臣、九卿、詹事、科、道各官、会同从重议处具奏。”

后来，顺治又重申了多尔衮时期的诏书，不许大臣为百姓求情——“有为剃发、衣冠、圈地、投充、逃人牵连五事具疏者，一概治罪，本不许封进！”

同时，顺治也补充了自己的看法——“再行申饬，自此谕颁发之日为始，凡章奏中再有干涉逃人者，定置重罪，决不轻恕！”

顺治干出如此之事，他也就那么回事。此人最多是一个好皇帝，不可能是一代明君。

当然，我们也不能否认顺治的政绩。毕竟，他确实也干了很多好事。这些好事将永载史册，不会被世人忘记。

顺治的好事中，最值得大书特书的一件事情，就是他严惩了一场科举舞弊案，还了大清考场一个朗朗乾坤。

按照干支纪年法，这个案件发生在顺治十四年（1657 年），这一年是丁酉年，所以也称丁酉舞弊案。在明清时期，北京称作顺天府，顺天府的考场称为北闱，所以这个案件，也称丁酉北闱大狱案。

这个案件的主人公，叫李振邺。此人是浙江人，顺治九年（1652 年）进士。

李振邺学历很高，能力很强。但是，此人恃才自傲，史称“少年轻狂，浮薄寡虑”。就是说他狂妄自大，做事没有脑子，想干什么就干什么，且完全不计后果，任性得可以。

这不，任性妄为的李振邺干了一件事情，招了一场大祸。

李振邺是一个典型的妻管严，怕妻子怕得不要不要的。但是，他又是一个不甘寂寞的人，明明怕老婆，却还偷偷地拈花惹草。

来北京做官后，李振邺竟然趁着两地分居的空暇时间，偷偷地养了一个小妾，过了一把金屋藏娇的瘾。

当然，过瘾归过瘾，这种事，可是包不住的。

顺治十四年（1657 年）七月，李振邺收到一封家书，把他吓得惊慌失措，不知如何是好。

原来，这封书信是李振邺的老婆写的，老婆告诉他：“咱们一直两地分居，这算怎么回事啊？为了不让你寂寞，我已经动身来北京了。从此以后，咱们就能一直在一起了。”

看完这封书信后，李继业都不知道该怎么办了。毕竟，家里藏着一个大活人，要是让这两个女人见面了，结果可想而知。万一老婆大人来一个河东狮吼啥的……李振邺都不敢往下去想。

最终，无计可施的李振邺想起了好哥们张汉，去跟他商量此事。

这个张汉是李振邺的老乡，也是浙江人。张汉一直在北京参加科举考试，却始终考不上。为了生计，他找到了李振邺，在其麾下当了一个幕僚。

李振邺经常救济张汉，帮助他生活。时间一长，两人混得很熟，就成了无话不谈的好朋友。

李振邺见到张汉后，就把自己养妾、老婆要来的事情，全都一五一十说了，他请张汉帮忙出个主意。

对于这种问题，张汉毫无办法。毕竟，这是你家的内部矛盾，我一个外人，能出什么主意呀。

最终，这两人商量了很久，也没商量出办法。

突然，李振邺一拍脑袋，道：“我有一计，甚是可好。你现在不是单身吗？我把小妾送给你，让她当你老婆，不就结了。当然，你们只是名义上的夫妻，这个小妾还是我的人。等风头过了，我就把人接回去。”

对于这个办法，张汉死活不同意，说这算怎么回事啊。这事传出去，我就颜面尽失了。

虽然张汉不同意，但在李振邺不断的威逼利诱和不懈的软硬兼施下，张汉还是同意了这个方案。

于是，张汉把李振邺的小妾接过了门，成了自己名义的妻子。

作弊办法

李振邺把小妾送给张汉后，他就隔三岔五地找借口来张汉这里，跟小妾再续前缘。然而，对于这种地下情，小妾却很不满意，一肚子委屈。

有一天，小妾哭着对李振邺道："有你这样的男人吗？我嫁给你，就是把你当成一生的依靠。你倒好，把我送人了，这算怎么回事啊？你也忒没良心了。"

看见小妾哭了，李振邺赶紧安抚道："我不是没钱吗？你再忍忍，再忍几天。等我有钱了，就另辟豪宅，把你接进去，让你当女主人。"

小妾道："等你有钱了，我黄花菜都凉了。"

李振邺回答道："放心，肯定会有钱的，也就这几天的事了。"

小妾问道："当真？"

李振邺回答道："没错。"

原来，李振邺已经得到了确切消息，自己已经被任命为顺天乡试的同考官了。所谓同考官，就是一个"负责初步审核，向主考官推荐优秀试卷"的考官。这个职位虽然没有最终的录取权，但权力也不小。

毕竟，同考官不推荐，主考官就看不见考生的试卷。这样一来，再优秀的试卷，也只能变成一张废纸，被扔进垃圾堆里。

可见，这个同考官就是一个来钱的活。至于挣多少，就看这个官员的"决心"了。

李振邺让小妾去告诉张汉，命他去卖三个关节，跟考生串通舞弊，挣他们的钱，让他们中举。

根据《清代科举考试述录》记载，所谓关节，就是"为密通字眼，其易藏者，多用虚字以为暗示"的词语或句子。

通俗解释，这个"关节"，就是考生跟考官之间的暗语。

这种作弊方式，可谓历史悠远。明朝年间，有一个叫钱千秋的人，就买通了考官，约定好了"关节"。当时，根据约定，钱千秋只要在每段话的末尾，写上"一朝平步上青云"，他就能够中举。

最终，他跟考官的合作非常愉快。考试结束后，钱千秋就是凭借这篇驴唇不对马嘴的文章，被朝廷录取了。

言归正传，当时，李振邺对小妾道：“让张汉卖三个关节，每个关节卖六千两银子。得到这些钱后，你还怕这辈子吃喝不愁？”

李振邺告诉小妾，这三个关节的钱，要这样分赃。一个关节，卖六千两银子，他自己拿四千两，张汉拿一千两，小妾拿一千两。

听此，小妾喜笑颜开高高兴兴地去找张汉，让他去干这件事，一起挣钱。

张汉的表现却超出了小妾的预料，张汉就回复了一句话：“不干。”

这件事情没法干！在张汉的眼中，李振邺干这种事情，忒不厚道了。因为，出面的是自己，一旦出事，李振邺只要不承认，他就什么事都没有，自己却要受罚判刑。冒这么大风险，却挣这么点钱，换成是谁，都不会想干。

张汉不干，小妾却想干，李振邺也想干，大家只能继续讨论，达成一个共识。

最终，在一番讨价还价后，三人达成共识——每卖一个关节，张汉和李振邺五五分赃，各拿一半。小妾的那份钱李振邺付，不用张汉去掏。

当然，如此分赃，大家都认为挣得少，所以大家决定加大力度，卖十几个关节，多卖一些、多挣些钱。

就这样，在这三人喜笑颜开的背后，一场杀身之祸，就此展开。

兄弟阋墙

张汉跟李振邺达成共识后，他就开始兜售关节了。为了让考生相信他卖的关节是真的，他直接对外说——是李振邺让自己卖的，绝对货真价实，童叟无欺。

最终，张汉一共卖了二十四个关节，大赚了一笔。

然而，张汉挣了钱后，却一点也不开心。毕竟，在他眼中，这是犯法的事情，收了人家钱，就得让人家中举，如果对方没有考上，能饶得了自己吗？而且，张汉也不信任李振邺的能力。毕竟，他只是一个承担阅卷工作的同考官，只有向主考官推荐试卷的职能，没有录取考生的权力，他并不能让考生百分之百中举。

不能让人中举，却收了人家钱，事后将如何收场呢？这不是给自己挖坑吗？

一想到这些，张汉就打算撤股了。他让小妾委婉地告诉李振邺，咱们已经挣够了，还是赶紧收手吧。给自己留条后路，这才是正道。

结果，张汉的这番肺腑之言，却彻底惹怒了李振邺，他准备跟这个合作伙伴分道扬镳。同时，在一系列私仇私怨中，李振邺恨死了张汉，他准备严惩这个昔日的朋友。

李振邺的这个私仇私怨，主要有三个。

第一，在李振邺眼中，虽然张汉的担心有道理，但你早干吗去了？当时，我说卖三个关节，你嫌少，卖了二十四个关节。如今卖了这么多，这不是成心没事找事吗？这个局面无法收场，也是你张汉一手造成的，你责无旁贷，甭想推卸责任。

第二，李振邺打探到，张汉卖的关节数量，不止二十四个，他还偷偷卖了好几个。这些钱没有交给他，而是私吞了。因此，对于这种“背着领导吃独食”的人，李振邺恨死他了。

第三，李振邺还察觉到，张汉除了偷卖关节外，他竟然还跟小妾行了苟且之事，给他戴上了绿帽子。

李振邺恨得咬牙切齿，他发誓要报复这个忘恩负义的小人。于是，李振邺就偷偷修改了张汉的试卷，不让他中举。

这次科举考试结束后，李振邺第一时间寻找张汉的试卷，生怕别人比他先找到。成功找到张汉的试卷后（之前有关节约定），李振邺立刻在上面写下了“文理不通，错漏百出，毫无可取之处，就是一团废纸”的评语，让张汉落榜了。

就这样，张汉万万没有想到，自己的好朋友李振邺竟然反了水，让自己落榜了。

让张汉落榜后，兴高采烈的李振邺开始寻找其他试卷，准备照顾那些花了银子买关节的考生。

按照清朝科举考试规定，负责阅卷的同考官，不是一个，而是好几个，本次考试的同考官，就有十三个人之多。对于李振邺而言，要想瞒过其他十二个同考官，从五千多份密封的试卷中，找到二十四个收了钱的考生的试卷，这个难度可想而知。这个工作量，也会非常大。

以李振邺同考官的身份，他是不能在考场中四处溜达寻找试卷的。于是，他把这个重任交给了自己的随从灵秀。李振邺把二十四个考生的名字和关节交给了灵秀，让他挨屋去寻找。

应该说，灵秀是一个非常称职的随从，他非常尽职尽责地去办这个事情。然而，态度很好，却不能改变找不到的结局。最终，灵秀费尽心力，只找到了五份考生的试卷，其余十九份考生的试卷，他没找着。

对于这个结果，李振邺也没说什么，毕竟随从已经尽力了。于是，李振邺在这五份试卷上打了一个人情分，就把他们推荐上去了。至于这些考生能否中举，李振邺就不管了，他也没法管了。

那么，收了二十四个关节的钱，却最终只推荐了五个人，那些没有中举的人，会饶恕李振邺吗？李振邺没有帮上忙，却还收他们的钱，这些考生能接受吗？

对于这个问题，李振邺自有解决的妙计。

东窗事发

科举考试结果公布后，李振邺竟然明目张胆地大声嚷嚷，说谁谁之所以能够中举，是自己极力推荐的结果；说谁谁的文章没有中举，是因为他跟自己的关系很一般，我没有推荐他的文章，致主考官对他有偏见；等等。

最终，李振邺告诉大家，他希望落选的考生不要恨自己，他可以上门负荆请罪，争取让他们下次中举。

要知道，李振邺干的事情，可是一件根本上不了台面的隐秘之事，一旦出事，后果不堪设想。那么，李振邺明知道这样做很危险，他为什么还要大张旗鼓地大声嚷嚷呢?

关于这个问题，有两个原因。

第一，前面讲过，李振邺本来就是一个“少年轻狂，浮薄寡虑”的人。为了显摆自己，为了让别人知道他能力大、本事强，他一定会这样自吹自擂，至死方休。如果他不这么张狂，他就不是李振邺了。

第二，李振邺这么说，是打算转移矛盾，把祸水全都推给张汉。毕竟，他这么说，等于是昭告天下了——给他钱的，他都帮忙了；没给他钱的，他都没帮忙。

李振邺就是要通过这种方式，来暗示那些考生——你们到底把钱给谁了，自己去想；该找谁去要钱，自己去要。

就这样，李振邺通过这番宣传，竟然真让自己置身事外了。没中举的考生们真的以为是张汉把钱私吞了，他们就玩命地去找张汉要钱。在考生的围追堵截下，张汉是哑巴吃黄连，有苦说不出。

看着李振邺得意扬扬的表情，又得知他给自己下绊让自己落榜的事情后，张汉彻底怒了。他决定揭穿这一场科举舞弊，跟李振邺同归于尽。

为了推卸责任，也为了躲避追杀，张汉彻底“疯”了。他剪掉自己的辫子，穿上一件破旧的衣服，天天语无伦次，装疯卖傻。

当然，疯归疯，张汉也没有忘记干正事。他逢人便说此次科举的舞弊事情，还把这些事情写成了大字报，贴得满城都是，以引起官府的注意。

就这样，在张汉的揭发下，朝廷知道了这件事情。顺治皇帝接到举报后，愤怒的他立刻颁布了一道“命吏部、都察院会同严讯”的圣旨，派人抓捕了李振邺，准备严审此案。

在审讯期间，李振邺百般抵赖，说自己根本没有卖过关节。卖关节是张汉个人行为，他借用自己的名义行骗，跟自己没有任何关系。此外，自己之所以散播“能帮助考生中举”，完全是酒后狂言，纯属是喝高了，还望朝廷明察，等等。

不得不说，李振邺真是狡猾得可以。这个人办事天衣无缝，让调查组找不到一点证据，根本无法让其认罪。

然而，天网恢恢，疏而不漏，调查组最终从一个人身上找到了突破口，也得到了李振邺卖关节的证据。

这个人，就是李振邺的随从——灵秀。

原来，有什么样的主子，就有什么样的奴才。李振邺是一个心机颇深的小人，在他的言传身教下，这个灵秀也一个德行，狡猾狡猾的。

当时，李振邺千叮咛万嘱咐，一定要把那张作弊的纸条销毁，不能留下证据。结果，灵秀根本没去干，他反而把那张纸条小心收藏了起来。

在灵秀眼中，这张纸条可是一个超级大宝贝。因为，万一哪一天李振邺干了卸磨杀驴的事情，他完全可以拿这张纸条当护身符，来要挟李振邺，让自己全身而退。

除了颇有心机外，灵秀也跟李振邺一个德行，就是一个得志便猖狂的中山狼，他也喜欢到处炫耀。

有一天，灵秀跟同伴们喝酒，喝高时，他就拿出那张纸条，向同伴炫耀道：“你们知道吗？这个东西，可是一个宝贝。它是这次科举考试舞弊的记录，足以让我主子身首异处。未来，即使主子想弃车保帅，他也不敢把我怎么样。”

说者无心，听者有意。灵秀根本没有想到，这些同伴当中，有一个人跟自己有仇，还想置自己于死地。

于是，得知这个秘密后，这个人就把纸条偷到了手，把它交给了官府。

至此，人赃并获，李振邺就是有通天的口才，也没法解释这张纸条的来历了。因为那上面都是他的亲笔字，他只能乖乖认罪，请求宽大处理。

后来，审理的官员顺藤摸瓜，在抓捕李振邺后，又抓捕了六个涉案的同考官。可见，跟李振邺一样，大家都想到一块去了，都想挣一笔不义之财。

案件侦破，罪犯伏法认诛后，顺治皇帝雷霆大怒，他颁布了一道圣旨，昭告天下：

贪赃坏法，屡有严谕禁止，科场为取士大典，关系最重，况辇舆禁地，系各有观瞻，岂可贪墨行私，所审受贿、用贿种种情实，可谓目无三尺，若不重加处治，何以惩戒来兹？

——《清世祖实录·卷一一三》

顺治皇帝大开杀戒，李振邺等七名同考官，全部斩立决。这些人的父母、兄弟、妻儿等亲属一百零八人，也都受到了牵连。这六家的财产也全部充公。

那些买了关节的考生们，也没有得到好的下场。顺治皇帝剥夺了他们考生的身份，命他们一生不许参加考试。个别情节严重者，被发配充军。

这些被惩罚的人中，有一个人不得不说，他就是张汉。

在涉案人员的名单中，我们并没有看见张汉的名字。作为主谋之一，他竟然没有上名单，这岂不是一件咄咄怪事？

也许，是张汉已经“疯了”，朝廷不愿意再为难一个疯子。也许，是张汉揭发有功，功过相抵，让朝廷放了他一马。也许，是张汉知道更多的秘密，朝廷不想让其他人知道，就把他秘密处理了。

总之一句话，张汉没有得到应有的惩罚，他彻底消失了。至于他何去何从，只能是一个千古之谜了。

在严惩了上述这些人后，这场顺治皇帝第一次亲政就发生的科举舞弊案，也是大清王朝科举历史上第一个科举舞弊案，就以这样的结局告终。

平心而论，跟后面的科举考试舞弊案相比，这个案件的涉案官员等级并不高、涉案金额也不是特别大，但这个结果，可谓“血流成河”。

后世中，同等规模的科举考试，甚至是高一级的科举考试，都没有这种“血流成河”的场面。因此，顺治皇帝的这种判罚有点重了，甚至有点意气用事了。

那么，顺治皇帝为什么如此意气用事呢？他为何非要严惩这个案件呢？

原因很简单，顺治皇帝之所以大规模杀人，除了要警示那些汉人，不让他们打歪主意外，也是要警告那些满人，他要通过这个案件，让那些满人们警示起来，提高自己的辨别能力，好让科举更加公平公正。

负责审理此案的是刑部尚书、八旗子弟图海，结果，这个人竟然不知道什么叫作“关节”，这让皇帝情何以堪。

就是因为这件事情，终顺治一朝，顺治皇帝也看不上图海，一直不对其委以重任。直到康熙年间，三藩之乱时，图海才临危受命，成了清朝力挽狂澜的大英雄。当然，这些都是后话。

正是因为满洲人不懂科举考试的潜规则，所以顺治皇帝才痛下杀手，严惩了本案中所有的犯人，以达到警示世人的作用。

事实证明，顺治的这个严惩，确实起到了奇效。

《清史稿》记载，经过了这次严打后，“一时人心大震，科场弊端为之廓清者数十年”。官场为之一振，在短时间内，官员们都不敢贪污腐败。

顺治皇帝用这一百多条命，换来科举考试数十年的太平，不管怎么看，他都算是大赚了一笔。

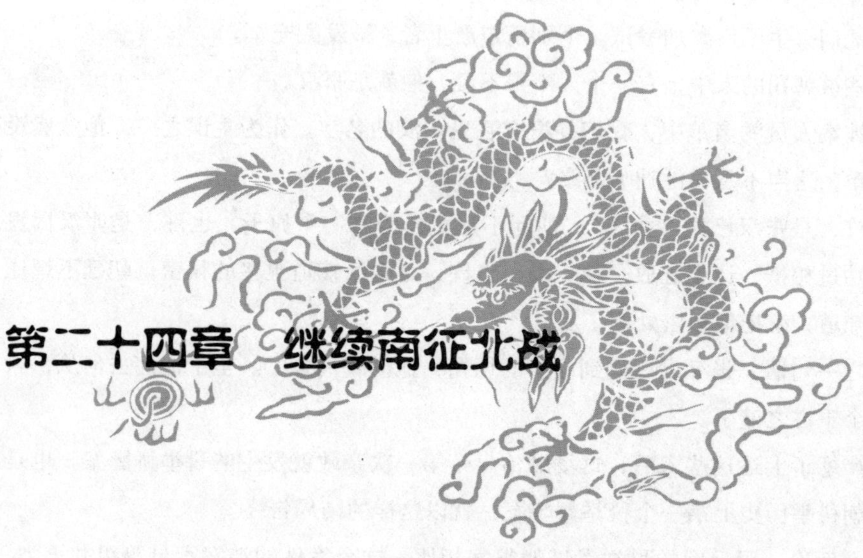

第二十四章 继续南征北战

无奈的顺治

顺治登基后，他干了很多好事，如严惩贪官、减少赋税、改善民情等，还严办了一场科举舞弊案，还了大清考场一个朗朗乾坤。然而，对于一个不想当守成之宗，想当一个创业之祖的顺治而言，这些政绩，就只是小打小闹罢了。

毕竟，顺治最想要的政绩，就是统一天下，让这片中华大地上，只有他一个皇帝，而不是好几家一起共享！

实话实说，顺治有这个理想非常好，但实施起来，却困难无比。

当时，在这片中华大地上，一共有两股势力让顺治寝食难安。

这两股势力，一是盘踞在福建沿海一带，拥有世界上最强海军的郑成功；二是割据了云南、贵州两省，占据了广西、湖南、四川等部分地区的永历政权。

当时，对于这两股势力，顺治一度是绝望的，他根本没有办法消灭这两股势力。顺治无奈的表现，从他跟济尔哈朗的对话中，就可见一斑。

顺治十二年（1655 年）五月初，和硕郑亲王济尔哈朗病危。顺治来探视他，流着泪问道："叔王还有遗言吗？"

济尔哈朗想了想，老泪纵横地回答道："臣受三朝厚恩，未能仰报，不胜悲痛。

只希望早日取云贵、灭桂王，统一四海。”

听完济尔哈朗的话，顺治更加悲痛，仰面大呼：“苍天啊！为什么不让朕的叔王长寿呢？”说罢，继续放声痛哭。五月初八，济尔哈朗病逝，享年五十六岁。

当时，自从永历帝跟大西军联手后，他们兵强马壮。除了跟大西军联手，永历帝还跟四川的大顺军余部和福建的郑成功联起了手，共同构建了一条防线。不敢说此防线固若金汤，但清军若想攻破这道防线，也必须要付出血的代价，否则绝不可行。

就这样，以云贵为后方基地，以两广、两湖、四川为防守点，永历政权俨然成了一个割据的王朝，已经无法被轻易消灭了。

顺治九年（1652年）六月，李定国率军攻打广西，他一战杀死了定南王孔有德，随后又设下埋伏，击杀了前来支援的清朝亲王尼堪。

两战杀两王，李定国从此闻名天下，他让清朝彻底震惊，也让南明惊喜不已。

对于这两场惨败，清朝惊恐无比，史称“号天大恸，自国家开创以来，未有如今日之挫辱者也”。而对于这两场胜利，南明则欢喜无比，史称“两蹶名王，天下震动，此万历以来全盛之天下所不能有”！

李定国彻底鼓舞了明军的士气，给他们打了一针强心剂。

这针强心剂的作用，很快就显现了出来。

同年七月，为了争夺四川，刘文秀和吴三桂展开了一场大战。虽然这场战斗中，拼尽全力的吴三桂侥幸获胜，击败了来犯的刘文秀，但他也发出了“我生平还未曾遇到如此劲敌恶战”的感叹，他不敢再南下伐明了。

经过了这些战斗后，顺治只能无奈地接受了无法消灭对手的事实。

不仅无法消灭永历政权，顺治也无法消灭盘踞在福建沿海一带的郑成功。

虽然在当时，大清王朝拥有强大的水军，但郑成功却拥有更强大的海军，而且是世界第一的海军！要知道，海军跟水军，这根本就不是一个等级的兵种，一旦开战，清军也只能接受被全面屠杀的命运。

为了统一天下，顺治使用了那个老办法——招安。他要招抚郑成功，让他叛明归清。

在顺治眼中，这个招安的办法，还是有很大成功率的。毕竟，清朝知道郑成功的“秉性”，可以争取过来。

原来，郑成功虽然废除了隆武年号，尊永历年号，但他根本不听永历帝的指挥。隆武四年（1649年），郑成功就改奉永历年号为正朔，归顺永历政权，他的延平郡王官职，就是永历帝册封的。

在顺治眼中，虽然郑成功归顺了永历政权，但他根本不听永历政权的话，他就是一个想割据一方的军阀。对于这个人，只要给够好处，就能把他争取过来。何况，当时的清朝内，就有一个合格的说客，能够完成此重任。

这个说客，就是郑成功的老爸——郑芝龙。

前面讲过，自从投降后，郑芝龙就开始倒霉了。他先是被押进京城，每天粗茶淡饭，被软禁了起来，随后被发配到了宁古塔，当了一名苦力。后来，为了招降郑成功，朝廷就把郑芝龙放了出来，对其好酒好菜招待，让他写劝降信，让郑成功投降。

然而，对于老爹的劝降信，郑成功根本不予理会，他誓死不降。

郑成功不投降，就只能用武力将其解决。但这里的问题是，清朝打不过郑成功呀，如何将其解决呢？

这个问题，真是难办。

不义之战

郑成功跟父亲绝交后，就到了金门一带，在那里竖起了反清复明的大旗，招兵买马，自立门户。

没过多久，他就拥有了十万大军，还有很多的文臣武将。

拥有了一支很强的部队，郑成功很高兴。但同时，他也悲伤不已。毕竟，这么多人，每天要耗费无数军需物品，他要怎么解决这个难题呢？

要知道，郑成功占领的地盘很有限（也就福建沿海一带），用这么点地盘，养活这么一支庞大的部队，根本就是天方夜谭。为了解决这个问题，其手下谋士就建议，去攻陷南京，占领这个鱼米之乡，并以此为基地，号令天下群雄。毕竟，南京是明朝的首都，其意义和作用不说自明。

然而，郑成功认为，南京是军事重镇，就算攻下来，自己也会损兵折将，这种事不划算。所以说，要打，也要打软柿子，保存自己的实力，这才是王道。最后，郑成功看中了盛产粮食的潮州，准备将其收入囊中。

潮州，地处广东，号称粤南大粮仓。郑成功打算攻下潮州，永久性解决军粮供应的问题。他的这种想法没错，但这里的问题是，此时此刻，潮州在明军手里，归南明永历政权管理。郑成功图谋夺取潮州的行为，等于是挑起明军内讧了。

顺治六年（1649 年），为了夺取潮州，郑成功来了一个先礼后兵，他给潮州总兵郝尚久送去了一封信，以联兵为由，要求进驻潮州城。被拒绝后，郑成功直接攻打潮州城。

郝尚久蒙了，永历帝也蒙了，朱由榔立刻颁布圣旨，令郑成功撤兵，不许他干这种兄弟阋墙、自相残杀的事情。

虽然朱由榔让郑成功撤兵，但他怎么会听呢？郑成功继续增兵，进攻潮州。结果，他的这种做法，只能“鹬蚌相争，渔翁得利”。

看见郑成功出兵后，清军高兴得不行，他们也立刻南下，从北面攻打广东，准备来分一杯羹。只是可怜了那郝尚久，他腹背受敌，两线作战，既要收拾来犯的清军，还要收拾挑起内乱的郑军。

最终，郝尚久眼看自己不是被郑成功打死，就是被清军打死。一怒之下，他致书信给清军的将领孔有德，表示愿意投降，投降的条件就一个——给我灭了郑成功！

这是有多大仇、多大恨，才能提出这种投降条件呀。

郝尚久投降后，清军立刻履行了诺言，他们跟郝尚久合作，两线攻打郑成功，来了一个里应外合，把郑成功变成了一个“肉夹馍”。

在敌军的两线攻击下，郑成功不敌，损失了数万人马，灰溜溜地撤回了福建。

这次军事行动，郑成功真可谓赔了夫人又折兵，他损兵折将无数，却没有拿下潮州，还让潮州城归了清军，真是给他人做了嫁衣。更重要的是，清朝从此在南方有了自己的根据地，切断了郑成功跟永历政权的直接联系，为统一南方做好了准备。

驱逐良将

顺治七年（1650 年），郑成功又琢磨攻打潮州。

对于郑成功的这个决定，其手下一员大将不同意。他认为，潮州现在在清军手中，固若金汤，若不倾巢出兵，很难攻陷。但是，若倾巢去攻打潮州，我们的粮食基地厦门就会兵力薄弱，恐有危险。希望郑帅有所顾虑，三思而后行。

事实证明，这个大将的预测完全正确。然而，因为刚刚收编了郑彩的兵马，此时郑成功心比天高，根本不听这个将领的话。而且，这个将领也是一个性情中人，他有啥说啥，说话一点也不客气，不给郑成功面子。

最终，在一番争吵后，郑成功下令，说这个将领有意阻碍自己的战略部署，就解除了他的兵权，把这个将领轰到了厦门，让他防守此地。

郑成功此举，就是在意气用事。他要用实际行动告诉这个将领：“你不是说，我出兵后，清军会来攻打厦门吗？好，你就镇守厦门，抵御那些清军。若清军不来，

我跟你没完！”

后来，事情的发展，完全在那个将领的预料之中。郑成功出兵潮州后，清军立刻抓住机会，他们勾结了不甘心投降郑成功的郑彩，利用郑氏家族的船只偷袭了郑成功的小金库，掠夺了郑氏集团两代人海外贸易积攒下来的财富。等郑成功发现时，一切都晚了，他只能接受这个鸡飞蛋打的结局。

好在，虽然财富没了，但厦门却没有丢，它还是在郑成功手中。

原来，根据《襄壮施公传》记载，得知清军来犯后，那个奉命镇守厦门的将领没有逃，他反而率领六十名亲兵迎难而上，视死如归地攻打清军。

最终，清军只能撤兵了。厦门就这样重新回到了郑成功手中。

郑成功回到厦门后，他应该第一时间犒赏这个英勇奋战的将领，并对他当面道歉。然而，郑成功根本不认错，也没有褒奖那个将领，只是赏给了他两百两银子，就此了事。

结果，可想而知，在那个将领眼中，这两百两根本不是赏赐，而是侮辱。于是，失望兼愤怒之极的他剃光了头发，宁愿出家，也不愿意再与郑成功见面。

就这样，他们之间的矛盾彻底公开化了，他们之间的关系就像是一座火山，随时可能爆发。

不久后，出现的曾德事件，让他们的关系彻底决裂。

之前郑芝龙有一个旧将叫曾德，此人被安排在那个将领麾下效力。见那个将领失宠，还跟郑成功对着干后，曾德就打算抛弃他，偷偷摸摸地给郑成功写信，希望离开这个将领，去郑成功麾下效力。

由于保密工作没有做好，曾德叛逃的事情，让那个将领知道了。勃然大怒的他下令把曾德抓起来，要将其斩杀。结果，郑成功得知此事后，也勃然大怒。

郑成功派人告诉那个将领：“这个叫曾德的人，是我的人，我罩定了。还有，你现在不过是一个戴罪立功的将领，哪来的权力私自杀人，你要造反不成？”

本来那个将领没打算杀曾德，只是想吓吓他罢了。结果，听完郑成功这段羞辱自己的话后，那个将领彻底怒了，立刻杀了曾德，泄了心中这口恶气。

得知那个将领擅自杀人后，郑成功大怒，他立刻派人去抓那个将领以及他的家人。结果，凭借一身本事，那个将领逃跑了，他的家人却没有逃掉，全都被郑成功关进了监狱。

那个将领从厦门逃出后，根本没有投降清军的意思。他写信给郑成功（还需要考证），请求郑成功原谅，让自己戴罪立功，重新回到厦门。

结果，那个将领没有得到郑成功的回信，却得到了一个惊天动地的消息——他的三十六个家人无一幸免，全部被郑成功斩首示众了。

得知父母、兄弟、族人全部惨死后，那个将领毫不犹豫地走向了清军大营。

这一年，他三十一岁。

投降清朝后，为了表示诚意，那个将领除了尽职尽责出谋划策、帮助清军消灭郑成功外，他还改了自己的名字，以表示跟过去诀别，迎接新的未来。

至此，伴随着名字的改变，明朝少了一位智勇双全的名将，清朝却迎来了历史上第一位水师总督。

那个将领的名字，叫施琅。

就是这个原名施郎，现改名施琅的人，收复了台湾，招降了郑氏一族。

大西国的第二任皇帝

顺治十四年（1657 年）十一月，顺治突然接到了永历政权二号人物孙可望的投降信。这个大西国曾经的第二任皇帝，现在永历政权不可一世的秦王，竟然因为兵败，请求依附清朝。同时，为了让清朝帮助自己报仇，孙可望上呈了一份“愿取三省上献，以大一统之盛事”的奏疏，彻底给清军指出了一条胜利之路。

孙可望是一个什么人呢？这个昔日的大西国皇帝，是怎么变成永历的秦王的呢？这个秦王，又为什么要造反降清呢？

这一切的故事，还得从头说起。

孙可望，原名孙可旺，陕西延长县（或作米脂县）人。此人是明末张献忠农民起义军大西政权主要将领，南明永历时期权臣之一。

明崇祯三年（1630 年），张献忠在陕北起义，出身贫苦的孙可望参加了义军。由于孙可望勇猛无比，张献忠就收他为义子，让他跟自己一个姓。

崇祯十七年（1644 年），张献忠在成都建立大西政权，孙可望位列群将之首，成了这个政权的二号首脑。在张献忠无子的情况下，他就成为这个大西国的储君了。

后来，凤凰山一战，张献忠战死后，大西军就成了孙可望的财产，他被众人推举为首脑，成了他们的新领袖。

当然，大西军当时推举的首脑，一共有四个人，他们都是张献忠的养子，分别是孙可望、刘文秀、李定国和艾能奇，只不过孙可望声望最大。

成为大西军新的领袖后，孙可望立刻改变了大西军的进军路线。当时，张献忠临死前，不是要进军西安，去陕西当皇帝吗？孙可望当上领导后，立刻废除了这个决定。他下令，全军南下躲避清军，去贵州。

在孙可望的命令下，大西军全军南下，直奔贵州而来。一番谈判后，大西军顺利拿下了贵州，把这里当作新的基地。

这个谈判，是这么回事。

原来，经过了多年的流寇生活，大西军将领已经彻底厌烦了这样的生活，他们渴望被招安。于是，孙可望主动找来贵州政府官员，跟他们谈判，接受招安。

最终，双方约法三章，正式签署了合作协议。第一，不用大西年号；第二，不妄杀人；第三，不焚庐舍、淫妇女。

至此，明朝收编了孙可望，从此有了一支劲旅。而得到了贵州，大西军有了一块根据地，他们再也不用当流寇，终于有家了。

这个结果，堪称双赢。

殊不知，就在此时，天上竟然掉下来一个大馅饼，狠狠地砸在了孙可望的头上，让他又兼并了一块土地，得到了另一个豪宅。

这块土地，就是云南省；这个豪宅，就是云南的沐王府。

遥想当年，朱元璋建国时，为了更好地管理天高皇帝远的云南，他下令，除了在云南建立中原的行政机关外，还命令大将沐英镇守云南，管理云南的兵、政两权，防止云南土司们造反。

沐英死后，其子孙被晋封为黔国公，世袭罔替。明朝命沐氏子孙世代镇守云南，他们成了一个可以建国的藩王。

等到明朝灭亡后，云南土司们就开始蠢蠢欲动了，他们不再接受黔国公的统治，准备取而代之。

得知崇祯上吊、明朝亡国后，云南土司们立刻揭竿而起，他们在“已无朱皇帝，何有沐国公”的口号下，宣布起义。

在接连镇压了几次起义后，最后一任黔国公沐天波终于镇压不住了，他被一个叫沙定洲的土司击败，只能狼狈地逃离王府，避难去了。

攻陷了沐王府，发了一笔横财（史料记载，沐王府富可敌国。王府内的金银财宝论斤算，每一百斤算一筐，每五十筐为一库，一共二百五十余库。可见沐氏族人搜刮民脂民膏之重，难怪云南人要造反）后，为了取代黔国公镇守云南的合法地位，沙定洲竟然恶人先告状，他派人给隆武帝上疏，声称“天波反，定洲讨平之，宜以代镇云南”。

前面讲过，隆武帝是南明诸王中唯一一个贤明的皇帝。但在这件事情上，他却糊涂无比。当时，因为天高皇帝远，消息闭塞，隆武帝在听信了沙定洲的一面之词后，竟然真的认为沐天波造反了。于是，他颁布了一道圣御，命“沙定洲扫除沐天波”。若他消灭了这个“反贼”，可以考虑让他当“云南王”。

可想而知，看见这道圣旨后，沙定洲是何等喜笑颜开。同样，看见这道圣旨后，沐天波是何等悲伤无比。

在沐天波眼中，这算是怎么回事呀？乱臣贼子逍遥法外，自己却要饱受这不白之冤，这世上还有王法吗？我要到哪里去说理？

最终，沐天波算是想明白了，指望隆武帝来救自己，已经不可能了。为今之计，只能自己去请外援自救了。要不然的话，自己就会被沙定洲干掉，死无葬身之地。

就这样，在这种背景下，沐天波派人去贵州，请求孙可望带兵入滇，帮助自己报仇雪恨。面对这个大肉饼，孙可望根本没有犹豫，就率军入滇了，他准备把云南当成自己的第二个家。

事实证明，沙定洲这种土司，也就欺负欺负腐败的明军，碰上骁勇善战的大西军，他就不行了。1648 年（永历二年，顺治五年）十月，仅仅跟大西军对抗了半年，沙定洲就兵败被俘，随后便被斩首示众了。

至此，孙可望顺利得到了云南，加上他之前占领的贵州，他成了一个占据两省的藩王。

当然，即使成了一个可以逐鹿中原的人，孙可望也没有造反的意思，他反而上疏永历帝，俯首称臣。

1649 年（永历三年，顺治六年）春，孙可望派遣使者联系永历帝，表达了愿意“俯首称臣，拥立永历，愿做一个从龙之臣”的意愿。对于这个结果，永历帝非常高兴，他就把孙可望招安了。

然而，在这个招安过程中，因为待遇问题，双方争执了起来，最终一拍两散。双方不仅散伙了，还兵戎相见。他们皆看对方不顺眼，来了一场南明最具意义的内战。

成也此人

永历三年（1649 年）春，孙可望上疏朝廷，表示愿意俯首称臣，服从永历帝领导。

对于这个结果，朱由榔很高兴。然而，等看见孙可望投降的附加条件后，朱由榔就不高兴了，他甚至愤怒不已。

原来孙可望上疏朝廷，请求朝廷将其封王，他要得到一个显赫的官职，才肯投降。

在孙可望眼中，他要王爵的事情，无可厚非。毕竟，他的实力即使称帝，也完

全可以。因此，孙可望只想要一个王爵，还算是掉价了呢。

在朝廷眼中，孙可望要王爵的事情，也无可厚非。毕竟，此人拥有云南、贵州两省，麾下还有十余万大军，这么一个猛人，自己不当皇帝，却心甘情愿跑到南明王朝手下打工。这个要求，并不过分。

然而，这件双方都认为不过分的事情，最终还是黄了。且为了这件事情，双方还积怨颇深，最终兵戎相见。

原来，之所以这样，是因为孙可望提了一个他认为不过分、朝廷却认为极其过分的要求，他要朝廷册封他为秦王。

何为秦王？在老朱家的编制内，朱元璋的二儿子朱樉一族，才能被册封为秦王。换句话说，在那个论资排辈的时代，秦王是诸藩之首。在天下的排行榜中，皇帝第一，太子第二，秦王就是老三。得知孙可望要求册封秦王后，南明君臣皆愤怒不已。他们第一时间反驳了孙可望的要求，说可以对你封王，但绝不能册封你为秦王。秦王什么身份，你配吗？别说秦王了，你连一字亲王都不配，也就配当一个二字的郡王。我们册封你一个二字郡王，就行了，别再蹬鼻子上脸。

听完朝廷的解释后，孙可望大怒，他立刻派人告诉朝廷："秦王什么身份，我不知道吗？我还不配吗？我什么实力，你们不知道吗？今天，我必须要这个秦王的头衔，你们给的话，我既往不咎。你们不给的话，我就自己去抢！"

就这样，朝廷和孙可望杠上了，双方谁都不退，就这样僵持着。后来，在这个僵持的过程中，双方都对对方憎恶，再也不可能友好共处了。

最终，因为一个小人的胡乱册封，朝廷和孙可望终于决裂，打死不相往来。

原来，在朝廷与孙可望的僵持期间，南明军阀陈邦傅深知自己实力不足，他就想借此机会，攀上孙可望这棵大树，给自己找一个巨大的靠山。

为了巴结孙可望，陈邦傅私自铸造了一枚"秦王之宝"的大印，还写了一封假的"册封孙可望为秦王"的敕书，派人来到孙可望的府邸，"册封"他为秦王。

可想而知，陈邦傅此举，完全就是找死。公然伪造圣旨，他算是上了朝廷的黑名单了；公然欺骗孙可望，他也算是上了孙可望的黑名单了。陈邦傅是笨蛋，孙可望也不比他聪明多少，他也傻得可以。

《爝火录》记载，收到一个将军送来的"秦王之宝"和"册封诏书"后，孙可望竟然非常高兴，他连最基本的判断都没有，就这样高调地跪迎圣旨，接受了秦王的册封，并昭告军民，天下同庆。

高兴，此时此刻的孙可望，真是高兴……然而，等真相大白后，他就不高兴了。

正当孙可望下令"普天同庆"时，永历政权却带来了真正的诏书，他们无情地告诉孙可望——你那个秦王头衔，是陈邦傅擅自册封的，是假的，我们根本不认。

如今，我们册封你为平辽王，这才是你真正的头衔，好好谢恩吧。

得知真相后，孙可望都无语了，他恨死了陈邦傅了，也为自己的鲁莽行事后悔不已。然而，事已至此，后悔有什么用呢？为了自己的面子，孙可望只能死扛到底了。

《所知录》记载，得知自己被陈邦傅欺骗，接受了假造的敕印后，孙可望恼羞成怒，却又无计可施。毕竟，他已经举行了隆重的受封典礼，弄得云、贵军民皆知，大家都知道他是秦王了，若他降格为“二字王”，处境之尴尬，不说自明。

因此，孙可望恳请朝廷：“为帝为王，吾所自致，何藉于彼？而屑屑更易，徒为人笑。”他希望朝廷册封他为秦王，给他一个台阶，让他保住自己的面子。

这个时候，就看出永历朝的无能和不懂变故了。

要知道，此时此刻，孙可望已经恼羞成怒了，你不满足他的要求，他可就真的铤而走险了。结果，到了这种危难时刻，朝廷竟然还不改初衷，他们就回复了孙可望两个字：“没门。”外加一番解释：“你自己犯傻，接受了不存在的敕书，关我们什么事？朝廷自有法度，封你为二字王已经是越级的赏赐了。你再得寸进尺，就过分了。”

听完朝廷的这番话后，孙可望清楚地知道自己应该干什么了……

见朝廷如此行事，孙可望大怒，他索性破罐子破摔了。你不是不册封我为秦王吗？那这个头衔，我也不要了！从此以后，我自立为国主！

孙可望是这么说的，他也是这么做的。

1651 年（顺治八年，永历五年），孙可望昭告天下，他要在贵州“建官职，制卤簿，定朝仪”，他还要“大兴土木，建立皇宫”。此外，自己的称呼，也要全部改变。

孙可望告诉天下，从此以后，自己将称孤，文件称令旨，官员称自己为国主。朝拜自己的礼仪，也要按照帝王标准行事。

孙可望此举，彻底震惊了永历朝。直到这个时候，他们才知道事情的严重性。这时，永历朝才赶紧颁布圣旨，满足了孙可望的要求，册封他为秦王。然而，此时此刻的孙可望已经晋级为国主了，他根本不屑这个秦王头衔了，他将继续行走在国主的道路上，越走越远，最终走上了那条不归路。

顺治八年（1651 年）五月，孙可望继续下令，他要修筑太庙，祭拜祖先。

当时，孙可望修筑的这个太庙内，居中的人是明太祖朱元璋。在朱元璋左边的是他的前任老板张献忠，在朱元璋右边的是孙可望的祖父。可见，孙可望如此布局，其狼子野心，已经司马昭行事，路人皆知了。

亡也此人

顺治八年（1651年）五月，孙可望毅然决然地下令，他要建立一个新的国家，拟国号“后明”。五月十六日，他要登基称帝，实现自己的皇帝梦。

然而，神奇的是，孙可望最终退却了，他不再登基称帝，而是降为藩王。

原来，孙可望登基称帝的那一天，“大雨倾盆”，暴雨整整下了一天，根本停不下来。在这种情况下，孙可望害怕了，他认为这是老天在示警。从此以后，他就真的老实了，不再登基称帝了。

但为了能够大权独揽，孙可望把永历帝软禁了起来，他开始“挟天子以令诸侯”。

原来，顺治八年（1651年）年底，在大致平息了三省叛乱后，清军终于腾出了手，可以收拾永历政权了。清朝命那三个汉人藩王南下，开始伐明。

孔有德不费吹灰之力，就占领了广西。尚可喜和耿精忠的继任者耿继茂（这次南下时，耿精忠犯事了，他畏罪自杀了）也非常顺利，收复了广东。

见两广瞬间易主后，永历帝吓得不轻，他又开始启动逃跑模式了。朱由榔从南宁逃到了广南，他又嫌广南不安全，却又不知道何去何从。

在这种情况下，孙可望抓住了机会，他派使者去广南，“再三迎请”，他忽悠永历帝来贵州，来到自己的管辖之地。

本来，因为“秦王”事件，永历帝对孙可望忌讳颇深，他根本不相信这个人。然而，在这个危难之际，也只有孙可望有能力保护自己了。最终，在一番痛苦的抉择后，永历帝决定入黔，去投奔孙可望。

结果，永历帝一进入贵州，就被孙可望软禁了，被囚禁在了安龙。

永历帝的囚禁地安龙，原名安隆，此地位于广西、贵州、云南三省交界的大山之中，交通极为不便，经济非常落后，生活物资也少得可怜，史称“群蛮杂处，荒陋鄙俗，百物俱无”。

可见，孙可望把永历帝安置在这里，就是要“安笼”也。他就是要让朱由榔老老实实地待在笼子里，自己好大权独揽，挟天子以令诸侯，当一个代理的皇帝。

对于孙可望这种行为，李定国、刘文秀等很多忠义之士都痛恨不已，他们频繁地给孙可望写信，要他释放了皇帝，重新俯首称臣。对于孙可望这个人，他们也对其改称呼了。给面子的人，说他是明朝的曹操；不给面子的人，直接骂他是董卓，早晚不得好死，等等。

在这些臣子的互相攻击下，永历朝乱成了一团。虽然在这种混乱的局面下，永历朝还发动了两次大规模的反击（李定国打广西，刘文秀打四川），让清军恐惧不已（两战死了两个亲王），并让清军认为这个王朝“不可战胜”。但其实呢，永历朝内部已经乱成了一锅粥，大臣们互相攻击，这个政权已经濒临分裂了。

被囚禁在安龙后，朱由榔过得非常惨，史称其“涂苇薄以处，日食脱粟”。后来，为了改变这种局面，朱由榔就跟三国的汉献帝一样，他偷偷地发布了衣带诏，命李定国率军来安龙解救自己。

由于保密工作没到位，这个衣带诏的事情让孙可望知道了。大吃一惊的他马上派大将白文选去安龙，要抢在李定国到来前把永历帝接走。孙可望要把永历帝安置在贵阳，就放在自己眼皮底下。

孙可望自信地认为，他派去的人能够完成这个任务。完成任务的时间，也绰绰有余，白文选一定能够抢在李定国之前，把永历帝接走。结果，他却忘记了一件重要的事情——这种“迎接皇帝”的重要事情，必须要亲自去干，否则绝不可行。毕竟，知人知面不知心，手下人到底是怎么想的，孙可望根本不知。

简单来说，白文选早就看不惯孙可望的所作所为了，他早就想把皇帝救走，让其离开这个苦寒之地了。就这样，白文选到达安龙后，他就不走了，他找各种借口拖延时日，直到李定国到来后，他才启程，送永历帝去云南昆明。

至此，孙可望悔得肠子都青了，他千算万算，还是所托非人。他只能眼睁睁地看着永历帝出逃，自己再也无法挟天子以令诸侯了。

1656 年（永历十年，顺治十三年）三月底，永历帝在李定国的护送下，来到了昆明。自明一朝，这里的百姓都没有见过皇帝。得知真龙天子驾到，昆明百姓“遮道相迎，至有望之泣下者”，大家皆激动无比，高兴地流下了眼泪。

看见百姓如此激动，朱由榔也非常感动，他下令“朕到，勿分军民老幼，听其仰首观觇，巡视官兵不许乱打”。

李定国把永历帝迎接到了原战死的艾能奇将军的住所，现在的云南贡院。他们把这里当成了永历帝的行宫，让其视朝听政。

四月，永历帝开始上朝亲政。这一次，永历帝长记性了，他慷慨了很多。

永历帝下令，册封李定国为晋王、刘文秀为蜀王、白文选为巩国公，他毫不犹豫地赏赐官职，让他们都位极人臣。当然，永历帝这样做，也是要提高他们的官职，好跟“秦王”孙可望去分庭抗衡。

加封了自己人的官职后，对于那个仇人孙可望，永历帝却并没有下令去剿灭他，他反而为了大局着想，根本没有跟孙可望撕破脸皮。永历帝希望孙可望悬崖勒马，重新称臣，回归南明。

永历帝这种留有余地的表现，主要有三点。

第一，永历帝进入云南后，并没有入住孙可望为自己建造的豪华宫殿，他没有去抢孙可望的窝。

第二，虽然朱由榔册封了李定国、刘文秀为一字王，让他们跟孙可望平起平坐。但朱由榔还是颁布了一道圣旨，肯定了孙可望秦王的身份，依旧让他在诸王之首。对于孙可望那些“不臣之心”的事情，朱由榔也未加指责，权当没有发生过。显然，朱由榔希望孙可望悔悟，改过自新。

第三，朱由榔入主云南后，并没有撤换孙可望在云南的亲信部队，反而对他们加官晋爵，毫无歧视之意。永历帝这么干，就是在表示自己和谈的诚意。同时，为了和谈，永历帝派白文选携带玺书去贵阳，劝说孙可望消除隔阂，重归于好。

不管怎么看，永历帝都表示了足够的诚意，他真的不想南明王朝爆发内战。虽然双方积怨颇深，已经不可能修复了，但为了大局着想，永历帝还是宽恕了孙可望。他希望大家继续合作，共同复兴明朝。

然而，孙可望根本不相信永历帝会跟自己和好，且为了自己的权力，他准备再次捉住永历帝，继续挟天子以令诸侯。

就这样，在孙可望的出兵下，南明王朝的内讧，又一次上演了。

第二十五章　终于统一天下

孙可望降清

顺治十四年（1654年），孙可望不顾众人的反对，毅然决然地发动内战。

对于这场内讧，孙可望非常自负，他认为自己根本不会输。毕竟，从李定国和刘文秀惊恐的表现来看，他确实有必胜的资本。

当时，得知孙可望起兵造反后，李定国和刘文秀立刻点齐兵马，来战孙可望。双方在交水（今云南省曲靖市旁边的交河）一带对峙。

对峙后，李定国和刘文秀“相顾失色”。因为，对方的兵马太多了，孙可望一共扎了三十六座大营，而李、刘二人一共才三营而已。

三座大营对战三十六座大营，兵力如此悬殊，这个仗还怎么打？于是，尚未开战，李、刘二人就琢磨后路了。当时，刘文秀主张去交趾（今越南），出国避难；李定国则主张去土司管理的地区，跟土司联手，继续对抗孙可望。

为了到底是出国，还是寻找外援的事情，李定国和刘文秀整整讨论了两天。结果，他们还没有想出对策，对面孙可望大营却给他们提供了一个破敌方案。

原来，就在李、刘二人无计可施时，孙可望的大将白文选偷偷来到了他们的大营，他告诉这两人，孙可望看似兵多，但实际上内部已经土崩瓦解了，其麾下所有

将领都不打算跟他混了，大家都愿意匡扶明朝。明日，只要两军开战，孙可望的部队就会全体归降，他就成一个光杆司令了。

白文选说的这番话，确实如此。

原来，白文选救走了永历帝后，孙可望就恨死他了。看见白文选竟然成了永历帝的使者，来劝自己归顺，孙可望大怒，他就把白文选抓了起来，准备将其斩首示众，以儆效尤。后来，在众人的劝说下，孙可望竟然饶了白文选一命，他还命其戴罪立功，命白文选为征逆招讨大将军，成为这场战役的先锋。

孙可望此举，简直就是糊涂透顶。

就这样，在白文选的预言中，双方开始了交水一战，并在一瞬间，双方就分出了胜负。

双方刚刚开战，白文选就率领部下大喊道："反对内战，明朝人不打明朝人，迎晋王，迎晋王。"这些部队全部倒戈相向，成了李定国的部队。随后，越来越多的部队倒戈相向，背叛了孙可望，投降了李定国。

伴随着这些部队的反水，孙可望兵败如山倒，他只能逃离战场。孙可望一路狂奔，一口气跑到了贵州境内，他的魂才算回来。孙可望一清点兵马，自己十余万大军，只剩下几百人了。

目睹了自己就剩下这么一点兵马，孙可望清楚地知道自己该干什么了。毕竟，想活命，或者想报仇，他也只剩下那一条路了。

顺治十四年（1657 年）十一月，孙可望发出了一句"孤不惜此数茎头毛"后，就走入了清营，他剃发投降了。

伴随着他的投降，南明和清朝对峙的局面彻底被打破了，清朝找到了领路人，终于看见了获胜的希望。

事实证明，这个孙可望，确实是一个合格的领路人。他的主要贡献，有两个。

第一，清朝之所以无法攻陷黔、滇，是因为不熟悉地形，在地图全黑的情况下，焉能不败？然而，得到孙可望这个外挂后，清朝的处境就不一样了。

当时，为了帮助清朝消灭永历帝，孙可望"图画山川迂曲及诸将情形，兵食多寡献之"，他把永历朝在云南、贵州的军事部署、地形情况、将领名称、士卒装备、兵力设防等，全部告诉了清军。

第二，孙可望不仅呈现了地图，他还替清军招兵买马。

虽然孙可望战败了，但在云南、贵州等地，还有他的很多亲信，其中不乏镇守重要关隘、身居高位之人。孙可望可以凭借自己的威望，把他们争取过来，让他们剃发投降。

在孙可望的招买下，很多南明将领投降了清军。这些人中，就有大将马宝、马惟兴等人，他们都成了灭亡永历政权的先锋。

清朝对孙可望也非常慷慨，顺治皇帝大笔一挥，毫不吝啬地赐给了他一个一字王——义王。

孙可望得到这个头衔时的表现，史无记载，不得而知。但我相信，他一定是感恩戴德的，并一定是感慨颇深的。

毕竟，在孙可望眼中，自己坐拥两省、握有数十万大军时，求南明赏赐他一个王爵，是何等困难。如今，自己兵败失势，身边只有百余士兵，而清军却毫不吝啬，赏赐他一个王爵，又是何等容易……真是没有对比，就没有伤害。

就这样，得到这个头衔后，孙可望更加卖力气地干活。他为了消灭原来的老板，出尽了自己所有的力气。

被册封为义王后，孙可望尽职尽责，替清军谋划，帮助他们攻打南明。结果，随着南明的没落，孙可望的地位也越来越差。这个昔日红极一时的义王，终于走到了尽头。

孙可望倒霉的开始，是从顺治十五年（1658 年）七月，他迎接弟弟入京时。

当时，孙可望得到一个准确消息，自幼失散的弟弟并没有死，他现在是清军的士兵，在南方一个军营内服役。于是，为了跟弟弟团聚，孙可望立刻上奏朝廷，希望让弟弟坐驿站的“专车”，来北京跟自己团聚。

本来，孙可望的这个请求合情合理。结果，他的申请竟然没有通过，他还被御史们参了一本，被狠狠地骂了一顿。

原来，得知孙可望要用驿站后，朝廷的御史们大怒，他们痛骂孙可望不过是张献忠的一个养子，其“荼毒蜀楚，神人共愤，继而称兵犯顺，逆我颜行”。这么一个“何功何德”的人，授予他王爵，已经是最大的恩赐了。如今，竟然想用国家专车去接他那个“未授一命之官，不过一食粮兵丁耳”的弟弟，真是臭不要脸！不严惩此人，国法何在，天理何在？

看完这封告状信后，孙可望都蒙了，他这才明白当年韩信的苦，明白了“狡兔死、走狗烹”的含义。

于是，惊恐不安的孙可望马上上疏朝廷，请求治罪。

虽然最后，顺治没有治他的罪，还是让他的弟弟坐专车来北京了。但通过这件事情，孙可望开始夹着尾巴做人。

顺治十七年（1660 年）夏天，得知清军平定了云南后，孙可望就清楚地知道，自己没有利用价值了。于是，他上疏朝廷，乞辞王爵，恳请告老还乡。

结果，故作姿态的顺治没有同意他的请求，还是保留了他的王爵。但是，从此以后，他就不对孙可望客气了。有皇帝做表率，御史们便开始玩命地攻击他，让他

惶惶不可终日。

在这种痛苦的生活中，当年年底，孙可望就一命呜呼了。虽然官方的说法孙可望是病死的，但很多史料也记载，孙可望是“随出猎被射死”的。

虽然不知道孙可望的死亡真相，但有一点毋庸置疑，他没有善终。毕竟，就算是他不被射死，以他那个惶惶不可终日的生活，他也一定会被吓死。

孙可望死后，清朝对他“祭葬加隆”，还对他的家族“赐谥恪顺”。但所有人都知道，孙可望的家族，已经变成秋后的蚂蚱，蹦不了多久了。

这不，孙可望死后，其子孙征淇袭封义王，结果，仅仅过了几个月，孙征淇就离奇病死了，直到今天，也不知道其死亡原因。孙征淇无子，其弟孙征淳承袭义王爵位。这个人一直夹着尾巴生活。

康熙年间，吴三桂率军进入缅甸，活捉了永历帝，并将其活活缢杀。永历帝死后，孙可望家族就再也没有用处了，朝廷就此开始减少他们的恩典，开始省钱了。

康熙七年（1666 年），朝廷下令，将义王孙征淳的年俸由五千两减为三千两。康熙十一年（1670 年），孙征淳病死，其弟孙征灏请求袭封。结果，在御史的一番攻击下，康熙下令，取消其世袭罔替资格，降为慕义公。

孙征灏死后，朝廷继续对这个家族降级，其子只得到了一个一等轻车都尉的官职。随后，孙可望家族每承袭一次，就会被朝廷降一级。

最终，乾隆年间，乾隆终于烦了，他下令“孙可望子孙所有世职，嗣后不必承袭”，把这个家族变成老百姓了。

逃亡缅甸

孙可望投降清朝后，顺治皇帝大喜过望，在接受了孙可望的建议后，顺治十五年（1658 年）二月，这位皇帝发动三路大军，开始伐明。

第一路，顺治任命吴三桂为平西大将军，命他从陕西汉中南下四川，进攻贵州。

第二路，顺治命固山额真赵布泰为征南将军，命他从湖南南下，进入广西，北攻贵州。

第三路，顺治任命固山额真宗室罗托为宁南靖寇大将军，命他前去湖南，与洪承畴的兵马汇合，从湖南出发，直接进攻贵州。

三路大军，分工明确，分别由北、中、南三面进攻，根本不给南明喘息机会。顺治的目的很明确，他就是要集结全部力量，以雷霆之势攻打南明，一战而破，一点也不给对方留活路。

那么，在清军大军压境下，南明的这位永历帝朱由榔是会镇定地调兵遣将，指挥战斗，还是会躲在后宫的角落里，瑟瑟发抖，彷徨无助呢？

毋庸置疑，谁都知道这个答案。

得知清军大军压境后，朱由榔的态度就一个，且只有一个——跑，赶紧跑，跑得越远越好。只要能够远离清军，他跑到哪里都可以。

对于这个皇帝，真是无话可说。

当时，大臣也知道皇帝的秉性，说多了都是泪，只能同意了他的要求。大臣们规划了三条逃跑路线，供皇帝选择。

第一条路线，北上四川，汇合当地的大顺军余部，继续抗清。

第二条路线，逃亡至湖南，然后去福建，投奔郑成功。

第三条路线，继续西逃，逃到中缅边境线，在那里观望一下，再做打算。若打退了清军，就回朝亲政；若打不退清军，逃难至缅甸，请求庇护。

看完这三条逃跑路线后，朱由榔想都没想，就选择了第三条路线。

朱由榔之所以选择第三条路，原因很简单。毕竟，在他的眼中，第一条路不可取，四川经过张献忠的屠杀，已经元气大伤了，即使他去那里，也难有作为。同样不可取的，还有去投奔郑成功这条路。

诚然，投奔这个国姓爷，确实是一条明路，但这里的问题是，要想投奔郑成功，必须北上去湖南，这就等于去北上御敌了。而且，即使到了湖南，也要途经一个敌占区江西，才能到福建。试问一下，如此险恶的路线，朱由榔焉能去选？

因此，在朱由榔眼中，他只有一条逃跑路线，就是继续西逃，逃到中缅边境线。逃难到了中缅边境线后，朱由榔二话不说，不顾群臣的反对，毅然决然地进入缅甸国内，他出国避难了。

对于出国避难这件事情，很多大臣都极力反对。他们告诉朱由榔，敌军还没有打到这里，为什么要着急出国避难呢？等敌军真正大军压境了，再出国避难也不迟。而且，去缅甸避难，并不是一个善举。

原因很简单，缅甸虽然是中国的朝贡国，但它跟一直恭敬中原的朝鲜、越南不同，缅甸不是一个对明朝友好的属邦。如今的缅甸，更是跟明朝绝交了。

原来，明神宗万历二十年（1592 年），缅甸国内发生叛乱，缅甸王出使明朝，希望明朝派兵支援，帮助他平叛。然而，当时明朝正在跟倭寇交战，帝国所有的部队都在朝鲜，万历无兵可用，就拒绝了缅甸王的请求。结果，看见明朝不帮自己后，缅甸王大怒，“遂与明绝”。从此以后，也不再上贡了。

大臣们告诉朱由榔，缅甸上一次进贡，已经是五十多年前了。可见，投奔这么

一个可以说跟明朝毫无关系的国家，是福是祸，实在难说。因此，最好的办法，就是逃难到缅甸边境处，看清局势后再做打算，不要着急进入缅甸。

然而，对于大臣的这番肺腑之言，朱由榔根本不听，他仍一门心思出国避难，好得到一个安全之地。

1659 年（永历十三年，顺治十六年）闰正月，在部队的保护下，朱由榔和小朝廷的文武官员来到了中缅边境线。随后，在众人的反对中，朱由榔头也不回地踏入了缅甸境内，当了一个流亡皇帝。

事实证明，朱由榔的这步棋奇臭无比。虽然他贵为大明王朝的天子，但缅甸人根本不把他当盘菜，他们根本没有以礼相待这位天子，反而给了朱由榔三个终生难忘的耻辱，让他无法释怀。

第一个耻辱，收缴兵器，让他们赤手空拳地入境。

得知大明天子要入境后，缅甸朝廷吓了一跳，他们在一番激烈的讨论后，决定接受这个落难天子。但是，缅甸人有一个条件，明军必须“尽释甲仗，始许入关”，因为他们害怕明军在使用诡计，以入关为名攻打缅甸。

对于这个过分的要求，一些忠于明室的官员就不干，他们告诉朱由榔：“护兵不散，犹易于出险而会两藩（指晋王李定国、巩昌王白文选），缅人不敢拘执，况敢献清乎？”若解除武装，就成为案板上的鱼，只能任人宰割了，因此恳请皇帝三思而后行，不要解除武装。

然而，对于这些肺腑之言，一心要逃难的朱由榔怎么可能会听，他第一时间颁布了自动解除武装的命令，命令明军放下武器。

一时间，“卫士、中官尽解弓刀盔甲，器械山积关前，皆赤手随驾去”，朱由榔就这样光着双手，灰溜溜地进入缅甸境内。

可见，入境期间，缅甸人就防着朱由榔，不给他好脸，其入境后的生活，由此可见一斑。

第二，住宿简陋，完全被软禁了起来。

入境后，朱由榔准备了几大车金银珠宝，准备赏赐给缅甸王。对于这些礼物，缅甸王照单全收，却根本不提回礼二字，他也根本没有露面。

除了不露面，根本不给永历帝面子外，缅甸王还下令，不许永历一行人进入皇宫，甚至不允许他们入城。缅甸国王在城外随便用竹子搭建了几个屋子，就让永历一行人住进去了。这个所谓的竹城，就是大明王朝天子的行宫了。

这个竹城既不防雨，也不防风，里面潮湿闷热，还到处是虱子。永历一行人怨声载道，苦不堪言。

其实，有屋子住，已经不错了。永历一行人最大的痛苦是没有人给他们送吃的，他们过着朝不保夕的生活，天天活在饥饿里。

第三，无粮无水，朝不保夕。

把永历一行人安置在竹城后，刚开始的时候，缅甸国王还意思意思，给他们送吃的。后来，持续了一段时间后，缅甸国王烦了，就不再进贡了，让他们自生自灭。

因为被软禁了起来，永历一行人只能在竹城内坐吃山空，用身上值钱的东西去交换生活必需品。

最终，在这种无休止的交换下，明朝大臣穷得叮当响，永历帝也穷得一贫如洗了。永历一行人穷到什么份上了？朱由榔含泪砸碎了代表自己身份的印玺（黄金做的），用这些黄金去交换生活必需品，这才暂时渡过了难关。

身处缅甸的朱由榔根本不知道，在清军的攻击下，虽然明军处于劣势，但还没有输。李定国、刘文秀等人，还在竭尽全力地抵御清军，并让清军付出了血的代价。沿海的郑成功更是乘虚而入，“直捣黄龙”去了！

原来，顺治十六年（1659 年）四月，得知清军兵分三路开始攻打云、贵后，郑成功终于逮到了机会。他立刻不失时机地从海路进攻，准备从崇明进入长江，随后逆流而上，直捣南京城。

这场战役，史称长江战役。

要知道，如果郑成功收复了南京城，他就将彻底动摇清朝在南方的统治，进而占领整个江南。

然而，令人扼腕痛惜的是，郑成功发动的这次长江战役，最终以失败而告终。

明朝最后的希望

顺治十六年（1659 年）四月，郑成功趁着清军主力都在西南一带，他发动了长江战役，准备收复南京城，重新夺回这座明朝故都。

为了确保战斗胜利，郑成功拿出了全部家当。他亲自率领十七万大军，分乘大小战船三千余艘，从定海逆流北上，进入长江。

进入长江后，郑成功第一个攻击的目标就是江阴。江阴是长江上重要的要塞，拿下它，进可攻退可守，具有极高的战略意义。然而，郑成功围打了一个星期，愣是没打下来。

最终，郑成功担心消耗过多兵力，导致没有兵力攻打南京城，他就以“县小不攻”为由，继续逆江而上。继续逆流北上后，郑成功的进军非常顺利，他接连攻破

瓜州、南京的门户镇江府，南京近在咫尺。

那么，当时的南京城内，是一个什么情况呢？

为了对付永历政权，清军倾尽了全力，当时江南一带的驻军都被调到西南去了，导致南京一带兵力空虚，根本无法抵御郑成功的大军。

按照当时的传教士们的说法，南京城内，“只有六千人马，其中仅有五百满洲士兵”，这点兵力根本无法抵御郑成功的大军。因此，大家皆认为，南京城怕是守不住了，陷落只是早晚的事情。

传教士们记录道：“这个噩耗传到北京后，顺治彻底失去了往日的镇定，他自暴自弃，准备丢弃南京城了。后来，顺治甚至打算迁都，返回东北老家。结果，在孝庄太后的训斥下，顺治这才重整旗鼓，不再逃跑。”

谁料，顺治不逃跑了，他却走向了另一个极端，他准备御驾亲征！

得知皇帝要御驾亲征后，大臣们都疯了，说这刚到哪呀，南京还没有陷落，国家还没有危在旦夕呢，用得着御驾亲征吗？于是，大臣们就劝皇帝，希望他收回成命。结果，不管大臣们怎么劝，顺治都不听，他抽出宝剑，把一个御座劈成了两半，告诉众人，再有劝他者，跟这个椅子一个待遇！

就在这个危难时刻，汤若望站了出来，他冒着生命危险来劝皇帝，最终让顺治收回了成命，不再亲征。

虽然上述的故事，很大程度上是传教士为了邀功，故意杜撰的。毕竟，汤若望有多大本事，他能劝住皇帝？那么多人都没劝住顺治，一个小小的洋和尚，就能让顺治收回成命？

当然，虽然这个故事很可能是假的，但它却告诉了我们两件事情。

第一，当时的南京城，确实危在旦夕，清朝也确实岌岌可危。否则的话，顺治不会毫无对策。

第二，通过这个故事，我们也能知道顺治的性格。他的这种性格，就跟汤若望描述的一模一样。

汤若望告诉我们，顺治“内心会忽然想起一个狂妄的计划，随后以一种青年人才有的固执心肠坚决执行”。有的时候，随便一件小事，就能“激起他的暴怒，竟致使他的举动如同一个发疯、发狂的人”。

这些话，真可谓一语中的。

言归正传，正当北京城内群臣和皇帝争执是否御驾亲征这个问题时，他们根本不知道，在一番交战后，郑成功已经灰溜溜地撤兵了。

原来，攻陷了南京门户镇江府后，一个问题就摆在郑成功眼前——他应该是弃船登陆，走陆路呢，还是继续乘船前进，走水路呢？

如果郑成功亲率主力登陆，两天时间内，他就可以攻到南京城下。

然而，令人可惜的是，郑成功只想保留自己的军事力量，从来没有陆战经验的他拒绝下船！他只相信自己无敌的海军，必须用水军攻陷南京。

平心而论，郑成功的海军是很强，但三千艘巨型海船逆流而上，只能用纤夫在岸上拉。两天的行程，他就这样磨磨蹭蹭地走了一个月。结果，让清军有了时间布置防线。一万清军从荆州顺流而下，抢先赶到南京安抚民心，参与防守。

功败垂成

为了缓解郑成功的进攻，清军将领决定用缓兵之计，他们派遣使者找到郑成功，对其道：

> 大师到此，即当开门延入，奈我朝有例，守城者过三十日，城失则罪不及妻孥。今各官眷口悉在北京，乞藩主宽三十日之限，即当开门迎降。
>
> ——《清世祖实录》

“郑帅您厉害，攻无不克，战无不胜，我们愿意投降。但是，根据满人习俗，必须坚持一个月，才能投降。您刚来，我们就投降，我们在北京的家人就得死。我们坚持一个月再投降，就算尽忠了，家人免罪。所以说，您要现在就攻城，我们就拼死抵抗；您要是等一个月，我们就开城投降。”

结果，郑成功竟然同意了清军的请求，等他们一个月，让他们完成尽忠义务，再接受他们的投降。

郑成功的想法很简单，他就一个中心思想——保存自己实力，比什么都重要。等一个月，不费一兵一卒就能攻下南京城，一个字“值”。这么值得的事情，别说等一个月，等仨月都值。

得知郑成功中计后，清军立刻调遣各地人马来支援南京城。一个月之内，调来了十五万大军，其中不乏从西南战场回防的八旗铁骑。

对于这一切，郑成功竟然浑然不知。

一个月之后，清朝派来使者告诉郑成功，表明愿意投降。郑成功高兴得不行，更加放松了警惕，准备带领部队轻松进城。结果，就在进城期间，郑成功遇到了等着屠杀他们的清军。

在清军的攻击下，郑成功只好下令全军撤退。撤退期间，他被之前没有攻陷的

江阴要塞打了一顿，损失更加惨重了。

最终，郑成功狼狈不堪地逃回了金门，清点兵马后，郑成功惊讶地发现，自己损失太惨重了。出门的时候，带了整整十七万大军；回来的时候，只剩下不到五万人马了。

一念之差，天堂与地狱，郑成功这回亏大了。从此以后，他再也无力北伐。这场长江战役，也成了他最后一场光复明室的战役。

当永历政权灭亡后，清军就开始调集人马，准备消灭郑成功。

顺治十七年（1660 年）三月，顺治命令安南将军达素、福建总兵李率泰率军攻打厦门。当时，清军调集了十五万大军、数百艘战舰，可谓拥有绝对兵力。然而，这些士兵多为陆军，根本不熟悉海战。因此，他们看着人多，其实战斗力很有限。

此战中，十五万清军全军覆没，清朝这才知道郑成功的厉害，也明白了海军的重要性。从此以后，清朝开始打造自己的海军，他们再也不敢轻易讨伐郑成功了。

当然，虽然郑成功打赢了这场战斗，也给了清军一个血的教训，但他也清楚地知道，清军是不会善罢甘休的，他们一定会组建强大的海军，来攻打自己。为了防患于未然，郑成功必须要有一块强大的根据地，才能继续抵御清军。

于是，郑成功把目光转向浩瀚的大海，转向了那块“田园万顷，沃野千里，响税数十万”的宝岛圣地。

这个宝岛，叫台湾。

顺治十八年（1661 年）三月，郑成功以南明王朝招讨大将军的名义，率二万五千将士及三百艘战舰，由金门出发，兵锋直指台湾。

经过九个月的激烈战斗，康熙元年（1662 年）二月，郑成功迫使荷兰总督揆一签字投降，终于从荷兰殖民者手中收复了中国领土台湾，他结束了其三十八年外国人统治的生涯，让这个宝岛重新回归了祖国的怀抱。

单凭收复台湾一事，郑成功就足以名垂千古，他就是一位伟大的民族英雄。

康熙元年（1662 年）五月初八，收复台湾仅仅过了三个月，郑成功就因病逝世了，享年仅三十八岁。

他的死，标志着一个时代的结束……其实，这个时代早就结束了。

因为，在郑成功死前一个月，永历帝已经被吴三桂勒死了。伴随着他的去世，南明王朝就此变成了历史，只剩下了世人的唏嘘感叹。

那么，永历帝是怎么被吴三桂勒死的呢？他生命的最后一段时间内，又干了什么事情呢？

南明灭亡

顺治十八年（1661年），在基本上统一了全国后，为了消灭永历帝，清朝再一次倾尽全力，大军压境。

当时，朝廷调集了满洲、绿旗、投城兵和土司少数民族兵后，共汇集了十万大军。朝廷拜吴三桂为大将，命他率军出兵缅甸，逼迫缅甸国王交出永历帝。若对方不交，就跟缅甸兵戎相向，灭了这个国家。

就这样，在清军的大军压境下，永历帝得到了属于自己的结局。

如果是以前的缅甸国王当政，他可能会保护永历帝，跟清军干一架。毕竟，这个皇帝虽然对永历帝不好，但还是比较明事理、讲道理的。

当时，永历帝进入缅甸后，李定国就频繁写信给缅甸国王，让他们归还永历帝，他不惜大军压境，跟缅甸边境的士兵兵戎相向。对此缅甸军民苦不堪言，他们认为明军是贼，请求杀了明军的贼头永历帝，以绝后患。

对于大家的说辞，缅甸国王颇为讲理，他告诉大家“我迎帝，不迎贼；贼祸我，帝不祸我”。

可见，有缅甸国王这棵大树保护着，清军很可能拿永历帝没有办法。然而，伴随着缅甸国王的被害，事情发生了转机，再也没有人保护永历帝了。

原来，看见缅甸国王誓死要保护永历帝后，缅甸一些大臣们就蠢蠢欲动了，他们勾结了缅甸国王的弟弟（也有说是弟弟勾结了他们，因为其早有篡位野心），弑君夺位。他们把缅甸国王扔到河里淹死了，拥立他的弟弟登基称帝。

至此，缅甸王朝完成了改朝换代，朱由榔就此失去了保护伞。新皇登基后，这位从来不喜欢永历帝的新王会如何收拾他，就不说自明了。

缅甸新王登基后，第一时间就联系了吴三桂。双方达成了协议，缅甸新王愿意用朱由榔的命，来换取清朝撤兵，并愿意与清朝建立外交关系。

可怜的朱由榔，他被人卖了，还浑然不知……

顺治十八年（1661年）十二月初二，朱由榔正在和他的大臣、嫔妃们共进午餐。突然，缅甸士兵闯进了他们的竹城。这些士兵告诉他们，缅甸国王已经跟李定国达成了协议，如今，他们要护送朱由榔等人出国，把他们交给李定国。

得此消息，朱由榔正在考虑要不要去，结果，这些士兵二话不说，就把他们抬走了。这些士兵都不让朱由榔等人收拾行李，就把他们送到了缅甸和中国的边境上。

来到边境后，朱由榔要渡过一条河，去对面的大营。因为水浅，船搁浅了。对

面营帐内走出来一员大将，他对永历帝叩首请安，随后背着他过了河。

永历帝很是感动，就问这个大将姓名。结果，问完后，永历帝无语了，他彻底默然了。

因为，这个大将是这样回答的："臣乃平西王吴三桂前锋高德捷……"

就这样，在稀里糊涂中，永历帝成了吴三桂的俘虏，并迎来了最终的结局。

抓住永历帝后，清朝最初的计划，是打算把他押解到京城，举行一个献俘礼，再当众处死，以儆效尤。然而，吴三桂为了表忠心，他玩命地告诫朝廷，从云南到京城，路途遥远，变数太多，为了防止夜长梦多，还是第一时间将其杀死，才能永绝后患。

在一番激烈的讨论后，朝廷最终同意了吴三桂的意见。于是，四大辅政大臣以康熙的名义颁布圣旨，"仁皇帝命恩免献俘，著将永历正法"。朝廷告诉吴三桂，不用把永历帝押送至进城，就在昆明处死。

当时，朝廷只是说将永历帝处死，但怎么处死，朝廷没有说，全由吴三桂等人定夺。这个时候，就能看出吴三桂为了建功立业，可谓不择手段了。

吴三桂为了表忠心，他自始至终就一个意见，将永历帝斩首示众。

吴三桂的副将、满洲将领爱星阿等人告诉吴三桂："永历曾为中国之君，今若斩首，未免太惨，仍当赐以自尽，始为得体。"

虽然改为自缢，但还得有人去"帮助"他自缢，这个死刑的执行官，由吴三桂担任。

康熙元年（1662年）四月二十五日，在今天昆明的逼死坡上，吴三桂用一根弓弦，结束了永历帝的生命。

朱由榔死时，年仅三十九岁。伴随着他的死，大明王朝以及这个继任的南明王朝，也终于成了历史，成了一段让人唏嘘感叹的回忆。

对这个南明王朝，盖棺论定一下。我个人认为，美国学者司徒琳的《南明史》中的一番话，是对这个王朝最另类的评语。

北宋亡国，南宋继承国运，延续长达一百五十余年，为何明朝灭亡，南明之苟延残喘了十八载？

是因为没有好皇帝？隆武帝颇有贤名。

是因为没有好臣子吗？前有史可法，后有李定国。

是因为武器不济？陆军火器十余种，水师堪敌海上马车夫。

是因为缺钱？江南富过江北。

是因为缺人？一道剃发令，送来千万汉家儿郎。

可是，隆武帝绝食而死，史可法尸骨无存，李定国郁郁而终。短短十八年，万里江山易主……原因何在？

是的，原因何在？

恐怕每一人，都有自己的答案。

好吧，不管答案如何，结果都是一样的。我们只能在梦中怀念明朝，回望这中国最后一个汉人王朝往日的荣光。

那么，这里有一个问题，为什么永历帝死时，清朝已经进入“康熙时间”呢？到底是一个什么原因，让这位年仅二十四岁的皇帝英年早逝呢？顺治皇帝在最后的岁月里，又出现了哪些风花雪月的故事呢？

现在，让我们看看这位皇帝最后的故事。

第二十六章 帝王的爱情

顺治大婚

顺治八年（1651年）正月十七，也就是顺治皇帝真正登基的第五天（正月十二日举行亲政大典，正式接管帝国军政大权），群臣上奏，希望皇帝履行与蒙古科尔沁部的婚约，举行大婚典礼。

在群臣眼中，他们的这个请求，既合情，又合理。

毕竟，皇帝成婚，就代表着自己成年了，他就再也不是一个幼主了。从此以后，任何人都别想挟天子以令诸侯了。这对于顺治而言，有百利无一害。

此外，顺治的这位未婚妻，是孝庄的亲侄女，他的亲表姐（也说表妹），这种“姑舅亲，辈辈亲，亲上加亲”的联姻方式，会继续加固满、蒙两个强悍家族的关系，对于大清王朝的统治，也是有百利无一害。

总之一句话，在群臣眼中，为了这个国家，皇帝会毫不犹疑地同意这门婚事。顺治会第一时间穿上礼服，去迎接自己的新娘子。

然而，群臣惊讶地发现，他们完全想错了。

因为，对于这个奏折，顺治皇帝想都没想，就批复了五个字——所奏不准行！

这是一个什么情况？

顺治告诉群臣，自己之所以反对这门婚事，原因很简单，这门亲事是多尔衮替他选的，他不接受这个罪臣的建议。而且，作为这个国家的掌门人，顺治要自己选择婚姻，不允许任何人染指。

此言一出，群臣都慌乱了。

首先，在大家眼中，虽然这个婚事是多尔衮定的，但最终拍板的，可是孝庄太后呀！为了维护这两个家族的联姻，也为了维护自己的统治，孝庄一定会选择娘家人。所以说，如果这个婚姻是错的，那也是孝庄的错，跟多尔衮无关。何况，孝庄有什么错？她的所作所为，不过是自己姑姑孝端太后干过的事情罢了，她何错之有？

此外，在群臣眼中，皇帝要追求自己的幸福？真是千古奇谈！毕竟，身为一国之君，皇权赋予他无限权力的同时，也就此剥夺了他作为一个普通人应有的权力。顺治没有选择爱情的权力，他的婚姻应该以国家利益为重，即所谓的政治婚姻，这才是一个明君所为！

最终，大臣们群起而攻之，他们根本不管皇帝什么“所奏不准行”，就这样把皇帝赶上架，逼他去当新郎了。当然，顺治这样愤怒地“上礼堂”，也为他未来的婚姻分裂埋下了一个伏笔。

顺治八年（1651 年）八月，在经过八个月的筹备，紫禁城终于迎来了大清王朝的第一场婚礼。

由于是大清入关后的第一场婚礼，朝廷对此非常重视，堪称“拼尽全力，奢靡至极”。如今，随便找一本相关历史的书，上面都记载了这场婚礼盛况空前的场面，就连外国传教士也被吓住，不知道该怎么形容这场婚礼了。

当时，在中国的西洋传教士是这样描述的，“漂亮的新娘坐在一辆无与伦比的婚车上，她在无数骑兵的陪同下，浩浩荡荡地进入紫禁城。我们从来没有见过这么多无边无际的骑兵队伍。据说，这些马一共八万匹，是西鞑靼国王送给大清王朝的嫁妆”。

整整八万匹战马的嫁妆……如果这个记录属实的话，那是一副何等震撼人心的场面。当然，这个数据不可能属实，不过是西洋传教士夸大其词罢了。

在送亲队伍中，有一个人不得不提，他就是顺治的舅父兼岳父蒙古亲王——吴克善。

还记得吗？当年，海兰珠进京时，就是这个哥哥送的亲。更靠前，孝庄入宫时，也是这个哥哥送的亲。这一次吴克善送自己的女儿入宫，他兴奋无比，比任何时候都高兴。这是给大清王朝送去自入关以来的第一位皇后。这个意义，不说自明！

在众人的欢呼雀跃中，顺治与博尔济吉特完婚了。虽然对这个婚姻，顺治是心不甘、情不愿，但他见博尔济吉特“容止足称佳丽，亦极巧慧”，就同意过日子了。

至此，皇帝正式册封博尔济吉特为皇后。

看见皇帝跟皇后在一起生活，群臣也就放心了。虽然这是一场政治婚姻，双方没啥感情可言，但感情这玩意儿可以慢慢培养。假以时日，这对帝后必恩爱无比，替大清朝传宗接代。

群臣的这种想法，挺好。但可惜的是，他们想错了。

仅仅过了两年，顺治就打算休妻，不，应该叫废后了。

休掉皇后

顺治十年（1653 年）八月，顺治突然颁布诏书，命礼部官员上呈历代王朝废后的故事，他要学习一下。

群臣不是傻子，他们清楚地知道，皇帝学习这些历史，意欲何为。于是，礼部官员没有上呈这些故事，他们反而上了一份奏折，请求皇帝不要废后：

“臣等不胜悚惧！窃惟皇后母仪天下，关系甚重。前代如汉光武、宋仁宗、明宣宗皆称贤主，俱以废后一节，终为盛德所累，望皇上深思详虑，慎重举动。”

群臣上完奏折后，本以为皇帝会回心转意。结果，根本不是那么回事。

原来，知道群臣猜出自己的心意后，顺治索性打开天窗说亮话。他把礼部的奏折批阅返回，挑明了要废后：

“据奏皇后母仪天下，关系至重，宜慎举动，果如所言，皇后壶仪攸系，正位匪轻，故废无能之人。尔等身为大臣，反于无益处，具奏沽名。甚属不合。著严饬行。”

就这样，皇帝以“无能”为借口，要求废后。

看完这份批复后，群臣都不知道该说什么了。什么叫“无能”？定义是什么？请给一个解释。

皇后不帮助皇帝办公，是“无能”吗？扯！后宫不得干政。不干涉朝政的皇后，才是一个好皇后。

皇后不孝顺太后，是“无能”吗？这个结论，有点道理。但问题是，如果皇后这么干了，提出废后的人，应该是太后，而不是皇帝。太后还没说什么呢，皇帝以“不孝”为借口废后，这说不过去。

皇后不生子嗣，是“无能”吗？这个结论，非常正确。毕竟，在“七出”中，

“无子”就是其中一条，休你没商量。但这里的问题是，皇后之所以无子，是因为皇帝一直跟她分居。你们都不在一个床上睡觉，皇后焉能有子？因此，这一条，也说不过去。

群臣想了半天，也不知道皇帝所谓的“无能”二字，到底寓意何为。群臣只能据理力争，表达自己悲伤的心情了：

“皇后正位三年，未闻失德，特以‘无能’二字定废嫡之案，何以服皇后之心？何以服天下后世之心？君后犹父母，父欲出母，即心知母过，犹涕泣以谏；况不知母过何事，安忍缄口而不为母请命？”

就这样，皇帝要废后，大臣不同意，大家只能僵持了下去。僵持了一段时间后，皇帝又颁布了一道圣旨，阐述了自己废后的原因，并要求把这个皇后降为静妃。

这篇奏折很长，顺治也阐述了很多废后的理由，如“今后乃睿王于朕幼冲时因亲订婚，未经选择”“册立之始即与朕志意不协”“事上御下，淑善难期，不足仰宗庙之重”等。但其实，这些都不是皇帝要废后的主要原因。

皇帝废后的主要原因，其实就是一句话——“上好简朴，后则嗜奢靡，又妒”。

就是说，顺治废后的主要原因就两条，皇后腐败奢靡，且妒忌成性。

这两条罪名，貌似都成立。

史料记载，这个皇后确实腐败。自从入京后，她天天穿金戴银，挥霍无度。当时，皇后的每一件衣服，都要镶上宝石；每一次用膳，必须用金银碗筷吃饭。没有这些东西，皇后就会非常不高兴，下人就只能倒霉了。

当然，皇后之所以这样，跟她的生活习惯有关。毕竟，她是博尔济吉特氏黄金家族里的金枝玉叶，从小养尊处优。长成这样，不奇怪。

然而，同样出自富贵之家，顺治却俭朴无比。深知民间疾苦的他为了造福百姓，衣食俭行，从不大兴土木。

可见，皇帝是一个俭朴的人，皇后却是一个腐败奢靡的人，他们只能互相看不顺眼，最终“离婚”了。

因为身边有这么一个铺张浪费、奢靡无度的妻子，顺治心中苦闷无比，他就去别的妃嫔那里喝酒解愁。结果，一到这个时候，皇后就会暴露另外一个秉性——嫉妒。

简单来说，皇后明知道皇帝不可能只有一个女人，但她还是想把皇帝占为己有。于是，只要皇帝去别的女人那里，皇后就会尾随而至。为了把皇帝拉走，皇后犹如泼妇一般，大吵大闹，皇后腐败奢靡和嫉妒成性的性格彻底惹怒了皇帝，再加上顺治本来就讨厌这个不请自来的皇后，于是，他下定决心，一定要废后。

看见皇帝废后之意已决，“势难更改”，群臣也就消停，不再劝说了。

就这样，以郑亲王济尔哈朗为首的官员上疏了一份奏折，同意皇帝休妻了——所奉圣旨甚明，臣等亦以为是，无庸更议。

至此，群臣同意休妻后，顺治下令废后，他把皇后降为静妃，把她轰到了冷宫，让她自生自灭去了。

从此以后，在历史的文献中，再无这位废后的任何记录，她就仿佛消失了一样，彻底销声匿迹了。

后来，吴晗先生在朝鲜的文献中，找到了关于这个废后的记录。

根据《朝鲜李朝实录中的中国史料》第九册记载，博尔济吉特氏被降为静妃后，不知道是顺治把她轰回了娘家，还是她主动回到了娘家，总之她回到了科尔沁部，在那里生活。

废后回家后，没过多久，她惊讶地发现自己怀孕了。十月怀胎后，她生下了一个大胖小子。在废后的精心抚育下，这个孩子健康长大，颇有贤明。

这个孩子长到十四岁时，清廷才知道有这么一个孩子。于是，清廷下令，让这个孩子入京，准备将他软禁起来。因为，清廷害怕蒙古部落会拥护这个孩子登基称帝，以威胁自己的统治。

对于这道命令，一向听命的科尔沁部却选择了抗旨。不管清廷怎么说，他们就是不让这个孩子入京。最终，双方不惜一战。再然后……就没有然后了。

这后面的故事，朝鲜人没有记，所以就不得而知了。

其实，我个人认为，朝鲜的这个记录，就是一个杜撰罢了。毕竟，清朝入主中原后，完全继承了中原的文化，他们是不可能让废后回娘家的。毕竟，女子入宫后，这辈子就别想出去了。废后到死，也只能生活在冷宫里。

再次“休掉”皇后

部分史料记载，顺治之所以能够成功废后，是孝庄太后帮忙的结果。当时，得知皇帝要休掉皇后后，朝野震惊，大臣全部反对，他们誓死不让皇帝废后。结果，在这个僵持的局面下，是孝庄太后出面说服诸大臣，大臣这才同意废后。

我个人认为，这段历史应该是真的。

毕竟，孝庄太后清楚地知道，这样僵持下去，对谁都不好，她只能抛弃那个亲侄女了。虽然这么做，对不起这个侄女，但在孝庄的眼中，皇帝的尊严才至关重要。孝庄要用亲侄女后半生的不幸告诉天下——任何人，都不能违背皇帝的意志，他永远是这个国家最高的统帅。

至此，在孝庄的无奈下，可怜的博尔济吉特氏就此被打入冷宫。当然，这也是她咎由自取的结果，怨不得别人。

顺治十一年（1654 年）八月，顺治无奈地举行了第二次大婚。这一次，他的新娘，依旧是来自科尔沁草原，依旧是博尔济吉特氏，依旧不是他亲自选择的结果。

顺治皇帝这一次的新娘，是孝庄哥哥察罕的孙女，孝庄太后的亲侄孙女，前任皇后的亲侄女，也是顺治皇帝的亲侄女！虽然这个辈分有点乱，但新娘与顺治年龄相当，她十四，顺治十七。

顺治根本不喜欢这位皇后，他从来不与皇后圆房，也彻底远离那些博尔济吉特氏的妃嫔（他一共有六位蒙古族后妃）。

要知道，在顺治短短的二十四年人生中，他一共有八子、五女，然而，这些孩子没有一个是博尔济吉特氏所出，这也直接表达了皇帝对太后母族的态度。

除了不跟皇后圆房外，皇帝也从来不给皇后好脸。纵观史书，皇帝没有送给皇后一样东西，甚至没有跟她来过一次互动。

跟对待第一任皇后一样，顺治自始至终就讨厌这个新皇后，即使这个皇后多么乖巧懂事，他还是打算第二次废后。

顺治十五年（1658 年）正月初三，顺治皇帝突然发难，他以“皇后方在冲龄，未娴礼节”为理由，认为她不懂得孝顺，要求废后。

实话实说，对比第一次愣头青的废后举动，顺治这一次废后行动，要聪明得多。他以“百行孝为先”的孝道说事，认为皇后不孝，不能给天下一个表率，这才要求废后。皇帝的这个废后理由，确实比较充分。

然而，群臣又不是傻子，焉能不知道皇帝的心思，他们根本不同意皇帝的说辞。

大臣们告诉皇帝，您所谓的“皇后方在冲龄，未娴礼节”，根本不成立。诚然，皇后确实年轻，但她已经当了四年的皇后了，这还叫年轻不懂事吗？而且，皇后孝不孝，不是您说了算，等太后来告状时，我们再商量此事吧。

就这样，跟上一次废后一样，皇帝和大臣们吵了起来，来了一个不欢而散。而最终的结果是皇帝妥协了，他再也不提废后一事了。

皇帝之所以妥协，原因很简单。大臣告诉皇帝，首先，废后这种事情，可一不可再二。其次，如今皇帝独宠那个女人，已经让后宫女子对其“侧目”了。难道说，皇帝想让那个女人成为后宫的众矢之的吗？

就这样，在大臣的劝说下，皇帝打消了废后的念头。然而，皇帝还是下了一道取消孝惠皇后中宫笺奏的命令。

何为中宫笺奏？清朝规定，凡是重要节日或国家大典，官员要向皇帝、太后、皇后呈送贺表。呈给皇后的贺表，就叫中宫笺奏，也叫中宫笺表。

可见，皇帝这是在昭告天下，以后国家没有这个皇后了，可以当她不存在了。

就这样，在皇帝的冷眼中，孝惠皇后变成了一个多余的人。她虽然还是皇后，还可以居住在繁华的寝宫内，但这个宫殿，不过是一个看似热闹的冷宫罢了。

从顺治十五年（1658 年）开始，十八岁的孝惠皇后开始了冷宫生活。三年后，即顺治十八年（1661 年），二十一岁的她升级为皇太后，开始了漫长的太后生涯。

孝惠皇后一生无子，是顺治不给她机会，她既做不了贤妻，也无法成为良母。孝惠皇后一生，只能在孤独与寂寞中度过。

好在上天对这个女子不薄，赐给她一个非常孝顺的养子。这个养子，就是那个千古一帝——康熙。

史料记载，因为幼年丧母，康熙一直对自己不能尽孝而悔恨不已。于是，康熙把这位孝惠太后当成了自己的生母，一直对她尽孝，把全部的孝心倾注在这位母亲身上。

通过史书我们知道，在长达半个世纪的时间里，康熙一直尽孝，从不怠慢。逢年过节，率领文武百官磕头请安，自不必说。进献的各种礼物，也可以用车来计算。

一有时间，康熙还会带着这个母亲出门散心。康熙在位期间，曾三谒盛京、六下江南、四十三次去塞外避暑。这么多次，不敢说老太太全都去了，但她也没少参与。

在这些尽孝的事情中，最值得大书特书的一件，就是康熙最后一次尽孝。

康熙五十六年（1718 年）十二月，孝惠太后病危。当时的康熙已经是一个六十四岁的老人了，他此时也重病缠身卧床休息。结果，一听到母后病危，康熙挣扎着坐了起来，乘上龙辇，颤颤巍巍地来见母后。

来到母后的病榻前，康熙泪如雨下，小声地呼唤道：“母后，儿臣在此。”孝惠太后听见康熙的声音后，高兴地睁开了双眼。因为怕光，孝惠太后一只手遮挡眼前的光线，一只手紧紧地抓住康熙的手。虽然此时此刻，重病缠身的孝惠太后已经说不出话来了，但她的嘴角一直洋溢着幸福的微笑。

为了让母后休息，康熙就跪安出宫了。然而，康熙却没有回宫，他在母后的寝宫外搭了一个帐篷，就在里面居住，好第一时间照顾母后。

三天后，在康熙的祝福中，孝惠太后安详地闭上了双眼，享年七十七岁。她是大清王朝第二寿命高的太后，仅次于乾隆生母孝圣太后。

纵观这位皇太后的一生，她的前半生虽然痛苦无比，但上天却待她不薄。在她漫长的后半生里，上天赐给了她一个极其孝顺的儿子。得此结果，也足以含笑九泉。

其实，孝惠太后可以毫无抱怨地走完一生。毕竟，在那个顺治独宠一人的时代里，很多妃嫔跟孝惠太后一样，得不到夫君的喜爱，一生无儿无女，还没有一个孝顺的养子，只能在无尽的痛苦中结束一生。对比她们，孝惠太后已经很幸运了。

这个“冠绝后宫”，让孝惠皇后等人痛苦不堪的女人是谁，不说自明。

现在，就请这位中国历史上大名鼎鼎的董鄂妃登场。

身份之谜

根据官方记载，董鄂氏，满洲正白旗人，内大臣鄂硕之女。顺治十三年（1656年），董鄂氏通过选秀入宫，得到了顺治帝的宠爱，成了他的第一夫人。

这个记录，没有任何问题。

鄂硕是二品大员，他的女儿有资格入宫当秀女。毕竟，鄂硕一生为大清王朝效力，他随努尔哈赤征战关外，又随大清入关夺取天下。在他戎马生涯十五年内，从关外到关内，从塞北到江南，横扫了大半个中国，他为大清打江山立下了汗马功劳。单凭这些战绩，鄂硕的女儿入宫后，也会得到皇帝的单独召见，得到一个应有的名分。

因此，不管怎么看，董鄂妃的这个简历，都没有任何问题。然而，不知道从什么时候开始，人们普遍认为，董鄂妃的这份简历是假的。她根本不是鄂硕的女儿，而是皇帝的弟媳；或者说，她根本不是满人，只是一个妓女罢了。

那么，这到底是怎么回事呢？

现在，开始解答。

先解释“妓女”之说：

如今，拜民国的那些文献所赐，我们了解的这个董鄂妃，是江南一带名妓董小宛。她本来是冒襄的妻子，后来作为战利品献给了顺治，这才成了顺治的董鄂妃。

这些文献告诉我们，明末江南四大才子之一的冒襄抛弃了陈圆圆后，就迎娶了董小宛，双方举案齐眉，夫妻恩爱无比。

清朝灭了南明后，洪承畴垂涎董小宛的美色，就把她俘虏了，准备让她当自己的妻子。结果，不管洪承畴如何献殷勤，董小宛也不给他一个好脸。对于这个贰臣，董小宛誓死不嫁。

看见这个女人如此不给面子，洪承畴大怒，就想了一个狠招，他把董小宛送给

了皇帝。一来，洪承畴进献美女，可以拍一下皇帝马屁。二来，他想借皇帝之手，杀了这个一身骨气、誓死不从的女子。

结果，洪承畴万万没有想到的是，这个誓死不从的女人，竟然服从了皇帝。她彻底爱上了顺治，顺治也彻底爱上了她，他们共同谱写了一段海誓山盟、感天动地的爱情故事。

其实，这个故事，就是胡说八道。

第一，董小宛生于1624年，顺治生于1638年，他们之间相差了14岁。正所谓“当小宛艳帜高张之日，正世祖呱呱坠地之年（孟森《董小宛考》）”，如此悬殊的年龄差距，他们之间要是能够爆发出爱情故事，那才叫见了鬼。

第二，顺治纳董鄂妃为妃，是在顺治十三年（1656年）。那个时候，顺治十八岁，董小宛理论上三十二岁。这种年龄差距，董小宛焉能吸引皇帝的注意？而且，那个时候，董小宛就是想入宫，她也入不了。因为，董小宛死于1651年，她早就入土五年了，顺治焉能与一个死人结婚？

第三，无数史料都记载了，董小宛死于1651年。当时，得知董小宛英年早逝后（年仅二十七岁），江南文人们惋惜不已，大家写了很多诗句，来悼念这位秦淮八艳之一。这些诗句，就是董小宛的死亡证明。

其实，董鄂妃是董鄂妃，董小宛是董小宛，不可混为一谈。

民国文人之所以把董鄂氏说成是董小宛，不过是给清朝泼脏水罢了。他们故意把顺治的宠妃说成是一个妓女，以恶心清朝。当然，这种恶心清朝的故事，还有很多，如太后下嫁、乾隆出生等，这个董小宛是董鄂妃的故事，不过是其中之一。

解释完了“妓女”说，我们再来解释“弟媳”说。

最早说董鄂妃是顺治弟媳的人，是汤若望。在《汤若望传》中，他记载了这么一段历史：

> 顺治皇帝对于一位满籍军人之夫人，起了一种火热爱恋，当这一位军人因此申斥他的夫人时，他竟被对于他这申斥有所闻知的天子亲手打了一个极怪异的耳掴。这位军人于是乃因怨愤致死，或许竟是自杀而死。皇帝遂即将这位军人的未亡人收入宫中，封为贵妃。
>
> 这位贵妃于一千六百五十七年产生一子，皇帝要封他为将来的皇太子。但是数星期之后，这位皇子竟而去世，而其母于其后不久亦薨逝。皇帝陡为哀痛所攻，竟致寻死觅活，不顾一切。人们不得不昼夜看守着他，使他不得自杀。

有人说，这个故事中的女主人公，就是那董鄂妃。而那个上吊自杀的男主人公，即那个满洲军人，就是顺治的十一弟——和硕襄亲王博穆博果尔。

董鄂妃是内大臣鄂硕之女，在当秀女期间，顺治第一任任性妒忌的皇后看见她后，认为她太漂亮了，会勾引皇帝，就把她轰走了。废后为了永绝后患，就忽悠孝庄太后颁布了一道圣旨，让博穆博果尔迎娶了她。

博穆博果尔与董鄂妃结婚后，夫妻举案齐眉，恩爱无比。然而，因为清朝有一个命妇更番入侍后妃制度，即每隔一段时间，董鄂妃要按时去后宫侍奉太后。结果，在侍奉太后期间，董鄂妃就和皇帝见面了。

看着这么一个美人后，顺治眼睛都动不了了。于是，顺治颁布了一道圣旨，命弟弟率军打仗去了。弟弟出门后，弟媳独守空房，他就顺理成章地“照顾”弟媳了。

把弟媳接入皇宫后，顺治就跟董鄂妃在一起了。结果，博穆博果尔知道真相后，愤怒的他来到皇宫，跟这个哥哥理论。争吵期间，恼羞成怒的顺治给了博穆博果尔一巴掌，命他滚出皇宫，不许再来。

出宫回家后，博穆博果尔羞愧无比，没过多久，就上吊自杀了。

后来，为了掩盖这段丑闻，清朝只能说博穆博果尔病逝了。

再后来，得知此事后，孝庄太后大吃一惊，遂立刻下令取消了命妇更番入侍后妃制度。然为时已晚，木已成舟，孝庄只能让顺治迎娶了董鄂妃，把这个女人纳入了后宫。

以上，就是汤若望记载的“哥哥抢夺弟媳，逼死弟弟”的故事。

因为汤若望是那个时代的见证人，所以他书写的故事，人们认为其可靠性相当高。于是，在一代一代的口口相传中，这个故事就似乎成为真正的历史，且不容置疑了。

然而，若细细考究，我们就会发现，这个故事未必就是真正的历史。毕竟，这个故事有两个致命的错误，让我们不得不起疑。

第一个错误，汤若望的用词。他用的是“将军”，而不是“王公”。

通读《汤若望传》的人都知道，身在朝廷，汤若望清楚地知道满洲军人和满洲王公的区别，他也清楚地知道这两个词的含义和意义。

因此，若董鄂妃真的是博穆博果尔的福晋，汤若望绝对会用“一位王公贵族之夫人”，而不会用“一位满籍军人之夫人”，他不会犯这种低级错误。所以，史学家们坚信，董鄂妃不是博穆博果尔的夫人，她只是一个“满籍军人之夫人”。当然，这个满籍军人是谁，也无从考证，只能成为一个千古之谜了。

第二个错误，废除命妇更番入侍后妃制度的时间。

《世祖章皇帝实录》明确记载，顺治十一年（1654 年），顺治颁布圣旨——历

代以来无命妇更番入侍后妃之例，所以严上下之体。杜绝嫌疑也。今蒙天眷，奄有洪基，内外伦常，首当隆重。朕曾奏请圣母皇太后，将随侍皇后及王贝勒等福晋命妇，酌行停止。

看完这封圣旨，孝庄太后的回复是："此言甚是，随我命妇，我自裁定。其皇后及王、贝勒福晋，贝子、公夫人，随侍命妇，俱著停止。其随侍王、贝勒、贝子、公等母之命妇，各该王、贝勒列名具奏。候旨入侍。大朝日期，大臣命妇照例上朝。"

孝庄太后批示完后，顺治又看了一遍，同意后，就传给有关部门，"特谕尔部明白传谕施行"。

这段文字明明白白告诉我们，废除命妇更番入侍后妃制度，不是孝庄太后提出的，而是顺治主动提出来的。且顺治提出来的时间，是顺治十一年（1654 年），此时此刻，董鄂妃还没有入宫呢，这个女人是顺治十三年（1656 年）入的宫。因此，董鄂妃和这个制度没有任何关系，也不会出现那些故事。

鉴于这两点，一些史学家们坚信，汤若望笔下的这一满籍军人，根本不是博穆博果尔。而那个"满籍军人之夫人"，也根本不是董鄂妃。董鄂妃根本不是顺治的弟媳，他们也没有上演过这么一场恩怨大戏。

但有人提出，虽然在当时，朝廷废除了命妇更番入侍后妃制度，但谁敢保证，不是在皇家聚会的过程中，他们认识的呢？顺治就是霸占了弟媳，逼死了弟弟博穆博果尔。

虽然汤若望记载的是一位满籍军人之夫人，但谁敢保证，这不是汤若望记错了呢！毕竟，他的记录本身就错误重重，漏洞百出。

比如说，《汤若望传》记载，汤若望说董鄂妃是 1660 年生子，其实那是董鄂妃病逝的时间。他还记载，说董鄂妃的孩子生下不过数个星期，就去世了。其实呢，这个孩子活了四个月之久。汤若望的这种笔误非常多，他很可能一粗心，就把"王公"写成了"将军"。

但我要说的是，《汤若望传》记载的内容错误重重，这只能证明这本文献的记录内容有误，还需要继续审查。但这并不能表示，他这是笔误。而且，就算汤若望没有笔误，把"军人"写成了"王公"，也并不能保证他说的就是博穆博果尔，也不能保证他记录的内容就是正确的。

毕竟，当一本错漏百出的书摆在你面前时，你很难保证，这本书记录的内容哪些是真的，哪些又是假的。

要知道，权威的《爱新觉罗宗谱》上，可明确记载了博穆博果尔的婚姻关系："嫡福晋博尔济吉特氏，和硕达尔汗巴图鲁亲王满朱锡礼之女。无侧福晋。"博穆博果尔和董鄂妃没有一点关系。

宠冠三宫

如今，由于史料的严重泛滥，我们已经不知道董鄂妃的身份，以及她是怎么跟皇帝见面的了。然而，有一点毋庸置疑，顺治皇帝看见她后，就跟他的父亲皇太极看见宸妃一样，他的眼睛，再也动不了了。

爱情，就是这样的神奇，且不讲道理。

从此以后，顺治玩命地恩宠董鄂妃，恩宠得让其他人瞠目结舌。

这些恩宠，主要有三个。

第一，晋级快，瞬间晋级为“皇后”。

顺治跟董鄂妃结婚后，直接册封她为贤妃，让她起步就是一个妃。要知道，这是什么概念？光绪皇帝最爱的珍妃入宫时，也不过是一个珍嫔，过了好久，才册封为“妃”。

没过多久，顺治皇帝就颁布了一道圣旨，让天下人都震惊不已。

原来，顺治皇帝册封董鄂为妃后，仅仅过了一个月，就册封她为皇贵妃，升迁之速，史上罕见。

这里，简单讲一下清朝后宫的制度。清朝规定，后宫的女人一共分八个等级，分别是皇后、皇贵妃、贵妃、妃、嫔、贵人、常在、答应。其中，皇后一名，为中宫；皇贵妃一名，帮助皇后管理后宫；贵妃两名；妃四名；嫔六名；贵人、常在、答应没有固定人数。

如此一来，董鄂妃便成了后宫的“二号首脑”。且咱们都知道，顺治的皇后根本就是名存实亡，因此董鄂就是“皇后”了。

这个升级速度，只能用一步登天来形容了，足见顺治对其的宠爱之情。

第二，典礼极隆，特颁大赦恩诏。

董鄂妃册封皇贵妃的典礼非常隆重。知道的人，是皇帝册封了一个“侧福晋”；不知道的人，以为是册封皇后呢，可见当时典礼之隆重。

除了典礼隆重外，顺治竟然还颁布了一道大赦天下的圣旨，让大家都跟着一起高兴。

未来，康、雍、乾、嘉、道、咸、同、光、宣九朝，共册封了数十位皇贵妃（加上追封的），也没有出现过这种大赦天下的诏书。可见，若不是皇帝极其宠爱董鄂妃，他根本不会颁布大赦天下的诏书，让大家一起高兴。

第三，破格定皇嗣，册封董鄂妃的儿子为“皇太子”。

顺治十四年（1657年）十月初七，入宫一年后，董鄂妃不负众望，顺利产下一个皇子。顺治皇帝欣喜若狂，他公开宣称“这是朕的第一子”。跟皇太极一样，顺治暗示天下，说这个孩子就是自己的接班人。

要知道，这个孩子根本不是顺治第一子。当时，顺治已经有了三个皇子了。然而，顺治不管这些，他就让这个孩子成为“第一子”，并让其当自己的皇位接班人。

同时，为了让这个孩子能够名正言顺地登基称帝，顺治产生了废后的念头。他打算废除第二任皇后，让董鄂妃取而代之。这样一来，这个孩子就成为嫡子了，继承人地位就再也不能动摇了。然而，在群臣的强烈反对下，顺治没有废后，这让他颇为遗憾。

通过上面三件事情，我们就能看出顺治是多么宠爱董鄂妃。他给予了董鄂妃所有的宠爱，真正做到了“后宫佳丽三千人，三千宠爱在一身”。

在孝庄等人眼中，这根本就是上一代人故事的翻版！

在这个故事中，顺治就是皇太极，董鄂妃就是宸妃，孝惠皇后则是另一个独守空房的孝庄。只不过，孝惠比孝庄更惨，孝庄再不济，还有一个儿子，而孝惠呢？她什么都没有……

命运，就是这样的荒诞不经。此时此刻，孝庄看着这个儿子，思绪仿佛回到了数十年前，她甚至分不清楚，这到底是顺治的故事，还是皇太极的故事了。

因为，这两个故事的相似度，几乎是百分之百。

看看皇太极的故事吧——迎娶爱妃，独宠一生，生下皇嗣，欣喜若狂。结果，皇嗣病逝，爱妃悲痛欲绝，香消玉殒。紧接着，皇帝不想苟活，随她而去。

看看顺治的故事吧——迎娶爱妃，独宠一生，生下皇嗣，欣喜若狂。结果，皇嗣病逝，爱妃悲痛欲绝，香消玉殒。紧接着，皇帝不想苟活，随她而去。

这两个完全相同的故事，到底哪个是历史？哪个是现实？真是让人迷失了双眼，无从分辨。

一模一样的故事

前面讲过，崇德二年（1637年），海兰珠生下一个大胖小子，让皇太极欣喜不已。然而，可惜的是，这个皇子仅仅活了七个月，连名字都没有起，就夭折了。

孩子的死，对宸妃打击很大，宸妃日夜哭泣，郁郁寡欢，就此落下了病根，身体越来越弱。四年后，即崇德六年（1641年），宸妃病逝，享年仅三十三岁。

以上，是皇太极的故事。结果，顺治把这个故事重新完整地演绎了一遍，并且没有改变任何“剧情”。

顺治十四年（1657 年），董鄂妃生下一个大胖小子，让顺治欣喜不已。结果，跟宸妃的苦命孩子一样，这个皇子仅仅活了四个月，连名字都没有起，就夭折了。

同样，孩子的死，对董鄂妃打击也很大。从此以后，董鄂妃日夜哭泣，郁郁寡欢，就此落下了病根，身体越来越弱。最终，跟宸妃一样，董鄂妃也香消玉殒了，死时年仅二十二岁。

这样的结果，真可谓无语。

然而，史学家们通过考证，得到一个不太确定的事实。他们认为，宸妃的死，是自己悲痛所致；而董鄂妃的死，可能另有隐情。

如果我跟你说，董鄂妃是孝庄害死的，你信吗？

这个故事，是这么回事。

顺治十四年（1657 年）十月，董鄂妃生下一个皇子。结果，过了四个月，小皇子就病逝了。

小皇子病逝后，董鄂妃郁郁寡欢，就此生病，只能卧在床上休息。就在她养病期间，孝庄却以“身体不舒服”为由，要求移驾去几十里外的南苑养病，并命令所有妃嫔必须同去。

刚刚失去爱子且重病缠身的董鄂妃不得不起身，在数九隆冬的冰天雪地里艰难前进，随孝庄太后去南苑养病，并“朝夕侍奉，废寝忘食”。结果，在疗养了一段时间后，孝庄太后病好了，董鄂妃却因劳成疾，就此落下病根。

最终，在跟死神搏斗了三年后，董鄂妃香消玉殒，于顺治十七年（1660 年）八月病逝。

一些学者认为，董鄂妃之所以重病缠身，完全是孝庄故意使坏的结果。毕竟，南苑是皇家猎场，根本不是什么疗养之地，且孝庄太后实在是没有理由在寒冬时节去那里养病。除非孝庄太后是故意在整什么人，才会如此行事，让那个人去死。

当然，虽然这番话有一定道理，但这毕竟是一些史学家的猜测罢了，没有任何证据证明孝庄害死了董鄂妃。且孝庄若知道害死董鄂妃后，会把自己的儿子搭进去，估计她也不会这么干了。

在历史中，董鄂妃到底是怎么死的，因为史料匮乏，不得而知。毕竟，这是皇家最高等级的隐密之事，不可能有记录留下来。然而，我们所有人都知道，董鄂妃死后，会给这个国家带来什么样的下场。

这个下场就是顺治皇帝悲痛欲绝，他“竟至寻死觅活，不顾一切”。最终，伤心欲绝的皇帝竟然出家了。

在讲顺治皇帝最终结局前，先讲一下董鄂妃的结局。看看这位美女最后的归宿，以及顺治皇帝最后的疯狂。

董鄂妃死后，顺治皇帝悲痛欲绝。他下令要给董鄂妃一个最豪华的葬礼，以告慰亡妻在天之灵。

于是，在顺治的悲痛下，大清王朝历史上最逾制的一场丧礼，就此展开。

这个丧礼的逾制内容，主要如下。

第一，追封皇后，命人殉葬。

董鄂妃病逝后，悲痛欲绝的皇帝立刻下令，要追封她为皇后。她生前没有得到这个头衔，死后必须成为国母，这个没得商量。

愤怒的皇帝下令，谁敢不从？于是，短短两天之内，礼部就举行了追封典礼，册封董鄂妃为孝献皇后。

礼部的这个办事速度，可谓神速。当然，官员不快，也不行呀。若他们慢一点，恐怕自己就身首异处，去给董鄂妃殉葬了。

没错，是真的去殉葬。

董鄂妃死后，顺治竟然让生前伺候她的奴才们（三十多个宫女太监）全部去殉葬，去那个世界继续侍奉主子。在孝庄太后的劝说和群臣的反对下，顺治才打消了这个念头，饶了他们一命。

第二，皇太后要亲自主持这个葬礼，后宫嫔妃也要“悲痛无比”。

在董鄂妃的葬礼上，顺治下令，必须让皇太后来主持这个葬礼。之所以这样行事，史学家们猜测只有一个原因——顺治在泄愤，他要让这个“杀人凶手”到董鄂妃棺椁前忏悔，赎自己的罪。

当然，顺治到底为什么让孝庄太后来主持葬礼，由于史料匮乏，已经是一个千古之谜了。但所有的史料记载的结果是，对于这道圣旨，孝庄选择了抗命，但她还是给了皇帝一个面子。孝庄率领后宫所有嫔妃来观瞻董鄂妃的遗体，算是化解了双方的这段恩怨。

可能是没有达成目的，顺治就把愤怒发泄在了这些无辜的嫔妃，以及其他官员身上。顺治下令，所有的后宫嫔妃、文武百官及其家眷，都要来董鄂妃的棺椁前“哭临”。“哭临不哀者议处”，你哭得不到位，就治你的罪！

后来，在孝庄太后的劝说下，顺治才放了他们一马，没有治他们哭得不到位之罪。

第三，葬礼极其隆重，堪称古今未有之格局。

董鄂妃的葬礼上，顺治悲痛欲绝，他亲自写了一篇《行状》，来悼念亡妻。同时，顺治下令让大臣为董鄂氏编写传记，把她的事情永远记录下来。

就这样，董鄂妃又创造了一个历史，她是大清王朝第一个被编写传记的妃嫔。

其实，董鄂妃的这种“第一”，还有很多。

葬礼期间，顺治下令，董鄂妃的棺椁下葬时，抬棺的杠夫必须是满洲八旗二、三品的大臣。你身份低，都没有资格抬棺材。

要知道，除了董鄂妃以外，大清王朝没有第二个妃嫔享受过这种待遇。

抬棺的人都要如此高规格，这个葬礼的过程，也只能用“惊天地、泣鬼神”来形容了。

当时，由于满洲人刚刚入关，还采用火葬仪式。为了让董鄂妃风风光光羽化成仙，顺治下令，花费巨资，修建两座富丽堂皇的宫殿，然后把董鄂妃的棺椁放进去，在这里停灵。

顺治命和尚日夜诵经，超度董鄂妃的亡灵。超度结束后，顺治下令一把火烧掉这里的一切。董鄂妃的棺椁，那两座富丽堂皇的宫殿，以及宫殿内富可敌国的陪葬品，全部付之一炬，一个不留。

如此盛况空前的葬礼，自然留下了很多惊人的记录。其中，“疯僧”茆溪森的记录最为详细，也最为生动无比。

> 景山启建大道场、忏坛、金刚坛、梵网坛、华严坛、水陆坛，一百八员僧，日里铙钹喧天。黄昏烧钱施食，厨房库房，香灯净洁，大小官司员，上下人等，打鼓吹笛，手忙脚乱。念兹在兹，至恭至敬，专申供养董皇后。
>
> ——《语录与顺治宫廷》

在完成了上述疯狂的举动后，董鄂妃化成了一缕青烟，离开人世，魂归西天了。为了能让这位亡妻安详去世，顺治可谓做到了极致。然而，不管顺治做什么，他也会痛心不已。

毕竟，在顺治的世界里，董鄂妃就是他的全部。如今，思者已死，生活将如何继续？爱人已逝，谁又能与他共度余生……

罢了，罢了，既然这个世界没有了她，活着又有什么意义？不如遁入空门，了此一生。

就这样，顺治皇帝在悲痛欲绝的心情下，准备出家为僧了。虽然他这场皇帝出家的闹剧，以无疾而终而结束。但这件事情，却为他的人生谱写了最后一曲悲壮的挽歌。

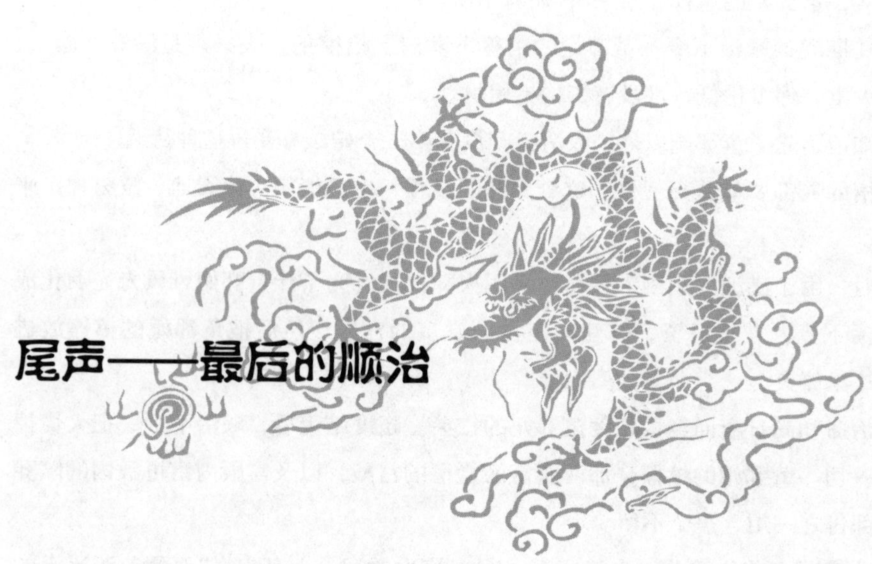

尾声——最后的顺治

顺治十四年（1657年）年初，顺治去南苑游玩，途经海会寺，他就召见了这个寺院的住持，见到了自己第一个佛教导师——憨璞。

顺治与憨璞交流后，非常满意。从那以后，他就时不时召憨璞入宫，跟他聊天解忧。后来，顺治册封憨璞为明觉禅师。

殊不知，憨璞佛教功底扎实，确实能教导皇帝。但是，憨璞之所以能够得到皇帝的宠信，更多的则是巴结太监，他求太监去揣测皇帝的心思，然后对症下药，这才得到了皇帝的欢心。

可见，这个和尚虽然叫憨璞，但他一点也不“憨”，也不“朴”。

就这样，在憨璞的帮助引导下，顺治皇帝开始信佛。后来，在憨璞的引荐下，越来越多的高僧进入皇宫，开始对皇帝言传身教。

这些高僧，有当时的著名大师玉林琇、与玉林琇同辈的名僧木陈忞，还有玉林琇的大弟子茆溪森。

最终，在这些高僧的帮助下，顺治皇帝皈依了佛门，成了一个虔诚的佛教信徒。

顺治之所以皈依佛门，除了佛法精辟外，更多的原因，则是他自己。顺治皇帝活得太痛苦了，他渴望摆脱这些世俗的束缚，皈依佛门，获得永久的安宁。

从顺治皇帝与木陈忞的对话中，就能看出皇帝的痛苦了。

根据木陈忞的《北游集》记载，有一次，皇帝跟离京辞行的木陈忞聊天。聊着聊着，皇帝悲痛道："老和尚（指木陈忞，皇帝尊称他为老和尚）跟朕有一个约定，等朕三十岁时，你会进京，来给朕祝寿。估计那个宴会时，朕能够等你。然而，等朕四十岁宴会时，朕就等不了你了，因为朕……"

木陈忞诧异道："皇帝乃万岁之躯，何出此言？"

顺治抚摸着自己消瘦的面颊，痛苦道："老和尚说朕面容略好，但你仔细看看，此骨已瘦如柴。似此病躯，如何挨得长久？"

木陈忞感叹道："皇上劳心太甚，想的事情太多了，还是以早睡安神为妙。"

顺治皇帝叹息道："朕若早睡，则终宵反侧，愈觉不安。必谯楼四鼓，倦极而眠，始得安枕耳。"

这段对话告诉我们，因为天天操劳国事，再加上体弱多病，且行为放荡，年纪轻轻的顺治皇帝已经是一个将死之人了，他骨瘦如柴、长夜难眠，已经病得不轻了。

在这种背景下，顺治皇帝想皈依佛门，得到一个永久的解脱，也就情有可原了。董鄂妃不死，他也想皈依佛门了。董鄂妃的死，不过是逼他进入佛门的最后一根稻草。

最终，因为董鄂妃的死，皇帝悲痛欲绝，就此产生了出家的念头，要永久地皈依佛门。

董鄂妃死后，没过几天，悲痛欲绝的皇帝昭告天下，他决定"出家为僧"，让茆溪森为自己举行剃发仪式。

此诏书一出，朝野震惊。大家万万没有想到，皇帝竟然会如此行事，这还得了！

于是，大家群起上奏，希望皇帝收回成命，希望那个不怕死的茆溪森赶紧走人。

然而，对于群臣的话，皇帝根本不听，他还是不改初衷，要出家为僧。无计可施的孝庄太后只能求救于茆溪森的师傅玉林琇，她请这位高僧入京，来劝皇帝回心转意。

得知此事后，玉林琇差点没吓死过去。他深知此事处理不好，会给佛教带来毁灭性的后果。毕竟，忽悠了大清王朝的皇帝出家，啥也别说了，等着愤怒的爱新觉罗们大军压境，灭门灭种吧。

于是，玉林琇不顾自己老迈的身体，他第一时间来到了京城。来到京城后，玉林琇没找皇帝，而是直接找到了茆溪森。

玉林琇是怎么劝茆溪森改变初衷，不给皇帝剃度的，史无记载，不得而知，但有一点可以肯定的是，不管玉林琇怎么劝，茆溪森也不改初衷，他还是要给皇帝剃

发，完成自己的“伟业”。

见徒弟如此执迷不悟，玉林琇大怒，他也不跟茆溪森讲什么慈悲之心了。玉林琇下令，用薪柴搭建一个高台，把这个不知深浅的“妖僧”扔上去。随后，玉林琇告诉皇帝，如果顺治再执迷不悟要出家的话，他就烧死茆溪森，自己也将自焚而死！

最终，在玉林琇的生命威胁下，顺治皇帝妥协了，他颁布了一道圣旨，下令“许蓄发”，不再出家了。然而，当天晚上，皇帝就改变初衷，他又想出家了。

那天晚上，皇帝召见了玉林琇，双方见面后，“相视一笑”。随后，皇帝告诉了玉林琇自己的想法，还是想出家为僧。

顺治道：“朕思上古，惟释迦如来舍王宫而成正觉，达摩亦舍国位而为禅祖。朕欲效之，何如？”

一听这话，玉林琇马上劝谏道：“若以世法论，皇上宜永居正位，上以安圣母之心，下以乐万民之业。若以出世法论，皇上宜永做国王帝主，外以护持诸佛正法之轮，内住一切大权菩萨智所住处。”

说实话，玉林琇的这个回答，我没听懂，但我知道，顺治听懂了，史称其“欣然听决”。从此以后，他彻底断了出家之念。

这场历史上闹得沸沸扬扬的顺治出家一事，就此落下了大幕。

同时，跟顺治出家一事落幕的，还有顺治的生命。

顺治十八年（1661 年）正月初七，在紫禁城的养心殿内，顺治平静地闭上了双眼，安详离世，他去那个世界找爱妃了。

顺治死时，年仅二十四岁。

顺治到底是怎么死的，他到底是得天花而死，还是压根儿没死，出家了？已经不得而知。

我唯一知道的是，伴随着这个皇帝的英年早逝，历史再一次进入了一个新的时代。

这位新皇帝的故事，则是下一本书的内容，敬请期待。

图书在版编目（CIP）数据

这个清朝太有意思了. 第三卷 / 张晓珉著. —北京：台海出版社，2019.10

ISBN 978-7-5168-2401-6

Ⅰ. ①这… Ⅱ. ①张… Ⅲ. ①中国历史－清代－通俗读物 Ⅳ. ①K249.09

中国版本图书馆CIP数据核字（2019）第141987号

这个清朝太有意思了. 第三卷

著　　者：张晓珉

责任编辑：俞滟荣　　　装帧设计：仙　境

版式设计：曹　宝　　　责任印制：蔡　旭

出版发行：台海出版社

地　址：北京市东城区景山东街20号　邮政编码：100009

电　话：010-64041652（发行，邮购）

传　真：010-84045799（总编室）

网　址：www.taimeng.org.cn/thcbs/default.htm

E-mail：thcbs@126.com

经　销：全国各地新华书店

印　刷：三河市文通印刷包装有限公司

本书如有破损、缺页、装订错误，请与本社联系调换

开　本：710mm × 1000mm　　1/16

字　数：388千字　　印　张：20.5

版　次：2019年10月第1版　　印　次：2019年10月第1次印刷

书　号：ISBN 978-7-5168-2401-6

定　价：48.00元